Chuanyue Zhongguo Dangdai Sixiang

穿越
中国当代思想

吴炫　著

凤凰出版传媒集团
江苏教育出版社

图书在版编目（CIP）数据

穿越中国当代思想／吴炫著.—南京：江苏教育出版社，2007.1
ISBN 978-7-5343-7946-8

I. 穿… Ⅱ.吴… Ⅲ.思想评论—中国—现代 Ⅳ.B26

中国版本图书馆 CIP 数据核字（2007）第 003031 号

出 版 者	江蘇教育出版社
社 址	南京市马家街 31 号　邮编：210009
网 址	http://www.1088.com.cn
出 版 人	张胜勇
书 名	穿越中国当代思想
作 者	吴 炫
责任编辑	陶盈竹
集团地址	凤凰出版传媒集团有限公司 （南京市中央路 165 号 210009）
集团网址	凤凰出版传媒网 http://www.ppm.cn
经 销	全国新华书店
印 刷	北京嘉恒彩色印刷有限责任公司
厂 址	北京市海淀区四季青乡西冉村 259 号 电话:010-88435200
开 本	940mm × 640mm　1/16
印 张	21.5
字 数	366 千字
版 次	2007 年 1 月第 1 版 2007 年 1 月第 1 次印刷
定 价	30.00 元
发行热线	010-68002890　680030772

目　录

对历史观念的“本体性否定”

对伦理常识的“本体性否定”

对个体思想的“本体性否定”

对批评观念的“本体性否定”

附 录

对否定哲学的“本体性否定”

什么是“本体性否定”

“本体性否定”是为了区别于中西方各种本体论、否定论而提出的。其历史依据在于:人是在“不满足于”自然现实的状况下开始在性质上“离开”自然界的,但“不满足于”不是“征服”和“优于”;其现实依据在于:当代人重视利益又觉得利益无法使心灵安顿的感受,使得“本体性否定”与心灵依托有关,但对利益采取了尊重的态度;其理论依据在于:人本哲学一直没有很好地区分模仿与创造的“不同质”,所以“本体性否定”通过“批判与创造”来展开自己的“什么人为”之思,从而对一般的人本哲学进行了本体论限定。

“本体论”的中国化、当代化理解

中国当代美学建设是否需要“本体论”? 我的看法是,西方的本体论和中国传统的本根论都有不适应中国当代文化建设需求的地方,但我们也不能步西方非理性主义的“反本体论”思潮之后尘,倡导本体论的取消,因为这很容易衔接上中国“只可意会、不可言传”的美学传统,也容易回归到中国传统的虚无主义。所以我以为中国当代学者应该对“本体论”有自己的哲学理解,进而在批判中西方本体论美学的基础上建立我们自己的本体论。基于此,我提出了“本体性否定”这一概念。而解释什么是“本体性否定”,首先得回答我对“本体”的中国性尤其是当代性的解释,从而使“本体性否定”与中西方既定的“否定”观和“本体”观有所区别。

应该说,“本体”在西方经历了这样三个发展阶段。首先是古代的“本体即实体”(如泰勒斯的“水”本体,亚里士多德的“第一哲学”,柏拉图的第一精神实体“理念”等)，这种实体性的本体观延续到今天，便是“物质第一性”和“形式本体论”等。其次是近代的“本体”，即主体的思维功能(如笛卡儿的“我思故我在”，强调的是实体的“功能”；“本体”即主、客体的精神性辩证运动，如黑格尔集认识论之大成的“绝对精神”)。再次是现代的“本体”，即由人发现也由人看护的“原始筹划”、“超人意志”(如海德格尔的“此在”之“在”，尼采的“超人”等)——在“理性本体论”的意义上，后者已具有“反本体论”倾向。尽管上述哲学对“本体”的理解已不太一样，但“本体”或作为各种实在背后的最终本质，或作为万事万物的原初力量、创造者，或作为价值中心主义思维的产物，在“人神合一”的西方文化中，则是贯穿始终的。而在中国哲学中，老子的那个能“生成万物”的“道”，韩非子在《解老篇》中所说的“道者，万物之所然也”，也多少奠定了中国式的“本体论”的基本格局。而宋代二程所说的“上天之载，无声无臭之可闻，其体则谓之易，其理则谓之道”①，方以智的“本一气耳，缘气生生，所以为气，呼之曰心”②，也道出了“道”、“理”、“生”、“易”相统一的思维形态，也可以理解为是一种中国式的“本体论”。所不同的是，中国的“道”论、“气”论、“理”论或“本根论”③，讲的是无形的、自然性的价值所在(如人法天，天法道，道法自然)，是一种生生不息的运动形态，而且和现实生存、社会伦理融合为一体，这就使中国的“本根论”和西方的“本体论”形成了以下的相通点和不同点——

首先，西方的“上帝”、“绝对精神”、“我思”等概念，与中国的“道”、“气”、“理”等范畴，在本体论意义上均具有“动态”的含义，但它们本身却不是任何其他范畴所生成的，这使得它们具有本身不动而能使万物动的功能——所谓本体的终极含义也正在这里。但“上帝”可以造人，“绝对精神”具有外化主、客体对立的功能，海德格尔的“此在”之“在”具有人的筹划之意，均使得西方的“本体”之“动”，具备一种“创生”和“人为”的性质。也正是靠这种性质，才会有“天人对立”之说和“形上形下对立”之说。相比较而言，中国的“道”本体，其动态的性质可以从“天下有始，以为天下母”和太极图中的那个“S”形的“反者道之动”中看出。所谓“道”为“天下母”，就在于“道”能“生一”、“生二”，以至于“生万物”，所以这里的“生”是“出生”的含义。既然“道生万物”的含义为“出生”，那么有“出生”便有“死亡”，欲上且下、欲左且右的“S”形，便表明这种“生”的“波浪”形态。尽管我并不认为“太极”图式就真正把握了自然的精神，因为真正的

---

① 程灏、程颐:《心性篇》,《河南程氏粹言》卷二。

② 方以智:《东西均》。

③ 《庄子·知北游》说:“油然不形而神;万物畜而不知,此之谓本根。”

自然精神是不能用道家的“S”型规定的，但这种本体论的文化性差异，使得西方哲学偏重开掘人的各种可能性，也使得东方哲学始终与人的各种可能性（尤其是创造性）之研究相抵触。

应该说，中西方的本体论各有长处，也各有短处，因此我们不能因为中国的“本根论”不注重人的创造性和可能性，便舍弃中国那个“生生不息”的自然之“道”。因为不管人类如何发展，他的身体、生理的自然循环之道不可废弃，他的欲望周而复始、永无止境，不可用人为性的因素过于钳制。问题只是在于：人类文化的产生，本身就是人为性的结果，中国古代文明，甚至“儒、释、道”思想，本身也是人为性的产物（包括“四大发明”），这就使中国生生不息的“道”本体，在解释自然之物（包括我们的物化身体）的产生和运动时有其道理，但在解释人的产生、思想的产生、科学的发现、文明的转型时，则显得无能为力。或者说，人的产生、文化的产生、艺术与科学的发现，离开了人为的努力，只用一个“生生不息”来解释，无疑是很难说通的。这就留下了“道生一……生万物，但是否还生人”的疑问。而百年来的中国文明转型，采取中西文化融会交合以便能“生出”一个新文化的思维方式，也被支离破碎的当代文明现实证明了它的困难性。如此一来，中国当代的本体论建设，就不能停留在传统的以“道”为本根论的层次，而应该将“人为性”特别是“人的创造性”考虑进来——如何既不舍弃自然性的“生生”，又体现对人为性的“创生”、“创造”的重视，就成为我们需要用新的思想方法解决的问题。言下之意，中国传统的本根论需要赋予新的含义，但却不能用西方的本体论来作这种含义——即既不能用重“本质”轻“现象”的方式来推崇对立于现象的“本体”，也不能用重“现象”轻“本质”的方式来取消本体论——这种相互“克服”的二分法思维，并不适合中国讲究整体性、源流性的本根论。只有既重视自然性和人为性、创造性之不同，又不使其支离破碎，才是中国当代本体论的应有之意。

其次，本体论在西方因受认识论和西方宗教的影响，多半将“本体”等同于“实体”（认识对象），等同于“主体”（认识功能）和等同于“本源”（创造者），从而将“认识何以成为可能”、“创造物不在，何以体现创造者的创造”这些更为根本的问题忽略了。也正是在此意义上，我以为马克思主义的“实践论”，海德格尔的“此在”之“在”，应是对主客体的认识论之本体论的超越——“实践”是大于“认识”的概念，其核心是人的本质力量在物质生产和精神活动领域的辩证的、具体的、历史的体现，此在之“在”是先于“认识论”的概念，其核心是人与自然尚未分离时的孕育性状态。就“实践”的能动性、现实性和整体性而言，它确实具有消弭主体与客体、形上与形下之间对立的优点。通过“实践”，本体不再只是“实体”，也不再只是“主体的功能”，不再只是“上帝那样的创造者”，甚至也不再是脱离人类生产活动的“此在之在”，而成为可以和中国讲究“源流关系”的“本根论”、“道之外无物，物之外无道”[①]的“体用观”和注重现实性生存的中国文化精神对话的本体论。只不过，正如近年国内已有学者指出的那样，“实践”因为主要是指人类活动的现实形态（社会的、经济的、历史的），因此很难指向人对现实的超越、信仰、心灵等领域[②]，很难道出人在现实中超越现实的本质规定性，这样一来，“本体”做到“整体”还不够，如果“整体的本体论”不能有效解释人类发展和人类实践的深层原因，那么，这种“大而全”、难以揭示现实问题的本体论，还是很难作为中国当代的“本体论”来对待的。

以“道”为代表的中国“本根论”，也同样存在这一问题。《易传·系辞》中虽然说过“形而上者谓之道，形而下者谓之器”，但当后人说“二气五行，化生万物”[③]时，当后人将“形上”与“形下”比喻为“太极如一本生上，分而为枝干，又分而生花生叶，生生不穷”[④]时，中国哲学的特点确实是将“道和器”、“体和用”作为“根和枝”、“源和流”的整体来对待了，“形上”与“形下”的分离也就不存在了，这样，“根和枝”，“源和流”就不可能是西方那样的“本质在彼岸、现象在此岸”的二元论。“道”（根）虽然是无形的，但我们可以通过“器”（枝）来把握它；“源”虽然是看不见的，但我们可以通过“流”来推测它，所谓“追本溯源”就是这个意思。因此，“道”、“根”、“源”虽然是看不见的，但我们却可以通过现实事物来把握它们。这使得“源”与“流”虽然是流变的，但却是具有现实性的、整体性的。只不过，中国古代本根论讲的是自然性流变的整体性，因此“万变不离其宗”之“宗”是指自然性或共性（前者是道家的，后者是儒家的）。中国古代哲学将“人为性”看做是破坏“自然之整体性”的因素，“形上与形下”的统一，也就成为一种自然性统一。这种统一，一方面使得中国古代文明生生不息，自成一体；另一方面，却也使中国古代文明丧失了它的再创力。这样，文明之“源”与万物之“源”，也就必须区别对待。这种区别对待，就成为中国本根论哲学当代化思考的重要方面。其中的关键在于：一方面，如果“万物”与其“源”是一个整体的话，那么对中国人来说，文明、作品、思想作为成果，也必须与其产生之源具有整体性，并且只能根据文明成果来把握其产生之因——宛如“源、流”、“根、枝”之

---

① 程灏：《语录》。

② 参见杨春时：《超越实践美学，建立超越美学》，载《社会科学战线》，1994年1月。

③ 周敦颐：《周子通书》。

④ 朱熹：《朱子语类》。

关系——西方式的形上与形下之对立和分离实不足取。这样，中国当代本体论所面对的，便有自然性“源流”和文化性“源流”两个不同的“整体世界”之存在。另一方面，如果文化之“源”不是生生不息的“道”产生的，那么文化之源作为一种我所说的“本体性否定”冲动，便只能在“离开”自然性之流变中产生。或者说，离开自然界和“不满足于”自然界的冲动，便是人类文化和文明产生的冲动。那么，如何既保证自然性运动的整一性与合理性，又使得人有离开自然性循环的冲动和意识，使人同时皆具上述两个世界，便成为当代中国本体论建设必须解决的问题。本体，便应该具有连接两个世界之“桥梁”的意味，“两个世界”从此成为和谐共处的整体。同时，“桥梁”本身又是看不见的，我们只能根据“桥梁”的一端（文化文明作为创造性成果）来推测这个看不见的张力，并判断这个张力的性质。

再次，在海德格尔和萨特的“存在论”①之前，西方的本体论和存在论在探究“人成为人”的因素时，囿于“主客体”思维的限制，常常在人之外寻找这种因素，诸如“上帝”、“理念”、“客观规律”和“绝对精神”，等等。这样，人听从这些外在于自身的终极观念，就显得顺理成章。也因此，在西方才有“上帝之死”、“形而上学之死”这些似乎对立于人的哲学之说；也才有上帝死了，人便不知怎么活的现代困顿。人变得不能从自身去寻找使心灵安宁的支柱，不能不说与西方的“天人对立”、“人神合一”的传统有关。从笛卡儿开始，“存在”的对象化思维受到质疑——“我思故我在”将人的思维功能提高到“存在”和“本体”的地位，虽然没有改变认识论的传统，但多少改变了“本体”是“对象化”和“实体化”的依附性思路，为以后萨特的“自明说”、海德格尔的“诗意地栖居”奠定了基础。只是，萨特的“自由”，早期海德格尔的“此在之在”（筹划性），由于将人的不选择和选择不自由都作为“自由”来对待，以及将人的“沉沦”也作为“筹划性”之一种，这就在说明“人成为人”的因素时，留有因内涵过于宽泛（这种宽泛，是黑格尔大而无当的“绝对精神”的同质显现）而不能说明这个问题的弊端。也就是说，人成为人的因素从自身寻求似乎还不够，根据人的筹划性的本体观念，也还缺乏更明确的价值限定——因为人成为人之后，他的“人为性”和“可能性”还可以呈现为放弃“本体性否定”和“创造性”的状态，如人云亦云，如认同他人，如虚无主义，如“变器不变道”，如“大同小异”，等等，这些都是人的筹划；所以，人成为人的本体性，还必须体现出日后能说明他的这种“成为”的性质，才能作为“人为性”之中的“本体”来对待。因此，“本体性否定”不仅是讲“人为的

① 在西方，ontology 就是研究关于“在”、“有”、“存在”的学问，就是在论、有论、存在论。

本体",而且要讲"什么人为的本体"。

如果将"人"作为"流",而将成为人的"因素"作为"源"来看,那么,"源流合一"不仅应该根据现实中的人去把握看不见的"人之源",而且可以将人的"人为性"与自然界的"自然性"进行比较,从而将"人之源"的具体内容揭示出来。对中国当代本体论的建设来说,本体论的"本源"之含义固然重要,但如果中国文化关于"本源"的思维,并不将"源"与"流"分离,那么它也将适应于"人"以及"人之源"的当代性考察。即"源"如果内在于"流",那么,"人之源"也应该内在于"人";"人"当然以其"人为性"显示自身的状态,但是"人为性"中哪一种是"人之源"则就可以根据"人为性"与"自然性"之区别来判断。于是,"人会实践"、"人具有可能性"、我思之"思",便都可以作为这种判断的观念结晶。问题在于,"实践"和"思维"以及卡西尔的"符号"都是可把握的事物,因此它更偏向源流之"流",而"可能性"、"筹划性"在海德格尔的"存在论"那里,又更偏向源流之"源",并不注意人"澄明"的"结果形态",这就使"源流统一"在迄今为止的人本哲学"本体论"中,还是一个空白。于是,"本体性否定"便是力图在弥补上述哲学范畴局限的基础上,对传统的"源流合一"作新的解释。

"否定"成为"本体"的历史和现实依据

如上所说,由于中国文明现代转型的需求,也由于中国当代人文观念重建的需求,更由于当代人既重利益、又重心灵依托的双重需求,中国当代本体论观念,就应该从自然性源流论转为人为性源流论,即从"自然本体论"转为"人为本体论"。在我的理论中,这种"人为本体论"准确地说是"人的创造性本体论",以区别于人的模仿、认同、依附等其他行为。所以"人为"或"人本本体论"在我这里,不应该是儒家意义上的"成仁",也不应该是禅宗意义上的"色空",或道家意义上的"忘欲"这些人为性的努力,当然也不是西方文化"人征服天"的超越精神和"反理性"的对抗精神,而应该首先是"离开"、"穿越"自然的等级规范(儒家)、虚空的反文明观念(禅宗)和简朴的道家式生活,建立新型的否定观念和放松性的生活态度的价值张力,也应该是穿越对既定思想文化的依附、建立自己对这些文化果实的独特理解的努力。当然,我所说的"本体性否定",也必须能够"离开"或"穿越"过于人为化的当代性物欲追求,使"人为"之潜能发挥在任何确立自己的存在价值上——这样一个"离开—建构"的新型"人为性源流"之价值努力,我称之为"本体性否定"。其中"离开"意味着否定主义哲学对既定现实特定的"局限分析",而"建构"则意味着对既定事物建立独特的"个体化理解”，这种理解的最高境界是哲学性理解。因此，“本体性否定”是对“人为性”的一种价值限定。

首先，“本体性否定”意味着，人是在“不满足于”自然性生存状态中，产生离开这种状态的价值冲动，才逐渐使自己的生存活动具有了劳动的性质，也才有了手脚分工和后来理性思维的产生，进而也才有了文化与文明。说人是会劳动的动物，人是会思维的动物，人是文化的符号，只不过是就这种“本体性否定”的“结果”而言罢了。关键是，这种“不满足于”自然现实的冲动是“或然”的：这种冲动既不是自然界之“必然”，也不是自然界之“偶然”，因为无论是“必然”还是“偶然”，都不会是“唯一”的、不可重复的。如果人在发明火之前，只能生食动植物，这个时候人还只是个动物；只有当这个动物开始不满足于这样的生存状况的时候——比如开始无意地将烧熟的食物与生食比较之后，产生不满足于生食状态和离开生食状态的冲动时，才会注意保留火种，也才会注意石器的撞击产生火种——自然也才谈得上开始使用工具产生火花的努力。这种“不满足于——开始另一种”的张力，就是“本体性否定”冲动产生的时候。这种冲动首先是无形的，所以一切有形的人类文化均不能说明这个冲动，但可以推测这种冲动。也就是思维、劳动、工具等有形的人类文化，并不对立于这个冲动，正好相反，以上符号正是这冲动完成的标志。所以，我们看见的文明符号作为“流”，是“本体性否定冲动”这种“源”的产物。因为这种产物是“本体性否定”完成的标志，所以它并不外在于“本体性否定”，而是内在于“本体性否定”的。而“不满足于自然性生存状况”，便是这原初性否定的性质或内容。人作为人为性世界的一部分，便与他先前所属的自然性世界，构成一种“不同而并立”的“本体性否定”关系——这种关系，既体现在人和外在的自然界（大自然）之关系中，也体现在人和自身的内在自然界（欲望、本能）之关系中。

其次，“本体性否定”之所以有“不同而并立”的思想，来自我对以下现实经验的分析和甄别：当代人对欲望与快乐之所以有“不满足”与“不满足于”之别，就在于“不满足”依然可能是在欲望世界中挣扎，即不满足一种欲望，可能是在追寻另一种欲望。这就是萨特所说的“匮乏”和柏格森的“生命意志”之局限所在。而“不满足于”则是“离开欲望世界和循环世界”的意思。但“本体性否定”不同于西方“超越欲望、超越世俗”的地方，在于我并不认为“否定结果”比“否定对象”优越和进步，而是“不同、并立”之意。所谓“不同”，意味着“否定者”是对“否定对象”的“腻味”和“局限”的发现，而不是因否定对象整体上具有“落后性”而否定之。“腻味感”是因自然性重复和循环产生的感受，被“可能成为人”（在人产生之后，“成为人”便是成为“创造性之人”的意思）的动物意识到，才产生了对自然性生存的“不满足于”。“不满足于”不是说“否定对象”“不好”，而是说“否定对象”“不够”。既然是“不够”，人就离不开自然性的生活，但是不能光靠自然世界生活。这一点，也可以从当代人对生存快乐的重复和腻味感中看出。但“重复”和“腻味”不是说人可以离开生存快乐，而是生存快乐对人而言是一种有缺陷的生活。因为自然性或循环性的生存快乐很难使人获得心灵的依托感。“自然性和循环性生存有局限”，是因人开始意识到在自然面前仅靠本能的无力而导致，进而才产生了对付这种局限的努力——工具的发明。在对自然性生存总体“不满足于”的状况下，人感觉需要靠人为性世界来对付自然性世界的“不足”，而不是说自然性世界比人为性世界落后。所以“不满足于”是“离开”原来世界的意思，而“不满足”，则是在原来世界内部的生存运动。准确地说，人对世界无所知觉的自然性生存状况被打破，人只不过再创了一个能察觉自身与自然界有“不同”关系的世界。人开始能把握自己和自然界的关系（正效应），当然人的意义上的忧虑和恐惧感也开始产生（负效应）；而自然性世界的特点是：生物和动物不能把握自身（负效应），当然也无所谓人的恐惧和忧虑（正效应）——本能和工具，是这两个世界不同的生存方式，因各有利弊，人从此便成为兼具“自然性”和“人为性”两个世界的特殊动物。两个世界不同而并立，只不过说明各自可以互补对方之局限罢了。因此，在“本体性否定”的观念中，不是两个世界各有高低，而是两个世界因性质不同而被人同时需要。“离开”自然界，只不过是还需要另一个世界的同义语，但“不同”，只不过说明人又“离不开”而已。

当然，这并不是说，作为否定对象的自然界，与作为否定结果的人类世界价值等同，而是说，人的自然性世界多为生存快乐的体验，人的文化性世界，多为心灵依托的体验；生存快乐的体验是自然而然的、循环的、群体性的、不以人的意志为转移的，心灵依托之体验是人为努力的、难以重复的、个体性的、或然性的。这样，人否定自然界和自身的自然世界，只不过是将心灵价值依托安放在文化世界，而将自然性世界作为另一个不同世界予以尊重而已。这意味着，“本体性否定”既不赞成中国传统的“天人合一”，也不赞成西方的“天人对立”。就“否定对象”与“否定结果”是两个性质不同的世界来说，天人无法合一。倘若合一，便是以丧失人的人为性、可能性、本体否定性为代价的——中国古代文明在后期进入自然性循环状态，终难摆脱“生老病死”的命运，或许就是明证。同时，西方的“天人对立”虽然将自然界和人类世界分开了，但是由于其“否定观”是“克服、取消、优越”的人类统治观，这就使得一方面容易导致人类对自然性世界的破坏、对自身欲望世界的禁锢，另一方面容易将人的否定性意识和行为，引向个人和国家争强好胜、维护权益的行为之中。于是，在以科技文明和民主自由为标志的今天，人反而因“舒服”和“什么自由都可以”而茫然无措了——这种茫然无措，被马尔库塞描写为丧失了“否定”的“单向度的人”。

所以，“本体性否定”是这样看待人与自然、文化与文化、文明与文明等诸种否定关系的：人否定自然，是为了确立一个不同于自然的世界，以便充分实现自己的可能性；人可以利用自然资源，但不可利用自然界的自然性——自然性作为自然界的性质，是人不可违抗或轻视的，因此人只能将之作为与自己性质不同的世界而予以尊重。文化与文化之间的“本体性否定”关系，也不是将一种文化改造成另一种文化，而是在相互发现对方局限的基础上，使之明确不同而并列的关系，目的是为了更好地确立自身的存在。在文化内部，文明与文明之间，也是因这价值观念的不同，而形成虽然是否定的但却是平等并立的关系——这一点，正如摩尔根所说的“文明人的成就虽然卓越伟大，却远远不能使人类在野蛮阶段所完成的事业有所失色”①。西方近代文明否定中世纪文明，不是因为中世纪文明落后了，而是因为中世纪文明不再能依托处在“不满足于”状态的人的心灵，开始成为外在于自己的一个世界——但我们不能将无法依托自己心灵的文明称为落后的文明。这不仅因为每种文明各有长处，也各有短处（中世纪文明禁欲，但有献身精神；近代文明相对自由，但献身精神已经打了折扣），而且因为，我们所依托的东西，在特定的时空似乎具有绝对性，但在历史长河中，一切只具有相对性。所以历史地说，我们不能说“否定结果”比“否定对象”优越。

再次，“否定”作为“本体”还意味着，“否定结果”因其性质上的独特存在，可以作为否定者全部生活内容的价值支点来对待。否定者可以因为其否定结果的真正本我性，而一辈子充实、无悔、心安。一个“本体性否定”意义上的存在者，永远不会对自己创造的立足点后悔、反思，而一个“非本体性否定”的学者，则经常会对自己的价值依托反思和后悔，这是“本体性否定”产生的现实感受依据之二。

这就是说，“本体性否定”还是一种“价值本体论”。这种“本体性价值”不仅区别于自然性生存价值，而且还区别于一般的人为性价值。因此，说“本体性价值”，并不意味着它可以替代其他价值，或比其他价值更具有优先性，而是说，“本体性价值”和“非本体性价值”各自所起的作用不同。一般说来，“非本体性价值”可以使人获得生存性快乐，诸如自然而然生活的悠闲，受欲望支使的功名利禄的满足，通过模仿、依附和寻找而确立的人生信念与价值尺度，等等。所以

---

① 路易斯·亨利·摩尔根：《古代社会》（上册），北京：商务印书馆，1995，第30页。

“名誉”、“地位”、“权力”、“依附”在我这里，均属于人类世界中的自然性价值或“非本体性价值”。“非本体性价值”的一个特点是，它的背后是受欲望本能、从众心理（从众心理属于自然性的生存心理）支配的。因为名利、权力、地位并不属于人所独有，在其渊源上还属于自然性的“弱肉强食”、“雄尊雌卑”、“山中无老虎，猴子称霸王”等冲动和行为，而集群行为、依附行为在动物那里也有，这来自生存的需要。所以，一个世俗意义上的功成名就者，并不等于完成了我所说的“本体性否定”，一个选择和认同者的创新，也不等于确立了一个他人不可重复的价值世界。因此，人作为“本体性否定”的结果，只有与他亲自否定的结果为伴时，才会有成为个体之人的感觉。这种感觉，首先可以从人的文化性存在中得以验证：如果中国人没有《易经》和儒、道的思想作为自己的精神与价值支撑，中国人在世界格局中便难以找到自我价值感，反之，西方人赖以炫耀的首先也不是他们的物质成果，而是属于他们的思想文化。这个问题再缩小一点便是：鲁迅、顾准的独立之力量来自什么？我想也同样来自他们对时代和现实之否定所产生的独特思想的力量。这种力量和感觉，与任何生存快乐的感觉都是两码事——恰恰相反，现实中他们是不快乐的时候居多。当然，人的尴尬在于：成为人的感觉，只是在他想成为人的时候才被需要的，而大部分时间，自然性的生存快乐及其满足，对人确实更具诱惑力和支配力。但是，人已经成为人之后，由于他体验过成为人的价值感，他对生存快乐的“不满足于”，便也成为人的宿命。在此意义上，人就是一支圆规，仅靠一只脚不能进行整体的生命运动。圆规若要画圆，就必须有一个支点，才能将生命之圈画“圆”。而“本体性否定”，就是这生命之圈得以成为可能的一个支点。人作为一种类存在或群体存在，是靠这种否定将自己建立在其文化支点上的，因此从人类出发去对待自然界是正常的。问题在于，从人类出发，不可能将圆规的另一个“点”也文化化，最终使“圆规”的两个支撑点变成只有人类这一个支撑点——所谓人类征服自然，最终就是这样的可能——而这一天假如实现，也便是人类的“本体性价值”丧失的一天。那时，地球上再也没有另一个世界与人类并立，没有“非本体性价值”来衬托“本体性价值”，便没有“本体性价值”可言。反过来，如果一个人确立了他的“本体性价值”（即“圆规”的不动性支点），那么，不管他的另一个支点如何变动、伸缩，他都可以做到“万变不离其宗”，在任何变动的社会思潮中保持独立的立场。而有了这个立场，他的自然性世界才可以显得丰富而有弹性、自如而又潇洒，他才可以觉得这辈子过得既自由又安心，或者，他才可以觉得生存的快乐或不快乐，已经变得无足轻重了。

“否定”成为“本体”的理论推演

为什么“本体论”应该作“人本本体论”而不是“自然本体论”解？为什么“本体性否定”所说的“批判与创造的统一”是对“人本本体论”的一种价值限定，并因此区别于既定的人本主义哲学？“本体性否定”的内在结构如何？它如何在避免“以人为中心”的思维的同时又与对人的相对主义理解区别开来？

首先，“本体”从“上帝”、“自然”、“实体”、“客观规律”这些物质或精神实体，向“人的思之功能”、“人的实践”、“人的筹划和自由”的转换，应该是西方古代本体论和现代本体论的分水岭。这种转换的理论论证，西方哲学家涉及已多，无须我重复，我只是想作如下补充：自然的、实体的以及外在于人的“本体”，来自人的认识上对经验的依赖，所以当人不知道自己是从哪儿来但又想搞清楚这个问题时，他不会意识到这个“想”才是真正的“本体”，而只能将“想”的“对象”作为本体。依据经验我们确实可以说是“上帝造人”或“道生人”，或像中国少数民族传统中的“水出人”、“石洞出人”等，因为人以前在地球上确实没有，这就必然会造成各种“什么生人”的猜想。但这个时候我们显然不会注意这样三个问题——

第一，就“上帝造人”而言，我们只要再追问一下，就追问到现代西方哲学的思维方式了，那就是“上帝”是哪儿来的？再追问老子一下，那就是“道”是哪儿来的？这一追问，就会得出是“人产生的”这个结论。海德格尔的解释学在此之所以比较有力，正在于解释学认为“人是可以对世界进行各种理解的动物”，“上帝”、“道”、“理念”只不过是各种理解的“结果”罢了。所以“上帝造人”只是人借“上帝”之名来说“自己理解自己”之意，而“上帝”只能是“人之创造力”的化身而已。并不存在任何与人无关的自然，也不存在真正外在于人的自然，当然也就不会存在真正的“自然本体论”。“自然本体论”的肤浅性由此可见一斑。

第二，就“进化论”所说的人是自然界“优胜劣汰”竞争的产物而言，人的产生似乎不是人自己的努力而是大自然的“进化规律”的结果。在此，“进化规律”如果是外在于人的一种“本体性”力量，似乎存有这样的疑问：一是如果“进化”是普遍规律，为什么独独对“人”起作用？而其他所有动物为什么没有人的意义上的进化现象？难道是某种冥冥之力让人来独享进化规律的么？在外星人没有被最终证实的前提下，这种质疑是十分有力的。二是如果“进化”只对人起作用，那么它就不可能是纯粹的“自然规律”，而是由人这个特殊的“优胜动物”参与实践的结果。所谓人对所有动物的“优胜”和所有动物在人面前的“劣汰”，既不能等同于动物界的“弱肉强食”，也不能等同于“爬行动物”对“两栖动物”的质变，这样，人的“优胜劣汰”便具有了特殊的意味或意义。这种意味或意义，也使得纯粹的“自然”作为人产生的“本源”力量不太可能。三是“进化”的规律遇到了人类各文化发展“循环论”的挑战，也似乎使得“进化”作为支配人的外在力量，演变为需要人类勉力为之的一种努力。地球上少数民族的原始生存现象延续至今、四大文明古国的衰落、西方文化在今天的前行茫然……均揭示出人类历史发展不一定是持续“优化”的过程——假如我们不是就“技术发展”来代替“人类发展”的话。

第三，老子的“道”本体，似乎可以作为中国的自然本体论，但是，假如“道生一，一生二，二生三，三生万物”①，在老子的思想中也包括“生人”的话，那么“生人”的“道”与“生万物”的“道”也就是同一个“道”，自然本体与人为本体就是没有区别的。但是，这种“没有区别”是在“应然”的意义上说的，因为老子面对的是已经有区别的两个世界。所谓“绝圣弃智”、“绝仁弃义”、“绝巧弃利”就是对人说的。如果“生人”与“生万物”的是同一个“道”，那么老子解释不了人类的这些文化现象是怎么来的，如果不是同一个“道”，那么“生万物”的“道”与“生人”的“道”就是不同的“道”，老子的“道”就是忽略“人何以成为可能”这个问题的。这种忽略，必然造成道家哲学的“反文化、反知识”倾向。但是有意思的是，由于老子以“水往低处流”来解释“道”，而“水往低处流”又只是自然界的某种现象（“鸟往高处飞”同样是自然现象），这就使得老子的“道”哲学，依然还是一种“人为”的哲学。这样，老子的哲学实际上是倡导一种“好像自然”的人为，反对另一种他不喜欢的“好像不自然”的人为，从而在根本上还是一种“人为的本体论”。同样，当卢梭在“原始平等”的意义上解释自然时，他也依然是在人为化地解释自然——自然界同样有“弱肉强食”的不平等现象，我们却不能说后者就是不自然。以此类推，如果所有的自然哲学或自然本体论，均有人为的倾向，我们又如何说存在真正的“自然本体论”？

其次，“本体性否定”之所以区别于讲主体功能、人的存在等具有人本主义倾向的西方现代本体论哲学，将“什么人为”的问题作为对中国当代本体论建设的思维方式，是因为——

第一，当人仅仅作为区别于自然的一种存在时，“我思”、“自由”、“筹划”，乃至包括“实践”，只能揭示人的“类存在”特性，或人区别于自然的普遍的、一般的特性，而不能真正揭示“个体”在自己的“类存在”面前的“再存在”的特性。

---

① 《道德经·德经·四十二章》。

萨特和海德格尔虽然是在“个体”的内在结构上来谈“虚无”、“自为”、“澄明”、“筹划”等问题，并将其放入“过去、现在、将来”的时间中来保证，但是由于这些概念同时也能说明每一个人，这样“此筹划”区别于“彼筹划”的内在特质就不能得到揭示，“我在”区别于“你在”和“他在”的特性与方法，也得不到揭示。像萨特和海德格尔所说的：人选择“自在”或“沉沦”都是“自由”和“存在”之一种，“存在”和“自由”也就失去了价值规定性。也就是说，“自由”和“筹划”如果还可以作为人与动物的区别特性的话，那么这些概念在揭示人与人的区别时，就显得比较困难。这突出表现在“我的自由”在“他的自由”面前会有茫然感。这种茫然不仅表现在“我的自由选择”常常会以“他的自由选择”或“我过去的自由选择”为参照，而且对中国人这样一个习惯于“宗经”的民族，在依附对象解体或没有“经”可去阐释的状况下，也存在一个“不知道自由是什么”和“不知道自由指向”的问题。尤其是后者，当一个人只知道不能依附、认同、追随，却不知道该“如何筹划”自己的时候，“自由”、“筹划”、“实践”这些人的本体性范畴，又能解决什么问题、给人以什么启示呢？也就是说，“澄明”和“筹划”因为内涵过于宽泛、而方法也过于诗化，就不能真正将“个体”区别于群体的特性揭示出来，即便揭示了，在萨特与海德格尔那里，也是无理性化的方法可寻的，其结果也就是不能完成的。而如果我们不能从根本上揭示个体与群体的区别，也就解释不好人类与自然的真正区别是在哪里——假如动物的“筹划”或“自由”就是原始地选择自身的生存方式呢？这就必然提出一个“什么筹划、自由、实践”、“如何筹划、自由、实践”的新的本体论与方法论统一的哲学命题。

第二，“本体性否定”之所以以“批判与创造的统一”作为对“自由”、“筹划”、“实践”的价值限定，并以此对“什么人为”作中国化解答，是因为否定主义认为人的“筹划”的本体只能是“批判与创造”，而“批判与创造”的实质是建立对“世界”的“个体化理解”。或者说，“本体性否定”是以马克思的“实践”、萨特的“自由”、海德格尔的“筹划”为思想资源，又对其进行价值限定与改造的观念性结果。这意思是说对“世界”的“个体化理解”不等于对“事物”的“个性化理解”，前者是哲学性的，后者则只是一般理性的，前者是本体论的，后者则是认识论的。打个比方，如果《道德经》是老子对“世界”的“个体化理解”的话，那么对《道德经》的阐释则只能是“个性化理解”：前者是本体论层面上的，后者则是认识论层面上的；前者是“哲学观念”，后者则是“哲学研究”。而中国文化区别于西方文化的标志，中国人获得自己的筹划性的标志，便只能是前者。如果我们再把这个问题放在中国文化内部，比如从文学角度来看这个问题，那就是：那些很难被道家思想所解释的作家作品，就比依附道家思想的作家作品，更具有本体论和存在论的意义，反之则只具有认识论或个性化的意义。例如苏轼和陶渊明都受道家哲学影响，但苏轼的很多作品已很难被道家哲学所涵盖，而陶渊明的《桃花源记》则很容易被道家哲学所解释，并与沈从文、汪曾祺一道，构成了中国文学的一种以“恬淡”为审美标志的类型化风格——中国当代文学要摆脱对西方哲学和文学的模仿，由此也可以获得问题性启示。将这个问题放在哲学本体论上看就是认识论的、感性化的“个性化理解”，也可以说具有某种“筹划性”，但却不一定具备“本体性否定”所讲的“创造性”。所以“本体性否定”对每个人来说是“或然”的，而不是“必然”的。这种或然的、创造的“否定”，是对“筹划”、“自由”、“实践”的具体规定，并因此可以解释人与自然的关系：人成为人是自身对自身的创造性的揭示，而不是必然性和筹划性的结果。因为“必然”没有照顾到其他动物，“筹划”也没有使其他动物发生性质上的创造性变化。在人成为人之前，“必然”与“筹划”也应该是动物所享有的。

再次，这就涉及对“本体性否定”的内在结构的分析了。“本体性否定”之所以以“批判与创造”为自己的规定性，是因为它将萨特所说的“自在”和海德格尔所说的“沉沦”作为否定者离开的“对象”，从此不再对“自在”或“沉沦”说三道四。因为“自在”或“沉沦”不能安放人的存在性而只能获得快乐性，所以这是不同于萨特、海德格尔将“自在与自为”、“沉沦与澄明”作为“自由”和“在”的内在结构的。人不是原始地、本能地选择“自在”和“沉沦”而具有存在性的，而是在“离开”它们的时候，审美意义上的存在性才开始出场。这样，“本体性否定”只是在萨特的“自为”领域和海德格尔的“澄明”领域中去开拓自己的世界。这种开拓包括如下的“穿越”与“改造”——

1.“本体性否定”与每分每秒流逝的“时间”是“非同步”的，“本体性否定”可以借助时间来展开自己，但“时间”不一定能保证“本体性否定”出场，也不一定能保证“本体性否定”完成自己。这是与萨特、海德格尔的“时间观”有区别的——后者的“自由”与“此在”是与“时间”同步的，并以“过去”、“现在”、“将来”为自己的时间结构——所以“本体性否定”对“时间”的看法是“尊重而不限于”、“利用而不受其束缚”。如果人在时间中只是以认同世界的姿态生活，时间就是与“本体性否定”分离的。所以时间在这里是中性的，它可以服务于“非本体性否定”，也可以服务于“本体性否定”。

2.“批判”在人成为人的过程中首先具有“不满足于”既定现实的价值冲动意味，而当人的理性逐渐产生后，又可利用理性显现为“问题意识”和“局限分析”。所以“批判”具有“利用既在”又“改造既在”的意义。在人的理性形成的过程中，“批判”具有“离开”、“不满足于”本能世界（模仿、反应、求生等）的意味,其创造性结果就是能将本能世界“对象化”、“材料化”,并因这“对象化”、“材料化”而使理性形成。人的理性思维形成后,像时间一样,理性可以继续服务于人的本能、模仿、依附、认同等“非本体性否定”之生活,也可以服务于反本能、反模仿、反依附、反认同的“本体性否定”生活。当它服务于后者时,知识意义上的“问题意识”和“局限分析”便产生了。所以“批判”在“本体性否定”中的内涵可以因现实内容的变化而有所变化。“批判”就具有“穿越感性、理性、本能”的性质。

3.“批判”在“本体性否定”中是逻辑上先于“创造”的,并为“创造”提供本体论意义上的方法论。“本体性否定”中的“批判”之所以不是黑格尔材料意义上的“扬弃”,也不是比较诗学、历史进步论意义上的事物长处与短处之间的互为观照,是因为“批判”针对的是整体的世界之结构、性质,以及由这种结构、性质相对于“本体性否定”者所面对的问题、所显现的“局限”。对这样的“局限”的弥补逻辑性地蕴含着“本体性否定”者的“创造”。“批判”揭示“既定世界”之“局限”,便具有这样的思路:“批判”应该具有能让人“离开”既定世界的功能,而不是“弥补”既定世界的功能,所以“批判”依据的不可能是任何既定的观念与标准,所以这种“批判”才是真正的审美批判,并且主要是在批判既定“世界观”的前提下创造性地提出自己的世界观。“批判”既然是世界观意义上的批判,并要求产生自己的世界观,那么,对今天的思想者与学者而言,其方法必然具有“利用理性”的特点。这一点,形成了“本体性否定”与自尼采、海德格尔之后直到马尔库塞、阿多诺的“反理性”批判观的重要区别,从而在方法上摆脱非理性化的“内心体验”状态。至于如何使“批判”向着“创造”生成,“本体性否定”初步提出了知识意义上的“W”方法。

“本体性否定”的特性概述

概括起来,“本体性否定”具有区别于既定中西方本体论和否定哲学的以下特性。

首先,传统的否定哲学,无论是皮罗、休谟的怀疑论,还是黑格尔的“否定之否定”,抑或中国道家的反文化性否定,乃至“文革”的大批判式否定,本质上均有“自然性否定”之特征。而任何“自然性否定”,虽然具有变异性,但均具有循环性特点,在否定结果上不可能导向一个“以理解为支撑点的性质不同的存在”。这一点,突出表现在老子的“S”型的“反者道之动”、黑格尔的“螺旋式上升”的“绝对精神”辩证运动之中,也表现在“文革”时期的打倒、破坏性否定之中。对前者而言，“S”型否定可以解释“生死轮回”对任何确定性、人为性事物的制约，因此它解释的只能是人与物质自然性生命的运动特性；黑格尔的“否定之否定”虽然也强调差异，但由于这种差异，是在任何认识活动中都可能出现的差异（如我们认识的萨特，已不是在西方语境下认识的萨特；如中国的“新潮小说”，肯定有区别于西方纯粹形式小说的特点），所以黑格尔从“量变到质变”的辩证运动的理论，实际上是指大千世界精神活动的“千差万别”；这种“千差万别”，在人们的认识活动中是普遍的、自然而然存在的，并不特别需要人去进行创造性努力。这样，黑格尔的“否定之否定”，解释的只能是普遍的精神运动的性质，而不是我所说的或然性的“本体性否定”的性质。对后者而言，“文革”中的大批判所导致的灾难性后果，比自然界的火山爆发虽然有过之而无不及，但它们并无本质上的不同；因此一切具有破坏性的行为，在性质上均属于生命运动或生命运动的异化形态，而不可能导致创造。所以，皮罗怀疑认识的可靠性，休谟怀疑理性认识的可靠性，均属于对本真性的生命感受的捍卫——这种生命感受，便是文化领域里的“自然”，守卫着这种“自然”，便是守卫着文化领域里的循环性生命运动。

其次，传统的“本体论”，无论是西方的“上帝”、“理念”、“绝对精神”，还是中国的“道”、“气”、“理”，均具有绝对性、恒定性，即战国人列御寇所云：“故生物者不生”，“化物者不化”①。因为自然界的万事万物均摆脱不了生老病死的相对性，所以根据“阴阳合德”（《周易》）的道理，推测一个绝对的终极因素是正常的。这种推测，一定程度上也成为传统文明“多样统一”的价值中心论。问题在于，在“人成为人”这个问题还没有搞清楚的情况下，这种本体论的特性定位，多半也永远只是推测。将不可看见的称为“绝对”，将可看见的称为“相对”，这充分表明了前人在“本体论”思维中的二元论对立，而很难去设想这种对立实际上是不存在的。在我看来，如果人成为人的因素，就在人的现实发展运动中体现出来，那么，使自然界万事万物变化的原因，也就在这变化本身之中。只不过这里的差异在于，万事万物运动变化的原因就是“运动”本身，而不是从一个“不运动”的东西那儿产生的；而且这个“运动”的特性是“万变不离其自然属性”。“运动”既是事物变化的原因，也是事物变化的结果，所以本不应该有个“生物者不生”的问题。而“本体性否定”由于不是那个“永远运动”的自然性产生的，所以其自身的特性，就既不是绝对的也不是恒定的。通俗地说，人成为人并不是一种“必然的否定性”造成的，人成为人之后，也并不必然受人成之为人的“本体

① 《列子·天端》。

性否定”所支配。因此,“本体性否定”在“本体论”上的特性,就呈现为自发性、超验性和独在性三个特征。

我们具体地来看一下这“三性”——

1. 所谓“自发性”是指“本体性否定”不受自然性运动的“必然”和“偶然”支配。即“人成为人”既不是运动的必然性,也不是“运动”中的偶然性所能解释的,当然更不是黑格尔所说的“在于从偶然性的假象里去认识潜蕴着的必然性”①。如果说人是宇宙间必然规律(如进化论)的产物,那么这必然规律为什么独独让人成为人,而没有使其他动物成为人?或者说,人作为一个偶然的假象,在人的所有历史之外,是很难找到一种必然性的解释的。如果说人是宇宙运动中偶然被抛出的,那么,宇宙运动为什么不再发生这样的偶然,唯独是人成为人?——假如概率只有一次,那么用偶然来说明,也十分牵强。换句话也可以说,“本体性否定”的产生不可以用自然性运动的偶然性来解释(如陨石雨),因为自然性运动的偶然性从来没有改变其自然属性;“本体性否定”也不能用自然性运动的必然性来解释(如万物生长靠太阳),在“必然性只有通过大量的偶然事件才能表现出来”②的意义上,人的特性(如理性思维)和自然界的各种偶然事件是不同的。这样,使人成为人的那个“必然性”,便不在黑格尔的那个现象背后的“本质”之中。由此,人的“本体性否定”是“自发的”,是产生在对自然性生存“不满足于”基础上的“自发的”,便成为逻辑推论。

所谓“自发”,也就是说“本体性否定”不是任何必然和非必然的外在因素造成的,也不是由任何偶然的内在因素突变的,而是“还没有成为人的动物”在自然性现实中逐渐自发产生的。这里的关键在于,人的任何行为和观念(如实践、劳动、理性、自由等),都不能来说明这个“自发性”。相反,它们只是“自发性的否定”产生的“结果”,所以我们不能“倒果为因”。另外,“自发性的否定”作为逻辑起点,一是本身不能再由什么来产生,二是可以从人类历史中得到验证:既是“自发”,当然就可以被遗忘;既是“自发”,当然人就可以重新选择成为“非人”;既是“自发”,当然也就可以重新被唤醒。即人如果只知道体验“快乐”,可能永难产生这种“本体性否定”的意识,但是如果人“不满足于”体验快乐,还想获得自我实现尤其是自我创造的价值感,他就有可能产生“本体性否定”的意识。因此人是否能产生“本体性否定”的冲动和意识,取决于人是否有“不满足于现状”的意识,以及渴望成为人的自我实现的需求。当人成为人之

① 黑格尔:《小逻辑》,北京:商务印书馆,1994,第146节。
② 冯契:《哲学大辞典》,上海:上海人民出版社,1992,第432页。

后,这种需求就成为个人自我创造的需求。这样,当代的"本体论"问题,就成为人在快乐体验的基础上,如何自发地意识到自身的心灵缺陷的问题。反过来,这也是传统的"本体论"可以被消解的缘由:如果"本体"是由必然性决定的,我们何必担心"本体"会失落?如果"本体"是由偶然性袭来的,文明的转型、思想的诞生、艺术的创造、经典的产生以及由此体现出的心灵依托,又如何谈得上人为努力的可能?

2. 所谓"超验性"亦即"超现实性",主要是指:"本体性否定"不问现实是怎么来的,也不问万事万物是怎么来的,而问人是怎么"超越"(西方文化的"超现实"用语,其特点是优越性、抽象性、征服性)或"穿越"(中国文化的"超现实"用语,其特点是不同性、具象性、平衡性)自然性的现实从而成为自身的。当人产生了自己的文化和文明以后,"本体性否定"也不问文化和文明是怎么来的,而是在"超越"或"穿越"既定的文化与文明之现实的基础上,追问人还可以向自己的文化贡献什么,并在既定的文化与文明衰落之际,追问文明还有什么可能。因为只有在"超现实"的价值指向之中,人才可以逐步告别自然界,告别既定的、已经成为自然性运转的文化现实。在面对自然时,这种"超现实性"是指文化的产生;在面对既定的文化现实时,这种"超现实性"是指不同文明的产生(如西方的中世纪文明和现代文明);而在面对本文明内部时,则是不同的思想符号和艺术符号的产生。所以"超现实性"作为人的"本体性否定"的特征,在任何领域、场合都可以有所体现,也可以被不同的文化和文明中的人坚守。

需要指出的是,不能简单地将西方的"此岸"和"彼岸"的二分法称为"超现实性",也不能简单地说中国文化从来不注重"超现实性"。一方面,中西文化的产生,本身就是对文化之前的自然性现实的"超越"或"穿越";另一方面,西方人重"此岸"和"彼岸",中国人重"现实",只不过是"超现实性"的方式和观念不一样罢了(中国的"超现实"严格说来是"穿越现实",这是"尊重现实而又不限于现实"的意思)。假如我们将"超现实性"定位在创造现实不曾具有的文化成果之上,那么,中国的"儒、释、道"思想和西方的柏拉图、亚里士多德的思想,便都是这种"超"的产物。所以,"超现实"主要不是指对现实生活的超越,而是指对既定的、已然的现实的超越。只要是现实中所没有的产品、作品、思想和符号等,便都可以理解为"超现实"的产物。当然,"没有"在这里要作一个界定:所谓"超现实",不是指用现实中没有的材料做成的成品,而是指在性质上、理解上区别于既定产品的产品——某种意义上,人就是这样一个超越、穿越自己的产品,人的性质是"超现实"的,而人的组成部分,则是自然性的、现实的。

在此意义上也可以说,现实倘若是由黑格尔意义上的"否定与肯定"组成的,那么“本体性否定”就不在现实性的“否定和肯定”之中。现实性的“否定和肯定”的一个重要特点是:无论是“否定”还是“肯定”,其所依据的都是现实性的事物,其结果,也都导向一种现实性的事物。今天看来,五四新文化运动的一个突出问题,即在于以西方现成的理论为“肯定”对象,对中国传统文化进行“否定”。其结果是,我们拥有的只能是西方文化的存在,不可能诞生属于我们自己的存在。反过来,用中国传统文化的立场来“否定”西方,结果拥有的也只能是中国传统文化之存在。在根本上,上述“否定”和“肯定”都属于现实性的文化运动,不可能真正产生不同的事物。而“本体性否定”则强调:只有对中西方既定的思想同时采取批判的态度,其批判所依据的尺度和产生的成果,才能保证既区别于西方理论,又能区别于中国传统的理论。这使得“本体性否定”,也区别于所谓的“中西融合”说。表面上看,“中西融合”也会产生新质,但由于“融合”采取的是“各取精华”的方式,其“批判中继承”或“继承中批判”有人为的“非整体性”弊端,这就使“融合”容易成为“拼盘”。由于建立在一种整体“理解”上的文明均有其精华与糟粕,所以批判应该是对这种整体性“理解”的批判,而不是“剔除其中的糟粕”。所谓对中西方“精华”进行融合之所以十分困难,一是由于融合可能会因为“非有机性”而难以成活,结果只能造成文化碎片,而“理解”则是世界观的、整体性和有机性的(儒、道、释便是如此);二是即便对“精华”进行批判,如果这种批判不能以独特的理解作为其批判的完成,结果也就不可能批判什么。这样,“融合”后的新质,也只能以“什么都有”来区别于西方和中国传统。而“什么都有”只是破碎的现实,并不是“超验性”和“超现实性”后的整体性世界。

3. 所谓“独在性”,即指“独特的存在”,是指“本体性否定”的完成,在性质上必须是一种纯粹的、独特的事物的诞生。也只有“本体性否定”,才能保证产生的事物在性质上具有“独在性”,而其他任何“本体论”或“否定观”,均不能鲜明地突出这一功能。老庄的“道”,黑格尔的“绝对精神”,突出的是自然性运动(生命)和人的普遍性运动(认识)的含义,已不用多说;即便“实践”、“生命”、“自由”、“可能”这些本体范畴,强调的也是人的生存性质和个体的生存状态,而不能突出个体在群体中的“独特位置”。所谓“个体在群体中的独特位置”,不是指个体与群体在利益层面和生命层面的冲突——个体与群体、自我与他人在利益层面的冲突是永恒的,因为欲望世界本身就是相互冲突的;但无论是个体利益还是群体利益,他们谈的都是“利益”,而不是说,个人利益与群体利益“在性质上有如何的不同”。也可以说,无论是“大公无私”还是“自私”,均不能解释个体区别于他人和群体的特性(即一个人作为“个体”存在的依据是什么）。另一方面，西方的个人主义理论，虽然不仅包括个人利益的满足，也包括个人权利的捍卫、个人选择和个人隐私的自由，但这是一种以“个体”为单位或群体为个体服务的个人主义理论。这种理论，尊重的是个人生存的自由和权利，而不强调个体在群体中贡献的一种不可重复的“存在”。“贡献”一词不是为群体和他人奉献自己的含义，而是产生一种群体现实所不具备的“语言”——以思想、符号、产品、行为和生活方式出现。莎士比亚和曹雪芹是这样，柏拉图和孔子是这样，林肯和克伦威尔是这样，自然，顾准和昆德拉笔下的萨宾娜也是这样。

值得说明的是，“独在性”并不始终是指“个人”的特性（即个性）。至少在现阶段，我们可以将有人类的地球在宇宙中的特性，称为“独在性”，因为迄今为止还没有在其他星球上发现生命和人类。在地球上，人类诞生的初期，“独在性”就是指人类性或人的文化意义上的群体性，因为人以文化群体的面目向世界贡献了一种“殊在”，以区别于大自然的存在，而文化的差异问题在这个时期并不重要。在人成为事实的前提下，西方文化以《圣经》、东方文化以《易经》形成了各自的文化“独在性”，不同的文化就是不同的存在。在西方文化内部，文艺复兴将近代意义上的“个人”凸现出来，自由、平等、博爱是这个时期“独在”的具体内涵，并由此构成了西方文明特定时期的“个人性”；而在中国文化内部，明末以降的“童心”思潮，呼唤的是被封建伦理压抑的情感、个性等个体生命状态，这种呼唤一直延续到 20 世纪。“个体即个性”、“个体即生命”，是 20 世纪 80 年代以前中国个人的“个性”的显现。而“本体性否定”所讲的“独在性”，只不过是在传统价值解体、个人欲望复苏但心灵又茫然的前提下，来重新考虑“个体何以成为可能”这一问题的。这种考虑，既不是西方式的“个人权利”，也不是中国式的“个性解放”所能解释的，因为它涉及的是个人的“心灵依托”问题。我将这种“独在性”称为由“个体化理解”支撑的“独特存在”，简称“独在”。

“本体性否定”对现有二元对立思维的穿越

二元对立的否定观由来已久，并以一方克服和规定另一方为其统一的形态。“本体性否定”以创造不同于非创造的二元对等思维所形成的张力，将感性与理性、实体与虚体等二元对立范畴材料化和工具化，从而突破了二元对立思维以否定观对我们的约束。

对“感性”和“理性”的穿越

在认识论哲学中，我们已熟知“感性”和“理性”这对范畴，也由于人的认识活动无所不在，所以我们无时无刻不在与“感性”和“理性”打交道。但人们在这种认识活动中并不一定具有批判性，也不一定具有创造性，尤其是通过批判导向创造，就使得无所不在的“感性”和“理性”，并不一定包含人们所说的价值论，更不一定包含“本体性否定”的价值论。因此，否定主义所说的“否定性”，由于是指“批判与创造”的统一，这就成为传统的“感性”和“理性”这对范畴及其辩证运动所不能包容的新型范畴。

在一般的意义上，“感性”总是指外界事物作用于人的感觉和知觉所形成的初级认识形式，并接近克罗齐意义上的“直觉”，与“形式”和“表现”相通。这里的“感性”基本等同于“感知”。在此之前的康德更强调“感性”的原初意义，“感性”被解释为低于“知性”的一种与感性材料打交道的先天直观形式(时空的)，与感观能力相通，并不具有“知性”所具有的整理和综合功能。在此之后，“感性”在马克思主义哲学中先后被赋予“感性的直观”[①]、“感性活动”[②]、“感性世界”[③]、“感性需要”[④]等几种含义。虽然这些范畴的含义不完全相同，但“认识世界”、“生活世界”和“欲求世界”的原初意味则是明显的。既是原初，它的第一性和必然性便是当然的推理。亦即无论是在认识世界还是在生存世界，我们首先而且必然地要和“感性”打交道，也不可能排斥对感官的使用。这个特性，一定程度上使“感性”等同于我们所说的“人的基本生命特性”。

但“本体性否定”所讲的“否定性”则不是如此。这种“否定性”首先是对“感性需要”、“感性世界”的穿越。这种穿越，使“否定性”既不是人的第一需要，也不是人的必然需要，而是人在满足这些生存需要的基础上，因心灵空虚等问题的出现，而产生的一种创造性需要——人可以无视这种需要，也可以重视这种需要，这些都并不必然地对人的感性生存构成威胁。恰恰相反，由于“否定性”对人的感性生存的“尊重”和“离开”之含义——比如对于“欲望生命”，它就鲜明地区别于传统“禁欲”的宗教性否定观、“节欲”的道德性否定观和“轻欲”的审美性否定观，这就使我所说的“否定欲望”具有一种“尊重又不满足于欲望”的意味。其次，“否定性”是对“感性认识”的“利用”，而不是被“感性认识”统辖。一个产生了“本体性否定”冲动的人，可以凭借感性能力和理性能力从事创造性工作，而没有这种冲动的人，却只能在感性认识和理性认识中重复他人的思想（或用自己的个性表达重复、阐释他人的思想，如“述而不作”的学术传统）。或者说，一个有“否定性”冲动的人要借助感性材料，而一个丧失“否定性”冲动的人也要借助感性材料，那么，感性材料或感性认识怎么能够说明创造性价值的有和无呢？因此，同样是重视史料，有的学者只能汇编，有的只能用既定的观点阐释、概括，而有的则不仅注重发现新材料，而且能从对材料的问题性研究中产生新得和新思，那么，“重视材料”在此又能说明什么问题呢？再次，在认识活动中，感性是作为知识和判断的低层次出现的一种活动。“否定性”虽然包含“本体性否定冲动”，但是和“感性冲动”却不相同。“否定冲动”和“感性冲动”虽然都有“未完成”之意，从而分别成为全部“本体性否定”活动和全部认识活动中的一个环节，但“本体性否定冲动”是价值冲动，而且是“以个体化理解为目的”的创造性价值冲动，而“感性冲动”却是认识冲动，“否定冲动”不是与“否

---

① 《马克思恩格斯选集》第一卷，北京：人民出版社，1972。

② 同上书，第一卷。

③ 同上书，第42卷。

④ 同上书，第42卷。

定能力”相对的，而是后者的“何以成为可能”，而“感性冲动”和“理性冲动”却是对立的，并在认识活动中被后者“扬弃”，“否定冲动”是否定者的审美阶段，“美”是被憧憬着的，而“感性冲动”却无这样的张力，在“感性冲动”中并不一定能体验到“美”，而顶多只能接近“真”。这是否定主义美学和西方理性美学、生命美学最重要的区别之一。

对“理性”而言也同样如此。宽泛意义上的“理性”，被等同于西方近代科学理性、人文理性和中国伦理理性，与秩序、法则、规范相通，但认识论意义上的“理性”，基本上是指分析、判断、推理、归纳等逻辑思维，与感觉、情绪、心理等感性范畴相对。在一般情况下，处于理性文化传统之中的正常人，均有基本的理性能力，只不过能力有强有弱而已。因此“理性”和“感性”一样，是每个人在认识活动中都要涉及和使用到的文化性能力。说“人是理性的动物”，其审美意味只是相对于动物而言，离开了这个前提，认识论意义上的理性谈不上美。而西方现代生命哲学倡导“反理性”，只不过是反抗秩序、法则、中心和普遍化了的人文理性、科学理性，虽然有昆德拉强调的“人们一思考，上帝就发笑”一说，但现代人还是不可能舍弃认识论意义上的理性思维能力，即便德里达要解构“因和果”的逻辑关系，也只能发现“逻辑”的局限性，而不可能不用逻辑来思维和说话。正像“感性”有其局限性一样，“理性”也有其局限性，但这并不一定影响各自的普遍性。作为二元对立范畴的“感性”和“理性”，已经作为人类文化中的“新自然”，渗透到我们每个人每一方面的生活中。因此“理性”虽然在人的认识活动中是第二性的，但是它的必然性、普遍性与“感性”的必然性、普遍性是相同的。

“本体性否定”之所以也不同于“理性方法”，首要的原因在于：“理性”是人的一种思维和判断能力，而作为批判与创造能力的“否定性”，却是指人确立自身存在的能力。前一种能力是普遍性的，后一种能力是或然性的。理性思维能力是人的一种认知能力，很大程度上体现为传统认知方式的延续，但理性思维并不一定以是否有“发现”性的认知为自己存在的前提，理性思维能力强也不一定就能导向创造，它只是以推理、分析和判断为自己存在的性质。比较起来，“本体性否定”则不是指人的认知性，而是指人在认知活动中如何通过批判来完成创造的一种方法和能力。其次在于：“否定性”由于是人的一种价值活动而不仅仅是思维活动，所以，理性思维能力是作为一种“材料”融入人的否定性价值系统的，就像感性认识能力同样可以作为“材料”融入这个系统一样。这样，“否定性”就在实现自身的过程中，将“感性”和“理性”都穿越化解了——“感性”和“理性”就成为“否定性”在实现自身的过程中均可以使用的“工具”。简而言之，一个否定者在否定中，可以使用“感觉”，也可以使用“推理”，来为确立自己的存在服务。正是在此意义上，否定主义美学意义上的“否定性”，与黑格尔意义上的“感性和理性”的对立统一所讲的“辩证否定”，就形成这样的区别：“感性认识”上升到“理性认识”，“理性认识”再回到“感性认识”的这种“否定”（即正、反、合），之所以也称之为辩证理性，其缘由就在于“辩证”所构成的否定运动，带有自然性循环所造成的天然差异性，这种差异性能够出现在每个人的认识活动中。因此，黑格尔只能对“辩证否定”作“质变”的规定，但却不能对“质变”中的“创造性变化”与“一般性变化”之间的区别作规定。因为“创造性变化”不是指自然性的“质变”（如两份“氢”加一个“氧”等于“水”），而是指这种变化可以摆脱自然性（如劳动和逻辑思维的诞生）。因此，能够解释自然性变化的“质变”，不能用来解释告别自然性的“质变”，能够解释文化的自然性变化的“质变”（如西方哲学在中国文化语境传播中的文化性误读），不能够用来解释“产生新的哲学”这种“质变”。这样，否定主义美学所讲的“否定性”，在性质上便区别于黑格尔意义上的“辩证否定”或“辩证理性”。

那么，“否定性”能否被理解为“感性”和“理性”的对立与统一呢？也不能。首先，“否定性”不能被理解为“感性”和“理性”之间的“冲突”和“对立”，以及由这种对立造成的“感性对理性的统摄”，或“理性对感性的统摄”。“理性对感性的统摄”属于认识的自然运动，是人类认识活动的完整过程，“判断”是其完成的标志。而“否定性”中虽然有“感性”和“理性”的活动，但一来其“感性”和“理性”是作为工具使用的，这样，“否定性”的性质就不能定位在“感性和理性的对立或统一”上；二来“否定性”的“否定对象”，并不是感性认识或感性事物，而是既定事物在性质上的局限性。这种局限性是思想性的、理解性的，而不是实体性的、物化的或主体感觉功能性的。“否定性”所讲的“否定结果”，也不是指推理和判断，而是指用符号表达否定者对世界的独特的理解。“本体性否定”的目的是“思想的诞生”而不是“判断的诞生”。这样，我们就不能说“否定结果”与“否定对象”的关系，就是“理性”与“感性”的关系。

这意味着，“否定性”是人穿越“感性”和“理性”的一种价值特性，也是“否定本体论”在传统的“辩证否定”之外所发现的一种人的特性。这种特性，使“否定本体论”所讲的“否定方法”并不是以“感性”和“理性”之间的辩证运动的方式来展开自身的，而是以“问题”和“局限”为其方法论的逻辑起点来展开自身，并以“问题”的解决、“局限”的弥补为其方法的完成的。在“否定方法”中，当然离不开我们对现实的感受，而对现实的感受，当然也离不开我们的感性经验，但感性经验在此，是从属于我们对“问题”的发现和分析的；在“否定方法”

中，当然也可能有推理等理性思维的成分出现（如 W 方法），但理性思维可以从属于波普的“证伪原理”，也可以从属于霍克海默的“批判理论”，所以理性思维在“否定方法”中便不起主导作用。如果说，“人性”这个词可作人的情感和欲望、人的感性和理性等多种解释的话，那么，人的本体性否定特性便也应该是“人性”的当代诠释之一。

对“实体”和“虚体”的穿越

否定主义美学在哲学上坚决反对传统“相克”的二元论，又不同于传统“非创造性”的一元论，这就使“否定本体论”既衔接上中国“源流合一”的哲学思维传统，又对传统的“一”作了不同于传统的穿越性解释。

否定主义美学认为，无论是“天人合一”，还是“九九归一”，中国哲学在主流上是讲“一”的哲学（尽管有刘禹锡的“天理”与“人理”相分的学说，但影响不大）。因此，“一”的哲学在“儒、道、释”价值体系中，被解释为浑然天成的“天人合一”（人对天的皈依和“根与叶”的有机统一）。“一”是中国文化永恒的哲学精神，但“一”在不同的文明中可以作不同的解释，同样也应该是合理的。这意味着，对中国“一”的哲学作区别于“天人合一”的解释，也区别于刘禹锡“自然规律为天理，社会法则为人理”[①]（社会法则可以按照自然的某种规律来制定，所以光谈“社会法则”很难区别于“自然法则”）的解释，是“本体性否定”的最高使命，因此“一”在“本体性否定”中被解释为“从否定冲动到否定结果的完整过程”。这种“一元论”，一方面已鲜明区别于贯穿中西方的以“虚体”为最高本体（如“道”、“理念”、“在”等）的哲学，区别于贯穿中西方的“实体、实证、符号”等范畴，另一方面也对消弭“实体”与“虚体”的原始生存体验意义上的海德格尔的“在”之哲学，做出了自己的改造。

应该说，将“实体”与“虚体”分开，或以“虚体”为本根、本体（“道”、“理念”），或以“实体”与“形而下”为价值依托（“物质”、“实证主义”、“实用主义”、“功利主义”、“伦理主义”），是迄今为止中西方哲学在“形上”与“形下”问题上的首要局限。就前者而言，“道”和“理念”的内涵虽然有所不同，但其“形而上”性质或“不可见”性质，却是显而易见的。在“现实”是“理念”的影子的意义上，柏拉图对“现实”的轻视是不言自明的。而老庄虽然没有讲“源和流”可以分开，但以不可见的“源”（“道”）为最高意义所在，其含义也是清楚的。这种以

① 见刘禹锡的《天论》。

“虚体”为本根的哲学思路，必然造成传统哲学对现实性事物、现实性利益和欲望轻视的倾向，必然产生它们的对立面——反形而上的实证哲学和反不可见事物的儒家现实性哲学，在道德论上，也必然造成“重享乐、轻原则”的当代现实。而否定主义美学之所以认为“源”与“流”、“形上”与“形下”是一个本体，是因为如果没有“流”，也就不会有“源”，如果没有“形下”，也就不会有“形上”。因此，“源”与“流”、“形上”与“形下”应该就是一回事。或者说，“源”与“流”、“形上”与“形下”顶多只有逻辑上的先后关系，而没有价值论、本体论上的差异。而将逻辑上的“先后”理解为价值论上的“差异”，并将“本体”等于“本源”，正是中西方“虚体论”哲学共同的思维局限。其次，否定主义美学认为，“源”与“流”、“形上”与“形下”既然是一体化的，那么“流”只能理解为“源”的表达方式和实现，而不能理解为对“源”的脱离或对立。或者说，“源”是不可见的“流”，“流”是可见的“源”，在都是“水”这一点上，它们只能是一种性质、一种价值。“否定本体论”所讲的“否定冲动和否定结果”，虽然不是指万事万物的产生及其结果，也不是指人的感受、思维在自然性运动状态下所产生的差异，但其“源”、“流”统一的性质则是不言而喻的。

这样，“否定本体论”虽然注重“本体性否定”的“结果”，从而在一定程度上体现了中国哲学注重现实性和可操作性的特点，也汲取了西方实证哲学、现象学等对可感性事物推崇的积极成果，更注意到当代人注重现实利益的倾向，但在对“一元论”的理解上，“否定本体论”却与轻视形而上的实证哲学、轻视不可见事物的儒家哲学、耽于生存快乐的利益哲学有重要的区别。对实证主义哲学而言，这种区别是指：西方传统的思辨哲学、唯物唯心之争的形而上学有问题，不等于“形而上”本身有问题，也不等于不能被实证检验的思想（如宗教）就没有价值，更不能轻视“事物何以成为可能”的思想性追问。也就是说，我们应该区分有价值的形而上和没有价值的形而上，而不能笼统地因“形而上”而取消之。在“否定本体论”看来，就像人的起源不能完全凭实证（考古的材料只能证明已经成为人的状况，而不能说明人何以成为人的过程），而需借助思辨和猜想一样，对“事物何以成为可能”的追问，就是产生新的创造性事物的前提。这样，“结果”与“结果何以成为可能”便是一体化的，可见的事物与不可见的事物也同样是一体化的。这意味着，西方任何时期的“思想”和“主义”，都与其产生的文明背景和人的价值冲动密切相关。对我们而言，忽略这个背景和人不可见的价值冲动而直接移植其思想，必然事倍功半。而对儒家哲学而言，否定主义美学认为，重法则重伦理并没有错，错的是儒家哲学没有为“伦理何以产生”留下一定的思辨空间，这样，当代中国人就不知道在传统伦理丧失作用之后，如何根据“伦理何以产生”的思路,去产生中国当代性的伦理。长此以往,儒家哲学自然便成为守成甚至僵化的哲学,也必然导致否定主义美学将“结果”与“结果何以成为可能”融为一体的新思路,并尝试对儒学精华进行当代性的穿越和改造。

不仅如此,否定主义美学的一元论,还体现为对“实体化的虚体”的穿越。具体说来,是体现为对西方“我思”、“绝对精神”以及“上帝”等“实体化的精神形态”的穿越。应该说,笛卡儿的“我思故我在”,表明西方“实体性的本体论”的一个近代意义上的转折,那就是从对象性的、客体化的实体,转化为主体精神性的实体。这个精神性的实体,在笛卡儿那里是“我思的功能”,在黑格尔那里,则是会外化为实体的主体的精神性辩证运动。以表面上看,“精神”似乎是“虚体”,而“实体”性的“精神”,只不过是说作为“虚体”的“精神”,可以被我们直接感知到,并被我们当做对象化的存在。这样一来,实体性的“精神”,似乎应该完成“虚体”与“实体”的统一了,其实不然,原因首先在于笛卡儿和黑格尔都属于认识论的本体论,而不属于价值论的本体论,更不属于“否定本体论”所说的价值本体论。

对笛卡儿来说,“我思”是指“主体的认识功能”,既然是“认识”,那便有认识的客体存在。因此,“思”或“认识”,便是主体这个实体的一种精神形态——“我”,是在“思”中才存在的,如果“不思”,“我”便不存在。这样,笛卡儿的“存在”,便是“我(实体)+思(虚体)的统一”。而“否定本体论”则不同。“否定本体论”所说的“否定方法”,不关注“我在思考”这回事,也不关注“我思考有了一般认识论性的结果”,因为每个人的思考都会有一个结果,思考不出所以然也是一种结果。“否定本体论”关注的是一个人是否在进行否定性的思考,以及这种思考的结果创造性程度如何。这样,“否定方法”便成为另一条线索,穿越了“我在思考”这片认识论的领地,并且使大而无当的认识论具有了价值论意义。因此,在“本体性否定方法”中,知性的了解和认识对象只具有工具的意义,只有价值性的否定或批判对象,并把对象看作局限性存在,才具有性质的意义。而且在“本体性否定方法”中,否定者也不关注知性的判断和概念性结果的存在,而关注这种符号化存在是否凝结否定者创造性的思想。这样,一个否定者有“主体”在,但不是“主体”能解释的,有“思”在,但也不是“思”能解释的。

对黑格尔来说,由于“绝对精神”是主体的精神,也是能外化为实体和客体的精神,更是在自身的辩证运动中能产生新质的精神,这就使得“否定的一元论”,很容易与主、客体辩证统一的一元论相混淆。这种容易混淆体现在三个方面:一是“绝对精神”和“否定精神”都具有动态性,但“绝对精神”是能够外化“对象”并且呈现出对对象能有所认识的动态性,而且黑格尔无法解释这种“绝对精神”是怎么来的，而“否定精神”正是解释这个“绝对精神”是怎么来的、解释认识论是怎么来的一种原创性精神。因为人并不是天生就具有将事物对象化的能力，而是在“否定冲动”的作用下才产生这种能力的，这样，“否定精神”就比认识论性的“绝对精神”更为根本，认识的辩证运动只不过是“否定精神”的产物，这一点在思维方式上类似海德格尔具有原始筹划性的“在”的哲学（当然“否定”比“筹划”更有价值限定性）。二是“绝对精神”和“否定精神”都讲究其“结果”的质变性，但“绝对精神”所说的“质变”带有天然性和必然性——每个有个性的人在认识活动中都会产生与他人有差异的认识——宛如自然界万事万物运动的差异性一样，因此，“认识”虽然是人为的，但“差异”又是被天然性保证了的。这也同时保证了黑格尔意义上的“质变”的普遍性。而“否定精神”对“质变”的规定，比黑格尔的“质变”更严格，也更难——这是要上升到世界观意义上的“质变”，因此，它是创造性的，非普遍性的。这种“质变”不是“个性”而是“独特性”才可以解释的。三是“绝对精神”和“否定精神”都有其自身的方法，“绝对精神”的方法是“辩证法”的“正、反、合”，可归纳为“主体、客体和主客体统一”，而“否定精神”的抽象方法是“批判与创造的统一”，具体方法为“W”方法程序、美的悬置性批判方法等，它们显然是不可同日而语的。

对“精神”与“物质”的穿越

“否定本体论”既然是“一”，那么它也就是一个“整体”，既然是一个整体，那么便意味着我们不能再用传统的眼光去看待这个整体内部的二元关系，诸如用“精神的”还是“物质的”、“心灵的”还是“肉体的”这种二分法，去对待“否定对象”与“否定结果”这两个范畴。或者说，“否定对象”中有物质、精神、心灵、肉体，“否定结果”中也有物质、精神、心灵和肉体，这使得这些范畴的存在显得没有必要。于是，真正要确立的二元范畴，是“生存性”和“存在性”，而“存在性”是对“生存性”的“本体性否定”。

否定主义美学认为：在“生存性”世界中，“物质、精神、心灵、肉体”这些范畴是水乳交融的，并且从属于它们所在世界的“欲望性”、“运动性”、“快乐性”、“消耗性”和“循环性”。这意味着，“欲望”、“本能”、“运动”、“快乐”、“消耗”这些概念，在性质上是彼此关联而相通的。“欲望”是本能的，它的满足自然是快乐的，满足的结果又是消耗性的，然后周而复始，又产生“欲望”，于是便形成了“运动”。人就在这种运动中从“生”走向“死”，因此这又造成“生存性”世界不可避免的死亡性以及对这死亡意识后的空虚性。在这个世界中，“物质”、“精神”、“心灵”、“肉体”的划分之所以是没有意义的，是因为这个世界每一个与人打交道的事物，都既是物质的，也是精神的，既是心灵的，也是肉体的。一个农夫锄地，首先是用自己的身体、工具与土地这种物质打交道，在这里，不存在身体和物质的分离；其次，锄地的辛苦，锄完地的如释重负和锄地的喜悦心情，既是感受性的，也是心灵和精神性的。而锄地本身与锄地的感受，本身也不可进行二元划分——不可能进行无感受的“锄地”，也不可能产生无锄地的锄地性感受。这就像“读书”一样。“读书”不可能只是精神性生活，也不可能只是心灵的生活，“书”本身是物质性的媒介，而“读”本身又依赖感官的、肉体的活动——就连“视线”也是物质性的，因此感官的、心灵的感受，在读的过程中是交融的，同时涌现的，并且也依赖于物质性媒介——它们的须臾不可分离，也使得我们不好对“读书”进行或物质或精神的划分。“读书”是如此，其他一切似乎是精神性的活动，或者似乎是物质性的活动，也是如此。

反之，“存在性世界”虽然与“生存性世界”是性质不同的世界，即它是以“或然性”、“创造性”、“独特性”、“不可重复性”为其特征的，但是“存在性”世界的内部材料，也是物质、精神、心灵、肉体水乳交融在一起的，没有纯粹的物质和肉体，也没有纯粹的精神和心灵，可以成为“创造性世界”的载体。诸如电脑的发明，就不能说是精神性的发明，也不能说是思想性的发明，而是与物质产品（比如电子元件等物理部件、软件、程序）打交道的一种综合性的发明。甚至，电脑的发明也不是纯粹的精神劳动——精神不凭借大脑、元件等物质材料，又如何劳动？劳动之所以为劳动，就是有工具的活动，而任何工具，均是物质性的。这一点，也突出表现在人的思想创造活动之中。在一般情况下，我们总觉得认识活动属于精神活动，思想创造更是精神活动，其实不然。这不仅因为精神、认识、思想的产生，本身就是大脑物质运动的结果，也不仅因为人在思想创造的过程中，要伴随着身心程度不一的感受，更重要的是，思想以及思想的成果，如果不借助物质化的文字符号来表达，或者不借助声音化的语言来表达，那么我们便可以说他没有在思考。甚至一个人自己的思考，也是在自己内心化的声音语言中进行的，或用还未写出的文字进行的……这些情况，均使得我们对精神和物质的二元划分显得多余。这种多余，注定“唯物”与“唯心”之争在一定意义上是哲学的伪问题。

从另一方面来看，“精神”本身由于可分为“消费性精神”和“创造性精神”两种精神形态，一个笼统的“精神”，又能说明什么问题呢？而物质符号，既可以记载从众性的思想，也可以记载创造性的思想；物质化的劳动，既可以是模仿性的劳动，也可以是创造性的劳动——物质符号在工具化的同时，也就失去了它独立存在的依据，强调和精神对立的“物质”，又能具有什么样的理论意义和实践意义呢？

如前所示，“读书”本身具有的精神性含义，如果要为其定性的话，那么便只能是以学习性的、消费性的为主（批判性的读书除外）。这种性质，与卡拉OK等娱乐性精神活动，并无本质差异。由于“读书”是以了解和体验对象的内容为鹄的的，因此人们通过“读书”获取知识，通过“读书”打发时光，便成为自然之理。一般说来，获取知识、欣赏文学、打发时光的过程，均带有精神愉悦的特点，而愉悦性，总与生存快乐世界相关联，这种关联，使得生存世界具有“获得”的特点。这就使得人的精神愉悦的特点，与动物的嬉戏所产生的精神愉悦的特性，是相通的。或者说，在有一种叫做消耗性、消费性的精神这一点上，人与动物是相通的。这种精神本身，与创造性的精神活动是无缘的——创造性精神活动属于人的另外一个世界，是人“不满足于”消费性精神生活的结果。这就是只要识字，世界上每一个人都可以读书，都可以享受获取知识的喜悦的道理。但由于并不是每一个人都能以所学知识来从事自己的创造性劳动，这样，为书所累或被既有的知识所遮没（所谓“掉书袋”），便成为知识界较为普遍的状况。因此，中国读书人很多，书读得多的人也不少，以书为乐、以书为趣的学者也为数可观，但将前人的知识、圣人的思想予以创造性的批判，进而建立自己的思想的人，却凤毛麟角。好不容易出现像李贽、戴震这样的对儒学怀疑的思想者，不是“为时代所扼止”①，就是为“理论上缺乏系统性的观点”②所延搁，要不，就是因与儒学藕断丝连而被消解，长此以往，谁还敢再走李贽、戴震的路呢？谁又能接着李贽、戴震“说”并能对他们有所穿越呢？

同时，物质生产活动也同样体现了“生存性”和“存在性”并立的状况。且不说本体论意义上的“物质生产活动”也包括劳动的精神性喜悦、科技发明的创造性满足等，使“物质生产”并不与“精神生产”相对立，即便较为纯粹的“物质生产”，也还是有两种不同性质的物质生产——工人在流水线上从事批量性、复制性的劳动作业是“物质生产”，在同一个厂房之下，技术专家在实验室中对流水线进行改进，通过发现和发明建立新的生产程序，也同样是“物质生产”，那么，“物质生产”这样空洞的概念，又如何能说明这两类不同性质的劳动呢？这不是说技术发明比批量作业的价值要高，而是说这两类性质不同而并立的劳动，“物质生产”是无法说明的。再进一步言之，“体力劳动”和“脑力劳动”的划

---

① 黄仁宇：《万历十五年》，北京：中华书局，1982，第231页。

② 同上书，第232页。

分也就失去了意义。一方面,"体力劳动"中也有"脑力劳动","脑力劳动"在宽泛的意义上也是"体力劳动",这就使"脑力劳动"只具有不动手脚的意味,而丝毫说明不了劳动的性质差异。因此,说"脑力劳动"只从事"精神生产",那是不够准确的。另一方面,仅就"脑力劳动"来说,就可以划分为"生存性脑力劳动"和"存在性脑力劳动"——一个学者从事科研可谓"脑力劳动"了,但"述而不作"往往与文化积累有关,而"述而有作"却往往与思想和文明的创造有关,那么,"脑力劳动"又如何能区分出这种价值上的不同呢?"脑力劳动"如果是个笼统的概念,"脑力劳动"作为"体力劳动"的一种,或作为"物质生产"的一种,便同样也是笼统的,如此,"精神"和"物质"的划分,便必然失去了意义。

"心灵"和"肉体"的对立也同样如此。作为"精神"与"物质"之对立的翻版,"灵魂不灭"大概与"精神不死"是相似的。其实,人类历史上从来没有过"灵魂不灭"的情况,只有过"什么样的灵魂可以不灭"的记载。这就意味着,我们要将"灵魂"、"心灵"区分为"有价值的灵魂"与"无价值的灵魂",以及"有价值的肉身"与"无价值的肉身"这两种。准确地说,不存在"灵魂不死,肉身必灭"这回事,而我们所看见的众多活着的"灵魂"(如鲁迅、雷锋等),也必然是伴随着其肉身的鲜明性和生动性的。这一方面是因为,现实性的肉身一死,现实性的灵魂也将必然随之死去——灵魂不再能思想,灵魂的载体——肉身,也必将不能有所行动。这一点,任何人都概莫能外,并体现出生存性世界的必然死亡性。另一方面,一个人如果能有自己的思想,那么这思想不但可以流传下来,而且我们还必将从中感受到其人鲜活的肉身存在,思想因此就和产生它的人同时存在,但这种存在,是人的文化性存在。因此,读孔子的原著,你感受到的是一个可爱善良、到处宣传自己思想的小老头,或者说,孔子的灵魂和肉体同时在你的感受中活着。这个时候,你不会觉得孔子是"孔老二",也不会觉得孔子是你所憎恶的封建伦理的代言人(被政治化了的儒学,塑造的同样是一个政治化形象或肉身的孔子)。这种"什么样的灵魂,必将产生什么样的肉身"的情况,在我们读西方哲人的著作中也是如此。比如我们谁也没有见过柏拉图,但如果你仔细读《柏拉图对话集》,你看到的就不是一个"肩阔额宽"①的柏拉图,而是一个纯粹的集智者、爱者、勇者于一身的生动的柏拉图。这个充满肉身感的柏拉图,是随着他的思想而不死的柏拉图,也是真正的有着鲜活肉身感的"灵魂"。

在此意义上,"肉身"就有两个:"灵魂不死,肉身已死"之"肉身",是自然性的、生存性的"肉身",而"灵魂不死,肉身也不死"之"肉身",则是存在性的、能

---

① 《哲学大辞典》,上海:上海辞书出版社,1992,第1169页。

鲜明地区别于他者的、有生命气息的“这一个”。“能思考”的肉身，将随着生物机体的肉身一道消失其“思考”，但能进行“这一个思考”的肉身，将随着“这一个灵魂”的不死而在文化符号中永恒。所以，世界只能区分为“会消失的世界”和“不会消失的世界”，其他的二元区分均没有意义。一个人能同时具备这两个世界，是最为完整的。

“本体性否定”对阿多诺及黑格尔否定观的穿越

“本体性否定”与阿多诺、黑格尔的否定观存在以下区别:第一,“本体性否定”强调创造性,而阿多诺的否定则是强调非理性,黑格尔的否定则是包含肯定性的否定,而肯定不能区分认同与创造;第二,“本体性否定”讲否定对象与否定结果不同而并立的“平衡”,而阿多诺讲非理性对理性不平等的“对抗”,黑格尔则讲否定主体与否定对象的“互渗”,“互渗”的本质是相克性思维;第三,“本体性否定”是人产生的原因、方法和结果,并且在人成为人之后是人的创造性存在的原因、方法和结果,所以是本体性意义上的否定,而阿多诺的否定是以面向事物本身来反对任何本体论的,黑格尔的否定则是其辩证法的本体性运动中的一个“环节”。

如果说,中国传统文化注重和谐的精神,西方此岸和彼岸两分法所蕴含的创造意识,马克思和海德格尔非认识论的实践论和存在论,西方独立于现实的艺术形式本体论,均是我的“本体性否定”不可忽视的,那么,“本体性否定”之所以讲“平衡”而不是“合一”,讲“穿越”而不是“超越”,讲“局限分析”而不是“克服、对抗”,讲“不同、对等”而不是“进步、优越”,讲“创造”和“个体化理解”而不是“认同”和“个性化阐释”,说明我是把与中西方各种本体论和否定观的区别作为目标的。因此,尽管有学者喜欢“望文生义”不求甚解,习惯将“受某某思想影响”与“改造某某思想”的不同性质混同,也有学者以“文化仆从主义”心理,情绪化地不相信中国学者可能会有自己的思想,但我愿意将此解释为学界对所有标明“自己的理论”的检验的严格性、正当性。而我下面所作的解释之所以是必要的,不仅在于在字面上“本体性否定”最容易被混同于阿多诺及黑格尔的否定观,还在于建立不同于西方的中国自己的当代否定理论,而这正是迫在眉睫的课题。

创造的否定·绝对的否定·肯定的否定

谈到“否定”这个概念,我们多半会想到“辩证否定”、“否定之否定”、“否定中包含肯定”等。这意味着“否定”在黑格尔和马克思的哲学里,虽然是事物发展的动力和自性,但却是与“肯定”相伴的并且最终是为了“肯定”的动力和方法性范畴。辩证否定承认事物在运动中的确定性状态的存在,承认人类在认识活动中借助概念等符号把握事物的意义,也就是承认由符号、概念、意义存在所构成的人类历史。在这里,肯定、概念、理性,因为与否定、非概念和反理性构成矛盾运动而形成辩证统一,并因为可以解释自然界和人类社会的自然性运动变化现象,而具有永恒的价值。因此这种否定可称为“肯定的否定”。

然而,辩证法中作为核心力量存在的“否定”,在阿多诺的《否定的辩证法》中却被绝对化了。这种绝对化,来自于西方理性主义对人的生命状态的长期合理压抑所导致的逆反。阿多诺说:由于“概念不能穷尽所认识的事物”,由于人们对对象所作出的总体的、同一的认识只不过是事物的“整体的幻象”,所以“否定之否定”不会导致肯定,而只是说明第一次否定的不彻底。这种不彻底性,使得哲学只能进入持续的否定状态,并对任何确定性的状态持怀疑态度。所以“哲学将不放弃的东西是那种使艺术的非概念方面充满生气的渴望”[①],即“用那种不被同一性所控制的事物的观念来代替同一性原则”[②]。同一性即我们对事物的理性的、肯定的状态,而非同一性则意味着持续的“瓦解”(阿多诺语)这种肯定状态。一句话,“否定的辩证法”是利用事物的自否定功能来对付任何对事物的肯定性把握,利用概念把握事物的相对性而否弃其把握的意义,从而将生命、感性、经验等反理性、反概念的内容作为哲学的唯一通道。“否定”由此成为生命的非理性活动的同义语。而理性哲学在阿多诺的否定哲学中便宣告结束。阿多诺将这种“否定”称为“非同一性原则”。按照阿多诺的解释,“非同一性”暴露出黑格尔的辩证否定——主体对客体的求真性把握的虚假性,也颠覆了由概念理性所构成的逻辑和理性的普遍性,更消解了个性统一于共性的理性二元论。阿多诺通过强化辩证法内部的否定、对立的一面,来取消其内部的肯定、统一的一面,这是阿多诺的否定观与黑格尔的否定观最重要的区别。我将

---

① 阿多诺:《否定的辩证法》,重庆:重庆出版社,1990,第 14 页。

② 同上书,序言。

其简称为"绝对的否定"。

阿多诺之所以赞扬卡夫卡的作品等现代反理性的艺术,原因即在于:卡夫卡的作品等现代艺术具有明显的反秩序、反确定性、反概念性的艺术特征。这表明阿多诺的否定观的反建构性,尤其是概念的、理性的建构。但阿多诺不知道,首先,概念性事物的不完美性正是它成为可能的前提,否决了概念性事物的不完美性,也就否弃了人类通过纠正不完美的概念把握事物、建立新的概念的历史的全部可能性——因为人类历史从来没有出现过完美把握事物的概念活动和其他确定性活动,否则历史中的概念活动便因为无缺陷而停滞了。阿多诺之所以提出自己的"否定的辩证法"来纠正黑格尔的所谓"肯定的辩证法"(否定作为肯定的方式),阿多诺关于"否定的辩证法"的阐述之所以是理性的、概念化的,并由此推动西方的否定观进入现代状态,这正好说明,概念就是带着它的不完美性来体现它在人类思想史中的意义的。这种不完美性,预示着阿多诺的否定观很可能还将被后人穿越。所以,阿多诺的否定观可以是反体系的,但却不可能真正做到反理性。其次,如果"同一性"在阿多诺对同一性的各种解释中,至少可以指"每一思想对象与自身的等同"和"认识论上它意指主体与客体的和谐一致"[①],那么,我们可以说,任何一种思想都是当其概念体现了它想把握的内容、并在性质上与其相一致的时候,才成为可能。这意味着,阿多诺的"否定的辩证法"作为概念,与其所要把握的人的反理性内容,其实也是有一致性、同一性的。一个思想家不是惧怕这种一致和同一,而是在追求这种一致和同一中才成为可能。尽管这种一致和同一不是绝对的,但至少在思想家这里是作为确定的、有意义的话语去张扬的。阿多诺偏爱现代反理性艺术就是明证。因此不是阿多诺反理性和反肯定性不彻底,而是人根本不可能离开理性和肯定的内容来显示意义。我们只能说,现代非理性艺术不是不要肯定和确定,而是不要传统艺术那样的肯定和确定。这样,问题的关键就在于确定什么和如何确定,而不是不确定。

这就将我的否定主义理论与阿多诺否定观的不同性衬托出来了,并也由此区别于黑格尔的否定观。

"本体性否定"主张"批判与创造"的统一,而"创造"则被定位在否定者有自己的对世界的"个体化理解"上,以便与传统的"个性"、"个人感受"和"个人见解"等对"创造"的普泛性解释形成区别。亦即一个否定者如果在否定中没有建立起自己的对世界的思想,他就或者不是在"本体性否定"中,或者就是没有

① 阿多诺:《否定的辩证法》,重庆:重庆出版社,1990,第139页,注释2。

“完成”本体性否定,因此我将“本体性否定”称为“艰难的否定”或“价值依托性否定”。这种“本体性否定”的提出,一方面与中国现当代文化百年来在中国传统文化和西方文化之间徘徊、缺乏创造性转换的问题有关,也与经济全球化境遇下我们对中国文化的创造性定位的期待有关,更与中国现代知识分子依附于既定的中西方思想、只能作阐发性工作的虚弱有关;另一方面,当西方的上帝和东方的皇权不在场之后,当共产主义信念的乌托邦性和世俗享乐的平庸性均昭示出问题的时候,心灵依托问题的个人谋划,便成为21世纪中西方哲学的共同命题。如果海德格尔的“诗意地栖居”因为难以触摸而功能有限,萨特无处不在的“自由”因为过于空洞而无济于事,德里达在解构之后面临建构的失语,那么,“本体性否定”以“个体化理解”作为最终目的,便理所当然。关键是“个体化理解”既可以是哈贝马斯那样的颇具理性色彩的“社会交往理论”,也可以是阿多诺颇具非理性色彩的“非同一性原则”;既可以是卡夫卡、毕加索表现出的那种变形的、无序的艺术,也可以是《泰坦尼克号》、《廊桥遗梦》那样的理性复归的艺术。所以,“个体化理解”作为上述各种创造现象的共同特质,便成为对理性和反理性二元对立的穿越。这样一来,“本体性否定”否定的就不是理性、概念和实证,而是既定的以理性符号或非理性符号所传达的对世界的基本理解。“本体性否定”所赞扬的就不是西方现代非理性的艺术,而是艺术史上一切有自己对世界的基本理解的原创性艺术。如果现代非理性艺术丧失了自己对世界的独特理解,进入模仿、复制的状态,它们就同样要被“本体性否定”所批判。因此就结果而言,阿多诺的“绝对的否定”导致的是一个非理性的世界,这个世界是否有创造性不是主要问题,而“本体性否定”导致的则是一个有“个体化理解”的世界,这个世界必须向着创造性生成才有意义;“绝对的否定”拒绝理性化的概念建构,也拒绝创造性的理性化建构,“本体性否定”则容纳理性化的概念建构,并以创造性为理性化建构的支点。

言下之意,“本体性否定”也与黑格尔的辩证否定有明显的区别。由于辩证否定所讲的“否定中包含肯定”中的“肯定”,或黑格尔所说的“建立起来的有”①是一个不能区分“一般性质变”与“创造性质变”的范畴,也是一个不能区分“认同”与“创造”的范畴,更是一个不能区分“个性”与“个体”的范畴,这就使得“辩证否定”面对中国如下现实问题时是无效的:封建时代农民与地主阶级的冲突可以构成辩证否定,也可以因为农民起义成功导致朝代变更而使社会有所发展,即“一般性质变”,但因为其体制、世界观和价值观都没有创造性的改变,没

① 黑格尔:《小逻辑》,北京:商务印书馆,1976,第58页。

有否定者自己的“个体化理解”，所以不能称为“本体性否定”。20世纪中国知识分子以西学反传统，可以说是“肯定的否定”(肯定西方)，也包含中国学者因“个性化阐释”而形成的“一般性质变”，但因为缺乏哲学上的原创性的“个体化理解”，所以我们不是追逐西方思潮，就是在思想上产生当代性的空虚，并直接影响到“穿越”传统社会主义和西方资本主义的原创理论的建构。中国当代文学尤其是80年代后的文学，可谓个性纷繁，但缺乏像鲁迅那样的对中国文化问题有独到发现、像博尔赫斯那样的对世界有“个体化理解”的作家，因而影响了中国当代文学和西方对话的整体水平，所以我们不能说中国当代文学缺少“肯定的否定”，但可以说中国当代文学缺乏“创造的否定”。中国学界目前盛行的考证、描述、甄伪等实证主义文风，固然对80年代的学风之浮泛有纠偏作用，可谓“肯定的否定”，但由于没有涉及“个体化理解”的思想问题，一旦对材料进行提炼和提升，还是会暴露出中国学者思想上的既定性、依附性。而思想的贫困，就会使一个卓有成效的学者和科学家或以“重义轻利”之类传统道德来对当代现实进行无力的指责，或放弃对现实与材料的价值判断，以大同小异的个人感受来延续没有重大突破的学术。所以这个问题从哲学角度看就是：“辩证否定”可以解释每一个人的认识活动，但无法解释爱因斯坦相对论的诞生；“辩证否定”可以解释自然性的种的变异，但在解释猿向人的变化上却十分牵强。因为自然性变异可以是偶然的，但不可能是唯一的。唯一的东西只能是人为的，而且是创造性人为。这种人为，便是“本体性否定”。而这种否定，是不能被混同于“多样统一”、“换瓶不换酒”这类“否定中的肯定”之普遍现象中的。

关键是，“绝对的否定”和“肯定的否定”受辩证法约束，而“创造的否定”不受辩证法约束。由于反理性的否定和运动性否定是普遍存在的，所以阿多诺和黑格尔的否定观解释的是普遍的否定现象；由于反既定性的否定是或然存在的，所以我的否定观解释的便是独特的否定现象。这意味着，黑格尔的概念辩证法是包含自然界和人类社会一切矛盾运动的，恩格斯的自然辩证法也是在物质先于实践的基础上对辩证法普遍性的承认，于是有矛盾和冲突的地方便有辩证法或辩证否定。阿多诺虽然不承认自然辩证法，但却承认以主客体辩证运动方式存在的人类的普遍的矛盾运动。而他要说的只是“矛盾地思考矛盾”，只是既不能还原为主体、也不能还原为客体的非二元对立的“星丛”①。“星丛”的存在，是对任何“多样统一”中的“一”的拒绝。在人类社会中，这就是对理性主义、本质主义等第一性存在和至上存在的拒绝。但这种反主流、反中心的“否

① 阿多诺：《否定的辩证法》，重庆：重庆出版社，1990，第127页。

定”,依然受制于辩证法——不仅“反”受制于“个性”对抗“共性”这一现象,而且即便“反”成功之后,无序的生命运动,也受制于自然辩证法。因此,辩证否定的特性便是尽管有变异,但改变不了自然性和既定性。而“创造的否定”则不同。创造以其独一无二体现出对“辩证否定”的“离开”——人类是在对自然性运动的“离开”中以文化性理解成其自身的,也是在对既定的文明理解之循环的“离开”中创造新的文明的,思想家、科学家等的发现与发明,同样是在对既定的思想和科学的“离开”中成其自身的。由于“离开”是指在性质上建立另外一个世界,而辩证法无论怎样否定,都只能在二元对立的世界中循环(自然界的阴与阳、人类世界的理性与感性,等等),所以只有“本体性否定”所讲的第三种力量可以创造一个性质不同的世界,而辩证否定却不能。所以“本体性否定”是阿多诺和黑格尔等西方哲学家均有所忽略的一种否定。

平衡的否定 · 对抗的否定 · 互渗的否定

“本体性否定”不仅在否定的目的上与阿多诺和黑格尔不一样,而且在处理否定对象与否定结果二者的关系上,也同样是不一样的。这种不一样,不仅体现出中国文化注重和谐的特点,而且体现出一种穿越辩证法的看待人与自然之间、文化和文化之间、思想与艺术之间的新的思维方式。

这意味着,“本体性否定”既然目的在于创造,并且对创造进行了“个体化理解”的规定,这就有一个如何看待创造与非创造的关系问题。在辩证否定和进步论的思维方式下,创造总是优于非创造的,并且也可以替代非创造,但这种“优于”却误解了创造与非创造的关系。首先,“创造”在本义上是指诞生了一个在性质上不同于既定世界的世界,但不一定是一个没有问题和缺陷的世界。如果我们把人类文化视为自己的创造,那么这个创造物的种种问题(诸如人的异化、残忍、荒谬、无聊等),显然是大自然所不具备的。这使得我们只能说人类文化只是在某些方面(如正直和奉献精神)优于自然,而在另一些方面则可能低于自然——仅就自然性和原生性而言,我们甚至可以说自然是优于人类的。这种创造性世界与先前的世界各有利弊的情况,使得“本体性否定”认为否定的结果与否定的对象其实是不同而并立的,并直接导致“历史不同论”。“不同”是一种“分立、平衡、各得其所”的关系,而不是相克的关系,不仅人类与自然之间是这样,西方文化与东方文化是这样,海德格尔与柏拉图也同样是这样。其次,“创造”的优越性是对创造者而言的,这种优越是一种自我价值感知和确证,但不一定是在冷静地确认创造世界与既定世界的关系。这是因为既定世界其实也是前人和他人创造的结果——两种创造或多种创造之间只能是不同而平衡的关系，而不是优越于他人的关系，因此对“关系”的把握必须采取旁观者的立场。我们既不能说海德格尔比柏拉图优越，也不能说柏拉图比孔子优越，自然也不能说《哈姆雷特》比《红楼梦》优越。自然界虽然不是人类创造的，但我们如果将创造定位在性质和结构的独特上，自然界就有权享有和人的创造世界同等被尊重的待遇，更不用说前人创造的成果了。因此，“本体性否定”只不过是在说，通过这种否定，人类又诞生了一个不同的世界，而不是说人类又诞生了一个可以取代既定创造成果的世界，否则文化就是淘汰的关系，而不是延续的关系了。所以应该说所有的创造都是等值的。再次，阿多诺“否定的辩证法”确立的是人的感性和非理性世界，黑格尔确立的是不分辨创造与非创造的世界，而“本体性否定”确立的则是有“个体化理解”的创造世界。“个体化理解”由于不是个性，所以就不受共性的支配——即对共性实现了“个体化穿越”，建立了自己的“共性”。这样，一个人就有两种世界——一个是从众性世界，一个是真正的个体性世界。从众性世界中的“理解”是他者的、传统的、群体的，它构成一个人的依附生活和个性化生活，因此它属于一个人的必然性生活。这个世界的好处是给人快感，而弊端是摆脱不了空虚。所以为了获得一种平衡感，一个人还需要建立世界观层次上的“个体化理解”，以获得倒 V 字形支撑。“本体性否定”之结果并不构成对既定世界的冲击、克服、取代，也不构成对传统、群体、欲望和快感的轻视、谩骂，而是利用既定世界作为材料来建立自己的世界。“本体性否定”所讲的批判，只是作为建立自己世界的方式，而不具备任何破坏效应。所以我将“本体性否定”称为“平衡的否定”。

比较起来，阿多诺和黑格尔否定观的共同之处，在于它们在看待世界的关系上，均受辩证法的“有无”、“消长”等矛盾运动法则限制。如果辩证法也能解释自然现象，那么自然界和人的自然性运动变化的一个突出特点，便是生生灭灭的有无性，新陈代谢的消长性。如果辩证法也能解释人的文化性自然运动，那么古罗马帝国的毁灭、农民推翻地主进而自己当地主的新陈代谢，以及“文革”那样的破坏性革命造成的文化衰落，便也同理。其共同点在于“有与无”、“消与长”的中介是“克服”、“排斥”性的否定关系。所以黑格尔在他的《小逻辑》中说：“肯定物和否定物却是建立起来的矛盾……在建立之中，它们每一个都扬弃自身而建立自己的对立面——它们把进行规定的反思造成是排斥的反思；因为排斥就是一个区别……所以每一个都是在自身内排斥自己。”①黑格尔

① 黑格尔：《逻辑学》下卷，北京：商务印书馆，1976，第 55 页。

又说“有是直接的，即规定从有开始，有又过渡到无之中，——即发生与消灭”①。黑格尔将“有”作为他的哲学的逻辑起点，虽然这个“有”还不是具体的物质实体，但由于这个“有”通过“无”这个否定阶段，可以生产出物质实体，所以这个“有”还是一种实体性的元精神形态，并贯穿于实体性的物质和精神的生生灭灭的运动中。也可以说，黑格尔的辩证否定就是各种精神和物质实体的有与无的矛盾运动本身。所以上述矛盾运动所产生的变化，就既是对既定实体生存的排斥，也是新的实体存在的建立——更为重要的是：这种建立本身又蕴含着新的自我否定功能，矛盾运动由此生成。矛盾就是事物的不断消长、明灭。由此我们可以看出，相对于“否定的对象”而言，无论在黑格尔还是阿多诺这里，“否定的结果”都具有一种对抗的、征服的、优越的、替代的特质。这种特质，决定了黑格尔和阿多诺的否定“结果”相对于否定“对象”的不平等关系。这是他们的基本共同点。

然而，阿多诺和黑格尔的否定观又是有区别的。我将这种区别称为“对抗的否定”和“互渗的否定”。

由于艺术最能充分地体现“否定的辩证法”，所以阿多诺既不赞同贝尔那种通过纯粹形式封闭自己、进而逃避现实的艺术观，也不赞同萨特那种艺术介入现实、进而为现实政治服务的工具性艺术观——前者如马尔库塞所说的想象性的“清白的灵魂”②，让人在现实与想象之间过双重生活，最后其实只是使人屈从和安于现实；而艺术介入现实又会使艺术失去自律和独立性，从而丧失了艺术独特的立足点，两者最后都失去了艺术“对抗”现实的张力。因此阿多诺的艺术否定论，就与“本体性否定”和黑格尔的辩证否定有这样三个区别：一是阿多诺艺术否定的立足点不是艺术性，而是现代性，具体地说是现代非理性。对立与统一的区别在阿多诺这里实际上就是非理性与理性的区别，因此非理性及其艺术之“长”就意味着理性及其艺术之“消”。因为如果艺术否定的立足点是艺术性，那么我们就应该承认古典艺术也有艺术性，它们也与现实构成了“本体性否定”关系，即与现实“不同而并立”。阿多诺之所以不认为古典艺术也是“对抗”现实的，就因为古典艺术是理性艺术，而理性艺术是与现实合谋的艺术，所以在这一点上阿多诺与黑格尔也有重要区别。黑格尔所说的辩证法及其矛盾运动，同样也贯穿在理性及其古典主义艺术中。黑格尔反对的既不是理性也不是非理性，而是非辩证法的、形而上学的、绝对的世界观。二是阿多诺的艺术否

① 黑格尔：《逻辑学》，上卷，北京：商务印书馆，1976，第 97 页。

② 马尔库塞：《否定》(*Negations*, Boston, 1968)，第 108 页。

定的目的既然是在对抗理性现实与理性艺术,阿多诺借艺术对抗的"现实"就十分狭窄,其辩证法中的矛盾运动也十分狭窄——它主要是指与人的感性生命有关的矛盾运动。而我所说的"艺术对现实的本体性否定"中的"现实",内涵则广泛得多:它既是指非艺术性的生活现实,也是指由理性和非理性艺术所构成的艺术现实,更主要的是否定以既定的世界观和价值观支配的艺术世界。这样,阿多诺就落入了黑格尔式的理性与感性进行矛盾运动的怪圈——他与黑格尔的区别之处,在于他只承认两者的"对立"而不承认两者的"统一"。三是阿多诺之所以要借艺术"对抗"理性现实,强调的还是艺术的现实功能,并且其最终目的还是企图产生影响改变现实——马尔库塞以"新感性"构成的人类乌托邦的意义也正在这里。而在我看来,艺术不直接作用于现实是对的,艺术不通过形式自足逃避现实也是对的,艺术不是黑格尔绝对精神回归自我的一个环节也是对的,但艺术通过"对抗"现实产生影响现实的功用,却是不妥的。否定主义文艺学认为,艺术是人类在还不满足于现实的情况下获得的另一种世界的寄托——艺术不是让人逃避到艺术世界中而心安,而是获得艺术世界与现实世界不同而并立的这种完整感而心安。艺术不同于现实,但二者也不是"对抗"性的,而是各事其职、各生其功的"并立"性的。所以艺术的存在,是为了离开人们现实性的单一生活状况,不是让这种单一的生活按照艺术的理想而有所改变。因为现实及其自身的革命有自己的法则,艺术及其变革也有自己的法则。现实法则可以影响艺术(所谓艺术受文化制约),但艺术则体现为对这种影响的"穿越",并由此构成自身的法则。对抗现实还没有真正离开现实,还没有真正确立艺术不同于现实的功能。对抗现实的人其实还是在现实中。而艺术则"穿越"现实另建现实以外的一个世界了。真正的艺术是宁静地、尊重地对待现实,而不是骚动地、有企图地对待现实。

比较起来,黑格尔的否定虽然也包含对抗的意思,但这种对抗一是指事物间的相互对抗,而不只是非理性对理性的对抗,从而使得黑格尔的否定没有绝对的对抗物和被对抗物;二是这种"互渗"性对抗存在于一切事物的矛盾运动中,而不是仅仅存在于人类的非理性对理性或非理性自身的矛盾运动中。就前者而言,"事物的相互作用"是黑格尔始终强调的,即"事物在相互作用之外便什么也不是"①,"无限物和有限物……两方面都进一步被规定为仅仅是互为他物"②。黑格尔的"肯定"、"否定"、"否定之否定"这一著名的三段论,实际上就

① 黑格尔:《逻辑学》下卷,北京:商务印书馆,1976,第128页。
② 同上书,上卷,第137页。

是事物相互作用的自我否定模式。而这种“互渗性否定”最典型的体现,便是“否定中包含肯定”和“肯定中包含否定”,即如果非理性是对理性的否定,那么理性也同样是对非理性的否定。因为非理性不仅依赖于理性的存在确证自己,而且也依赖理性的牵制使自身在造理性的反中发展自己。这就是黑格尔所谓的“理性与感性”的辩证运动的道理。虽然理性与感性的辩证运动,不能直接等同于理性与非理性之间的关系——由于感性内含在理性之中,所以非理性作为现代主义的基本思想,可以理解为是对理性与感性的同时“穿越”。但由于黑格尔是以“互渗性否定”来看待一切事物的,这就使黑格尔不是将非理性主义看作不同于近代理性主义的一种文明、一种存在,而是看作依赖近代理性主义的一种存在。这样一来,黑格尔就会把理性与非理性的关系,混同于理性与感性的关系,进而也会把猿向人的创造性质变,混同于两栖动物演化为爬行动物这种一般性质变。而在否定主义理论中,肯定性世界与否定性世界是不同而分立的,否定性世界是对肯定性世界的“离开”,而不是征服。所以人类不是征服自然界的产物,而是离开自然界的产物。因此人的产生不是辩证否定可以解释的。辩证否定也解释不了其他动物为什么没有成为人的问题。人与自然界也就不能解释为“互渗性否定”的关系。就后者而言,黑格尔的“互渗性否定”是普遍存在的,而阿多诺的“对抗性否定”则只在现代社会才出现,这是黑格尔虽然比阿多诺陈旧,却比阿多诺影响力更大的原因之一。“互渗性否定”在自然界中存在,在人类社会及各个历史时期中存在,在主客体关系中存在,在理性与感性的关系中也存在。也就是说但凡有矛盾的地方,都存在“互渗性否定”。即便阿多诺所谓的“矛盾地思考矛盾”,因为有矛盾的介入,也就必然存在“互渗性否定”的状况,所以“互渗”可以说就是矛盾运动本身。阿多诺不承认理性的合理性和同一性,所以他也就不承认由合理性和同一性所造成的理性对非理性的“对抗”。这是阿多诺与黑格尔的重大区别。由这种区别,我们可以看出黑格尔的“互渗性否定”对解决现代社会问题的空洞性,也可以看出阿多诺的“对抗性否定”对建立现代平衡性社会的局限性。而我的“平衡性否定”,正是为解决这个问题所作的努力。

本体性的否定·反本体的否定·本体中的否定

无论是西方的本体论,还是中国的本根论,探讨万事万物和人的起源问题,设计自己理论的一个逻辑起点,始终是哲学的基本命题。尽管本体论问题在孔子那里尚不自觉,在宋明理学那里才得以完善,尽管西方的本体论哲学在阿多诺、德里达等哲学家那里受到巨大冲击,但本体论哲学的生命力依然强大。这表现在:人类社会如果存在着发展问题,追问发展何以成为可能的根源性问题,就永远不会过时。因为人类最初追问世界的起源问题时,就来源于人类对自身何以区别于自然以及大自然何以会成为可能的惊奇。而这一问题在今天这个好似没有什么明显缺陷的民主化时代,就转化为人类社会是否还需要发展、如何发展、发展的动力以及发展成什么的困惑。在一定程度上,本源问题与目的问题是相关的——有什么样的目的,就会有相应的达到这个目的的出发点。显然,这个问题在今天的中国比在西方更为突出。哲学如果面对这个问题,就必然存在“发展在今天还可能成为什么”的新的本体性思考。所以古代追问万事万物起源的本体论,在今天只不过转化为人还能够成为什么以及如何成为这个什么的追问。正是出于这个目的,我的否定主义哲学提出了“本体性否定”这个概念,试图使“否定”成为中国当代性的本体论范畴。这个范畴与中西方既定的本体论和否定论(如老子、皮罗、笛卡儿、萨特的否定论)均有区别,这里简要阐述“本体性否定”与阿多诺和黑格尔的否定观在本体论上的区别。

“本体性否定”首先具有“本源”的意思,这是否定主义哲学与中西方本体论的相通之处。但作为“本源”的“本体性否定”,已经不是指万事万物的本源,而是指产生人的本源;就人的文化而言,“本源”也不是指人的一切行为的本源,而是指人的创造之本源。这样,“本体性否定”就不是一般的人本哲学,而是将人的创造作为本体来对待的新人本哲学。这就既区别于黑格尔(人作为绝对精神运动的一个环节)等从人之外来探讨本源的人本哲学,也区别于萨特、海德格尔包含人的各种可能(求生存的自由和沉沦的可能)的人本哲学,当然也就更区别于阿多诺反本源的人本哲学(反对追问“第一性”的哲学),将本源问题作了否定主义意义上的限定。尤其是,如果“实践”在马克思主义哲学中也是作为本源来对待的,“本体性否定”就成为对实践本体论的一种穿越——实践内含非创造性活动,而“本体性否定”则突出了创造性活动。但“本体性否定”之所以又不简单等同于“创造本体论”,则因为“批判”在逻辑上先于“创造”。即任何“创造”都是建立在对既定现实问题局限性的发现、感知、体验的基础上:不仅人成为人逻辑上是来源于人对自然性生存危机的感知和摆脱,而且爱因斯坦的相对论,在理论上也是来自对牛顿等传统理论局限的批判,更不用说尼采在“重估一切价值”的批判基础上提出的“超人哲学”了。在这个意义上,“批判与创造的统一”这种“否定”,便成为人类一切创造性文化与艺术活动的“本源”。

其次,“本体性否定”吸收中国文化注重现实性事物的观念,也吸收西方符号学、形式主义哲学注重物化性事物的观念,更吸收马克思主义实践论所内含的“劳动成果”的思想，对中西方不可见的“本源”、“形而上学”和非理性的“自由”、“诗意地栖居”进行了改造，从而将“本体”作了“虚与实之统一”、“形上与形下的统一”之理解，与“本体即本源”的传统本体论划清了界限。如果说，在“源”与“流”、“本质”与“现象”的问题上，传统哲学是以前者为“本”后者为“末”，那么“本体性否定”则解构了这种二元思维，将“源”与“流”、“本质”与“现象”都作为“本体”来对待了。之所以如此，是因为我们是根据“流”来溯“源”的，没有“流”，“源”将无从判断存在与否。所以“本体性否定”是否定冲动与否定结果的统一。没有将否定冲动现实化、符号化，我们就不能说一个人完成了“本体性否定”，也不能说一个人确立起了存在。另一方面，“本体性否定”也与“本体即实体”的西方本体论划清了界限。否定主义不仅区别于亚里士多德的实体论哲学，区别于笛卡儿的实体性之“我思”，而且也由此区别于卡西尔的符号哲学，区别于现象学的“本质直观”或“现象即本质”，保留对创造性符号、现象追问其“何以成为可能”的权利，并与描述性治学方式形成区别。再次，在否定主义哲学中，“本体性”不等于“唯一性”和“至上性”，而与“非本体性”构成“不同而并立”的关系，从而不仅区别于老子的“道”本体，也区别于西方逻各斯中心主义的本体论。这是因为，如果我们以人或成为人为本体，那么这个“本体”只是在阐明人的价值，但并不能阐明自然界的价值——因为自然界体现的是一种与人不同的价值；这就像中国人以《易经》为自己文化的本体性理解，只是在阐明中国人的价值依托感，但并不能宣称西方人依托在《圣经》上的是无价值或低价值的一样——我们只能说：那是一种不同于东方人的价值。同样，当“本体性否定”以批判创造为自己的本体论，那只是说人在批判与创造中才能获得永恒依托，但并不能说人在模仿与依附中就没有价值，而只能说，那是一种与本体性价值不同的价值——前者（本体性否定）是艰难的、审美的价值，后者是轻松的、快乐的价值。所以否定主义强调本体价值，只不过是想解决人的心灵依托问题，但并不能说心灵依托价值就优于非心灵依托价值——对非心灵依托的价值，因为哲学无法讨论，所以就不能采取轻视的态度。以此类推，当代文明并不优于古代文明，美感也不优于快感，它们不同而并存，构成人的完整性。这显然与美感优于快感、本体优于非本体的中西方既定本体论思想，是不同的。

比较起来，阿多诺的否定的辩证法，不仅不关心哲学的第一性问题、本源问题，反而是把第一性问题和本源问题作为否定对象的。阿多诺说：“一旦辩证法成为不可拒绝的，它就不能像本体论和先验哲学那样固守它的原则……在批判本体论的时候,我们并不打算建立另一种本体论,甚至一种非本体论的本体论。"[①]阿多诺又说"既然任何一般概念的基本特性在决定性的存在物面前分解了,那么一种总体性的哲学就不值得期望。"[②]显然,阿多诺以首先面向事物的态度,反对任何对事物的先验的、概念性的、固定性的涵盖,自然也就解构了依赖这种涵盖的传统本体论。这一点是阿多诺在西方思想史上最主要的贡献。这种面向事物并以此作为"第一"的思想,是否如日本哲学家广松涉所说的是一种"事的本体论"我们暂且不说,关键是任何理论均不能避免一定程度的先验性、概念性以及确定性——黑格尔的"同一性"辩证法是这样,阿多诺的"非同一性"辩证法亦如此——即阿多诺可以对"同一性"进行怀疑,但对"非同一性"则是不怀疑的、固守的;阿多诺可以怀疑黑格尔"绝对精神"这一概念,但对"非同一性"、"事实性"和"存在物"这三个概念则是不怀疑的;阿多诺可以怀疑概念的第一性,但对事物的第一性这一点则是不怀疑的。这就使得阿多诺不可能在根本上脱离传统本体论的窠臼,也不可能脱离由价值取向构成的价值本体论。阿多诺之所以说他并不打算建立"另一种本体论",甚至不打算建立"一种非本体论的本体论",显然是将本体论作了"理性本体论"的理解。尽管我们承认"事物"这一概念与对事物的理性把握所生成的概念是不一样的,但如果我们将柏拉图的"理念"、亚里士多德的"形式"、黑格尔的"绝对精神"作为理性本体论,还情有可原的话,那么,马克思的"实践"、海德格尔的"此在之'在'"、胡塞尔的"本质直观"也被我们作为本体论来对待,它们显然就不是理性本体论了。后者作为穿越理性与感性二分法的本体论,无疑是西方本体论的现代性发展,与阿多诺的否定辩证法并不形成根本冲突。于是,这就将阿多诺否定观的反本体论意义,限制在一个比较狭隘的领地中:它只能反对不尊重事物的本体论,而很难反对尊重并且又穿越了事物的本体论;它只能反对先验理性对事物的粗暴规定,但很难反对直观事物所形成或提升出来的概念。这样,与其说阿多诺反对一切"本源说"和"第一性说",还不如说阿多诺只是反对不尊重事物第一性的本源说和第一性说。但是,由于"完全"尊重事物第一性的概念,只能是"事物"或"感性地面对事物"本身,这样,一旦理论对事物作概念性的提升,还是会不同程度地对事物的原生性有所损害。也即完全尊重事物又能穿越事物的概念,其实是不存在的,这就使得阿多诺反对的是一切对事物作概念性和理性提升的本体论。也就是说,柏拉图的"理念"和海德格尔的"存在"本体论,其实应

---

① 阿多诺:《否定的辩证法》,重庆:重庆出版社,1983,第133页。

② 同上书,第134页。

该都在阿多诺的反对之列。以此类推,“本体性否定”作为人类创造性文化果实的“第一性推动力”,尽管是来自我对人类区别于动物这一“事实”的尊重,但作为一种理性判断或提升,还是应该在阿多诺的反对之列。而且,由于“本体性否定”并不等于阿多诺非理性的否定,并且是对阿多诺非理性否定的“穿越”,所以阿多诺依然会将“本体性否定”划为有理性参与的本体论之列加以反对。所谓“有理性参与”,是说“本体性否定”虽然不等于认识论的理性本体论,但可以借助认识论意义上的理性来实现自身。这就是“本体性否定”不反对理性而主张“穿越”理性的道理,就像“本体性否定”不反对感性而主张“穿越”感性一样。

这样一来,黑格尔否定观的特性自然就被衬托出来了。之所以说黑格尔的否定是“本体中的否定”,是因为“本体”在黑格尔这里是会做辩证运动的“绝对精神”,即“正、反、合”,所以无论是“肯定”还是“否定”,都不能单独作为本体来对待。它们都是“绝对精神”实现自己的互为依附的方式方法。这是“辩证否定”与“本体性否定”的最根本的区别。这意思是说:否定(反)在黑格尔的“绝对精神”中并不是第一性的,肯定(正)才是他的“绝对精神”中的第一性存在,尽管这是一种概念性的、没有具体内涵的存在——黑格尔本体论的主观性、先验性、概念性的问题正在这里。按照否定主义的思路,任何一种精神性的或物质性的实体,都应该或者是黑格尔意义上的“否定”的产物,或者是“本体性否定”的产物,哪怕是一种空洞的概念性存在,也都应该是这两种否定的产物。因此否定是一种第一性的变化质和生产质,可以作为一种无形的生产力来理解。这个无形的生产力首先不是一种概念性的存在,不是“有”,也不是“肯定”。如果一定要用概念来把握这个无形的生产力,那便是“否定”本身——这个概念只是在说明否定而不是肯定。可惜黑格尔虽然将“否定”理解为事物发展变化的根本动力,但并没有将“否定”放在第一性位置,形成“否定—肯定—新的否定—新的肯定”的运行图式,而且将“否定”作为两种有差异的事物的中介来对待——否定的一头是虚幻的实体(正),否定的另一头是非虚幻的实体(合)。否定在此虽然有变化性、生成性,但由于它是由一个确定性的东西派生出来的,否定自身就既不是本源,也不是本体,而只能理解为一种动力,是概念辩证法这个本体内部运动的动力或变化因素。既然否定只是一种动力或变化因素,否定自身当然也就不创造什么,而只是作为一种运动方式并且在完成自身后让另一种确定性事物来代替自己,即所谓“否定中包含肯定”。“肯定”虽然在“否定”之中,但毕竟是“否定”的异质成分,而不是“否定”自身就可以导向确定。这就是黑格尔要借助“肯定”来说明事物发展的原因。因此,当阿多诺攻击黑格尔的辩证法是“肯定的辩证法”、因而其否定不彻底的时候,阿多诺确实在某种程度上触及了黑格尔辩证否定的要害。但是,阿多诺的批判并不是要让黑格尔的“否定”导向本体论,而是导向对概念性、逻辑性和确定性的解构,这就使得阿多诺的“否定”在本体论问题上与黑格尔殊途同归:它们或者是反本体论的,或者便是非本体论的(即本体论不充分的)。这是阿多诺和黑格尔的辩证否定与“本体性否定”重要的区别之一。

对既定学术的“本体性否定”

原创努力：
“本体性否定”的创新观念

20世纪的中国文化或者将创新理解为对西方的拿来、翻译、评价、阐释，或者为纠正这种创新的肤浅，逆反性地依附于中国传统知识系统，从而不仅遗忘了原创，而且也不知道该如何原创，最后也就不知道什么是真正的创新。所谓学术界的“失语症”，所谓“人文精神”讨论产生不了建设性的成果，原因盖在于此。本文对笼而统之的创造和创新概念进行了纠正，对超越“激进与保守”二分法的原创思维，从含义到方法都作了自己的阐述。

为什么提出“原创”问题

应该说，将“原创”作为21世纪中国思想文化的基本定位，不仅是当代新的现实问题对所有的思想、理论工作者的召唤，而且是20世纪中国现代化运动终于走到“中国当代特色”这一步的一个结晶，更是后现代价值平面化带来的全球性问题。

就第一个问题而言，所谓中国当代学者的失语症，是一百年来中国学者要么凭借西方思想，要么退回中国传统立场的一个必然结果，而解决这个问题的唯一方案，便是原创。这意味着，中国当代学者在治学上无论是诉诸考释、校勘，还是只能对当代文化进行现象描述、梳理，抑或用传统道德思想和人文思想指责当代社会的问题，或者用传统的优于欲望的所谓人文精神显示自己的“唯我独尊”，其实都存在着一个由“思想贫困”导致的话语无力症，或原创力匮乏的问题。如果说学术考释、校勘是以“不关注现实问题”来进行文化积累的，那么我想说：这种文化积累就算再丰富，也与当代价值重建等现代化问题无关。学术自然可以是独立的，但学术如果脱离了对现实问题的关注，特别是如果所有的学术都脱离了对现实的关注，现实将成为文化沙漠，学术也便只能成为考古学。一旦学术只能是承传的、延续的、考古的，文化的再创无人问津，学术就无法影响现代化。尤其是，当考虑到乾嘉学派为什么在中国封建社会末期才兴起，而中国的思想原创时期为什么在先秦时，这个问题的性质便一目了然。其直接结果，便是使古老的中国文化在只能进行的学术整理中越来越衰落。比较起来，只关注对现实现象的描述，无力以自己的思想影响、引导现实，是中国大部分当代学者的工作范式。这种工作范式看起来是在关注现实，但实际上只能是依附现实，并因此丧失了知识分子批判现实、预测未来的能力。因为我们可以说，20 世纪中国知识分子依据西学进行文化批判是有问题的，但不能因此否决了知识分子对现实进行思想影响的天职。重要的不是知识分子应该启蒙社会，而是用什么样的思想成果来对社会启蒙——在我们比较了先秦知识分子的生机勃勃，和 20 世纪中国知识分子的声嘶力竭的差异之后，我们自然会得出“原创是力量的源泉”的结论。比较起来，用传统的诸如“重义轻利”、“精神超越”之类道德思想和人文精神来指责当代社会“物欲横流”，不仅轻松省力，而且是依附中西方既定知识系统的另一种方式。这种工作方式可能适用于轻视物欲的价值中心的时代，但并不一定适合将“物欲和幸福联结在一起”的无精神价值中心的当代。因为是轻视物欲来谈精神升华，还是尊重物欲来谈精神升华，在今天已经成为一个问题。于是，如何在尊重人的物欲的前提下来谈精神依托，便成为一个当代性的原创命题。这样一来，不关注中国当代现实问题的特殊性对新的思想的期待，忽略对自己信奉的思想、思维和研究范式的局限研究，进而忽视在这种研究中探索自己的话语，便成为当代文化批判领域里的一个死角。思想的疲软导致精神的无力性呐喊，便成为 20 世纪 90 年代中国知识界的一个令人尴尬的景观。在这种情况下，要么是执守中国传统思想或西方近代人文思想，要么就干脆放弃思想，便成为“非此即彼”的二元对立思维，思想的原创问题自然被遮没了。

就第二个问题而言，“原创”之所以能成为具有“中国当代特色”的思想文化领域里的基本定位，是因为中国的现代化不可能是西方化或传统化，也不可能是中国传统思想和西方思想的杂糅。

“不可能西方化”，首先意味着文化上元理解的不可通约性。即《圣经》的“此岸和彼岸”的宗教性元理解，不可能成为注重现实生存智慧的中国人的元理解。这意味着,用基督教的近代崇高美学和现代绝望美学来解决中国的问题,只能造成秋瑾那样的悲壮但寂寞的牺牲,其意义的有限性,应该引起我们的警醒。其次,“不可能西方化”还意味着:以康德的“道德论”和边沁的“功利论”为支点的西方“自由”思想,不可能有效地贴近20世纪中国人的自由问题,更不可能有效地贴近21世纪中国人的自由问题。因为康德的“道德论”是以轻视现实利益来谈精神超越的,而边沁则将现实利益作了符合道德的解释,这样,现实利益和心灵依托就处在相克的状态。对我们而言,如果生存利益、生存选择和欲望满足就是道德的,就是自由,我们就无法面对在这些自由获得的前提下的心灵空虚问题;如果轻视或超越生存利益的精神追求才是自由或道德的,那又近则违背当代人对生存欲望的亲切感受,远则违背生存法则的自然性循环。所以如何解决这个难题,中西方既定的义利思想和自由主义,都没有给我们提供现成的答案,需要诉诸我们的“原创”。因此,“原创”的提出,不仅是对“新儒学”这种“换汤不换药”的变革的挑战,而且也包含着对利用儒学精华(如“尊老爱幼”、“和而不同”、“三人行,必有我师”等)来解决当代现实问题的思维惯性的挑战。非常有趣的是,新儒学对儒学不断进行技术改造的历史,同时也是儒学的影响不断减弱的历史。对儒学仅仅进行技术改造,而不触动儒学的思维方式,改造后的儒学依然难以成为当代人的价值依托。而今天我们诚然可以继续对社会呼吁“尊老爱幼”,但人人平等之尊以及对孩子也应该尊重之尊,又应该放在何处呢?对老人作为长辈的尊重与对老人已经过时的思想的批判,又应该如何处理呢?尊重老人与孝敬老人是否就是等同的呢?这些问题,均可以暴露“尊老爱幼”的局限性以及由此产生的对“长幼”、“男女”和“人人”关系进行思想原创的紧迫性。

另一方面,如果西方化不可能,中西杂糅也同样是不可能的。因为任何一种文化思想,都有其内在的理路并自成系统,也因此可操作、可把握。儒家是用“血缘等级”来统摄“尊老爱幼”、“论资排辈”、“君臣父子”的,并因此产生自循环。这种自循环意味着,如果“血缘等级”观念不改变,我们仅仅将“君臣父子”视为糟粕剔除,“尊老爱幼”和“论资排辈”在实践中还是会产生“君臣父子”的功效。同样,如果我们将“尊老爱幼”这一儒学精华与西方“人人平等”这一精华相杂糅,用“既要尊老爱幼,又要人人平等”的思维方式去处理现实问题,我们就会发现:“尊老”的“尊”并不包含“人人平等”之“尊”,这样“老”对“幼”就可以轻视,而“幼”对“老”也只是唯命是从。当“老”要求“幼”的唯命是从之“尊”,或者要求“幼”既尊重老人这个“人”,又要顺从老人的“思想”时,这个时候讲“人人平等”之“尊”,便是冒犯。这种冒犯,常常使得“尊老爱幼”和“人人平等”不能并行不悖，在发生冲突时让我们束手无策，并因此使得这种中西精华的杂糅，具有乌托邦性和不可操作性，最终也就不能成为一个自成系统的理论。20世纪我们进行了百年的中西融会实践，当代文化依然还是碎片状态，我们的行为和心灵依然处在无序状态，也足以说明这个问题。

就第三个问题而言，市场经济的全球化，已经将文化的差异是否可能、如何可能等命题提到议事日程上来了。如果按照经济基础决定上层建筑这一传统思想，经济制度的全球化必然带来全球文化的一体化。面对金钱、欲望、享乐，任何文化中的普通老百姓均难以抵抗其诱惑，似乎也是不争之理。于是，“拜金”即便不能成为“主义”，也可以在一定程度上涵盖现代文化时尚。但我想说的是：不仅贫困者的充实和富足者的无聊，可以说明“心灵文化”和“享乐文化”是两回事，而且，人的生活杠杆总是在“相同—不同”之间寻找平衡，这也能说明全球各方面的“同”只能是乌托邦。在传统社会，价值中心主义显示社会相同的一面，这个时候，人们就会通过个性差异来追求不同，并在这种追求中获得平衡。在当代社会，价值中心解体，物化生活和享乐生活显示社会相同的一面，人们就会在心灵世界中努力追求不同。亨廷顿的所谓的“文明的冲突”，阐明的就是这个问题。究其原因，那就是：人就是在对“同”的厌倦中成为人的，也是在对“不同”的向往中发展自身的——原始人是在对自然界的“同”的离异中创造工具这一“不同”的事物的，现代人当然也会在全球化经济之“同”的离开中，使各自的心灵文化更加不同。因为“同”就意味着重复，而重复就意味着衰落。正好人是唯一能意识到衰落危机的动物，所以人的本性就注定会对相同的东西保持警觉。如果说，专制社会强求“同”都不可能做到“同”，现代社会要人们放松地在各方面自觉相同，便更是难上加难。事实上，全球化只能是指经济的全球化，而经济的全球化只能是指人们享乐心理的普遍化，而普遍地尊重人们的享乐欲求，只不过是被以往的人类历史所耽搁以至延续至今的一项全球化任务。只有等这项任务完成，人们才可以真正地重视“传统的文化”的差异，也才可以进一步重视“今天的文化”的差异。因为只有与享乐和利益无关的事物，其实才真正地是文化性事物；也只有与文化承传不同的当代文化建设，才可以显示出当代人的心灵依托。“原创”之所以在当代思想文化建设中被提起，原因即在于文化的核心是思想，而思想从来就不是一成不变的，思想史由此成为可能。因为文化的思想性含量，显示出人类与自然界的根本差异，因此也只有思想的不同，才能真正显示出文化之间的差异。所以我们追本溯源，只能从《易经》和《圣经》之不同来显示东西方文化的差异，只能以“儒、道、释”与西方人文主义的不同，来显示中国晚近文明和西方晚近文明的差异。以此类推，由于市场经济在中国开辟的是一个全新制度化的时代,中国当代人要建立起自己的新的文明,自然要在思想上产生既区别于“儒、道、释”、又区别于西方各时代思想的“思想”,一切才成为可能。要达到这一目的,只有诉诸“原创”——就像中国古人原创出儒家思想一样。

“原创”的基本含义

事实上,提出“原创”这个问题,必然要先澄清对“原创”理解上的种种歧义。这种歧义,一是在文化意义上理解“原创”,大意是指中西方文化源远流长,且文化果实已经堆积如山,要原创一种既不同于中国传统文化、又不同于西方文化的“文化”,无疑是痴人说梦;二是将“原创”混同于一般的创意与见解,乃至一般的个人感受,从而降低了“原创”的哲学性品位。1995 年我和一些朋友提出“第三种批评”以后,在诸多阐释中就出现过这样的问题。

就前者而言,“原创”在字面上确实具有“最初的创造”的含义,不管这种含义是否被一些正规辞典确立过。但“最初的创造”,却可以导致两种完全不同的解释:一种是在人类全部文化之初的意义上来谈“原创”,诸如人类对火的掌握、思想上《圣经》那样的元理解的产生,等等。这种“原创”基本上是指“人之初”的意思。在人已经成为人之后,这个意义上的原创自然是不太可能的。另一种则是指任何真正的“创造”,如果在性质上已经开始区别于既定事物,本身即具有原创的意味,并因此在人类任何历史时期均可以体现出来。因为“人之初”意义上的原创,也不过是指人开始在性质上区别于自然界。所以“原创”就是在性质上开始区别于既定事物。这样一个定义,意味着人类任何真正的创造都具有“原创”的意义,并因此而平等——我们既不能说人类发明了代步工具的意义优于人的直立行走(所谓“进步”),也不能说人类直立行走的意义优于后来的任何创造发明。当弗洛姆说“天堂失去,便不再返回”的时候,我们说“原创”,只不过是在强调人类告别自然界和既定的文化世界的创造精神而已。“原创”的“原”字,在此只不过具有摆脱对既定现实依附的意思罢了。

这意味着,对我们今天而言,“原创”首先是摆脱对西学的移植和依附状态,其次是摆脱对传统之学的延续和依附状态——它们共同组成了“既定的现实”——然后才能创造出面对并解决当代现实问题的思想和理论。这就带来了两个突出的问题:一是“原创”如何面对中国传统文化的元理解《易经》,又如何面对传统文明的儒、道、释、墨等思想?二是“原创”如何面对西方文化的元理解《圣经》,又如何面对西方古代文明、近代文明和现代文明的各种思想和主义?

在我看来，由于西方不同时期的思想创造，都是对《圣经》“此岸—彼岸”的不同解释（近代文明将“彼岸”理解为“理性”，现代文明将“彼岸”理解为“艺术”，而所谓后现代文明，则不过是“彼岸”不在场而已），所以在人成为人之后谈原创，或我们今天谈原创，只能是在对《圣经》和《易经》的不同解释上做文章。如果说文化体现为对世界的元理解，而文明则体现为对元理解的再理解，那么文化就是不可改变的，而文明则是可以、而且应该改变的。这意味着，无论中西方再怎么现代化，西方人还是西方人，中国人还是中国人，区别只在于是今天的中国人还是过去的中国人而已。“儒、道、释”是中国古人对《易经》的一种解释，而文明的当代转型，只不过意味着我们应该建立今天的对《易经》的新的解释而已，并因此成为真正的中国现代人。“原创”只能在文明形态中得以体现的原因还在于：由于思想形态在《圣经》和《易经》这种元理解中是模糊的，所以真正的思想性原创，只能在文明中得以体现。所以我们能清晰地把握儒家思想，但却不容易把握《易经》内涵。我们只能通过柏拉图的“理念”和康德的“物自体”来把握“彼岸”，而难以在《圣经》中直接具体地感知“彼岸”。当代人谈“原创”，之所以只能在思想领域中进行，并且只能以个体化的思想显现，那是因为《圣经》和《易经》那样思想原创只能是无名性的、宗教性的和巫术性的。这种特性，是理性化思想之前的状态，因此只能一去不复返。

重要的是，如此一来，“原创”就要求我们对既定的《易经》阐释系统——儒、道、释思想予以“本体性否定”——即将儒、道、释思想材料化，将其放在新的价值系统中发挥新的功能。而这种新的价值系统，又要求衔接上《易经》注重现实生存智慧的文化性精髓——那种既不失《易经》文化特点，但又与儒、道、释有所区别的思想，即为“原创”。我将其称为“批判与创造”统一的改造。不失《易经》的文化精髓，要求当代中国的原创性思想保留在现实生存领域来谈人的价值，并将这种努力赋予平衡与和谐的张力，西方《圣经》那样的“形上”对“形下”的优越性价值观不足取；改变“儒、道、释”思想体系，要求发现“儒、道、释”面对当代社会的共同局限（比如都不注重人的创造性）而予以弥补，同时，要对儒家的精华与糟粕同时予以改造，并进而改变儒家以血缘等级、道家以无为性自然来连接其精华与糟粕的价值结构。更重要的是，这意味着我们不能像20世纪“反传统”那样——以西方文化和文明的思想来进行传统改造，而应该对已经碎片般渗透进中国的西方思想，也像改变“儒、道、释”那样予以改造。这样，西方思想和中国传统思想，就被放在了同等的接受改造的地位上。在我看来，从中国当代现实问题出发，西方需要被改造的思想至少包含这样几点：“彼岸”对“此岸”的优越性，由这种优越性支配的历史进步论、崇高美学和善恶观，“绝对精神”、“实践”、“可能”、“自由”这些哲学本体论的大而无当性,以个人利益为目的的西方人文精神和自由精神,不以建构为目的的解构主义,过于强调社会批判功能的法兰克福学派的批判理论,等等。“原创”的关键问题是:如何建立一个新的思维方式和世界观,既能消弭中国传统思想的局限,同时也能消弭西方思想的局限。因此,我将“原创”理解为对中西方既定思想的“双重穿越”。

无论是对于习惯依附于西方思想的学者,还是对于习惯依附于中国传统思想的学者,“双重穿越”均应该是一个挑战。目前,我所致力的否定主义哲学、否定主义美学和否定主义文艺学的探索,便可以视为“双重穿越”的一种实验。

由于“原创”被定位在世界观的层面上,由于任何世界观均与原创者的哲学性思想相联系,所以,不在哲学层面上进行原创努力的“个人见解”、“个人看法”、“个人感受”,在严格的意义上均不能视为“原创”,而顶多只能视为原创的“准备”。但由于“原创的准备”,毕竟和人云亦云及依附性的治学工作有所区别,这就使个人的见解、看法和感受又优于人云亦云、东拼西凑及思想移植的治学工作,并成为原创和移植的中介。

这是因为,个人见解、看法和感受,也是人类生活中的一种天然存在。一个人只要处在健康和成熟的状态,他肯定会有个人的见解、看法与感受显现。就像植物园里的上千种花草,在嫩芽和蓓蕾状态难以被区分,但只要花朵一开放,便千姿百态、争奇斗艳一样。中国现实社会之所以多人云亦云,中国学术界之所以多思想依附与移植,以致千人一面、千口一腔,是由于传统价值观对人的自然性生命状态的轻视和泯灭所致。而新时期中国学术界、思想界最可喜的改观,便是人的个性的复苏所带来个人见解和感受的复苏。这种复苏既表现在对西方各种思想的开放及引进上,也表现在我们对西方某某思想家(如海德格尔)的不同阐释和理解上,更表现在当代思想界的各陈其词、莫衷一是的状态上。应该说,这种复苏已经使中国思想界显现出某种健康的生命状态,并因此成为新中国成立以来最正常的时期。然而,健康的生命状态之所以并不必然地导致原创,“个性”之所以不等于“个体”,“见解”之所以不等于“原创”,乃是因为前者属于非创造性的天然存在,后者属于创造性的人为存在;前者以“多样统一”统一于自然性和既定性,后者以“多样不统一”从属于独立性和不同性。人之成为人,在根本上是人依靠原创摆脱自然性和个性的结果,而人类文明的变革,在根本上则是人依靠原创摆脱既定性和对既定思想的个性阐释的结果。对20世纪中国学者而言,既定性就是现成的西方思想和中国传统思想,因此我们尽管可以保持对海德格尔阐释的个性差异,但海德格尔就是我们的既定性,就是我们“多样统一”的“一”。所以我们只是在对西方思想的理解上存在差异,而不是我们的思想和西方思想本身产生差异。这样,阐释性的见解之不同,只是个性和理解力差异的显示,而不能自成一个世界。人类与自然界相比,之所以是自成一个世界的,东西方文化之所以是各自成为一个世界的,西方古代、近代和现代文明之所以也是自成一个世界的,那就是因为“原创”性事物必然是自成一个世界的,所以它不必统一于非自己的“一”,而将与其他任何事物的区别作为自己的目的。

所以,前些年中国学术界引进西方后现代理论时,尽管在理解方面对后现代众说纷纭,但后现代的平面化特征则是中国后现代学者的基本共识。或者说,中国学者所说的后现代,自然与西方的后现代存在差异,但对德里达、福柯等后现代理论家的认同,则没有什么差异。所以我们很少看见中国学者根据中国的现实问题,来对德里达等后现代理论家予以哲学批判,并且也不用老庄、马克思的思想等中西方现成的思想予以批判,而是用自己的思想来进行批判。如果我们不仅是“很少看见”,而且是“基本没有”,那么“原创”的提出,则意味着我们应该产生不同于德里达、福柯的中国性哲学思想,来描述和解释中国当代社会的无序化、平庸化、快乐化之问题。重视这个“原创”,就是重视中国社会问题的特殊性、复杂性,也是真正重视理论和思想的力量与影响。反过来也可以说,中国学术界之所以不重视思想,致力于思想理论建设的学者之所以稀少,所谓中国的后现代理论家之所以热闹一阵后便偃旗息鼓,原因也正在于我们只有个人见解,没有真正的个人原创性思想。这个问题同样体现在近年的“第三种批评”的讨论中。应该说,“第三种批评”在1995年发起讨论之际,参与言说者众多,但多数学者并没有在原创的意义上进行个人化努力,而常常将西方的社会学、文化学、语言学等改头换面,加进个人的感受和理解。结果,思想底蕴的异己化,是使得一些学者不能坚持自己的努力的重要原因之一。因为个性和个人见解,是不可能使自己在思想上真正自成一个世界的。

“原创”的基本方法

这就自然涉及“原创”的基本方法。可以说,“原创”之所以使不少学者心向往之而又敬而远之,其关键点在于,我们以往只能将创造诉诸灵感或袭来的意识,归于天才所为,而基本上没有对原创方法的理论探讨;即便有,也只是在“勤奋、刻苦、沉思、逆向思维”等大而无当的层面上进行。实际上,这些技巧在依附性的治学方式中也可以存在。比如逆向思维,就是生存世界矛盾运动的“两极”性方式,而所有的矛盾运动,其实都并不必然地导向创造——所以当大家都向左,而你偏向右的时候,你还是在既定的现实中,而与原创无缘。这一点同样表现在20世纪中国知识分子“非中即西”的、虽然是逆向的、但仍然是依附性的生存方式中。因为在根本上,大自然的任何事物都在矛盾运动之中,当所有其他动物并没有在矛盾运动中产生创造性飞跃时,人的诞生在根本上就并不是矛盾运动的产物,更不是一种“逆向思维”可以解释的。人的生活中可以有矛盾运动,但人的创造不依赖于矛盾运动——这个命题本身,就成为我们超越矛盾运动的一个原创性命题。

在《否定本体论》和《否定主义美学》两部书中,我将“原创”的方法大致归纳为“批判与创造的统一”,用来告别传统的脱离创造的批判和脱离批判的创造。而在这样一个“批判与创造的统一”中的“批判”,其含义是指“双重局限分析”;而“双重局限”的具体操作方式则是“W”图式。这三个层面,初步构成了我对“原创”方法的基本设想。

就第一个层面而言,它要求一个致力于“原创”的思想者或学者,首先必须对既定的知识和价值保持批判的姿态,尤其要对自己信奉的、不假思索遵从的知识和价值体系保持审视的眼光,特别要在哲学层面上对自己信奉的思想保持批判的眼光。这样,批判的依据和指向就直接导致创造。原创者的原创性思想,就被放在了既定的知识和思想以外,处在被孕育的审美状态。这一点对中国学者来说是极其重要的。20世纪中国知识分子也讲批判,我们不少学者也将批判挂在嘴边,但往往是选择一种自己信奉的思想来批判另一种思想,或选择一种现成的思想来批判现实,结果只能是认同知识和思想,而不能生产知识和思想,当然也就不能导向原创。比如一个学者认同西方人文主义来批判中国传统无视人的人文精神,我认为就属于“非本体性否定”,这种批判不可能导致原创,因为它没有考虑到西方轻视欲望来谈精神升华的人文精神,是否适合中国人在今天重视生存欲望的普遍感受,也没有考虑到精神升华和欲望满足的新的价值关系。或者说,在重视欲望的前提下来谈精神问题,才有可能产生我们原创性的人文思想,而这必然意味着同时对西方人文精神和中国传统人文精神进行批判,我将这种批判称为“本体性否定”。由于“本体性否定”是对我们认同的思想和不认同的思想的同时批判,这就保证了批判结果必然指向原创。如果说王国维、严复、冯友兰、金岳霖、杨国荣这一批哲学家有什么根本的局限,在我看来,那就是他们在基本理论和思想上缺乏原创。而这个缺乏或许并不意味着他们没有原创的意识和努力,而在于他们未及顾上原创的批判方法之研究,进一步说就是未及顾上“批判与创造”统一的“批判”之研究。要从批判导向创造,重要的不是对自己不信奉的思想进行批判,而是对自己信奉的思想进行批判。如果王国维对叔本华的思想也采取批判的态度，如果严复对进化论和循环论同时采取批判的态度，胡适对实用主义也采取批判的态度，我们虽然不能保证他们原创思想的产生，但至少他们已处在原创的状态之中。反过来，当20世纪的中国知识分子的“反传统”是以认同西方思想为前提时，20世纪的中国思想文化，也就不可能有任何原创性的思想成果。所以在原创的意义上说20世纪中国思想文化是荒芜的，并不为错。

就第二个层面而言，“双重局限分析”为原创意义上的“批判”规定了具体的性质和内容，使得这种批判迥异于传统的“克服”、“取消”式否定和辩证否定。撇开原创性否定导致历史不同论，“克服”、“取消”式否定导致历史进步论和衰退论不谈，也撇开原创性否定的个体特质，“克服”、“取消”式否定的群体特质不谈，二者最重要的区别在于：“双重局限分析”不是以一种现成事物的长处，来批判另一种现成事物的短处，而是用当代现实问题来暴露两种事物的“共同局限”。这个局限必须是双方共同的局限，才是原创性批判所要谈的局限。而“克服”、“取消”式否定和辩证否定要么不谈“局限”问题，批判是以“替代”为鹄的（并不追问替代的事物和被替代的事物是否有性质的差异，如中国的农民起义）的，要么其局限，就是以一现成事物的长处来比较另一现成事物的短处所显现的（如中国人不重视逻辑思辨），而弥补了这样的局限也就意味着完美。但迄今为止，我们从未见过一种完美的文化，也从未见过既重视逻辑思辨又重视印象把握的文化。这样一来，“双重局限分析”的“局限”观，就区别于我们约定俗成的“局限”观。其操作方式体现为：对当代现实“问题”的把握，是进行“双重局限分析”的首要环节，但并不是任何问题都能成为原创性批判的问题。或者说，原创性批判之“问题”，不应该是用现成的理论所把握出的问题——比如我们不能说中国人不重视逻辑思辨是“问题”，也不能说中国人缺乏人对天的优越性征服或对象化意识（即“天人对立”）是“问题”，因为这样的问题，只有在西方理论对中国文化转型的有效性意义上，才能够成立。而文化的不可通约性，注定了中国人永远不可能成为西方人，也永远不可能成为重视逻辑思辨或有“天人对立”意识的民族，更不可能成为一个以西方理论为坐标的全球人。这不仅因为，我们在理论上很难论证中国人实现“天人合一”向“天人对立”转变的可能性、必然性，而且，20世纪“全盘西化”的新文化运动实践，也或以其价值破碎、或以其“小圈子性”证明其不可能。如此一来，我所说的问题，便必然是现有思想和理论把握不好的问题，即当代中国文化现实是一个讲发展变化不能像西方那样的“进步性”变化、讲和谐也不能像中国传统那样的“非创造性”和谐之问题——这个问题，显然是一个中国的而且是当代的“特殊问题”。这个问题可以反观出中国“天人合一”的“非创造性”局限,也可以反观出西方“天人对立”的“彼岸”对“此岸”的优越性、进步性局限,于是,建立一种同时能弥补这双重局限的“元理论”,才可真正称为“原创”。

就第三个层面而言,如何从当代特殊问题对既有观念的批判中,得出富有原创性的逻辑起点,便是我在《否定主义美学》中的“W”图式所努力解决的问题。而“W”图式便是“本体性否定”借助理性工具的一个尝试。它不等于黑格尔认识论中所说的“正、反、合”。因为“正、反、合”或“否定之否定”是每一个有理性思维的人都会有的认识性活动——就像每个人都有其本能一样。因为人的对象化意识产生之后,文化的承传性就会使它成为人的一种文化性本能。正如人的对象化意识不等于这个意识何以产生一样,人的“正、反、合”可以产生个性差异和认识差异,但不一定能产生创造性成果——其原因就在于创造性和认识性是两种不同性质的活动。“W”图式也由此与“否定之否定”是两种不同性质的理性化活动。准确地说,“W”图式是一种创造性理性化活动,其基本含义是指:“W”图式分为两个“V”字形批判程序。第一个“V”字形批判程序,主要以我们对当代现实问题的感受和问题发现,来剥离出既定思想的局限性。这个否定环节要求我们悬置既定观念对我们的制约与影响,与此同时,直面现实感受内容的特殊性,再以这特殊的感受性内容分析出既定观念的局限性。这个时候,我们对现实的特殊的感受性内容,就以对既定观念局限性的言说反衬出来。比如,我们对当前人与天的感受性内容,就可以以“天人合一”不重视创造,“天人对立”又不重视人与天的平衡性关系体现出来。但这个时候,具有原创性的思想还处在审美性的孕育状态,我们还不清楚这种既有创造性、又有平衡性的天人关系是什么样的一种关系,这个时候,我们就必须进入第二个“V”字形批判程序。这个否定程序要做的工作是:以既重视创造、又重视平衡为我们对当代思想的感受性内容,再次反观“天人合一”中的“平衡”与“天人对立”中的“冲突”之“否定”观念的局限,以此发现中国“天”对“人”的“克服”和西方“人”对“天”的“克服”的否定观念的局限,从而显现出“非克服性”否定观念、创造观念之萌芽。这个时候我们就会发现,我们今天所需要的否定观念和由这种否定观念支撑的“天人”关系,只能是不同、平等、并立的关系。这个时候,否定只不过是不满足于既定世界,通过再造一个与否定对象性质不同的世界,来完成自身罢了。这样,今天的天人关系,就应该是“天人分立”的意思了。“分立”与“对立”的区别在于:人对天的态度不是征服性的,而是可以利用自然资源但必须尊重其自然性的意思,并在这种尊重中与自然和平共处。“分立”与“合一”的区别在于,人对天不能以依附性的态度“合一”,而应该在实现自己的创造性中谈

“不同而并立”这一完整之“一”。因为当人与自然脱离后，人的世界从此就注定不能成为一个一元化世界，也不能通过努力建立成一个一元化世界；因此人与天的和谐，只能在充分意识到这种分离的基础上，来进行符合特定时代要求的调节。“天人分立”，便可能是今天这个时代要求的理论显现。

悬空状态：
“本体性否定”的审美观念

对于依附于既定知识和思想系统的知识分子而言，悬空是一个颇为尴尬的状态，他们摆脱悬空的方式是捍卫现成的真理和常识，作不能引导时代进程的坚守；而对致力于知识、思想、价值重建的知识分子，悬空则是建立一个世界的审美中介，并引导我们的时代进入新的文明。前者是大多数知识分子的生存方式，后者则是少数知识分子的艰难努力。你准备作怎样的选择？

什么是“悬空”

与20世纪80年代相比，90年代的知识分子正处于一个无话可说或只说基本常识的境地。虽然“后现代”、“新历史”、“后国学”、“新儒学”之类话语仍不时杂陈，但是就它们在哲学上依然在凭借他人和前人话语说话来看，就这种说话对解决中国文化转型、尤其是知识分子新的存在形态的有限功能来看，可以认为这与无话可说并无什么区别。或者说，由于上述话语依然延续的是80年代知识分子的说话方式，甚至可以追溯到王国维、胡适这类国学大师的说话方式，其结果，也就不大可能给今天知识分子的存在形态道出新的内容。然而，“知识分子的存在形态”之所以作为一个问题被提出来，显然来自大部分知识分子所具有的切身感受：我们既不满于无话可说，又不满于再用西方话语来解决我们的问题，更不满于在材料和知识的意义上对“国故”的清理和收集——因为在清理和收集背后，思想和精神永远是首要的。

于是,“悬空”这个概念,正是在我们已失去既定精神依托的前提下提出来的。但“失去依托”这个概念,还代表着某种传统的思维方式,其潜台词是在“寻求新的依托”。这正是80年代甚至100年来中国知识分子的精神和思维形态。其背后,是不堪于“依托”与“失去”,是难以忍受失重的“空虚”感,是渴望一个什么新的理论来再次“充实”自己。于是每一次“充实”的“异己性”,必将意味着我们还会面临新的“空虚”,这已经从80年代各种思潮的更替中得到证实。由一次次“充实”和“空虚”组成的“现实”,一定程度上构成了当代知识分子贫困的精神状态。这个时候提出“悬空”,不仅意味着知识分子必须与商品化社会追求世俗快乐的平庸保持距离,也不仅意味着我们必须终止靠说西方和中国传统话语来解决我们精神的安顿,更主要的是我们必须告别80年代知识分子拥有西方话语、来启蒙中国大众的所谓自信状态,开始对那种既轻松又沉重的“批判”实施批判,并在其中终止这种“自信”与“空虚”的循环。因此,“悬空”作为今天知识分子的一种主动行为,颇类似于田径运动员在起跳时对地面的拒绝——他将原本难以忍受的“空虚”转化为对这“空虚”本身的拒绝。因为这“空虚”的实质,是围绕人类一切既定的文化和思想果实运行的,甚至就是人类既定的知识结构的组成部分。对“空虚”的拒绝,就是对那些不再能武装当代知识分子的既有思想成果的拒绝。虽然在“空”的意义上,“悬空”与“空虚”很容易混同起来,其不踏实感,也很难被在既有地面寻找思想成果的中国知识分子接受,但这种疑虑,正好将文化转型的艰巨性,以及90年代知识分子在精神形态上的不适应性,恰到好处地衬托出来。它不但反衬出80年代知识分子掀起西方思潮的廉价性,更重要的是我们由此会体验到:一种真正有价值的思想的诞生,本身就与其何以会诞生的那个无形的“悬空”密不可分。而且,不经过这段“不踏实”的“悬空”阶段,老庄又怎么会说出那个充满意味的“有生于无”,我们今天又怎么会生成新的“有”呢?

自然,老庄那个能产生万事万物的“无”,那个能使天地分开的无形之“道”,与我将“悬空”规定在人的精神文化的生成运作中,其逻辑起点似乎大相径庭。但这种大相径庭,却并不影响两者在展开过程中的相似性,即对地面的拒绝造成的“悬空”,是为了落在一个有价值的新的点上。“悬空”虽然内含“目的”,但它本身还不是“目的”,作为一条完整的抛物线,对地面的拒绝——悬空——新着陆点,是一个须臾不可分离的过程,而且带有无可辩驳的必然性——既然“悬空”,就意味着我们正在开辟一个新的历史。人类历史是这样,中国文化是这样,知识分子的精神形态是这样,作为其中成员的我们每个个体也是这样。这一个新着陆点虽然还未诞生,但是它已经在海德格尔的意义上被我们以审美形态孕育着、保存着。“悬空”状态不仅就是知识分子的审美状态，而且相对于那个迟早会诞生的“着陆点”来说，“悬空”也是一个更重要、更根本、更激动人心的存在形态。打个比方说，如果说孔子是儒学的集大成者，那么，孔子之前的知识分子的存在形态，在某种意义上就可理解为“悬空”，这也是夏、商、周、春秋、战国比秦汉对知识分子来说更充满审美意味的缘由。儒学是如此，其任何思想的诞生也都是如此。但是直到今天，“悬空”才作为一种思想形态，告诉我们它比具体的思想结果更重要。或者说，“悬空”是使一切思想得以诞生的那个“思想”。由于它的潜在性，它又容易被人们忽略，尤其是被 20 世纪 80 年代中国知识分子忽略。如果说，90 年代的知识分子在思想状态上与 80 年代知识分子应该有所区别，那么这种潜在的、在否定他者话语的基础上积累自己的话语的状态，就是我们不仅应该安于、而且应该已开始感到充实的状态。“安于”的意思是：既然“悬空”是一个抛物的过程，既然对地面的拒绝蕴含着对整个知识结构的拒绝，其力量之大造成的“悬空”，可能将持续到 21 世纪。这样，急于追问那个新的“着陆点”是什么，或由于追问的困难而放弃“悬空”，可能都是不明智之举。这意味着，你将打破这个必需的“抛物”过程，在放弃自己的责任后准备坐享其成；你既然不适应这个必要的“悬空”过程，也不可能适应着陆之后的新的精神文化形态。或者说，这新的精神文化，相当长的时期内可能就是这“悬空”状态本身。既然人类的诞生用了几十万年的时间，那么，今天的人类实现文化、精神和知识结构的大幅度的转换，几十年的时间恐怕至少是需要的。这也意味着，思考 90 年代知识分子的存在形态，起码也是在思考未来知识分子存在形态的某种前提。

我们为何需要“悬空”

从道理上讲，“不离开”既有的现实就无法真正超越这个现实。但“离开”在这里不是“拔着自己的头发离开地面”的意思，这种物理学意义上的“离开”之不可能，正是造成人的精神可以超越自然的环境。或者说，人本身就是在“离开”自然的冲动下成为人的，就是对自然意义上的那个“离不开”的“反拨”。“离开”、“反拨”乃至“悬空”，就是人成为人的逻辑起点。这样，“悬空”的需要，简单地说就是人再次成为人的需要，就是对自己生存性质改变的需要。现在似乎有不少人以为，80 年代知识分子是以“指导大众”为自己的生存形态的，其实这只是十分表面的看法。这不仅由于建国 40 年来，知识分子与大众一直是处于一种“相互改造”、“相互指导”的运动形态，这种运动今天的形态，就是知识分子以“下海”的方式被大众再次改造，因此，知识分子与大众从来只是在一个现实平面上，而且，知识分子从来没有“离开”过这个“平面”的另一种形态，就是中国知识分子始终在操持“现成”的西方话语对大众说话。这种言说方式所导致的存在形态，也注定了知识分子不可能与大众有所区别。因此，知识分子最后只能将博学作为这种区别的唯一理由，再也不管大众队伍中也有博学之人，而知识分子队伍中也有非博学的思想家。这种博学意义上的启蒙知识分子的优越感之所以是廉价的，一是因为“知识越多，有的时候是可以越反动的”，那种阻挠文化转型和改革开放的高级知识分子并不少见；二是一些以精英自居的知识分子，一旦面对西方，马上就没有了“知识”，也就丧失了优越感，甚至不再是知识分子——或成了学生，或成了跑江湖的；三是由此一来，中国知识分子一直没能在精神上规范过自己的存在形态“读书与做官”，这与知识分子精神基本没什么关系，反倒成为大众的普遍追求。“不为五斗米折腰”所体现的人格操守，捍卫的是要老百姓也应普遍遵守的道德操守，一旦五斗米变成五百斗米，事情就很难说了。因为知识分子的精神形态本身就不能从“食”与“不食”的角度入手。说为五斗米折腰就不是知识分子，在今天看来已显得太过简单。至于说到知识分子应与统治阶级不合作，以坚持批判性来体现自己的精神，但是假如统治阶级接纳了知识分子的思想（如儒学被官方认可和推崇），知识分子是否就不必再坚持自己的知识分子品性了呢？这些疑虑，似乎都在揭示我们关于知识分子思维形态上的一些问题。这些问题的一个突出表征就是以知识代替精神，而不知道任何知识都是知识分子精神的产物。这样，离开了精神的知识（西方话语、西方思想），不但不可能解决中国知识分子的存在形态问题，反而容易作为知识的堆积使我们透不过气来。于是才有了今天学界盛行的“知识的清理”。就知识的引进和知识的清理原本是一回事而言，“拽着自己的头发难以离开地面”，不仍然只是一个知识吗？

也正因为此，可以说我们这一代知识分子，比任何时代的知识分子，都更处于人类文化和思想成果的包围、遮没之中。这种感受产生的缘由，可能多少来自我们今天再也不能按传统思维的惯性产生新知。于是，复兴、寻根、回忆才成为今天知识分子经常操作的一些概念和行为，海德格尔和普鲁斯特才不同程度地在知识和文明以外思考人类永恒的价值。在某种意义上，知识的重压，就是人诞生之前抑或人诞生过程中的自然的重压，甚至比自然的重压更为沉重。因为这种沉重，是通过人与知识融为一体的欺骗性体现出来的，是通过知识与自然的对立性体现出来的。于是人们捍卫既有知识的合法性，也仿佛就是在捍卫人的全部合法性。于是人们才会产生生活在知识里习以为常的感觉，甚至会发出这样的疑问:离开人类既有的知识成果,我们还能够做什么?幸亏猿人不具备这样的思维方式,否则猿人同样会设问:离开了自然,我们还可能成为什么?我们除了守护自然,还能够干些什么?我们当然不好说猿人是在“悬空”意识的冲动中成为人的,但我们可以依据人与自然的区别推演出人与知识的区别,这个区别的中介环节就是“悬空”。人是在对自然的无知觉的否定性“悬空”中使自己成为有知识的人类的,那么,今天的知识分子要完成的知识转型,首先需要什么当然就不言而喻。对于知识分子而言,不管你是否愿意,你都得借助既定的知识和概念说话,就像原始人总得和自然打交道一样,但人的含义就在于他在不断改变和自然与知识打交道的方式。方式的变化就是知识、观念和价值的变化。从根本上来说,“悬空”的需要,就是我们今天需要改变和既有知识打交道的方式的需要,也就是赋予这个世界以中国知识分子自己的理解的需要。这种不满足于既定知识以及对待这些知识的批判态度,应该是中国知识分子首先具备的精神。如果这种精神可以理解为是人最原初、最根本的精神,我们除了指望知识分子首先聆听到,并且以此规范“知识分子”这个概念,还能有什么其他的奢求呢?

近来,已有人注意到“地气”、“底气”对知识分子命脉和文化转型的重要性,但如何理解这个“地气”,以及如何接上这个“地气”,却不仅仅是一种凭悟性就能说清楚的事。《周易》上说“至哉坤无,万物资生,乃顺承天”,虽然是在自然辩证法的意义上将“万物资生”归结为“坤无”(地气)的结果,而“地气”之“至”,又在于秉承“天道”,但这种“地”(万物)“地气”和“天道”的密切关系,以及“乾坤”之所以成为一个约定俗成的概念,是能给我们如何接上“地气”以启发的。换句话说,万物资生也好,文化资生也好,在地面上,在既定的现实中寻求其原动力,是没有答案的。因为是在现实中,你就不可能了解这现实何以会成为可能。只有离开地面,处于“悬空”状态,你才能体会到“天道”与“地气”的相接相通。又因为“天道”与“地气”都是无形的精神状态,所以在“滋生”万物和文化思想成果的意义上,它们又可以说是一回事,是一种东西。如果说“地”是“有”,“地气”是“无”的话,那么,“悬空”状态的“无”才可以和“地气”意义上的“无”息息相关。这就难怪老庄会向往大鹏展翅“扶摇而上者九万里”(《庄子·逍遥游》)的境界。只是,老庄意义上的“悬空”强调的是对自然性的“地气”的衔接,其结果是人的“无为”状态的出现,因此这种“悬空”接上了万事万物之源,但隔断了人类文化和知识的产生之源。同样是“地气”,对其解释却可以截然不同。本书所说的“悬空”之所以是人的主动行为,而不是人赖以生成的“天”,其关键就在于人经常会被自己创造的东西所误,从而遗忘了这些东西何以产生了“地气”。因此，对“地气”的衔接，其实就是对人自身的衔接。“悬空”使人表面上离开了由人类文明积累的现实，却能感应和倾听到我们的祖先在创造自身文明之前的存在形态。由于这种存在形态在中华文明的历史上一直处于被遮没的状态，又由于中华文明既有的知识系统难以再支撑今天知识分子的精神构架，所以这种对“地气”的衔接，又带有历史的必然性。说“悬空”是主动的，只因为我们常常停留在既定的思维框架中，难以倾听到这个历史的必然之音。只是在此意义上，我们才说“悬空”是知识分子的事情，或者说是一部分知识分子首先应该做的事情。

在“悬空”中我们何为

言下之意，处于“悬空”状态的知识分子，只能和现实的知识系统保持一种审视的关系。这种审视不仅要求我们不再说现成的思想话语，在操作的意义上，它还要求我们分析、清理乃至批判现有思想和知识系统的局限，并在此过程中显示知识分子本质的精神形态。由于“悬空”可能是一个比较漫长的过程，又由于知识分子的操作只能以既有的思想为内容，但又必须保持操作的“悬空性”，所以对问题和局限的研究，既和新的思想话语积累保持同步，又在逻辑的意义上更为首要。自然，首要并不意味着我们可以脱离对新的“有”的倾听，作所谓纯粹的批判和清理工作。如果说西学派的主要问题在于用西方既定的思想话语为价值尺度，从而缺乏必要的“悬空”意识，那么国学派的主要问题，同样表现为对既有知识的整理和梳理大于对知识的分析和批判，这就体现出新的价值方位空缺的弊端，从而在思维方式上体现出和西学相同的性质。于是似乎可以说，当代的知识分子对既有话语的清理和批判，如果不能以文化转型为轴心，以新的未诞生的价值为标准，那么，既有的思想和知识系统，就难以被发现出真正的“问题”和“局限”。或者说，今天我们谈传统文化体系的局限，不再应该是相对于西方文化所显现的局限，而应该是相对于新的文化系统所显现的局限——相对于这种局限，西方文化知识系统也同样会昭示出各种各样的问题。从否定主义哲学角度来看，这种清理和批判可以从以下几个层面入手——

第一，在哲学层面，以“文化何以成为可能”作为今天的哲学思考的逻辑起点，并以此观照中西方哲学对这个问题的忽略。这意味着，我们一方面要把迄今为止的人类思想作为文化来看，追问思想何以成为可能；另一方面，又要清理人类各种思想知识是否面对或怎样面对这样一种问题；同时，又要求我们超越文化的差异，直接思考人类是否有某种共同的本体直接造成了这些差异，并把对这三个问题的追问,看成是文化得以转型必备的哲学背景。第一个问题——思想何以成为可能,是在人类不再能产生新的思想的情况下出现的,而在过去的时代,这本来不成为问题,因此这个问题是以往全部哲学思考的盲点。即使海德格尔和萨特从不同角度接触过“思之思”的命题,他们也在结论上将此推给了不可言说的非理性,从而在理性和知识的意义上没有给过真正的回答。接踵而至的第二个问题是:老庄的“道”和黑格尔的“绝对精神”,回答的是万事万物产生的原因,从而有意无意地忽略了文化产生的人本因素;西方全部认识论哲学虽然以“人的认识”为中心,但这“认识”何以成为可能,同样是被悬置起来的;海德格尔虽然以“诗意地栖居”接触过这个问题,但海德格尔“存在”的多种可能性和不可言说性,也不可能给今天已经够迷茫的人类以更“清晰”的把握,现代科学的“混沌说”,往往又给这种不可把握以有力的科学支撑。囿于人类知识在此问题上无明确的解答,“文化的差异”要么只能成为一种偶然,要么关于它人们就只能从泰纳的“种族、环境、时代”中去寻求外部因素,从而使人们根本不可能想到:人的本体精神,本身就是以否定和寻求不同为目的的——当中国人不可能将这种“差异”贯彻到底时,便只能以寻求风格和个性的差异为目的。如果我们把文化的转型也视为今天中国人对文化差异的寻求,中国既定知识系统缺乏什么,西方知识系统简单或片面在什么地方,不是有些昭然若揭了吗?

第二,以对既定概念的梳理、批判和重释,作为今天学术研究的主要方式。由于任何学术研究在根底上都离不开哲学的制约,所以对概念的梳理同样必须以对概念的重释为目的。迄今为止,人类知识的重压,突出表现为概念及其理解的堆积如山。如“道”、“上帝”、“存在”,如“理性”、“科学”,如“形式”、“体验”,等等,在不同的时代,这些概念几乎都被赋予过不同的含义,或在文化的交流中,以不同的含义发挥着不同的功能。对于当代的知识分子来说,新的概念的产生,既然与新的思想的产生一样十分困难,那么对既有的学术概念进行“史”的意义上的梳理,以便发现这些被梳理的概念距离当代现实问题的落差,就是一件首当其冲的事情。这种批判性的梳理之所以是首要的,是因为对这些概念的重释,必须以对这些概念的历史性了解、纠偏为前提。在此意义上,本书对“否定”这个概念的重新理解,就离不开对哲学史的各种“否定”的清理性批判以及百年来我们在反传统意义上所使用的“否定”的清算的前提。反过来也可以说,没有企图重新解释某种概念的冲动,对这个概念的梳理,就很难成为有意义的梳理,也不能给人以力透纸背的感觉。

第三,在批评的意义上,以未诞生的“有”作为批评尺度,实施文化和文学批评的工作。由于批评的本真含义就是以未实现的价值为尺度,由于中国文化与文学现在最缺乏的是个体对世界的独特理解，或者说是缺乏对这种独特理解的追求，而文化的转型又需要以众多个体对世界独特理解的积累为方式，于是对批评来说，它正好可以在审美的意义上，依据这个模糊的“个体”，去分析和批判由非个体组成的文化与文学现实。由于这种非个体的现实俯拾即是，在日常生活和艺术领域都有所体现，所以对当代的知识分子来说，“批评”的时间将可能像其“悬空”时间一样漫长，同时漫长的批评也将像漫长的“悬空”一样被需要。这种批评，不仅将指出王朔的轻松像他的作品一样轻飘，也不仅将剖析张艺谋张扬的东西正是我们应该反思的东西，甚至也将指出知识分子过去参照西方从事文化批判的简单性，指出张承志选择哲合忍耶想震动中国知识分子的不可能性。由于我们在整体上处于“悬空”状态，所以我们的批评不能不是全方位的，由于我们批评的目的是指向一个真正的“有”，所以这种批评既不同于解构、破坏，也不导向毁灭、虚无。更重要的是，悬空似的批评不仅是20世纪90年代知识分子的批评形态，而且也应该作为21世纪的中国知识分子对“批评”的重新理解。这种重新理解，应视为同样是对“有”的靠近。

知识批判："本体性否定"的实践观念

"独立的批判立场"，一直被认为是五四启蒙话语和现代知识分子的人文品格。但什么才是"独立的批判立场"？批评界在此问题上却鲜有思想建树。针对那种"独立批判"就是鲁迅式批判，"独立批判"就是与主流意识形态保持审视的张力，"独立批判"就是反传统等误解，我认为"独立的批判立场"必须建立在自己的思想和世界观上，然后才能对社会进行独特的发言。因此"独立批判"不是知识分子群体性的，而是个体性的。"独立的批判立场"可能不是依附于既定思想的知识分子可以承担的。

什么是"独立的批判立场"

将知识分子的生存立场与价值立场混为一谈，进而对知识分子的价值选择和价值独立不加分辨，是知识分子批判理论的当代性贫困之一，并且直接牵涉到我们对知识分子"独立的批判立场"的深入理解。

作为天生必须和知识打交道的群体，学界基本上将知识分子的生存方式划分为"学统从属政统"、"学统依附道统"以及"学统相对独立"三种类型。像胡适和郭沫若，通过从属于国家权力机构的知识劳作，希望其学术获得政治化效应，典型地体现出中国传统士大夫的生存追求；而陈寅恪和鲁迅，虽然倡导学术和精神的独立，但其力量的源泉，则有巨大的文化性道统作为支撑——对传统文化精神的守卫和新的文化之道的探求，是其毕生的治学宗旨，并演化为一种富有魅力的人格形象。站在纯粹的学统立场上，对上述两种具有依附性的学术予以微词是容易的，但是假如晚期的王国维从事经学研究，是困惑西方文化道统是否适用于中国，张元济后期从事民间出版业，缘由之一至少是对政统的失望，那么中国学人的学统立场，就不能不常有生存策略上的无可奈何性，和因文明破碎后带来的价值内虚性，并由此给中国学统的独立性打上了一个不小的问号。

首先，由于道统、政统和学统均在一种文明结构之内，并以相互冲突、相互循环的方式转换，又由于文化精神的式微、价值结构的解体，我们就很难说哪一种知识分子的生存方式更具价值，因为上述每一种生存方式都曾有过价值，也都曾失落过价值。我们失去了稳定的评判立场，已使我们对道统、政统和学统的任何肯定性选择，都具有或然性、暂时性、当下性。仅仅十余年间，郭沫若和陈寅恪在现代学术史上地位的戏剧性变化，不仅说明我们用以评价学术的价值尺度是变动不居的（在政统、道统和学统之间徘徊），而且还说明，这种变化正是由于政统和道统的式微所致。这意味着，在新的道统和政统建立起来之后，我们无法保证将来不会再站在政统的立场评价学术，也无法保证今天退回学术立场的学者，将来不会再以“道、政、学”统一的生存形态出现。我们今天固然可以对早期的王国维西方文化的立场予以反思，但这不等于回归经学和考据的王国维就一定比早期的王国维更有价值，否则，王国维不一定自沉昆明湖，反而可以采取陈寅恪的生存立场，否则，中国的学统不会像国学一样，在现实面前软弱无力。更为棘手的是：中国的学统无法有力地解释鲁迅为何先后放弃医学、考释和古典研究，转为从事与道统相系的文化批判，无法解释大批学子弃学从商、从政，是不是对中国的“学术”蕴含价值的怀疑，中国的学校、出版物、各种企事业单位的数量已蔚为可观，但真正建设性的文化成果却为何寥若晨星？如果中国的“学统”很大程度上只是学术工作、成果的代名词，而不再能对现实进程产生影响，那么，对渴望价值依托的当代中国学人来说，守住学术岗位和放弃学术岗位，就基本上是一回事。反过来也可以说，一个有着自己价值立场的知识分子，无论是在政统、道统中，还是学统中，抑或是在这三种生存方式之外，他都可以保持自己的价值立场和批判张力，也就没有必要通过改变生存立场（诸如用学统来对抗政统）来获得价值感。这就是孔子一生做过官，也讲过学，但都没有影响他的思想和价值信念的原因。知识分子可以因为价值立场的无法实现而转换生存立场，但不会通过生存立场的转换去寻求价值立场。价值立场不在生存立场之内，而在生存立场之外。

其次，学统可以与政统分离，也可以与既定的道统分离，但这不等于学术不再创造新的道统，也不等于学术不再凭借新的道统对现实产生影响。将学统的独立误解为学统的孤立，使中国的学术立场放弃价值立场，也使中国学术的独立与对现实的批判相分离,便成为中国学统的一个特性。说中国学术的现代转型,必须摆脱其对政统的依附性,这还仅仅是第一步,但将这种摆脱理解为对政统和现实的不关注,同样是学术现代化应该警惕的环节。陈寅恪不谈政治,不等于不关心政治,也不等于不从现实问题中提炼出思想,由此融会到自己的治学之中,否则,古今中外的打通就不可能实现,学术的突破和推进就难以获得。在此意义上,学术的独立是指其立场和视角在学术。独立的学术,必须在和政统、道统的关系中显示出独立,即显示出纯粹的学术思考和研究。其运行法则体现为:学术从政统规范的现实中提出问题,经过学术自身的独立思考,对既定的道统产生怀疑和批判,从而产生对新的道统(价值立场)的探求,并以这种探寻的成果,再对现实产生影响。一旦现实接受了这种影响,学术又会转为对现实问题的新的发现。因此,无论中西方治学观念存在怎样的差异,柏拉图和孔子的学术,在这一点上是相通的。西方始终保持这种学术的独立性,其当代性问题在于如何在后现代的土壤中诞生新的道,而中国,由于汉代儒学定于一尊,上述学术运行法则中断,所以学术在今天的现代化,就不仅意味着在传统道统破碎后探寻新的道统,而且还意味着,只有既超越丧失学术立场的政统、道统和学统的合一,又超越摆脱政统和道统的学统的独善其身,才能够谈新的道统的建立问题。由于道本身就是学术的产物,而且也只能是学术的产物,学术的价值关怀和价值立场,就是基于由现实出发而产生的寻道热情,所以学统在根本上又是离不开道统的。但这种离不开,只是浮于表面的说法。准确地说,独立的学术是诞生道的,而依附的学术,则只能守卫道。中国的学术之所以“述而不作”,孔子的学说中之所以有“克己复礼”一说,当代学者之所以只能在反思西学的激进立场之后,以“弘扬传统”的姿态出现,缘由正在于中国的学统不再能创生道,而只能在“释道”中延续既定的道。如此循环往复,也只能使学术依附既定的道。一旦这“道”不再起作用,学术才会惶惶不可终日,或成为琐碎的知识性重复。而以王朔为代表的价值虚无主义态度之所以盛行一时,不关注建构的后现代理论之所以能在国内学界略领风骚,均是在思维方式上将学和道的关系,理解为对既定的道的守卫、选择和嘲弄。对道的虚无主义态度,也正是在不想产生新的道的状态下出现的。在此意义上,脱离道统的学统,或只能嘲弄既定道统的学术,由于丧失了学术应该具备的创造功能,从而也不能称为“独立的学术”。

这意味着,将知识分子的批判立场放在既定的政统、道统和学统之外,是使其批判保持独立的一个基本前提。批判,就不能不是对政统、道统和学统的同时批判。由于中国传统的道统、政统和学统是水乳交融的,严格的政统、道统和学统均难以被剥离出来，这就使得只就政统进行批判，或只就道统进行批判的文化批判，因为带有只及一点、不及其余的割裂性弊端，最后就不得不使批判立场被批判对象所吞噬。戊戌维新着眼政治改良，以孙中山为代表的辛亥革命推翻帝制，但由于未涉及文化道统和学统的批判，因此未改变的道统和学统就产生新的帝制，而民众还是“希冀圣君贤相施行仁政”，寄希望于一个好皇帝。五四时期，知识分子倡导民主和科学，反对旧道德，提倡新道德，似乎涉及了道统的改变问题，但由于对政统和学统未加反思，对蕴含在政统和学统中的价值思维方式更是有所忽略，这就使得西方的民主和科学在中国被异化。受这种异化的阈限，西方的自由在中国就会有一种随心所欲的嫌疑，人人平等自然也会被理解为人人均等。另外，未被反思的学统，会将西方的道统推向一个神化的状态，西方的“自由和平等”被作为一个政治理想去宣谕，而没有被融汇为一种学术精神和学术规范，成为学术自身的生命状态，从而事实上与政统的要求和思维方式就是合拍的，学统由此成为道统的传授工具。学术丧失了产生道统的功能，进而也丧失了反思西方道统是否适合中国的批判功能，知识生产只能成为知识阐释，阐释性的学统自然无法完成西方道统与中国传统道统的融汇。于是，知识分子的“失语”，或退回到传统道德（新儒学）立场，才必然会成为一个当代文化现象；批判立场的迷失所导致的批判的消解，才会成为今天知识界的一个严重问题。

看起来，站在西方道统的立场上，确实是在中国政统、道统和学统之外，其批判，在文化意义上似乎应该具有独立性。尤其是“全盘西化”论者，主张在政统、道统和学统三方面均西方化，确实发现仅用西方道统来批判中国传统道统的上述问题。只是，知识分子的文化批判是否就是文化之间的相互批判，在中国的学统没有给予深入追思的情况下，知识分子近百年的文化实践却作了几乎否弃的回答。那就是，知识分子的批判立场可以放在既定的文明系统之外，却不可脱离这个文明系统的内在需求，将异域的文化道统用作批判的价值尺度，否则，“之外”的独立性将同样有“之外”的孤立性之嫌。孤立性的批判立场不仅在中国的土壤上或被扭曲，或成为乌托邦，而且更重要的是它误解了文化转型的内在需求其实并不是建立西方式的道统，而是不同于儒、道、释循环的新道统——这个新道统不仅不能脱离儒学、道学、理学等作为其思想材料，更为核心的是，它必须是由产生儒、道、释的中国学统自己创造出来的，其“之外”的批判立足点，才既具有超前性，又具备可能性。这正像西方的学统不可能产生儒学一样，中国的学统即便恢复了创造活力，也不可能产生西方的近代人文话语。因此，如果说知识分子的批判立场多少具有乌托邦性，只有当这个乌托邦不失本文化系统的内在血脉时，其乌托邦才是有意义的；批判相对于现实而言，才能一改其对立性而成为超前性。以此视角来看，在当下人文精神的讨论中，那种对西方近代和现代人文话语不加学理性反思的立场，也不着意于恢复自己学统的活力、产生自己话语的简单化批判行为，就同样应该在当代批判理论建设的反思之内。其结果或许是意味深长的：脱离了本文化系统的异域性批判立场，与在本文化系统内试图脱离道统的所谓学统和民间立场，实质上都不可能称作真正的独立——因为它们均没有自己的道可立。

这也意味着，鲁迅的文化批判立场之所以具备独立的品性，不在于他对中国传统文化道统进行了激烈的批判，而在于他同样不赞成胡适那样以西方文化为凭借的立场。于是，鲁迅虽然融入了现代化的潮流中，但他用以批判的价值立场，却是在"沉默"和"无言"中才能体验到的个体立场。当鲁迅无法说出这价值立场是什么时，便至少和胡适、钱杏邨等凭借既定理论的批判行为区分开来，也使得真实的、充分个体化的鲁迅，不可能被一切现实的所"是"涵盖。也因为这价值立场的无言性，彷徨中的鲁迅才可能被诸如"进化论"、"超人说"和"阶级的文学"所影响。这种影响，又使得鲁迅很贴近中国每一个摆脱不了既定思想影响的知识分子，使得我们可以和鲁迅在批判问题上进行交流。所谓创造性的鲁迅和依附性的鲁迅，就是这样自然地在鲁迅身上构成了一个整体。

知识批判先于社会批判

如果知识分子是运用道统对社会进行批判，而道统又是知识分子在学统中进行价值关怀的结果，那么，当中国社会确实正在发生不同于以往的变化，而且这种变化也区别于西方后工业社会时，我们如何对待以往的道统，又用什么样的道统来进行社会批判，就成为一个十分现实的理论问题。

可以说，与五四时期相比，由于文化落后引发的文化现代化正在进行，当代社会确实存在一个批判传统观念的使命。在这一点上，新文化运动所凭借的西方人文主义资源（人的主体性、自我、自由），依然可以作为一种参照。问题在于，经过近一个世纪的"反传统"，西方近代理性主义的自由和现代主义非理性的自由合谋后，又与中国传统的随心所欲的把玩性自由接轨，这就不仅造成了当代社会自由观念上的混乱，而且已酝酿成当代现实既受极"左"思潮所困、又受随心所欲式的自由所累的特殊景观。这使得人们的注意力，已从要不要自由转移到中国人究竟应该要什么样的自由上来。西方落实在感性、权利意义上的自由，或者靠外在法则制约的理性自由，在解决中国人的自由问题时，可能均已显现出局限。另外，市场经济作为一个当代社会的现象，既有对集权和专制消解的功用，又以物的力量对人的精神追求产生牵制效用；市场既激发起人的竞争、奋斗和享乐这些近代人文主义的自由意识，又使得人们沉湎于其中、遗忘了精神性升华的自由冲动。同时，市场与中国人伦传统、计划经济结合后，已造成了一个奇特的当代精神文化现象：既厌倦传统人伦规范和精神专制，因为空虚迷茫而渴望新的价值认同，同时又对任何价值建设从颇感无力转到怀疑。这种由两难和多种困惑构成的复杂心态，至少在五四时期是不具备的。因这种心态所造成的价值平面化、功能整体化，必然与五四时期知识分子的二元对立思维构成区别。在五四时代，出于反帝反封建的使命，自然有个解放被压迫者和同情弱者的问题，但是在当代，阶级对立消失，绝对权威不复存在，一个弱者同时是另外一个弱者的强者。“真正的弱者是谁”就作为一个问题出场了（所谓自然、人、物相互奴役）。在竞争的时代，如果一个弱者因为没有拼搏和奋斗精神而成为弱者，我们该如何给这样的弱者定位？如果任何体制均有其正负功能，我们是仅仅批判其负功能，还是建立新的体制，将其正负功能均予以改变，这些就会作为文化批判理论提出来，并将被历史发展所证明。

另一方面，仅着眼于市场造成的“物欲横流”，并出于对科技弊端的恐惧，说当代中国社会与西方后工业社会有相通点，也不为过，借此移植法兰克福学派的批评理论，也可为一种权宜之计。所不同的是，西方后工业社会是建立在一个科技发达、物质富足、由近代理性文化长期积淀的基础上，这就使高度文明和先进秩序成为其现实状况的一个突出特点。由此，法兰克福学派崇尚“新感性”，反对任何秩序、体系和结构的理论，才成为一种必然，同时也不会构成对现实的破坏。这就是西方的嬉皮士运动决然构不成“文化大革命”那样灾难的原因。而中国的现状是：持续近一个世纪的反传统，已使中国的文化结构支离破碎，人伦关系受到毁坏，但中国式的现代秩序一直未能建立；社会行为失范造成的无序，已使得只讲批判不考虑建设的“批判理论”，成为社会发展的大忌；而激进的道德谴责，也就可能被社会各种因素利用，造成违反批判者初衷的社会效应。良好的愿望、激情和胆识，由此已不能成为中国当代批判理论的中枢。批评愿望与批判结果（效果）的通盘考虑，已成为面对中国复杂的社会状况的理论要求。而且，不用说物质文明在中国目前还处在上升阶段，尚未成为一个异化问题，即使这一天到来，在中国，人的问题也远大于物的问题。这不仅在于“物由人造”、“物的问题本质上是人的问题”这样一个常识。而且还在于，中国现代化的难度，已远远超出了物质的现代化。“人的素质”之所以被作为目前教育领域十分重视的环节，中国学术队伍模仿大于创造的顽症，富裕者在文化心理方面的极端贫困现象，均使得中国目前的社会现实，远未达到将"物的异化"、"科技异化"放在首位的程度。如上所述，如果中国知识分子发现中国现实问题的能力还是一个有待积累的过程，那么，我们又凭什么说，西方的现代批判理论就是我们的尚方宝剑呢？

实际上，在现实发生变化的时候，知识批判先于社会批判，也是西方马克思主义者所遵循的。当我们看到西方马克思主义对资本主义的异化现实进行激烈批判时，我们往往看不见这首先是批评家们知识批判的结果，然后才谈得上用这种成果对社会发言。诸如霍克海默在《批判理论》中，对笛卡儿、胡塞尔、孔德等理性主义哲学的批判，阿多诺、霍克海默在《启蒙辩证法》中，对历史上各种启蒙主义的批判，马尔库塞在其《单向度的人》中，对以维特根斯坦为代表的现代语言哲学的批判；而其相对共同的一点，则是对支撑西方文明发展的核心知识系统——科学理性的批判。

众所周知，实证哲学和启蒙运动在西方近代史上，曾经扮演了"使人们摆脱恐惧，成为主人"①的功能、并且也是根据中世纪末期文明转型的现实需求、在对形而上哲学的批判中产生的。问题不在于启蒙主义对还处在蒙昧状态的社会现实具有批判性，而在于科学理性这一新的道统，一旦完成了批判的使命，逐渐又将自己定于一尊，在"普遍的联系中，在一些存在的东西与另外一些存在的东西的关系中，使这种统治权永恒化"②，进而造成科学理性对人的新的奴役现象，才产生了包括海德格尔在内的存在主义和西方现代批判理论。这意味着，一种知识系统在诞生过程中，总是作为新的道统，对既定的知识系统构成批判。一旦确立起自己的合法地位，这一新的知识系统很快就会成为知识现实，对人具有奴役性。科学理性之所以成为法兰克福学派首先发难的对象，正在于它已渗透进人们的日常生活，以科技进步带给人们生存快乐的合理性使人们在被奴役而不自觉。这种新的蒙昧现象，与处在中世纪自觉地将自己献给上帝的人的蒙昧性，应该说是类似的。

关键是，仅有新的启蒙的愿望和对既有知识系统的不满，对文化批判来说，似乎还远远不够。法兰克福学派的批判经验还告诉我们，只有在批判中为现实提供新的理论设计，其批判才会引起现实的反思和改变，抽象的启蒙冲动才会转化为具体的实施行为。这设计是否会因为过于乌托邦而难以实现并不重要，关键是这设计是批判家自己的设计，批判才会具有独立的立场。法兰克福学派

① 霍克海默、阿多诺：《启蒙辩证法》，重庆：重庆出版社，1990，第1页。

② 陈独秀：《吾人最后之觉悟》，《青年》第一卷，第6号。

内部之所以观念差异很大,缘由恐怕也在于此。像马尔库塞在对“单向度的人”的批判中提出的“新感性”理论,哈贝马斯在批判中富有建设性的“社会交往”理论,以及阿多诺对传统辩证法予以改造的“否定的辩证法”的理论,不仅告诉我们法兰克福学派的批判首先是一种知识反思行为,而且还说明,批判的理论建设成果,将比批判的冲动和热情更为重要。知识分子首先也就不是知识的看护人,而是知识生产者。尽管法兰克福学派的理论成果带有反体系的特征,但这种反体系一方面符合这一学派对科学理性的怀疑,另一方面他们反对的只是具有中心含义、因而也会具有奴役效果的体系,因此,传统理论体系在法兰克福学派那里,就转化为一种理论设计和方案——只有在这个基础上,才会有这一学派后来对所谓的大众文化的批判。但这种批判,在于他们将大众文化看做与既定现实秩序合谋的结果,而不仅仅就是对大众文化本身的批判。大众文化批判之所以在20世纪40年代以后才成为法兰克福学派的重点,这一学派的许多成员之所以在后期才开始考察美国的大众文化,原因盖在于:只有在知识批判完成后,社会批判才成为一种必然,并且也才能构成学理性的而不是情感性的批判,其批判才能是有效的和深入的。

对我们来说,鉴于市场经济的来临,更鉴于市场经济和中国传统经济体制组成了一个奇特的矛盾体,尤其是鉴于文化价值系统破碎后,西方各种思潮与中国传统价值观念混合成了无序的思想世界,要建立中国自己的当代批判理论,就不仅需要继续反思中国传统知识系统,而且需要反思五四以降的近现代西方人文知识系统,当然也包括批判性地审视西方法兰克福学派理论本身。这样的一种知识批判,才可能具有中国当代知识分子的独立性。就“五四新文化运动”的问题来说,目前国内学界的反思已涉及“东方崛起后重返世界中心”、“现代化即是西化”、“进步论的合理性”、“国家兴亡重于个人立场”,以及“文学充当文化的工具”①等五四时期所肯定的知识系统。但这仅仅是初步,更重要的知识系统,如西方近代人文主义的“自由”和“个人”观念,在西方价值尺度比较下,中国传统文化的局限是否是真正的局限,凭借西方既定理论进行激烈的文化批评,其观念和方法的可疑性,鲁迅式批判的局限性问题,等等,可能还是反思所应深入的领域。在此意义上,说当代文化批判者应该继续坚持五四的启蒙立场,就有热情大于理智之嫌,而且已被实践证明了它的浮躁和无力。显然,比较起来,对法兰克福学派批判理论的审视和批判,可能是更为重要的。这不仅因为这一流派以“批判”为旗帜,对我们很具诱惑力,也不仅因为这一流派的批

---

① 王晓明、陈思和:《知识分子的新文化传统和当代立场》,载《香港文化研究》,1996,第6期。

判对象主要是科学理性，而我们的批判对象是无序的价值现实，关键是：法兰克福学派可以将立足点放在和现存秩序对立的"新感性"上，而我们却是要建立一种既具有感性生命自由、又要有对这种自由限定的新文化规范。更为关键的是，法兰克福学派对西方文化商品化、标准化和强制化的批评①，并不完全适合中国的大众文化和现实艺术状况。中国的纯文学创作虽然不像80年代那样作为思潮存在，但是中青年实力派作家依然从事艺术的探索，已和所谓大众的艺术构成一种张力，大众文化也并未成为一种深重的灾难；其次，像历史上的通俗文学有好坏之分一样，大众文学本身也有层次差异，大众艺术的制作者对"原创性"的重视，已构成大众文学内部的艺术张力，因此我们不能以大众文学中差的作品作为对大众文学的界定；再次，正像纯文学内部也有复制和模仿一样，受商品的影响，向西方标准看齐，已成为当代中国文化和艺术的普遍问题，而不是大众文化的问题。尤其应该提出的是，在商品化、标准化和强制化的所谓大众文化现象中，人的生存快乐原则至上，究竟是艺术的灾难，还是艺术功能原来就应具有的一部分，已作为一个法兰克福学派没有重视的问题摆在面前，同样逼迫我们作出更深入的研究。

与此同时，法兰克福学派自觉的理论建设还告诉我们：如果仅有对既定知识系统的怀疑，而没有理论建设行为，最后我们也就不可能怀疑什么，从而也不可能对复杂的中国当代现实进行有效的批判。将批判建立在良知、情感和直觉的基础上，对理论创造的淡漠和无力，或者只能凭借既定的良知力量打动听众，或者只能选择既定的知识和现实构成一种无力的对立（如张承志和张炜），批判也就失去了它能够批判什么的功能，不再能成为大众生活中愿意被人们倾听的一部分。"你批你的，我做我的"，也就会成为对这种自以为是的批判的批判。批判，由此也就戏剧性地成为大众与知识分子间的相互批判。而大众的批判，只不过是以不理睬或嘲弄为其批判武器罢了——至少在这一点上，它又为当代已经无序化的社会景观增添了新的无序。

传统的问题，当代的主义

在既定的知识系统成为我们应予反思的对象的时候，如何使反思的成果既区别于既定的知识系统，又不失与这个知识系统的文化性关系，就作为一个重要的批判方法问题接踵而至。我把这个方法简括为：传统的问题，当代的主义。

---

① 欧力同、张伟：《法兰克福学派研究》，重庆：重庆出版社，1990，第286—288页。

写作《资本主义文化矛盾》的丹尼尔·贝尔，在这里看来是应该被提及的。这不仅因为，贝尔常常作为单纯的“文化保守主义”者被国内一些人误解，使得贝尔的文化批判方法无形中被忽略，而且还因为，由于文化和文明的差异，不仅贝尔的经济、政治、文化三分立的学说不适合中国，而且诱发贝尔回到传统立场的“宗教渊源”，也同样不适合我们对自身传统问题的衔接。于是，我们传统的问题，我们当代的主义，才与我们的文化批判方法密切相关，有待于进一步探究。

也许是一种自然，在今天，麦金太尔所说的“情感主义”已经泛滥成灾、贝尔所说的个人“唯我独尊”已造成资本主义无法解决的矛盾，伴随着美国政界的一种保守稳定的策略，在道德上主张重新重视亚里士多德的德性论，在文化信仰上主张建立一种新的宗教，确实容易导致文化是可以“回跃”①的理解。不管是西方建立在欲望和自我表现基础上的“个人主义”本身有问题，还是宗教作为西方文化的一个核心支柱，本身就不可能如尼采所宣判的会真正死去，我感兴趣的是贝尔、麦金太尔试图“回跃”传统，为什么在结果上只能提出和传统不一样的理论？即贝尔自己所说的：虽然“不断转回到人类生存痛苦的老问题上去”，但“人们对问题的解答却可能因时因地而异”，乃至“提问方式也可能受到社会变革的影响”。② 生死、善恶、爱情、责任、信仰与崇拜这些与价值论相关的命题，确实是作为永恒的传统的问题，逼迫每个时代作出自己的解答。像麦金太尔所分析的那样，在亚里士多德时代，德性是以“生活整体的道德要求”③规范个人，而在现代，德性在罗尔斯这里就是情感，在富兰克林这里就是以个人功利和有用性为目的的个人主义，在麦金太尔这里，则体现为包括卓越、充实这些“内在利益”得到满足的“获得性品质”④——麦金太尔这种重视个人的德性论，已经区别于亚里士多德的德性论，并构成贝尔的“新宗教”（公众家庭）理论的基本内容。即由前工业阶段的人和自然的问题，转化为人与人的问题。它既保留了传统宗教中的人对不可知力量的畏惧之心，对自我泛滥的警惕和克制，又充分容纳个人经济和政治上的自由权利。简单地说，既尊重个人主义，又防止唯我至上。这样一来，传统宗教中占有中心地位的信仰和自我约束，在贝尔的“公众家庭”理论中，便只具有“局部”的意义——至少在这一点上，贝尔和后现代主义

① 丹尼尔·贝尔：《资本主义文化矛盾》，北京：三联书店，1989年，第59页。
② 同上书，第59页。
③ A. 麦金太尔：《德性之后》译者前言，北京：中国社会科学出版社，1995。
④ 同上书，第14章。

理论家利奥塔的观点不谋而合。先不说贝尔的这种经济、政治、文化三分天下而互不相干的设计，在物质和精神必然相互影响的意义上，会给理论的实践带来诸多的困难，仅就这设计本身，这种个人和集体相互容纳而不是相互从属的思路，便说明贝尔既尊重当下现实的合理性（以个人为基本单位），又不满足于这种合理性（对个人的精神文化重新予以限定），进而又衔接上传统的老问题——人必须有一个神在。这种"三位一体"的批判方法的奥妙在于：我们任何人均在传统的问题的笼罩之下，但对这些问题的回答，却只有依据当下现实的特殊性因时因人而异。仅仅着眼于贝尔理论中的人应该重塑一个神来，就说贝尔在文化上从形式到内容都是保守的，实在有失偏颇。这里的问题不仅是只就其一不及其余，而且是只就其要重塑权威而不关注他要塑的是什么权威、这个权威在当代生活中的局限性等其他方面。

显然，那种将贝尔所阐发的西方文化传统的问题，就当做我们回归传统的立足点，将贝尔批判的结果——经济、政治、文化三分天下的学说，就当做我们今天应该采取的策略，就不仅混淆了西方文化传统和中国文化传统的不同质，而且也将贝尔的批判内容对我们的不适用性，代替了贝尔批判方法对我们的可借鉴性，从而也就不可能在对贝尔的看法上，保持我们独立的审视视角。

首先，贝尔退回到的宗教立场，是西方文化有意义的传统使然。其突出特征是通过"此岸和彼岸"的分离体现出人对世俗世界的超越性，并由这种超越性形成中世纪人的奉献精神和牺牲精神。这在西方不断发展的文化史上是有意义的，是作为与西方文化《圣经》血缘的良好维系来对待的。也可以说，无论是古希腊、中世纪，还是文艺复兴以后，无论是上帝被理性替代，还是宗教的形式在不断改变，相信真理、权威和信仰的宗教精神，始终是西方文化得以成为可能的宝贵精神财富。这一点，即使在现代所谓"人自己就是上帝"、"艺术就是新的权威"的今天，也没有泯灭的可能，并使贝尔的"大修复"理论才多少具备现实性。比较起来，我们没有这样的文化传统，而五四新文化运动凭借的又是异域性的文化系统——虽然这套系统已作为文化碎片渗入我们的现实，但并不具备我们赖以回归的巨大精神文化背景；又由于文化毕竟在当代有一个转型的使命，因此，说陈寅恪可以守住中国文化精神的血脉，那么 21 世纪的中国知识分子守住什么，又回归到哪种文化传统中去，就比"我们回归传统"这样一个不加分析的口号更为深入，力逼我们不能轻易地作出回答。或者说，我们传统的"问题"，究竟在哪一点上值得我们去阐发出当代的"主义"，还是悬而未决的。

其次，贝尔的经济、政治、文化三分天下说（即经济自由、政治激进、文化保守），虽然作为理论体系不乏新意，而且也部分地面对了当代西方社会已经多元化的社会状况，但作为“独立”的可能，则有西方“上帝的事情归上帝管，恺撒的事情归恺撒管”的文化传统作底蕴，也有文学独立的近代人文传统作支撑。这就使贝尔的理论设计不至于等同乌托邦式的理论空想，并且本身就是西方那种没有任何内在限定的自由观念之体现。比较起来，中国不仅没有文史哲分离的古代传统，也没有文学可以独立的现代传统。五四以降，中国知识分子的政治态度同时就是文化态度，而文化态度也就是学术态度。这不仅集中地体现在王国维、鲁迅、陈寅恪、胡适这些杰出的学人身上，而且也是更年青一代的知识分子的普遍思维模式——所谓国家的现代化等同于文化的现代化，就是一个突出的例子。这不仅使得“政治激进、文化保守”的方案在中国具有乌托邦性，而且更重要的是，在中国土壤上实行这个方案，文化的保守可被政治的保守所利用，而政治的激进同样会导致文化冒险主义。如果说五四新文化运动和 80 年代文化批判运动，以及 90 年代以后的“道德理想主义”有什么负面效果，这就是其中之一。

若说宗教是西方文化的传统，“上帝是否应该死去”是西方文化的当代问题，“上帝如果还应复活，该以怎样的形式存在”是西方思想家对这个问题的当代性提问，那么，对以《易经》为源头的中国文化传统来说，对以南怀瑾先生所归纳的“变易”、“简易”和“不易”这三个《易经》的原则来说，中国传统文化的“问题”就可以由“是否要变”、“如何变”、“变的根据”以及“万变不离其宗”等命题组成，并以此区别于西方“此岸和彼岸”之分的宗教问题。循此类推，可以说儒家思想是以“血缘论”，道家思想是以“自然论”，对上述问题作了古代思想家的独特的阐释。这些问题到了当代，就成为“文化是否要转型”，“文化如何转型”，“文化转型的根据是什么”，以及在当代无序变化的现实中，如何确立一个“万变不离其宗”的使我们精神上有所依托的道等问题。概括起来，有两个至关重要的方面，即在变的问题上，我们必须作出不同于儒家、也不同于道家和释家的当代理解；在当代性的变化中，我们如何依托一个不同于儒家之道、也不同于道家之道的道，而不是建立在西方宗教文化基础上的、一直被学界难以说清楚的“人文精神”。

这意味着，由于古代哲学虽承认“无动而不变，无时而不移”，但落脚点却在“万物一齐”①上，致使古代中国关于“变”的理论，一直停留在风格、志趣、性格、技巧，而观念和思想却亘古不变的层次。这不仅造成古代中国文明过于漫长的延续，更重要的是，它使得明清以降的晚近文明不再能向世界贡献新的思想成

① 《庄子·秋水》。

果。"五四"虽然触及"道"的改变的问题，但由于"变"的理论没有改变，"道"也就没有得到现代性深究和重释。这不仅造成新文化运动中的知识分子像古代士大夫一样，存在一个"风格、技巧多样"而"观念却一样"的毛病，而且试图将异域的文化之道作为中国当代新文化之道，这就将道的改变看作像植树那样的轻而易举，从而将道也技巧化了。其实，文化之间的道是不可移植的，这不仅早已被百年的文化批判的实践所证实，而且还暴露出新文化运动在"变"的理论上存在的一个巨大的盲点。也因为这个盲点，当代文化转型究竟意味着什么？市场经济究竟可以给中国带来什么程度的变化？当代中国人，尤其是当代中国知识分子的思想杂乱堆积和无序更替，究竟说明了什么问题？确立自己独立的价值立场与这种无序和杂乱，是一个什么样的关系？新的文化之"道"究竟是什么以及如何建立？诸如此类的问题，才成为一个明显的批判"空缺"被提了出来。由于儒、道、释对"变"的理论阐释已无法解释上述问题，这些问题才成为当代知识分子需要付之于自己"主义"的命题。反过来也可以说，在上述问题未解决的情况下，欢迎市场经济的来临还是谴责市场经济的来临，欢欣价值的多元还是指责价值的失范，要道德要理想还是不要道德不要理想，均可能成为无关紧要的、空泛的知识纠葛。

另一方面，近年的"人文精神危机"的讨论，把对道的依托定位在一种缺乏具体主义界定的精神上，不仅将道宗教化、彼岸化和模糊化了，从而脱离了中国人在现实中对道的追求的文化传统，更重要的是将人文精神多半理解为对道的依托，而没有将道与变作为有密切关系的事物去对待，于是道的失落和道的新建这本该有重要区别的范畴，便被搅和在一起，成为一个只有争论而没有结果的、仅仅是对现实不满的话语运动。本来，对于人文精神的发起者和部分参加者来说，人文精神的重点是放在对五四新文化运动的反思上，或者至少必须和对五四新文化运动的反思同步进行，但由于将价值危机定位在精神危机上，其结果便是：这指的是中国传统人伦精神危机，还是西方近代、现代人文精神危机？而且，就像西方近代人文精神是由"自由、平等、民主、理性"等"主义"规范，现代人文精神是由"生命意志、非理性、绝对的感性自我"作为话语一样，由于精神危机本身只是一个问题，精神本身又具有不可言说性，它只有在新的、具体的主义阐释后，才会成为一个有特定所指、特定内容、特定目的的文化批判实践，否则，精神不仅将永远成为一个落不到实处的呐喊，而且还会被任何现成的、既定的主义进行莫衷一是的曲解。诸如儒家的、道家的、西方近代现代的、西方后现代的以及仅仅对现实不满的、抱住常识而放弃思想的等等，就都可以在其中各执一词、自以为是。于是，人文精神不仅由此会成为一个仅仅和现实对抗的皮相的姿态，在效果上远离了真正的人文思想建设，疏离了在变中求道的知识分子的传统，而且作为一种话语纠葛现象，它本身还将被我们的将来所反思、所清理……反思者不自觉地蹈入需要被反思的境地，这才是中国知识分子真正蒙昧之所在。

实证批判：
“本体性否定”的学术观念

实证性强是否就是学术性强？被现有材料证实的观点是否就有永恒的价值？思想的思辨和科学的猜想该如何判定其科学价值？学术上的实证与文化上不能面对现实问题的非实证该如何解决？中国当代学术最缺乏的是思想创造还是学术功底？学术积累是否必然会导致思想创造？面对这些当代学术界的尖端问题，我们必须冷静地分析才能辨析。简单地肯定玄学，还是简单地肯定实学，其实都是有害的。

实证：文化精神的缺失与学术观念的狭隘

应该说，实证之所以对我们具有一种科学性的学术意义，恐怕并不仅在于它所注重的观察、实验、材料论证以及逻辑分析，因为仅就这些，20 世纪的中国社会科学并不缺少相应的实践，也不缺少与这种实践相匹配的“论从史出”的学术传统。在一般意义上，我们实际上一直在强调通过论点和论证（材料证实与逻辑分析）的结合来判别一个命题是否具有科学性和学术性，也在一定程度上接受了西方实证主义哲学的基本观念。所谓胡适之先生的“大胆设想，小心求证”是也。实证之所以在 20 世纪 90 年代以来被重新提起，很大程度上首先是在纠正这样一种文化上的失误，即我们常常只将实证作为一种科学方法，而没有将之视为现代文化建设、文化精神得失的标尺。于是，学科领域实证的技术化与文化精神领域的反实证性，一方面造成了治学领域里对材料的过分依赖，使得人文学科领域里必要的想象和创造张力缺无，另一方面，思想文化领域里对西学的过分依赖，又使得理论始终抓不住真正的中国问题，甚至与现实问题脱节，从而造成理论与现实的非实证化。比如，人道主义、现代主义、后现代主义，乃至今天西学意义上的对现代化的全面反思，在我看来，其实都没有真正抓住中国的现代化是在于建立中国当代人自己的世界观之问题——从而区别于由中国人自己创造的古代文明。长此以往，狭隘的实证论研究风尚使得我们的学术偏于考释和阐释，而不能进行必要的知识生产；而精神文化领域里的以西学为底蕴的乌托邦式的现代化之想象，也使得我们不能提出中国人的现代化问题与理论（只要谈现代性问题，我们必然要将眼光投向西方）。于是，学术领域的过分实证化与文化领域实证的不足，便成为我们学术和思想文化领域里共同面临的问题。

就前者而言，这表现在我们的研究中过分强调材料的实证意义，导致了机械实证论和实证崇拜，思想的创造和理论的发现以及由此导致的对材料的穿越意识和能力，便被无形中忽略了。这种状况影响到文艺理论，即靠大量的作品来验证理论自身，而不能被作品验证，或者一下子不能发挥作用、影响创作的理论，便被宣布为无意义——这至少将理论有意义的超前和无意义的超前相混淆了。长此以往，理论的思辨性以及依赖纯思辨导致的理论假说和设想自然被忽略了——学者们对现实的依赖大于对可能性的依赖，其直接结果便是知识阐释大于知识生产。当然，造成我们理论思辨力和创造力贫困的原因，多少还来自传统的考证方法与现代实证精神合谋后产生的有失偏颇的引导：评判学术的标准主要不在于有新意，而在于一种观念是否有材料证实从而站得住脚，于是，在最现代的“实证”面目下活动着一些创造精神薄弱的传统型学者，进而形成谨小慎微、按部就班的文人生存方式，就成为一种事实。就后者而言，在哲学上，我们过分迷恋“物质第一还是精神第一”这种既无任何实际意义、也永远不会有结论的抽象的哲学本质的争论。这种争论的价值大概只在于精神消耗和理论游戏，而不能给中国的改革现实和发展现实提供任何思想资源。结果，我们一边肯定“物质”的第一性，一边又特别注重精神对物质的不正常超越，乃至在贫困的文化实体中搞起了文化大革命、观念现代主义或后现代主义。这种不着边际的精神超越的另一种不正常表现就是精神压抑，以致创作自由、批评自由在迄今为止的时期内仍不能真正成为现实。这里面的悖论无疑昭示着我们在文化上和思想上的种种反实证精神。它显示出我们在将哲学推到至高无上的境地的同时，又是最不懂得哲学的存在意义在哪里的。我们推崇的是一个对我们自身的发展尚无实际意义的哲学，其结果是我们推崇的哲学不是在精神意义上约束了我们的发展,就是制造与实际发展无关的思想内耗与争斗。一旦我们难以摆脱这种状况,我们甚至会对哲学和理论思辨本身产生怀疑——哲学在今天成为无人问津之学,便是必然的。强调实证的意义首先在于:哲学与科学一样,其最终目的必须能指导或服务于人类的发展,是被人类观察力和经验所证明、反过来又能促进人类观察力和经验能力提高的方法论和价值论。它不在我们的现实生活之外,就在我们的现实生活之中。哲学不是某种精神贵族般的谈论,而是一种平民般的存在——这种存在体现出哲学对当下现实的有用性。西方实证主义将哲学与科学一体化,其目的不仅在于创建一种讲究实际的文化精神与传统,而且还将这种“实际”落实在促进社会发展和人们生活水平的提高上。这种注重实际的精神已经给西方人带来了明显的好处:西方的工业文明和科技进步。即便今天科技文明有可能会给人类带来灾难性的后果,又焉能不是文化上的这种实证精神对人类未来生活发展的预料?因此,当“实践是检验真理的唯一标准”被文化界提出时,不仅其实质含义应该是“能促进社会真正发展的实践才是检验真理的唯一标准”,而且对“什么是真正发展”依然应该作价值限定性研究——一个笼统的“实践”,是不能辨别毛泽东的文化大革命和邓小平的改革开放,孰者有意义、无意义的。

作为科学性的实证之局限

不仅如此,实证之于我们的科学性和必要性,恐怕也不应该影响我们对它进行科学意义上的反思。这种反思的必要性在于:当我们推崇一种哲学或一种精神的时候,我们很容易因一种情感性态度而将此推入一种极端,其代价又需要我们重新对之拨乱反正。这种对待事物的情绪化态度本身就是与科学的实证精神背道而驰的。实证之于我们即便有科学意义,也不能由此说它在一切领域都有科学性,特别是它不能掩盖其在社会科学和文学批评领域里的科学局限性。这种局限性并不在于实证在西方由孔德始创,经由卡尔纳普、波普、库恩等的更新换代,迄今在理论上仍存有这样那样的无法自圆其说的毛病(当然,在西方步入窘境或过时的东西不一定对我们没有科学性),而是说实证本身从一开始就暴露出它的弊端:实证只能验证科学的过去性和现在性,而不能验证科学的预见性。因为任何观察和试验都是现在性的,观察和实验的积累则是过去性的。相对论在刚提出时是无法由观察和实验来证明的,但如果我们由此在当时就断定相对论不具备科学的意义,这种断定显然就是错误的。换句话说,即使相对论至今也仍然没有被观察和实验证实,我们也不能轻易地、完全地断定相对论是非科学的假说。因为这里面有一个极大的薄弱环节就是，我们如何判别自己观察和实验能力的可靠性？又在何种程度上相信我们的观察和试验？如果有的科学假说是我们迄今难以观察和被实验所能证明的，它们是否就会完全丧失科学的意义？并且由此使我们丧失了对理论假说关注的热情？特别是，如果人们都去搞实证了，又由谁来提出科学的假说？又由谁来证明那些暂时不能被证明的假说？科学的功能是否仅仅是证实理论，而不包括提出理论？如果实证不能完全成为判别一项理论是否科学的标尺，如果提出理论的假说也容易与胡思乱想、奇谈怪论相混淆，那么科学划界的新标尺又在哪里？在这些问题不能一下子有效得以解决的前提下，社会科学和文学批评领域内我们是否起码应有这样一种意识，即任何我们现在所知道的实证的材料只能代表过去了的，未来的材料在我们寻求材料时还没有产生；而我们每个人选择的材料都只能是适合验证自己观点的材料，对那些不利于自己观点的材料我们会视而不见。这就带来一个问题：我们每个人似乎都可以找到（哪怕是零星地找到）相应的材料来证明自己的观点，但这是否就是说我们每个人的观点都有价值？或者在科学上是等值的？或者相反，如果我们每个人都能找到相应的材料来证明自己的观点，那么实证在此又具有多大的意义？我们能否仅仅凭我们相信的假说就推出能够成立的结论？同样的意思是：如果不太注重材料的说明，或一下子还不能被现有的材料说明的观点和理论，如果这些观点和理论是在纯思辨的意义上产生的，只要它们能给我们以不同程度的启发，这些观点和理论是否也同样应具有一定的科学价值？这种价值我们能否称为科学的预见性价值？

如果再换一个角度，这个问题就转化为这样一种思考：即便我们通过实证发现新的材料，从而证伪了前人的观点，我们也只能说，这只是证明了自己的观点，或我们时代的观点，而不能说这个观点是普遍正确的，或者永远具有科学性。这是因为，材料总是处在被发现的状态，否则发现材料的学术工作就显得没有意义——尽管有时候我们会觉得发现新材料的可能性已经很小，但这依然不等于没有可能。不过即使是有可能的，我们所发现的新材料赖以支撑的观点，也只能是暂时的。既然是暂时的，我们就只能说：这个靠新材料支撑的观点的有效性，只是在其他材料尚未被发现之前的有效性，其科学性，也只是在其他材料尚未被发现之前的科学性，从而这个科学性，只能占有我所发现的新材料之有效性这个时空，但不能占有更新的材料之被发现的时空。由此一来，我所发现的材料以及由这材料支撑的观点和由这观点所体现的学术贡献，便是一体化的。其实证所体现的科学性，也主要只能是在确证我的观点的暂时有效性。正是在此意义上，牛顿尽管对当代社会依然有影响，但其有效性，无疑已被爱因斯坦替代,即爱因斯坦完成了对牛顿的“本体性否定”。以此类推,我们甚至可以说:科学性就是暂时的有效性,并直接与波普的“可证伪性”原理相通。

实证与思辨的复杂关系

同样,与实证精神相对立的形而上的思辨,在我们强调实证精神时被笼而统之地否定,也仍然是不公允的。一般说来,我把思辨分为古代形而上学思辨,近代逻辑思辨与现代科学相对论型思辨三种形态。古代形而上学思辨自亚里士多德提出,后经培根和洛克的理论强化,其突出特征是思辨方式与思辨对象的一致性。也即它在思辨方式上讲究绝对性(线性因果性),而在思辨对象上又专门研究处于绝对状态的超经验的“神、灵魂和意志”等。因此,神、本质、本体、权威、绝对、孤立、静态在古代形而上学那里的意蕴是大致等同的。实际上,古代形而上学并没有在历史发展中被黑格尔的辩证法否决,倒是在现代人文主义哲学那里(如柏格森的唯意志论,尼采的艺术至上论)承接了下来。在这个意义上,亚里士多德、黑格尔、牛顿、柏格森、尼采,都撷取了古代形而上学的“绝对”观念,分别把自己崇尚的某种超经验的东西(如理念、意志、超人精神、艺术)推向了一个近乎“神”的境地。在这个意义上,古代形而上学的消极影响只是文明性的而不是文化性的,所谓与实证精神相对立的古代形而上学色彩,其非科学性只是它的宗教色彩、神秘色彩、玄学色彩,它们与牛顿的绝对时空观对后世的影响应该是水乳交融的。尽管绝对时空观已经被相对时空观否定和超越,人们对此仍然有一种文化性的习惯偏好,甚至在崇尚相对时空观时又会情不自禁地眷念绝对时空观的思维方式。

这里首先值得一提的是黑格尔。黑格尔本身就是一个悖论。一方面,黑格尔在反对形而上学时主张辩证法,有其哲学和科学的“本体性否定”性;另一方面,黑格尔在反对形而上学时又情不自禁地将他的那个会运动的“绝对精神”推入某种绝对化的形而上学境地,以一种形而上学的态度捍卫自己的学术权威,这又具有非科学性。与此同时,黑格尔关心的是形而上的“绝对精神”、“物质与精神、直观与客观”的关系(这在逻辑实证主义看来是无意义的,非科学的),但黑格尔的思辨方式又是逻辑性的,而逻辑思辨又是实证主义并不排除的一种间接证实命题的方法。也即在逻辑实证主义看来,并不是所有的命题都可以被经验“直接证实”,相反倒是有很多命题只能被已经证实的理论之间的逻辑关系来证实。这意味着黑格尔采取的是一种也被实证主义认可的逻辑思辨方式来验证他的形而上的观点(只是因为黑格尔的形而上性质,人们容易忽略他对逻辑思辨的贡献）。因此，黑格尔代表的近代逻辑思辨在思维方式上与逻辑实证主义有共同之处，而在思辨对象上则有所出入（逻辑实证主义更关心一些形而下的命题）。这使得我们在判别黑格尔的思辨哲学是否具有科学性的时候，必须把他的思辨方式与思辨对象有效地区分开来，而这，也正是近代思辨哲学与古代思辨哲学的微妙性差异，稍有不慎，我们就会连同它们给一道否决。

至于对现代科学思辨的分析，我把它归结为相对论给人们思维方式上的影响。现代科学思辨不仅是一个线性思维和双向思维的问题，而且是对一个对象多角度思考和观照产生的人们认识上的徘徊状态。现代人意识到从一个角度把握对象的局限性以及由此产生的盲目自信，故产生了一种同时从多方位把握对象的欲望，其结果必然造成人们认识和思维方式上的思辨性和徘徊态、困惑态。现代科学思辨的价值主要不在于它的结论而在于它的认识过程和思维过程。比如说“世界的未来是悲观的”，或说“世界的未来是乐观的”，现代科学思辨并不希图判别谁对谁错，而是更关注它们是在什么意义或什么角度上产生的，如果理解了它们产生的出发点，它们就有可能都有其科学意义和价值。既然现代科学认为真理和科学本身是相对的而不是绝对的，现代科学思辨对于我们摆脱绝对性和盲目性，增强我们对问题把握的宏观意识和整体意识，加强我们对问题讨论的宽容度，无疑有着积极的意义。这种意义不应在我们强调实证精神的时候予以忽略，它们是可以并行不悖、互有得失的。以对实证的强调大而广之地否定思辨，或者以对思辨的推崇简单鄙薄实证，实际上都是非科学的态度。

这就说到前些年对文学批评的实证精神的文体分析（如结构主义的文本分析）。它一方面是当年方法论讨论的深入，具有一定的科学性，但另一方面，不等于说科学的方法就是文本分析。对于现在的我们来说，强化科学不仅仅意味着把文学当做文学（即独立的文学存在和结构主义文学观的文本批评），而且还在于它作为一种方法是否能有效地切入和解剖作品。比如，结构主义方法是与真正的结构主义作品相契合的。结构主义方法作为一种科学的方法，其科学含义就是我们必须面对真正的结构主义作品及具备相应的阅读心态。如果我们面对的是一些“为结构而结构”的人为性作品，并且这类作品还难以找到相应的文化阅读心态的支撑，结构主义作为方法对于我们来说就是非科学性的。另一方面，对于我们这个有着古老的考证传统和“观点加材料”的民族来说，我们恰恰又缺少西方形而上的思辨能力及其传统，这直接造成了我们社会科学和文学研究中的庸俗社会学和机械唯物论，乃至绝对主体论。因此我们以前哲学和文艺理论的思辨形态，基本上是在演绎和模仿黑格尔、马克思以及苏联的文学理论思维模式。这样,强调形而上思辨能力的训练在目前同样具有科学强化作用。特别是在我们尚缺少思辨能力的情况下,这种欠缺将直接影响我们对实证精神的把握,以致社科研究和文学批评中机械论的一直存在。这种状况直接导致文学批评中的“匠气”应运而生,从而以纯粹的文本分析脱离了中国文化文史哲交融的学术传统和文学传统。实际上,西方的实证主义批评正是产生在形而上的思辨传统中的,而不是产生在我们过去的那种庸俗社会学研究模式和线性思维方式之中的——这一区分我以为十分重要。如果说西方的批评从形而上转向形而下是一种科学的必然的话,那么我们摆脱狭隘的考证和材料的证实方法,就仍然是对传统科学研究方式的自省。问题的关键在于:囿于思辨能力的先天性不足,我们会轻而易举地将此归结为一种理论上的“玄学”予以排斥,以致重新在传统的意义上强调实证(将实证理解为考证)。特别令人担忧的是,一些尚不真正具备思辨能力的人,因为赶潮流而作出“思辨状”,那就会加快对思辨自身的否定。尤其是当思辨具有一种现代科学意义的时候,我们往往会停留在思辨的古典主义层面去臧否其得失,以致常常以价值判断对待和要求文学的思辨性批评,从而容易忽略思辨的现代形态——其意义主要在于其展开角度、过程。所谓“思辨的困惑”,在古典层面上是我们“判断力的无能”,而在现代层面上则是我们寻求更科学的判断的必要方式。毫无疑问,现代科技的进步,是与它面对和需要解决的问题的越来越复杂化成正比的。那种将科学性等同于把握事物的清晰性、明确性的做法,至少已经意味着历史的和传统的对待科学的态度。问题的分寸感在于:科学性的困惑有时会与我们因无力把握对象导致的困惑相混淆,而两者在形态上如出一辙时,我们同样会因为无力分辨,将理论的浮躁与混乱作为科学相对论来肯定,或者相反,将对事物的科学的相对性把握,视为科学判断力匮乏的表现。如此一来,我们就会既错误地理解了相对论,又错误地理解了我们面对事物的那种茫然无措感。

思辨力与创造力的关系

显然,思辨力与创造力从来有着某种天然的关系。一个擅长思辨的民族也必然是一个擅长创造的民族。这一点,不仅已由既注重思辨、又新见迭出的西方哲学史、思想史所证明,而且也突出地表现在作为符号学始祖卡西尔、苏珊·朗格的哲学和文学理论对西方现代派创作的巨大影响上,更体现在老子的《道德经》、孔子的《论语》以及墨家的《墨子》这些非实证性的中国式的思辨传统之中。

我首先想说明的两点是：由于西方同时存在着逻辑思辨和实证主义这两种思潮，也由于中国也同时存在着理学与实学这两种学术传统，所以我们不能简单地说西方人擅长思辨，中国人只擅长考证。因为西方严格的逻辑思辨和逻辑实证我们均不具备，那么中国的思辨理性和考证传统，就具有与西方文化不同的特点。这个特点，我理解为是与西方“此岸与彼岸”之《圣经》传统不同的、在现实生存领域（《易经》传统）来谈人的努力。这就使得中国的思辨理性，具有“形、神、思”统一的现实性特点，具有鲜明的可见性、可感性和可把握性。所谓“道可道，非常道”，“三人行，必有我师”，等等，均是这个特点的显现。逻辑的严密性和体系性的缺乏，的确是中国传统思辨理性的缺失，但这不等于在墨家学说那里不具备萌芽，也不等于中国现代人不能承接与发展墨家的这一传统。而西方的逻辑思辨传统，经过一个世纪的新文化运动（经由金岳霖、冯友兰等人的努力），已经成为同样不可忽略的思想性资源，这就使得中国当代思辨理性的建立，成为超越中国传统思辨理性和西方思辨理性的双重尝试。其次，中国先秦百家争鸣的格局，是以言论和思想活动为其学术特性的，这就在某种意义上可以说明：思辨力与创造力有着某种天然的亲和力，如同西方古典哲学的发达与西方形而上的思辨传统密切相关一样。而宋明理学虽然体系化了，但由于丧失了思辨所蕴含的创造力，其保守性便昭然若揭。这直接导出这样一个结论：思辨不是一种形态（做思辨状、体系状很容易），而是一种能力。这种能力，是一种能离开既定现实又能推演出新的结果的能力，因而就不同于我们常说的各种生存能力。中国文化在晚近的衰落，是因为理学只能从思辨力降格为思辨状，从而丧失创造力的结果。所以实学的兴起，依然难以挽救文化和思想同时衰落的命运。

在西方也同样如此。特别值得我们注意的一个现象是：作为文学理论的符号学和结构主义，虽不无现代派艺术作品作为一种既定事实的直接感知因素，但是它们最为主要的思想来源，乃是卡西尔的文化符号学，而这种文化哲学的诞生与现代作品则并无直接的关系。这使得一种文学理论的诞生首先是酝酿于一个哲学文化的母体之中，并承接着这个哲学文化最为可贵的创造意识。卡西尔和苏珊·朗格的意义首先是作为富有创造性的哲学家而存在的，而不是作为一个只会从事体系工作的哲学工作者存在的。这不仅与只能作“思辨状”的中国哲学工作者形成区别，而且也正好和中国的文学理论构成了一个有趣的对比：中国的传统文学理论大多是建立在对作品的鉴赏基础之上的理论归纳，是以一种狭隘的实证论和考证方法作为基础的。因此中国的文学理论在变化丰富的文学现象面前，就不能不始终是被动的：它只能解释过去和现在的作品，而不能解释新出现的不同的作品,更不能引导新的作品的出现。中国文学理论始终不能像西方现代哲学理论和文学理论一样,对创作形成巨大的指导作用、干预作用,最后又和这些作用下的大量艺术品形成一种互补和互证的有力的文学思潮,原因在于我们的理论只能作“思辨状”,而丧失了“思辨力”。要说干预,它只能以“以不变应万变”的方法简单粗暴地对付文学,约束创作,而事实上从来没有号召过文学在否定中开辟一个崭新的艺术天地。这种致命的痼疾无疑构成了今天的中国文学理论建设中最大的障碍。这一障碍的根源当然在于我们的哲学对创造力的忽视,其次就在于学术界对“思辨力”的轻视。结果,我们不是亦步亦趋地像当年步马克思和苏联的社会学文学理论模式一样,步现代西方诸种理论的后尘,便是将“思辨力”和“思辨状”混淆,从而将理论和思辨一同抛弃。我们的理论能力顶多是只能在各种理论的基础上,说一通“它们各有片面性”之后综合它们,而我们的实证能力,也丧失了对大量材料的思想与理论的提升。如果抛弃了前者,我们实际上除了中国古典文论的鉴赏论之外,便可能一无所有;而抛弃了后者,我们就不知道学术还应该干什么——当代学人要么只能与资料打交道,要么纷纷下海或改行,便是一个明证。

对理论来说,只要我们一天不能从这种贫困的状态中摆脱出来,我们便有一天会在狭隘的实证论影响下通过罗列诸种文学现象、文学流派,拼凑一个教科书模样的文学理论体系,与同样是花架子的中国现代主义和后现代主义文学创作一道煮一锅夹生饭,并且将循环性地承受这种夹生饭导致的消化不良的孱弱、惶惑状态的后果。事实上我们已经看到,由于创造力的贫乏,思辨在我们这里已经近于一种廉价的技术操作。“思辨热”之所以能产生,实际上与我们将其作为一种文体,作为一种颇富现代性的理论形态,作为一种多角度而实际上已经无序了的观照事物的方式有关,在这种方式下,西方的理论话语被我们大幅度地、改头换面地重说一遍。一旦一种既定的理论话语被我们彼此相近地重复多遍却又不能诞生自己的哲学本体论、文学本体论,思辨将必然等同于一种理论话语的技术操作而被我们腻味。于是,“我们反对思辨”就会像当初我们反对狭隘的、仅仅作为一种学科方法的实证论一样,被我们重新提起。学术界进入 90 年代后,我们确实已经看到:相当一部分原来迷恋思辨、迷恋理论话语的学者,纷纷退回到材料和史料的重考与重证,以图对材料的最直接的原初感受并寻求某种原始的可能性——但我们并不知道,原初感受与创造力和思辨力依然不是一回事。对过去而言,由于我们用西方的理论话语简单肢解我们的文学和学术材料,从而一直没能得出有意义的结论,那么这种对材料的回归或许有它一定的理由。但是,当我们认识到,如果我们过去的失误不在理论本身,而是用了“西方的理论”来解释甚至干预中国，那么我们对材料的回归就有逃避创造之嫌。反过来，在任何一种历史时期，我们都有可能撇开某种前理解，相对无偏见地对待原始材料——即便能做到这一点，如果我们不能从对原始材料的考证中寻求新的理论话语和结论，对材料的回归与传统的考证又有什么区别呢？

换句话说，对创造力贫乏的我们来说，无论是舍弃思辨，还是舍弃考证，都不能真正解决问题。是以思辨作为研究的方法，还是以实证作为研究方法，这些都属于方法的问题。既然都是研究方法，就没有谁更高明、谁更先进的问题，也没有“思辨的时代”或“实证的时代”的问题。在哲学贫困、理论贫困的时代，如果“思辨”曾经成为我们的权宜之计，那么“实证”又怎能逃脱权宜之计的命运？如果对廉价“思辨”的摆脱又使我们不慎跌入传统琐碎考证的窠臼，那么依我看，这种罪过不亚于我们曾经产生过一个人人都会“思辨”，但都在嘟哝西方人话语的“思辨时代”。显然，西方话语既不是我们的出路，退回传统又如何能成为我们的出路？假使我们只能在西方与中国传统之间徘徊，构成一种生存性运动，那么在我看来，轻视材料还是崇拜材料都是无济于事的。其实，作为思辨的文学批评与作为实证的文学批评从来都是可以并存的，它们之间作为方法不具备使我们可以徘徊其间的理由。重要的是，在思辨和实证背后还有人的本体性否定活动、创造活动。如果思辨不能导致创造，思辨此时只是理论的躯壳；如果实证不能使我们获得新的理论发现，实证就会被等同于文人无聊的操作。对于人的创造活动来说，“思辨热”与“实证热”其实都是有害的。如果人的最大危险来自对自己所创造的方法的迷恋，那么人的最大快乐，也就来自对自己所创造的方法的穿越！在此意义上，创造性的思想是穿越“实证与思辨”这二元对立的。

穿越现实：
“本体性否定”的人文观念

“人文”应是人的文化批判和创造，如此可以消弭科学主义和人文主义的对立；科学可以因为创造发现而具有人文品格，人的情感精神等也可以因为失去创造性而损害人文品格。“超越”是西方宗教文化精神的体现，抽象性和优越性是其突出特点；而“超脱”是中国传统道家文化精神的体现，回避政治文化现实，纯洁性和孱弱性是其突出特点；“穿越”则是笔者对中国式被遮蔽的人文理念的归纳，它体现出“尊重具象的、世俗的、政治的现实又不受其所束缚”的特点。“穿越现实”精神的匮乏，成为20世纪中国新文化运动的一大问题，鲁迅便是一例。

今天，我们是应该“轻视”当代人对物欲和享乐的追求，还是站在传统立场上“对抗”现实的商业化倾向？抑或“回避”这样的现实，通过纯粹的学术或淡泊名利的人格来独善其身？我觉得选择上述任何一种立场，好像都难以表达我们对现实真正的看法与期望。如果我们不仅仅关注西方“超越”性的人文精神，也不仅仅关注中国儒家的“忧患”意识和道家的“超脱”精神，那么你就有可能去思考建立新的人文理念。我十余年来研究的一个概念叫“本体性否定”，它的基本含义是“尊重现实又不限于现实”。我试图通过这个命题与中国文化中已经存在着的一种独立而又与现实亲和的、但被思想史所遮蔽的人文品格打通，这就是“穿越现实”的人文理念。

人文：人的文化创造

我先解释一下对“人文”的几种基本理解和我对“人文”的基本看法。

首先，我们可以从一个大的方面来理解“人文”，那就是“人的文化”。这样一来，对人文的解释可以因文化、文明的差异而千差万别，在这个意义上“人文”这个词你是不太说得清楚的。比如西方式的人文主义和中国式的人文主义内涵就不一样，前者强调以“世俗的人”为中心，后者强调以“礼仪的人”为中心。而且西方不同民族、不同时代的人文内涵会有差异，审美现代性与启蒙现代性对人文的理解也就有差异。所以阿伦·布洛克在他的《西方人文主义传统》一书中说：“人文主义不是一个哲学体系或者信条，而是一场曾经提出了非常不同的看法而且现在仍在提出非常不同的看法的持续的辩论。”《易经》说“观乎人文，以化成天下”，也是人文就是文化的含义。这种关于人文的文化性理解有一个好处，那就是：中国当代人文建设，肯定应该具有与西方不同的性质，与日本、印度等东方国家，也应该有所区别。

其次，就是人文的核心内涵，是文化内部二元对立所产生的自由张力。比如，相对于封建专制，人文主要指个性解放和人的解放；相对于科学主义和技术主义，人文包含对工具理性和技术主义的批判，在西方主要以审美现代性为标志（所谓审美现代性，就是说它不一定设计出比现在民主自由更好的体制，但是它可以对这个体制下发生的问题进行审美意义上的批判）；相对于世俗主义，人文可以理解为对世俗的超越。我想这可能是20世纪90年代开始市场经济以来，中国文化语境下人文的几种主要含义。这种人文与中国传统的轻商文化有关联，其共同点，就是它往往设置二元对立范畴，如大众和精英、传统和现代、禁锢与解放、保守与激进，等等，而且有的时候可以互为人文的解释。

再次，我想说的人文和第一个含义相关，但又不同于第一种解释，那就是指“人的文化创造”。我们光看人的文化还不行，还要包含“创造文化”的意思。这个精神我觉得是我们今天需要的。这个层面上的人文含义，对消解上述人文矛盾是有帮助的。比如科学主义和人文主义的对立，在我这里可能就不是主要问题。这不仅因为科学和人文都致力于人的幸福，而且如果把人文定位在人的文化创造上，那么科学本身就有人的文化创造，就不能说科学一点人文精神都没有。我们所针对的是科学主义带来的负面效应，从科学主义对人的情感、灵魂、精神、信仰的无视和侵害来谈人文，来说科学主义解决不了这些问题。但如果仅仅强调人的主体、情感、灵魂、心灵、个性，而不包含人的文化创造含义，我认为是很值得怀疑的。比如我们的情感和灵魂可以用传统思想来支撑，甚至也可以用“文革”的一套语汇来武装，将亲情异化为革命豪情，这样的人文情操是我们今天需要的吗？所以不问精神、情感、灵魂的思想内核是什么的这种人文品格是要打上问号的。科学领域中我们之所以产生不了爱因斯坦这样的科学家,正在于科学领域内我们“人文创造”的品格是很贫弱的。同样,如果我们只能把西方后现代对西方启蒙现代性的批判那套话语拿过来,看起来是对工具主义的批判,事实上我们捍卫的是西方人文知识系统,面对的也主要是西方式的问题,中国的问题反而被遮蔽了,因为中国的启蒙理性和市场经济体制尚未建立起来,在这个层面上,我们的主体、情感、灵魂,也不具备我所说的人文创造品格,所以我所理解的人文贫困,就是我们今天丧失了文化生产和知识生产的能力,以及由这种能力所支撑的精神状态。人的文化创造最接近于西方式的“超越”。也就是说,真正的人文品格具有“超现实性”。但是“超现实”是个笼统的提法,“超现实”可以是乌托邦,可以是进步论,可以是老子的闲适,也可以是禅宗的色空……真正的“超现实”,我的理解是必须具有“创造新现实”的品格。这就是我所理解的人文理念。

“穿越现实”与“超越现实”的区别

从20世纪一直到今天,我们最常用的概念之一就是“超越”。“超越”作为一个词与西方宗教文化精神有关。第一,因为西方宗教文化精神讲“彼岸”对“此岸”的优越性,在西方就衍生为“艺术优于现实”、“美感优于快感”、“理性优于感性”等二元对立观。黑格尔的“辩证法”是讲螺旋式上升,达尔文的“进化论”、马克思的社会发展观,也是将社会发展看作优化过程。所以西方文学观,从古代的“艺术即模仿”到近代的“艺术即表现”再到现代的“艺术即形式”,也被西方的艺术家解释为逐渐向本体优化的过程。这种“优化”思维很容易与中国传统文化中的道德优越论同构。比如“圣人”对“老百姓”是优越的,“义”对“利”是优越的,“群体”对于“个人”也是优先的。这是我们接受西方式人文理念的文化基础,尽管内在含义有差异。第二,因为“彼岸”对“此岸”是可以分离的,所以“彼岸”在西方可以是一个纯粹的形而上存在。比如西方哲学中柏拉图的“理念”、黑格尔的“绝对精神”、海德格尔的“在”,这些概念都带有抽象性,西方理论因此也具有“纯思辨”色彩。由这种抽象性就自然演化为西方现代艺术的“纯粹形式”,如蒙德里安的几何画、贝克特的《等待戈多》等。纯粹形式认为形式就是意味、就是内容,所以它的内容是莫名的、形上的。这和“形式和内容统一”中的内容是不一样的。比如巴尔扎克的作品,它批判拜金主义,批判什么读者说得清楚,而抽象的形式是完全诉诸体验,唤起你的一种情绪,很难说清楚。这样一个纯粹形式在1985年后中国的新潮文学作家中有过试验,对中国传统文学的冲击力是有的,但是否留下了真正优秀的作品,则很难说。

“穿越现实”与“超越现实”如果有什么共同点，那就是都讲人的创造性。但不同点在于，首先“穿越现实”后的世界是“不同于现实”的。中国文化精神是讲和谐的，这种和谐的当代解释叫“平衡”。两种性质不同的东西才能构成平衡。东方文化和西方文化是不同的思想系统，分别奠基在《易经》和《圣经》上，而且在功能上各有利弊。比如西方讲人对天的征服，好处是带来发展，弊端是侵略性；而东方讲天人合一，好处是和谐，弊端是很难有大的变化发展，所以你不能简单地说孰优孰劣。人类与自然也是如此，大自然的原生态是人类永远返不回去的家园，这就是大自然永远的好处。我们说人类历史是进步的，往往抓住人的文化的正面因素，却没有看到人的文化造成的大量负面因素是大自然不具备的。所以大自然再怎样运动变化，也不会生态失衡。以此类推，艺术也是“不同于现实”的。越是好的艺术，现实功能反而越弱，心灵依托的功能越强。比如我们就不好说《红楼梦》的魅力在于有批判封建社会这一现实功能，因为反封建的作品很多，它们为什么没有产生《红楼梦》的艺术魅力？所以《红楼梦》的艺术奥妙在于构筑一个作家自己的世界，从而让人们进入其中获得一种不同于现实的心灵依托。既然性质不同，《红楼梦》也就不能成为现实发展的理想，任何好的文学作品也都不能。其次，“穿越现实”具有尊重具象现实的含义，其抽象和意境，都应该穿越具象的事物才能达到。我注意到中国民间抽象艺术，其材料都是具象的。一串小鸟、一串花变成一条线。前几天北京的朋友寄给我一组“明代家具设计”的图案，有一幅是两个凳子连在一起，其中一个凳子像小孩一样翘起一条腿，这一翘实用性就没了，它成为一个具备抽象特征的图案，但它的材料就是现实中的明代凳子。我认为这就叫“穿越具象”，而不是西方式的“脱离具象”。

中国的“四大名著”也是尊重世俗、具象的。我想《西游记》如果缺少了“猪八戒”，可看性就会降低。“猪八戒”不仅使这个文学世界充满了世俗性、欲望性，而且使其充满了戏剧性、故事性。唐僧、孙悟空、沙僧、猪八戒由于分别代表了圣性、英雄性、平凡性、欲望性，就使故事情节跌宕有致、饶有趣味，体现了很明显的现实化特征。今天我们看好的一些作家，比如张爱玲为什么那么红？金庸地位为什么能急剧上升？那也是与他们的作品尊重世俗性和故事性有关的。

“穿越现实”与“超脱现实”的区别

如果说，儒家的“介入现实”是以对国家、民族、社会的“忧患”为方法的话，那么这个“忧患”的内容是由儒家文化给定的。比如“修、齐、治、平”，“修什么”、“怎么修”,这些儒家都有规定。所以用“人的文化创造”作为人文的界定的话,儒家“忧患”的人文精神,在我看来还缺少“个体创造”的努力。也因为缺少这种努力,儒家讲的“介入现实”一旦碰到困难,中国传统知识分子就很容易选择放弃对现实政治和文化内容的关注。这就是道家所主张的“超脱现实”。“超脱现实”表面上好像是回避现实,但是由于中国文化精神是一种很现实化的精神,《易经》中的“六十四卦”构筑的是一个封闭的圆圈,所以“超脱现实”是指超脱儒家所关心的政治文化现实,而沉浸在一个自己构筑的自然怡情现实中。“忘知”、“忘欲”、“忘利”,是老子对“超脱现实”的解释,并构成“体道”的悠然、淡泊的境界。这样一个境界与我所说的“穿越现实”的人文品格,有以下两点重要区别——

第一,“超脱现实”不要求个人思想创造的介入,也不要求直面现实政治文化,而“穿越现实”则强调这种介入和直面。一个人“知”和“思”都忘掉了,怎么谈思想和思想创造?所以老庄的境界接近于不思不想、无忧无虑的动物状态,这种状态很像牛羊一样在草原上“逍遥”漫步。但我认为这个状态对现实没有批判性。因为在中国传统社会里,它是用不干涉政治文化的方式来默许了现行政治文化的合理性的,所以“超脱现实”不会对现实产生任何影响。用放弃思想和思想创造的态度治学,除了会将学术材料化、文学文体化、文章文笔化、知识博学化以获得无思的智性快乐外,它还会造成审美感受上的类型化。所以“采菊东篱下,悠然见南山”是惬意,“春眠不觉晓,处处闻啼鸟”也是惬意,一直到贾平凹的《静虚村记》,还没有进村就醉倒在大树旁,同样是惬意。这就必然影响文学的独创性品格。反之,“穿越现实”的穿越动力,就来自“思”和“思想”,而“思”和“思想”又来自“穿越者”所直面的现实政治文化问题,并以这些问题构成对既有知识的挑战。所以在“求知”上,“穿越现实”主张一种“尊重现有知识又改造现有知识”的“知识生产”的态度。所以在“思想和学术”的二元范畴中,“穿越现实”的提问方式是“什么思想与什么学术”。没有发现、发明和个人创造的学术和思想,其价值都是有限的。而我们只有通过发现、发明和创造才能影响这个社会。

第二,“超脱现实”会因为缺少现实生命力和自我意识而流于孱弱,而“穿越现实”则体现为对欲望、生命力、现实自我的尊重。在20世纪的中国文化中,我觉得沈从文《边城》中的翠翠可谓“超脱现实”的突出代表。这是一个非常清纯而孱弱的形象。“清纯”是因为脱离了世俗纷争和所谓的污秽人格,与湘西纯净的山水非常和谐,但“孱弱”又是因为她不具备与现实打交道所必需的生命力、自我实现的意志等现实内容所致,所以翠翠和傩送的爱情悲剧,除了社会环境或者封建势力的因素以外,我认为翠翠身上现实生命力和自我实现的意志的孱弱,也是重要的原因。也就是说,一个人太干净了,反而不一定健康和有力量了。所以依赖“超脱现实”的道家人文品格,要想面对和解决中国文化现代化中的各种问题,那是十分困难的。反之,阿城《棋王》中的王一生,虽然总体上属于道家文化的人生态度,“超脱”于时代政治生活之上,但是他的好吃则体现了对世俗生活的亲和,展现了一个普通人正常的欲望;而他对下棋的着迷以及最后参加棋赛的拼搏情景,则体现出一个青年人在不正常的时代顽强的自我实现的价值努力。这两点,无疑使他与道家“超脱现实”的恬淡、闲适境界有所区别,在一定程度上显现出人的世俗性和现代意识。所以我以为王一生具有某种“穿越现实”的人文品格。

“穿越现实”在中国传统文化中的范例

当然,要说中国传统文化中“穿越现实”的典型范例,我首先想提及的是苏轼。首先,在文艺理论上,苏轼从不反对“文以载道”,但儒、道、释的“道”又解释不了他的诗,体现出“出新意于法度之中,寄妙理于豪放之外”。比如他的《琴诗》是这样写的:“若言琴上有琴声,放在匣中何不鸣?若言声在指头上,何不于君指上听?”这个关系就把我们文化性的“合一关系”转化成人和物的“分离、对等的关系”,而人和物的分离是个前提,这和儒家、道家讲人对天、礼、物的从属是不合拍的,但又没有西方文化人与物的冲突性,所以哲学意蕴很别致,可称为“关系本体论”。这是中国文化思维难得的带有主客体意味的一种平等的张力存在,这个思想不在儒家、道家和禅宗哲学中。其次,在现实政治生活中,苏轼不对抗新党和旧党,但这两党都不太喜欢他。为什么?因为他有自己的政治看法。而且身为士大夫,他没有任何士大夫之气,可以和渔翁、小孩做朋友。参寥的《东坡先生挽词》是这样写苏轼的:“峨冠正笏立谈丛,凛凛群惊国士风。却戴葛巾从杖履,直将和气接儿童。”一般人被罢官了会很沮丧,但苏轼不然,流放海南依然豁达乐观。当官却不为官所累,我认为这是一种非常可贵的健康人格。健康就是什么事物都尊重,但都不为它所限。在这个意义上,我认为苏轼的人和文是合一的,独立的人才能写出独特的文,但这个“独立”不是“对抗现实”的人文理念,他是尊重现实的一切又不限于它们,这就使得现实的一切观念在解释他的作品时都感到很尴尬,而那种解释不了的内容就是苏轼的独创性内容。所以我认为这是一种“穿越现实”的人文品格。

另外一个例子就是《红楼梦》。我认为贾宝玉是一个“亲和世俗又不限于世俗”的人。贾宝玉和《金瓶梅》中的西门庆有共同点,就是都喜欢女性,这可以被解释为一种世俗。但是西门庆沉溺于欲望,把女人作为性工具,把一切女性只作为“女人”;而贾宝玉喜欢的是女孩子,把女孩子作为自己的心灵依托,因为女孩子干净,这就又不太世俗。在中国的男人世界中,贾宝玉是一个很少见的能尊重女性的人,而其他的三大名著《水浒传》、《西游记》和《三国演义》中的男性多半是轻视女性的。《水浒传》里的女人要么是淫妇,要么就是男人化了的英雄,几乎没有正常的女人。尊重女性就会把对女性的欲望化为一种怜爱,所以贾宝玉对女性不构成伤害。因为儒家强调不近女色,道家强调寡欲,贾宝玉是近女色而不侵犯女性,有欲望但不是色欲和占有,也不是“道术”的把玩和养身,而是“意淫”,这就很特别。他对功名不感兴趣,但是他不敢拒绝儒家的东西,也不敢对抗自己的父亲贾政。所以你说不清楚他是对抗儒家还是从属儒家的,对抗道家还是从属道家的。他从来没有现代人文意义上的要反抗封建体制的冲动,所以一个不近儒不近道的人最后出家,也是稀里糊涂的,没准哪一天还会糊里糊涂地跑回来。这样一个人物形象在中国文学史上是非常独特的。但是他又是中国人,和周围的现实不构成冲突,所以他是一个“怪物”。正是这个怪物体现了曹雪芹独特的审美理想。另外,《红楼梦》把政治作为背景,却没有写任何政治大事件,通篇主要是写吃喝玩乐、儿女情长这些世俗化的内容。在 20 世纪 80 年代,这样的题材中国当代作家可能是不屑一顾的。但是《红楼梦》写儿女情长、家庭琐事,为什么写成世界名著了呢?我以为奥妙就在于:文学不在于你写什么,而在于你是否以自己独特的人物和理念“穿越”了你所写的东西。写改革,你不用自己对世界的独特理解穿越所写的内容,你写不好;写性,你不表达出对性与世界关系的独特领会,穿越不了性感受和性描写,你同样写不好。所以写“小叙事”还是“大叙事”,在文学价值上其实是构不成冲突的。

20 世纪文化启蒙运动的“轻世俗”问题

反过来,五四新文化运动在这个问题上有什么经验和局限呢?我想先从鲁迅谈起。

鲁迅被认为是五四新文化运动的一个旗手,这是大家都承认的。到目前为止,鲁迅无论在思想上还是在文学上,贡献都是非常大的。其中最突出的是,鲁迅对西学和中学,都持怀疑批判的态度,并提出“在没有路的地方走出一条路来”的命题,这无疑已经具有一种“人文创造”的品格。我们知道,20 世纪新文化运动一直到今天,我们最常用的一个词叫“寻找”,寻找真理,寻找光明。但

“寻找”永远只能找到别人的东西，别人的东西能否解决我们自己的问题？20世纪中国知识分子对此思考得并不多。我认为我们自己的心灵居住的家园，是要自己创造和建立的，也就是说要“开辟一条路来”。这应该是鲁迅与其他中国现代作家的一个重要区别。但鲁迅的苦闷在于，这条路是什么他说不出来，所以他只能说“当我沉默着的时候，我觉得充实；我将开口，同时感到空虚”（《野草·题辞》）。我觉得这是理解鲁迅的关键话语，在此意义上，鲁迅笔下几乎没有真正的新人。代表中国新文化的新人是什么他说不出来，他只知道这个新人既不是西方的也不应该是中国传统的。《一件小事》中的“车夫”算是一个正面人物，但是“车夫”一转身会不会就是阿Q呢？或者阿Q可能也做过车夫吧，于是鲁迅的内心世界分裂了，绝望也由此而来。所以他只能通过对这个世界说“不”，通过对抗绝望走向他心中说不出来的新文化。我以为，鲁迅之所以发现中国文化的“问题”是独到的，就因为他的审美理想、价值坐标是独到的。所以在大的审美方位上，鲁迅突破了“不中即西”的依附性思维，摆脱了中西互相对抗的价值立场，这就具有了穿越上述二元对立现实的创造性品格。

但是，这是不是意味着鲁迅先生就没有局限了呢？我想说的是：在20世纪新文化运动中，中国知识分子存在着的一个普遍问题，就是“轻视世俗现实”。这当然和中国传统的“重义轻利”的道德传统有关，也与西方“超越世俗”的形而上审美精神有关。“轻视世俗”不仅使得中国人的欲望、亲情、温情、享乐的一面处在被学术思想话语贬抑的状态，而且也造成了当前市场经济条件下人们的世俗欲望一旦被唤醒便呈现出同样不正常的喷发状态。今天看来，鲁迅的小说和杂文中之所以有“缺乏亲和感、世俗感”的问题，是由于他的文化批判意图过于强烈，其笔下的农民一出场就都是有问题的。本来阿Q这样的人物可以写得温暖一点，写出底层流浪者善良的一面，但是由于鲁迅批判观念过于强烈，阿Q就写得过于问题化甚至丑化了，阿Q世俗、欢乐的一面，大概就只剩下“与吴妈困觉了”，而这种写法，显然是为了写阿Q的麻木。《故乡》中的少年闰土是纯洁欢快的，但是写这些也显然是为了衬托他成人后的麻木。也就是说，鲁迅用问题意识将本来应该直面尊重的农民的世俗的欢乐过滤以后，反而使作品的丰厚性受到损害。我想今天的中学生、大学生之所以有看不进去鲁迅的书的情况，原因就在此。鲁迅的小说和杂文如果不仅锋利，而且丰厚，他的作品就会具有对老百姓的亲和性，其影响也就不仅仅限于思想界和知识界。

这种锋利而缺乏丰厚感的批判，暴露出20世纪中国知识分子的文化启蒙中另一种“脱离民众”的问题。无论是鲁迅常常有孤军奋战的感觉，还是秋瑾的死难以唤起民众的觉醒，抑或20世纪80年代有学者依托西方的“海洋文化”批判中国的“黄土地文化”,新潮文学家在中国做“纯粹形式”实验的“小圈子”性,轻视世俗的人文精神讨论很快偃旗息鼓,这些现象可能都说明了一个问题:我们将老百姓和世俗生活只作为启蒙与革命的“有问题的对象”,而没有将他们作为知识分子的“朋友、亲人以及自身不可或缺的一部分”。这与赫尔岑流放西伯利亚,送他的马车夫都能理解他革命的意义形成截然的反差,也与毛泽东同志的走“与工农群众相结合”的道路,形成截然反差。这就提出了一个“什么是真正的中国的精英”的问题。对老百姓而言,我认为真正的精英是“引导性”的,而不是居高临下的“指导性”的。你如果摆出居高临下指导大众的姿态,大众就可以不买你的账;知识分子如果说这个社会“物欲横流”、但一转身也十分注重利益,而且比老百姓多了些获得利益的手段,老百姓就可以嘲笑你这种“指导”、“批判”的虚伪性。今天学术界围绕利益问题所产生的各种各样的学术腐败,一定程度上已经说明了这个问题。所以我的看法是,“轻视个人利益”和“重视个人利益”,可能是同一种文化结构。只有“尊重利益而不限于利益”的“穿越世俗”的思维,才能够突破“轻视利益”与“重视利益”对立、相克的瓶颈。

对实践哲学的“本体性否定”

批判与继承:一种非整体性思维方式

“批判与继承”的辩证法与公允性是学术界的共识,但它在文化创造上却存在“非整体性和非创造性”的局限。即任何文化与文明,任何思想与制度,在性质上都是以“个体化理解”为支点的整体,任何一个整体都有其正负效应,仅仅在材料意义上汲取精华,提取糟粕,是不能构成一个有机体并成活的。迄今为止我们没有见过任何文化文明仅仅是由“精华”组成的,中国未来的文化,也不可能仅仅由中西方“精华”组成。因此,用“本体性否定”代替“扬弃”,已成为中国理论界批判理论建设的当务之急。

在对待传统的问题上,学术界主张全盘否定和全盘肯定的人只占少数,更多的人,还是易于接受“批判与继承”的思维方式,进而衍化为某种看待问题的辩证方法。这种方法固然给人在对待传统文化的问题上比较公正的印象,也确实可以分析出文化的正负功能,并且至今可以作为我们辨析传统文化的有效方法——比如它确实可以辨析出儒学温暖与压抑的双重功能,并因此而永远具有价值,但是它在当代文化建设上的功效究竟如何,却很少有人作更深层次的理论追问。本文拟从否定主义角度,分析“批判与继承”思维对于文化建设可能存在的局限。

“批判与继承”的材料性

可以说,“吸取精华,剔除糟粕”、“在批判中继承与在继承中批判”、“扬弃”等概念,都是“批判与继承”的不同说法。其核心,是把原本作为一个整体的文化,人为地区分为精华与糟粕两部分,进而形成一种两分法的思维方式,来对待本不应该进行这种拆解的有机性文化。当然,“人为”在此并不是“主观和任意”的意思——在“人为”的背后,时代发展的需求依然是一个重要因素。诸如传统的等级文化,随着时代的发展,自然演变为“君臣父子”(糟粕)和“尊老爱幼”(精华)两部分,而“论资排辈”则作为一种有争议的内容维持着。问题其实并不在于这种文化中哪些内容应该保存下来,而在于这些内容共同派生于一种整体性的血缘文化,这一整体性的血缘文化在今天只不过支离破碎了而已。“人为”地保留其中某些内容,却无以面对和回答这一根本的血缘文化如何发展、如何更新、如何与西方文化内容有机运转等问题。于是,“尊老爱幼”作为一种传统文化精华的存留,便不得不成为一种零散的材料性存在。至少在功能的意义上,这种材料性存在的脆弱性,并不亚于那些被剔除的材料(君臣父子)在现实中已被扫荡的虚假性,并且造成理论层面上的“批判与继承”与现实状况的反差。即便是在理论层面,由于“尊老爱幼”和“君臣父子”作为材料缺乏新质统摄,我们就既难以处理好“尊老爱幼”在今天的功能有限性问题,也难以解释无论何种时代,社会和家庭为何需要维持必要的等级关系的疑窦。特别是,一个张扬自我的现代社会,如何体现“尊老爱幼”和“人人平等”的优良传统,就会作为一个棘手问题被提出。在传统社会里,由于价值论统摄于血缘宗法制,这些问题是不存在的。但是在血缘宗法制已经解体的今天,特别是在西方大量鱼目混珠的思想观念已侵入我们肌体的今天,无论是对中国传统文化两分法,还是对西方文化两分法,这种“批判与继承”的思维方式都难以解答我们用什么样的文化结构来统摄碎片般的文化精华,用什么样的方法来处理必定会发生冲突的中西方思想精华的难题。这也是很多人赞成“批判与继承”,我们也搞了几十年的“批判与继承”,但文化建设成果为什么依然稀少的缘由,甚至会造成我们“批判”的东西(如娼妓、纳妾)又卷土重来,而“继承”的东西(如爱国主义和艰苦奋斗)却逐日顿失这样尴尬的景观,也是为什么我们有不少优秀的文化遗产可供延续,但我们的精神和灵魂依然感到空虚的原因所在。

由于文化本体问题悬而未决,又由于传统文化思想确实具有不适应当代中国的内容,这就势必造成人们只能用两分法非整体性的眼光来对待传统文化。所谓传统和对待传统的传统,便是这个意思。本来,将中国传统文化作“儒、道、释、墨”几种材料性区分,或推崇其中某一材料(儒)为中国文化的核心,就已经疑问大存,如若再对其中某一材料进行两分法分析,将使原来破碎的材料更加破碎。比如将儒学的内容从功能上区分为“自我意识的贫困”(缺陷)和“重视对社会的责任”(优质)两部分,将道家区分为“人生态度的虚无与坐忘”(应批判)和“一种反概念的天人合一美学”(应继承)两方面,就是一例。先不说用来进行这种区分的尺度具有西方化的嫌疑,即便这种区分可行,它们也存在着理论上自相矛盾、实践中不可能并立的问题。如杜维明所说,儒家的"自我"是一个"不断深化和拓展他人存在的意识","以孝、悌、友、信、忠的精神进行自我修养的动态过程"。[①] 这是一种以整体性的文化眼光看待自我、他人和社会得出的判断。这一文化结构内,本来就不存在与社会对立的西方意义上的自我——这一缺陷,正是中国文化成为可能的一个基本前提,也是儒学内部从理论到实践可以进行运转的重要原因。其中"自我及其与他人的和谐"本来就是不可分割的"本体",如若对其进行变革,便只能以西方意义上的自我为本体。其结果,不仅是传统意义上的和谐被打破,而且西方的自我也只能蜕变为中国式的随心所欲;或者只能以儒学的和谐、安定为本体,西方意义上的自我不是成为短期震荡的过眼云烟,就是成为学界屡屡反思的对象;再者,就是对自我、他人及其关系进行重释,建立新的文化本体论。但无论我们选择三种方案中的哪一种,都不可能成为既有西方的"自我"又有中国和谐的人伦这种两分法的结构。因为这种两分法只是同一种文化在不同种文化的人眼里产生的一种功能——就任何一种文化都有其正负效应而言,我们不可能企盼得到一种只有正效应而没有负效应、或集各种文化的正效应于一体的文化。可惜的是,用"批判与继承"这种思维方式来对待一种文化,而操作的尺度又是在不同种文化之间摇摆,骨子里正是这种既不切实际、又不可能实现的企盼。这种企盼起码违背了一个基本常识:历史上从来没有一种只有精华的文化与学说,文化史上也从来没有一种汇集各种文化精华而成功过的文化。

这不由得让人想起了古语"弃恶扬善",以及哲学上"人之初"的善恶之争。尽管董仲舒说过"人受命于天,有善善恶恶之性,可养而不可改,可豫而不可去"[②],但"弃恶扬善"作为人们的审美理想,至少可以作为精神规范,发挥社会内部的调节作用。只是一涉及文化的变革、历史的形成与发展这些问题,"弃恶扬善"就暴露出明显的局限。这不仅因为任何文化在任何历史时期总像人性一样善恶并存,所谓历史的发展只不过是新的善恶关系代替旧的善恶关系,或体现王充所说的"善可变为恶,恶可变为善"[③]的相互转化,而且,人类历史的发展,由于善恶内涵的不确定性,也不能被解释为一个"弃恶扬善"的过程。比如,你可以说现代社会只是"不同"于近代理性主义时代,但不能说现代社会是善,

---

① 杜维明:《儒家思想新论》,南京:江苏人民出版社,1991,第 114 页。

② 董仲舒:《春秋繁露》卷一,《玉杯》。

③ 王充:《论衡》卷二,《率性篇》。

近代社会是恶，这不仅因为现代社会和近代社会各有各的善恶内容，理性与非理性总是功过参半——解放普遍人性与制约感性生命，重视个人的潜能欲望与唯我独尊，总是相辅相成的，同时还因为，社会进步论无力解释斯宾格勒所惊呼的“西方的没落”和中国古代文化何以衰落这些问题。人之初既然不能像孟子和荀子就善恶何为根本一样争执，人类历史的未来，又何以用是导致善还是导致恶那般去思考呢？“弃恶扬善”的脆弱性，正像“批判与继承”的局限性一样，由于在思维上采取的是将整体的文化结构零散化的方式，并且保留“只取精华”的乌托邦思维模式，所以它要么只能引导人们逃向陶渊明和康有为的理想国，要么就无法教导人们在善与恶均无法回避的前提下，如何处理善恶关系。今天，用荀子的“性恶”去规范人们的“好利”、“好争夺”与“好声色”固然亦不足取，但这并不等于荀子的善恶论已被颠倒过来，也不等于善恶关系从此将不存在。“弃恶扬善”固然有问题，但这并不等于人们的价值取舍在一个所谓平面化社会里将失去意义。关键的问题在于：建立新的价值规范，必须建立新的关于价值问题的思维方式，而建立新的价值思维方式，必须分析现有价值思维方式的问题，分析现有价值思维的问题，又必须从人们习以为常、天经地义的某些思维常识入手，“批判与继承”就是一例。

“批判”的局限与重释

提起批判，人们很容易想到古语的“除旧布新”，想到康有为的“尽涤旧习”[1]，想到毛泽东的“破与立”。它们大致能说明“舍弃、取消、横扫”的意思。至于“无产阶级文化派”、“拉普派”那种“烧掉拉斐尔，捣毁博物馆，踩死艺术之花”[2]的行径，又会使你认为批判的这种含义绝不仅仅是中国有之。作为与继承相对立的概念，文化批判中常常对“三纲五常”、“孔颜人格”、“中庸思想”乃至“文以载道”等，基本上持舍弃荡涤的态度。但人们常常会忽略受批判的东西缘何会在新的文化结构中焕发新的功能，也会遗漏对批判对象进行更深的追问——诸如“三纲五常”、“中庸思想”、“文以载道”，究竟是在何种意义上被提出的，它们的积极意义曾经是如何体现的，等等。就前者来说，“大跃进”及其“村办工业”曾经在理论上被批判过，但近年来中国乡镇企业的突飞猛进，却给这种批判打了一个很大的折扣；被称为“红色亿元乡”的河南南街村组织村民学

① 康有为：《殿试策》。
② 《戈尔布诺夫式列宁与无产阶级文化协会》，第111页。

习“老三篇”,开展集体性的批评与自我批评似乎是不可思议的,但这正好说明了教条式地赞扬或取消毛泽东思想的庸俗性、错误性。在文化讨论中,老庄的“天人合一”思想尽管在人本哲学的意义上曾经受到批判,但这并不妨碍深受天人冲突之苦的现代人,对其作现代意义上的改造。以此观点类推,作为与仁、义、礼、智、信相伴随的“三纲五常”和以年龄、资历来进行的“论资排辈”,或许终会被淘汰,但这并不等于文化转型后的中国人不再需要“纲”、“常”的规范,也不等于中国人会建立西方式的平等意识,从此不再需要“排辈”意识。这样,赋予“三纲五常”和“论资排辈”以新的内容,便不能不是批判的重要方面。而批判,也将成为改造对象的内含之意。

比如,以人的存在性抑或创造性来“排辈”的现象,就应该为愈益重视人才的现实所接受。尽管传统的“论资排辈”意识并未消除殆尽,但是随着社会竞争机制的健全,重资历和年龄即便是中国一个恒定的现象,也将退居到从属创造性贡献的层次。这一点,即便是新儒学的推崇者杜维明先生也不得不承认:“且不管一个社会能否提供个人成长的健康环境,如果它的人民只是服从老人政府的教条主义统治,却又不诉诸任何超常的权威,那么,难道这个社会还能够存在下去吗?”[①]杜维明先生的观点自然有西学倾向,但什么是有中国特色的现代等级,却是值得讨论的。

另一方面,在已经划分精华与糟粕的思维定式下,人们理解的批判往往是针对糟粕而言的,却常常忽略对糟粕该进行何种意义上的批判;而精华都继承下来,是否还需要创造新的精华?在批判等于舍弃的原则下,“批判糟粕”无疑是“舍弃糟粕”的同义语。但历史发展和现实演变似乎更能说明,真正有力量的舍弃,或者真正能完成舍弃的力量,是需要现实生活内容发生深刻变化才行的——作为精神现象的批判,其实从来没有真正完成舍弃掉什么的文化使命。这就是为什么知识分子反传统几十年也没能反掉传统,而市场经济却能很快将传统人文规范消解的道理,也是我们批判了几十年的“享乐原则”,倡导了几十年的“艰苦奋斗”,在今天的现实中戏剧性地被颠倒的缘由——如果我们不能立足于用新的文化结构重新组合这些内容,作为一种理论,我们又能批判掉什么,继承下来什么呢?反过来,如果批判不再立足于某种舍弃的含义,而是立足于对既有文化成果局限的分析,并通过这种分析促进新的文化结构的诞生,那么这时的批判显然就是对精华的性质改造,亦即“本体性否定”。

“改造精华”的必要性,不仅在于传统中任何有价值的思想材料,都有一个

---

① 杜维明:《儒家思想新论》,南京:江苏人民出版社,1991,第117页。

在新的文化结构中重新定位、重新释义的问题，而且还因为精华之所以有生命力，本身就有其自身的发展史——只有重视和分析既有精华的局限，才能够产生新的精华。比如说，“吃苦耐劳”在传统文化中是与“好逸恶劳”相对立的文化精华，但在市场经济及现代化的过程中，若再简单地扬彼抑此却已不合时宜。如此，在新的文化结构中，“吃苦耐劳”作为一个较有确定内涵的范畴，是否还能解释、涵盖现代人在实现自我价值的过程中奋斗的状态和心态，是否还能体现人们在日常生活中的生命价值观，便可能会在更深层次的追问中被提出来。而且这种追问必将视“吃苦耐劳”为一种有局限性的人生态度，在某种程度上可能被诸如“敬业”这样一种情操所替代。即便我们现在还没能形成新的生存操守替代之，这种由怀疑产生的追问，至少可以说明你已处在否定主义意义上的批判中。

这种含义自然还规定了批判不是直指对象的一般价值，而是直指对象的本体价值。批判不是将对象看成孤立的、个别的材料性存在，而是将材料之间的关系视作比材料本身更重要的内容，并将改变这种“关系”视为改变材料的重要前提。文化的特质和奥妙就蕴藏在这种“关系”之中。比如“修身，齐家，治国，平天下”，批判不是批判或“修身”，或“齐家”，或“平天下”，而是需要批判将“修身”看作最终是为了“平天下”的必要准备。由于“修身”本身的价值内涵在传统文化中并不独立，一切都成为“平天下”的手段，所以改变传统文化，对“修身”的既定内涵进行分析自然是需要的，但更重要的是要调整从“修身”到“平天下”的这样一种思维结构，把它们看作不是必然的环节。诸如“修身”可独立分化为身心健康和自我创造，并以此为目的；而“平天下”则是每个公民的义务，并不必然以修身为前提，否则便仅仅成为知识分子的责任了。再比如，如何看待“文学为政治服务”和“脱离政治的玩文学”呢？在以往的文化讨论中，批判往往是这两种文学现象之间的相互抨击，或者是在对这两种文学现象的“共同批判”中试图建立西方式的独立的文学(纯粹形式)。就前者而言，两种文学之间的攻讦，只不过是传统文化运动的现象，是传统文化内部进行自我调节的方式，谈不上什么对文化的批判；就后者而言，由于批判尺度依据的是现成的西方式文学观念，又由于中西方文化背景、现实状况的差异，所以这种批判因为可望不可即而流于简单化。看来，文学与政治的水乳交融可能是中国文化的一种特性。这种特性使得文学与政治始终难以形成西方式的平等和对立的关系。由于这种水乳交融在传统文化中是以失去其相互关系为代价的，所以才会造成“文以载道”的文学现象。真正的批判不应该是对“文以载道”或“玩文学”的批判，而应该是对这两种文学现象的“共同批判”，这样才有利于建立文学和政治的新的关系——有了这种关系,文学会强调其社会内容和意义,但不会为政治服务,不会对政治唯命是从;有了这种关系,文学会有自己的价值立足点,但不会脱离政治和社会,不会导致"玩文学"现象的产生。自然,这种关系也很难是一种西方式的分隔开的二元论关系。由于中国文化中有过于浓烈的政治内容,这种关系在否定主义文艺学中便只是"穿越"关系。这样,外在形态上文学对政治的依附就无关紧要。正如斯宾格勒在《西方的没落》一书中所怀疑的:"是不是还有一种我们可以称之为历史的人类的形而上的结构的东西"①,历史从来只是文化性的,没有抽象的、普遍的人类历史。文学与政治的关系也从来只是文化性的,不会有超文化性的,或者由一种文化统治的"文学与政治"的关系。

"继承"的局限与重释

在"批判等于舍弃"的思维模式下,继承当然具有延续、吸收、承接的意思,只不过这种延续和承接,是针对前人和他人可见的文化成果(观念、符号、思维形态、行为方式和习俗)。在认识论的主客体思维前提下,批判和继承的只能是一种已被客体化、对象化了的文化。而且历史的发展也确实在证明前人创造的成果,部分被世世代代延续了下来,要排除这些延续的文化果实中有主体继承的因素,可能是很困难的,如缠小脚与用筷子,其淘汰和延续,多少就有批判和继承的因素在内。但中国物质文化的果实为什么可供继承的东西越来越少(日常生活中愈来愈多西方物质文化产品)?而精神文化果实(如儒学与庄学),为什么在我们的"捍卫"中愈来愈不能寄托我们的精神?我们一方面不得不思考"继承"这种思维方式有什么问题,另一方面又不得不思考文化的延续究竟是什么含义。特别是,当你将不同文化的产生与有的文化的衰落放在一个大的社会背景下,就会发现不同的文化都有一个共同的人本之源——对现实不满的超越性欲望;不同的文化文明的产生,实际上就是这种无形的超越之果。但这种超越不同于人的本能,它并不必然地存在于那里,所以有的文化的衰落,就可以被视为是该文化中的人遗忘了这种根本精神之源所致。而一种文化要死而复生或获得长足发展,真正应该继承的不是任何一种既定的文化果实,而是首先继承使这些文化果实诞生的人本之源,亦即批判与创造相统一的"否定冲动"②。这种"否定冲动"是无形的,所以它比有形的文化果实更为重要。人类真正生生

① 斯宾格勒:《西方的没落·导言》,北京:商务印书馆,1963。

② 吴炫:《否定本体论》,贵阳:贵州人民出版社,1994。

不息的文化血脉，既不是儒学思想，也不是柏拉图的理论，而是使儒学和柏拉图学说得以诞生的“否定冲动”。由于以往的“继承”，均是在主客体思维下围绕既定的思想果实打转转，它就难免暴露“不该刻意继承的继承，而真正应该继承的又没有继承”的问题。其结果，我们“继承”下来的只是一些传统文化的思想碎片，新的文化整体形象便一直是模糊的。中西方文化的发展现状，我想可能概莫能外。

当然，这并不等于前人创造的文明果实不该继承，而是说“继承”不应理解为是在两分法的前提下对精华的承接——真正的“继承”不是直接吸取和移用的意思，也不是应该有所扬弃的意思，而是无论是精华还是糟粕，我们都应该认真面对和重视。这种面对和重视，不仅是对本国的文化思想果实而言，而且也囊括其他文化文明的果实。由于各种文化文明在今天的交流碰撞，那种专门针对本国文化传统中一些受冲击的果实而言的“继承”，可能只是“续香火”的同义语。但在今天，真正令人担心的问题已经不是断子绝孙，而是子孙和祖辈一个“模子”，没什么差异，甚至在某种意义上有所退化。比如，老一辈学者王国维、陈寅恪、鲁迅、胡适等，之所以在现代学术史上具有崇高的地位，是与他们锐意革新、具有容纳和贯通古今中外思想文化果实的胸襟和实力密不可分的，而今天的学者由于在思维上过多地具有某种“续香火”、“传接力棒”意识，结果是，无论人格素质还是学术境界——滑坡都是自然的事情。那种将此状况归为今天的人文环境不如以前的言论，与过于依赖前人和西人并无二致。“继承”一旦和承接本国文化传统果实相混淆，失去了面对古今中外文化果实的兼收并蓄力，文化传统不能汲取其他各种文化的营养，其精血的耗干就是必然的了。

事实上，“继承”既然是面对和重视，那你就不能对某种文化（包括本国文化）中的某些内容采取无视的态度。避免对那些已被实践证明是过时的思想内容的轻视，是一个学者在考虑“继承”问题时必备的素质。一方面，被实践证明有问题的思想材料，可能会在新的文化结构中发挥新的功能；另一方面，我们的实践既避免不了当代性，也避免不了可能的错误；如果实践本身就有局限性，我们又凭什么来断定前人的文化果实哪些是有意义的、哪些是无意义的呢？不说“文革”中我们视为“四旧”的东西，今天又被视为珍贵的文化遗产，即便近些年我们视为精华的西方人道主义思想，由于西方文化果实很难直接融入中国人的血液，我们又在何种意义上断定它们是不可或缺的精华呢？如果精华与糟粕本身就在实践中被翻来覆去，那么我们与其还在“继承精华”的思维方式里徘徊，不如认真面对一切文化果实，这更能显示出“继承”的人本含义和深度。

“继承”既然是指创造新的价值的“否定冲动”，并且必须在这种“否定冲动”中面对和重视人类一切文化果实,它的最终结果,就不能不是对既定文化结构的改变。在传统关于“继承”的思维方式中,由于继承者直接延续的是文化果实,又由于这些果实只是精华性的材料,所以其运行结果,就不能不是对既有文化结构的延续。而一旦其性质、结构不能改变,它就会成为现实生活的底蕴,并且会情不自禁地“复生”那些被知识分子舍弃的糟粕。所以用“批判与继承”的思维方式对待传统,由于不能涉及文化结构的整体性问题,它的客观效果便只能是对传统的延续。这是主张“批判与继承”者很难预料到的效果,并且也就是我们的现实。从地摊上大量的庄禅哲学和晚报轻松闲适的小品文中,你就可以看出儒、道、释的文化结构依然在延续——当西方文化启蒙意义上的“自我意识”,终于与中国随心所欲的个人意识融会在一起时,你就可以看出传统思维方式和生存方式的巨大吞噬力。尽管仙风道骨者和隐居山林者已不复存在,但是在其骨髓里,他们真的和现代人不思不想的闲适、文人退回书斋的安然,有天壤之别么?

这不是说对既定文化结构的承接不可行,如果不是这个文化结构本身显露出危机,我们恐怕不会有意识地来反思“批判与继承”的问题。因此正确的陈述应该是:儒、道、释的循环已不再能使中国人获得意义的充实,即便“批判与继承”曾经并不影响国人的精神依托,这种思维方式也到了需要改变的时侯。这种思维方式的改变与文化结构的改变应该是同步的——在这个过程中,继承者好像并没有承接传统文化结构,因此有违“继承”的原意,但是由于继承的东西必须与使人精神获得依托的东西相一致,所以继承者在恢复和唤醒了久已遗忘的“否定冲动”时,直接指向的是对新的文化结构的企盼。看起来这种企盼已经超越了“继承”的问题,但是由于真正的继承就是衔接人类生生不息的首创精神,所以这种企盼就是这种首创精神的展开状态。在此意义上,“继承”就与我所解释的“批判”合而为一,成为同一种本体性思维方式的两种概念。尽管我对这两个概念赋予了不同于以往的含义,鉴于这两分法的概念业已形成了人们的一种思维文化,我们可以寻求一个新的概念来完成对这两个概念的整合与穿越,这就是“本体性否定”。

“本体性否定”:对“批判与继承”的穿越

以“本体性否定”穿越传统意义上的“批判与继承”,其首要含义在于:就文化的发展和转型来说,“两分法”的思维方式是造成“文化破碎”的主观性根源。由于它把文化传统肢解为两部分,所导致的结果又只能是精华的堆积,所以我们可以说貌似公正的“两分法”其实是既不公正地对待了传统,所建立的“文化”又很难具备现实运转的意义。在“西学东渐”的影响下,在把希望建立在依靠西方精华来改造中国传统文化的前提下,“批判与继承”也许是一个必然的过程,但是在今天,一旦我们意识到中国现代文化的建立,既不可能是中国传统文化的精华延续,也不可能是这种精华和外来的精华的“融会”,“批判与继承”就暴露出本体论思维空缺的弊端。

换句话说,这种“本体论思维”,既要求把文化看做是一个由正负面材料有机组合的结构,又要求把对既定文化结构的打破与新的文化结构的建立看作一个整体。因此以“本体性否定”区别于“批判与继承”,不仅是用一个概念消解两个概念,使这两个概念在重释中显出根本的一致,更重要的是,在“批判与继承”的思维方式下,不仅批判的东西与继承的东西是分离的,而且无论是批判还是继承,也都是与“创造”相分离的。这样一来,文化的破碎也就不能不与我们思维方式的破碎相关。由于“否定”作为一个本体性概念,意指在打碎既定的文化结构的基础上,以分析所有既定思想相对于当代现实问题的局限为方法,从中探讨和积累新的文化结构的萌芽,并最终完成对旧有思想的重释,所以它不仅将“肯定”①排除在这个完整的过程之外,而且也找不出其他任何概念范畴参与到这一过程之中。在“本体性否定”②中,由于“对象、方法、结果”缺一不可,所以“否定”本身就不是“肯定什么”的辩证方法,而“否定”中的“方法”,则是为了完成“否定”而存在的方法。比如在文化问题上,“否定”不仅意味着要打破“儒、道、释”循环的文化结构,而且要求将“儒、道、释”从传统的价值论中剥离出来,成为一种与价值论无根本关系的材料,进入新的价值论体系。这样,“儒学”就可能降格为一般的人际交往礼仪,并不牵涉价值论问题;道家文化,则很有可能从“入世”不成的“出世”降格为养生之术,从而改变其作为人生态度的消极功能;而禅学,则很有可能随之只在人们身心休息的场所发生作用……也可以说,儒、道、释作为传统的生存哲学,在文化转型之后,也仅在人们的生存问题上发挥作用,但是不再能解决人们对生存的超越性问题——这个问题作为“结果”如何解决,便作为一个空缺在我们的思维上悬置着。

或者说,“否定”虽然要将否定的“结果”囊括进来,但这“结果”却不一定要成为一种事实上的存在,而首先可以作为一种审美体验意义上的存在。尽管这

---

① 肯定:意指认同和延续既定的文化结构或思想材料。参见吴炫:《否定本体论》,贵阳:贵州人民出版社,1994。

② 同上书。

“结果”与“对象”是不对等的,从而影响“本体性否定”的完满实现,但我们应意识到:“否定”之所以是一个过程,在开始阶段必然是呈现这种不完满性的,即在美学意义上能将“不美和丑”说得很清楚,但“美”却难以说清楚。这种不对等性,正是本体性否定显现为否定性积累的含义,也是本体性否定只能以批判性话语进行言说的缘由之一。所以否定不是顿悟,不是一蹴而就,不是舍弃什么承接什么这种简单操作,它是依据新的结果而把一切文化果实看作是有局限、有问题的一种眼光,也是把新的结果看作是能弥补这些局限的一种意识。否定对象的现实性、可视性,与否定结果的非现实性、不可视性所造成的间距,正是否定者可以有所作为的领地。一旦否定的“结果”也成为一种现实,那么这就是否定的完成。所以否定结果过早地、轻松地来临,等于在宣告否定还是像批判与继承那种优选法式的简单。否定结果作为一种审美体验保留着,一方面并不影响“对象、方法、结果”共在一个本体之内,另一方面又使这一本体内部充满了张力,充满了探索性;批判与创造,也就由此得以统一。对于中国文化来说,意识到儒、道、释在价值论上均存有问题,一方面起码可以不把新的价值论建立在对儒、道、释的选择和融会之上,从而明确你所构建的价值论具有创造性;另一方面你则可以在把儒、道、释材料化的过程中,结合西方思想材料用你自己的理论予以重组。本书在此方面就是一个尝试。

我甚至想,要中国人接受西方文化意义上的形而上本体论,并在此过程中体现出对现实生存的舍弃,可能永远是一种空中楼阁,但这并不等于对中国文化的生存本体论的改变是一件不可能的事情——这一方面取决于中国人在多大程度上摆脱了生存贫困性问题,另一方面则取决于人们对生存论超越的思维方式的非西方化。如前所述,如果我们不再将对生存论的“否定”理解为要“克服”或“取消”之,而是理解为在人的现实中要建立的另一个支点——这个支点,既具有可实现性,又具有个体化的理解所显现的创造性,人就可以以此为心灵依托了。这样就会导致一个推论:文明的转型,并不一定以付出人的生存欲望和各种生存快乐为代价。因此我们既不必为时下人们对生存快乐的追求而对文明转型抱绝望态度,也不能宣称解放人的生存快乐就是文明的转型——如果文明的转型就是人的本能的解放,那么这和“反文化”几乎是同义语。较深刻的理解或许在于:真正的否定可能会诞生一个新的文化观念,但假如“否定”的上述含义本身就是一个新的价值论,通过“否定”可以将生存与创造这样两个世界联系在一起,那么“否定”可能就既是本体论、价值论,同时也成为人们的一种新的思维方法论。

理论联系实际，还是理论产生于实际？

真正有作用的理论，像古典主义和现代主义理论，像儒家思想和道家思想，其实是产生于特定的实际，并在作用于实际问题之后产生持久影响的。中国当代文化面临的新的问题，本应该让我们产生自己的新的理论。我们没有这样做，反而将西方各种理论走马灯似的拿来使用，并且制造出一个"理论联系实际"的命题。但我们的许多现实问题——诸如我们的心灵依托，却没有因为这个命题而得到解决。症结何在？"理论能否联系实际"这个问题，是否应该进入科学研究的视野？

理论产生于实际

曾经和哲学界的一位前辈谈到"理论联系实际"，便觉得这可能是今天学术研究应该注意的命题。老教授说：迄今为止，我们是否遇见过一种"不联系实际"的理论？理论如果不是产生于一定的实际，又怎么可能称为理论？我们又何以断定那些"联系过实际"的理论对解决真正的中国问题就是有效的？我进而想，如果这些疑问真的成为一个问题，而思想史上一些看上去的定论，其前提本身还可作更进一步的探究，以推动理论的现代化建设，那么，联系作为理论与实际之间的一座桥梁，是否是靠学术研究建立起来的科学命题，就值得再思考一番了。

当然，我愿意首先将"理论联系实际"命题的产生，看作中国文化摸索现代化的一个必然过程：我们只能先尝试用现有理论来解决中国现实问题之后，才能进一步发现这种尝试可能存在的局限;只有先根据中国的情况改造和调整西方的理论,才能进一步发现这种改造是依附性的还是创造性的。而对一个从封闭走向开放的国家,尝试用异域的理论结合本国的实际问题,也有益于消化和改造异域理论,反对移植和照搬。但正如西方的理论是产生于西方文化的实际,西方文化每一阶段的实际,分别产生了诸如古典主义(前理性)、人道主义(理性)和现代主义(非理性)一样,后现代(理性消解)不可能产生于18世纪的西方,柏拉图的哲学也不可能产生于20世纪。有什么样的时代问题,便产生什么样的理论。如果中西方思想史上的任何理论,都是产生于特定的实际,并为解决这个特定的实际问题而来,本不存在联系什么的情况,那么,儒家思想作为价值理论,只能产生于古代中国,并作用于中国古代文明的发展,便是一种合理的推论。而宋明理学推出"天理"禁锢"人欲",由此也可视为儒学在中国式微的一种迹象。其中所显示的一个深层问题便是:近现代中国因为文明衰落引发的一系列问题,本应该根据新的实际产生新的文明理论,但我们没有这样做,反而将西方理论几乎走马灯似的拿来使用,结果试验了近百年仍没能解决好民族生存和价值依托的问题,反而人为地制造出一个"西方理论应该结合中国实际"的命题。这样,问题就从西方理论能否作用于中国的实际,错位到西方理论如何作用于中国实际中来。

从理解的角度看,由传统思维的"宗经"、"述而不作"等守成性思维定式,加上由"民族救亡"引发的向西方急于寻求尚方宝剑的心理,衍生出这样一种思路是自然的。但问题在于:"民族救亡"以及"国民性"是"结果",文明的衰落则是"原因",延续古代文明思想体系、丧失思想原创的冲动,则是原因中的"原因"。将"结果"作为中国的实际问题,固然不能说错,但由于"倒果为因",或者至少没有将"本和末"共同作为中国的实际问题来对待,这样,无论是对西方理论的移植,还是根据中国国情的人为融合,由于其针对点是"民族救亡"、"国民性"、"缺乏生命状态"、"不重逻辑思维"这些表层的现实问题,自然也就难以触及中国文明的复兴、价值重建这一本世纪以来最大的"实际问题"。由此一来,不仅王明在革命理论上的"城市暴动",王国维和胡适在哲学上诉诸生命哲学和实用主义,金岳霖煞费苦心构建逻辑大厦"知识论"存在这样的问题,而且,即便立足于中西融合,如张之洞的"中体西用"①,李泽厚的"西体中用",以及超越"体用"思维、但却是理想和空洞的"中西融会"(如梁启超的"不中不西",冯友兰的"新理学"等),也都因为均无有价值的实践效果,不能作用于中华民族始终

---

① 张之洞:《戒劝学篇》。

在救亡、人文精神需要拯救等问题。而与此密切相关的一个词“革命”，一方面被加上“继续革命”、“不断革命”的前缀，另一方面则使革命的“对象”，在对帝国主义、修正主义和走资派的声讨中被朝令夕改。针对20世纪初推翻三座大山需要的革命理论被无限使用，作为干预一种实际的理论成为干预不同实际的理论，已使得理论早已有脱离实际之嫌。更为严峻的是：由于“革命”在理论上是对西方文化发展形态的总结，但在实践形态和功能上又与中国历代农民起义有契合之处，这就不仅使中国革命始终存在一个历史循环论的问题，而且使得“革命和建设”在90年代被简单理解为对西方文化模式的认同。结果，拿来的“模式”自然功亏一篑，而拿来的理论便只能造成由这些理论观照下的“虚假的实际”。诸如中国是一个缺乏人道主义土壤的国度，中国文学先锋均是伪现代派，中国已进入后现代，等等。近年来一些海外学者立足于西方“人人平等”的观念来改造中国传统的“仁”、“礼”观念，企图建立西方式的多元化民主政体，从而在比较浅近的“政治体制”和“国民劣性”意义上理解中国现实问题，[①]在我看来，也还是难以避免落入用西方理论来观照中国现实问题的窠臼，其效果自然就显得隔靴搔痒。

理论：是普遍作用的，还是普遍影响的

我想，学术界近年出现的所谓“中国问题海外提”的说法，并不一定意味着海外提的问题就是真正的问题，而是意味着中国当代知识分子丧失了对现实的评价力，至少与我们过去提的一些虚假问题相关。于是我们自然也就难以分辨海外提的问题是真是假。于是在理论上，“理论的普遍性”问题自然也会在我们的追思之列。我们曾经用“放之四海而皆准”来评价一种意识形态话语，但当我们将“理论具有普遍影响”与“理论可以普遍应用”混为一谈时，我们就可能既做不到科学地对待马克思主义，也做不到科学地对待其他任何一种理论。所谓“科学地”不外是指：理论无论是否具有普适性，我们都不能说只有一种理论是永远“放之四海而皆准”的，也不能说除了一种理论之外，其他理论都不具备对我们影响和启迪的功能，更不能说“影响最大”的理论就是“最适用的”。达尔文的进化论通过严复的引进，对中国人的观念和社会发展确实产生了重要影响，但我们仍不能轻易地用进化论的观点来阐释中国社会的演进形态和当代文明的转换；这正像孔子和老庄哲学同样对西方文明产生过某种影响，但决不意

---

① 林毓生等：《五四：多元的反思》，香港：三联书店有限公司，1989。

味着“和而不同”和“天人合一”可作为诊治西方现代病症的药方一样。这意味着,要谈理论的“适用性”,恐怕任何外来的理论均不如本土的理论“适用”。毛泽东提出的“农村包围城市”在中国确实很适用,但同样是第三世界,非洲的民族独立斗争借此就并不一定能产生如上的功效。因此,毛泽东将“马列主义的普遍真理与中国革命的具体实践相结合”,就新民主主义革命来说,是结合在观念化的“无产阶级革命”上,还是结合在“农村包围城市”上,便成为一个至关重要的探讨课题。如果起作用的是后者,“结合”、“融会”便很难具有实质性的含义。当“融会”不能产生新质的时候,在社会主义建设时期运用战争年代的做法,乃至在文化上也试图采取专政、革命、斗争的手段,农民起义的破坏性效果,便会自然而然地出现,并很容易使马克思主义理论成为口号甚至教条,最后使“融会”成为“道与器”的相加。其缘由,正在于中国传统理论虽然仍对当代现实产生影响,但却不一定再有助于社会的发展,并反衬出传统理论作用于当下现实时的保守性和无力性。其中的潜台词便是:一种理论是在其他理论的影响下,创造性地产生于当代本土的实际,又积极地作用于本土实际,并在完成其作用后,在思想史上产生持久的影响的。

这就是说,真正对现实有效的理论,可能吸收了不少既定理论的“因子”,但并不能说是理论家从实际出发,对多种理论“综合”、“融会”的结果——就“因子”而言的“综合”、“融会”,与理论的内容和性质,基本上是一件无干的事情。就像不能因为黑格尔哲学中有谢林、费希特、斯宾诺莎哲学的“因子”,就说黑格尔的哲学是将前人的思想集大成的结果。因为决定黑格尔哲学性质的内容——主客体辩证运动,只能解释为黑格尔创造的产物。一种理论之所以成为理论,就因为它已不是由其他任何理论演变、分化、综合而来的,否则思想的诞生便成了加法或化学反应等自然科学可以解释的“运动”。比如,我们常见的那种将西方各种文学流派“综合”在一起的文学理论专著和教材,就不能不说是一种假理论,因为它缺乏的,正是面对当下中国实际的文学问题,产生一种既区别于传统“文以载道”和“缘情说”,又区别于西方模仿说、表现说、形式说、解构说、文化批判说等多种文学观在内的创造冲动,并赋予文学本体以中国当代学者独特的“理解”。对一个理论家来说,“理解”问题上的排他性,决定了他必将其他“理解”从“理论”降格为自己的“因子”(材料),在完成了自己的“理解”后建立起自己的理论,并同时改变了既有理论因子的性质和功能——这个过程,不应该被简化为既有理论联系实际的过程。

理论针对“什么实际”

这可能意味着，一种理论只能面对某一理论家或某种文化视角下的“实际”，而不能面对其他理论家或其他文化视野下的“实际”。“实际”的非普遍性，是理论产生的真正源泉。像“生态失衡”，表面看似乎是全球共同面临的现实困境，但我们只要深思一下，就会觉得这个问题在中西方有着显然的差异。在西方，“生态失衡”与西方天人分离、主客体分离，征服自然的发展观，历史进步论等，有着深远的联系，并且是作为西方人精神运作的负面因素出现的。也因为此，胡塞尔的“回到事物本身”，海德格尔的“回到主客体之前”的语言论、存在论哲学，才成为诊治西方这一实际问题的药方。不管这药方是否有作用，但药方和问题的内在逻辑关系是十分明显的。舒尔曼所设计的“人在超主体的规范性原则的主导下去指导技术的发展”①，才成为对科学理性和主体论并立的近代发展观的一种“制约”。但在中国，工业化之路上是否要付出生态失衡的代价姑且不论，改造自然与破坏自然的差异如何甄别，也至少有待于中国现代学者思考。仅就中国缺乏科学理性和主客体分离传统、一直在自然的状态下对待自己的生存问题、因而也不存在“回到主客体之前”来说，中国的现代化也是建立在民族救亡的基础上，而不是中国文化传统自发地提出。随意性、无理性、情绪性所导致的一哄而上的生存抢夺，必然会造成损人才能利己、损公才能肥私、破坏自然才能维持一种大家均不掉队的现实。这使得观念、思维、素质、体制、人际交往原则等问题，比“生态失衡”这一现象更根本、更实际。由此，也引发人们一系列具有中国特性的思考：在生态失衡的地方，是否已经有了真正的发展和变化？在改革开放之前，自然和自发状态下的中国是否既不存在“生态失衡”的问题，也不存在“生态平衡”（生态平衡是相对于发展而言的）的优质状态？而造成“生态失衡”的国人无序的生存意识，是否在发展之前就已经存在？

进而言之，一种理论一旦离开它所产生的“实际”，去作用于另一种“实际”时，其自身的性质和功能则必须“被改变”——在将自身降格为材料后，便不能再自称“理论”。相对于中国当代现实问题的特殊性，不仅西方理论存在一个被改变的问题，中国古代理论也存在一个被改变的问题。如果这种“被改变”不是“联系”所能说明的，“理论联系实际”在根本上想说的意思，则是“理论在实际中被改变”更为准确。而任何一种等待被改变的理论，相对于改变后的、能起作

---

① 舒尔曼：《科技文明与人类未来》，北京：东方出版社，1991，第3页。

用的理论来说，已不存在理论优先权。因此，“理论联系实际”在中国语境中，就不能限定在西方理论必须联系中国实际上，中国传统理论也同样存在一个需联系中国当前实际的问题。而且关键点在于：“理论联系实际”的目的在于产生对实际有效的理论，相对于后者，准备联系实际的理论，就既不先验地具备对实际的指导功能，也不能被我们在理论的意义上看待。因此，有效性理论不是既成理论在对现实的关注中调节自己，而是在对现实的直面中变为另外一种理论的材料。在此意义上，西方的生命哲学、结构主义和后现代理论，之所以不能有效作用于中国当下现实，并不在于上述理论没有被中国学者作中国化的处理，而在于这种处理没有在根本上触动其理论基石和世界观，于是才会出现这样一种悖论：“意识流”被王蒙作了技巧化的处理，而马原的“形式本体论”在中国终于还是如泥牛入海。前者实质上的非西方化，已经使理论不再成为理论；后者实质上的西方化，又使得理论在中国成了过眼云烟，其共同症结就在于西方理论没有在中国作家手里创化出一种新的理论。

另一方面，像康有为的“大同”理论，梁漱溟的“乡村建设”理论，都不是从西方拿来的，但相对于中国社会的实际，人们一直认为它们是空想，是“不联系实际”的理论。这似乎也没什么错。依据理论并未实现的事实，来批判该理论的虚空性或玄想性，确实是有力的，但并不一定具有科学性。深究起来，人们可以从《大同书》中的“财产公有化”，联想到后来的“大跃进”、“人民公社”，证明它们在理论上的相近性、不切实际性，也可以根据书中阐释的“口之欲美饮食也，居之欲美宫宝也，身之欲美衣服也”的物质文明内容，说康有为的部分主张正在被今天的社会证实；还可以根据康氏的“去家界为天民”的个人独立、自由的理论，判定这已经在预示着中国社会正由家庭向个人为基本单位的现实过渡……说“大同”理论是空想的，只不过是说上述构想作为一个完整的世界观同时实现，可能不切实际，但是从中国现代史不同时期的社会实践来说，你又可以说它们在不同程度上证明着康有为的理论，或者说在证明着康有为理论的某些内容。于是问题便被提了出来：“理论作用于实际”是一种当下的判断，还是一种实践效果的说法？我们又如何确定对实践效果稳定的检验尺度？

如果“理论作用于实际”可作“服务实际”、“指导实际”和“预测实际”之区分，“实际”在被分化的同时，也将使“作用”成为一个当下难以检测的判断。确实，康有为的部分理论在当时只能对现实产生“预测作用”，“预测作用”并不能被当下的实践所证实。不仅康有为、梁漱溟的理论如此，爱因斯坦的相对论、尼采的超人哲学等在产生的当时，也都在时间上经历了这样的过程。甚至一切理论由于其假设性、先验性，也都在不同程度上要经历这样一个过程。假如我们无法就“当下实际”和“未来实际”作长时间的准确划分，那么，爱因斯坦提出“相对论”的时候还未被实验所证实，就与梁漱溟在本世纪30年代提出“乡村建设理论”的空想性，很可能是等值的。虽然爱因斯坦的理论很快被一系列科学实验所证实，而梁漱溟的理论却直到80年代才部分地由乡镇企业的崛起所呼应，其间的时间差异可以催生出“当下实际”和“未来实际”之分，但准确地说，“当下”依然蕴含着理论的预想性质，“当下”并不是“立即作用”的同义词。这就是不少理论产生之际，理论家并未看到“作用实际”的缘由（如尼采），也使得“理论作用于当下实际”的说法，允许保持一般时期乃至相当时期的“玄想性”，使得我们并无理由在理论的产生之际，就去判定一种理论是否能作用于实际，更使得“理论作用于当下实际”，很大程度上只能是一种历史性定位。在历史性定位中，我们不仅可以对“理论作用于实际”持一种较为宽容的态度，使理论在这种宽容中保持其超现实性质，更重要的是，这种定位不仅将区分出理论对实际的“现实作用”和“历史作用”，进而把理论对实际的作用与否，放入一个历史的过程中去考察，而且，它还肯定了一切产生于实际（不是移植异域理论）的理论的作用的潜在性，肯定了理论作用于实际有一定的时间和程度。“实际”的直观性、经验性和急功近利性，由此也得以纠正。

当然，问题还有更为复杂的一面，那就是“历史的定位”如何甄别不成熟的、或有明显谬误的“理论”。诸如“全盘西化”理论，企图以换血型的方式来完成中国传统文化的现代化，之所以被百年的社会实践证明难以行得通，不仅由于这种理论没有被传统文化现代化过程所证实，而且在理论上也从来没能阐释清楚“如何全盘西化”的方法论问题，以及解决这种方法论在中国实践的可行性论证问题，致使这种理论始终存有臆想性和情绪化的弊端。这种弊端不在于它是在中国现代土壤上产生的，而在于这种产生始终没能充分理论化、系统化，并由时间和实践的检验逐步揭示出来。因此，历史的时间性和实践性，在此就具有双重功能：真正的理论会在时间的消耗中逐步显示出它对现实的有效性，即使这种效应被抑制，但其作用不可能被抑制，马寅初的人口理论就是一例。反之，类似“全盘西化”论和康有为“大同”论的乌托邦部分，尽管被不少人竭力倡导和力行过，甚至成为过“显学”，但它们对实际的无作用，还是会被社会历史实践逐步揭示出来。因此，理论的有用性和无用性，都不太可能在理论产生的当下予以判定。

什么是理论的"有作用"

不仅如此,理论在对现实产生作用后,对这"作用"进行价值检验,就成为判断其作用有意义与否的试金石。这就将问题引向"什么作用"以及这作用"制造了怎样的现实"上来。

在一般的情况下,我们很容易将产生了现实作用的理论判定为"联系了实际"的理论,或将对现实有意义的理论,等同于对现实有作用的理论,而不再深究一种对现实起消极或破坏作用的理论,在效能上实际上是等同或低于对现实没有作用的理论的。这是因为,相对于没有作用的理论,现实不会产生任何变化,而产生了消极或破坏作用的理论,不仅无助于现实的真正发展,甚至会导致历史颓败。就无产阶级专政理论而言,当我们将视线只放在"作用",而忽略了"作用的效果"时,"作用"二字是很难分辨出这"变化"是创造了一种"在无产阶级专政条件下继续革命"的现实,还是使中国文化获得了现代化的发展;当时的理论工作者,确实也很少能像顾准这样判定,这种作用的破坏性最终导致的是一个无序的、价值解体的时代。这是因为,在"作用"的笼罩下,身陷其中的参与者,由于作用的力量产生的鼓动性,确实很难判别这种鼓动究竟会产生怎样的一种效果。就实践总是先于实践的效果、而某种实践很可能导致不同的效果而言(阶级斗争似乎既可能导致一个"大同"社会,也可能带来内乱),"作用"与"作用的效果"在当下确实很容易被认为是一回事。这样,当一种理论正好只能对现实起逆向作用时,"理论作用于实际"便成了一个否定性的判断和称谓。如果人们在当时无法予以这样的判断,"理论作用于实际"的破坏效应便会更为严重,并反衬出"理论作用于实际"作为一个肯定性判断的局限性。

这就是说,在"理论作用于实际"的"作用"是负面效应的情况下,建立对"作用"的分析和甄别机制,就显得十分重要。"理论作用于什么实际"就是一个比前者更为深入的追问。因为在宽泛的意义上,西方形式主义、结构主义理论也在中国制造了一种先锋派文学创作现实,但由于这种现实在根本上没能揭示中国现阶段文学的问题,所以就必然会导致这种文学衰落的结局。"小圈子",就会成为文学界对这种不具备引导中国文学发展功能的文学的指责。这种指责的合理性在于:真正的文学先锋应该在价值上体现出当下文学发展的潜在要求,但当代中国文学发展的潜在要求,其实并不在于增加几种小说的写法,而在于中国作家在各种小说写法面前,都很难表达作家自己对世界的独特理解,由此再派生出自己的小说写法。结果,小说写法的变化,就不足以掩盖小说质量没有提高的现实，也不足以掩盖中国作家贡献自己的当代小说写法之贫困。以此类推，在文化意义上，阶级斗争理论的局限，并不在于它可以制造推翻一个阶级的现实，而在于这种推翻无助于中国古代文明在制度、思想方面的当代转型，不能使国人的精神和心灵在救亡之后有新的依托。

这就不仅遮蔽了“两个阶级”身上共同隐藏的文化局限性问题，使得胜利了的阶级很可能在承接造成民族危亡的各种传统价值，从而导致“救亡和启蒙”始终未完成的当代现实，而且，“阶级斗争”发起者所力图创造的那个“崭新的新世界”，由于只建立在由一个阶级专政的基础上，当然也就越发远离发起者和奋斗者们的现代性实践，其“乌托邦性和封建性”才成为“文革”后中国几代人共同反思的母题。毋如说，这个母题其实就是在追问：阶级斗争理论究竟作用于中国的什么现实？

此外，有一些理论，看起来是十分贴近、也很能作用于实际的，如时下方兴未艾的应用性理论。但这种实际，其实只是人类全部实际生活的一部分，而且多半是那“生存现实”的一部分；另一些理论，看起来似乎是远离实际的，但对现实生活的整体作用反而会更大，如宗教和哲学理论。因为所处的立场不同，这两种理论都可以指责对方是“脱离实际”的理论，也都可以自认为是“最联系实际”的理论。以往宗教和哲学曾经许诺将人们带往幸福生活的彼岸，如今，也许是宗教和哲学已完成了这个使命，也许是哲学和宗教越来越完成不了这个使命，生存技能和生存快乐的理论才逐渐代替宗教和哲学出场，并在后者发挥不了功能的场所产生越来越重要的作用。但不管怎样，宗教和哲学等形而上理论，作为人们为生存幸福而努力的征途上的精神祈祷，确实使过去时代的人们获得过一种可谓“精神充实”的生活——尽管在这种生活中，人们的“生存现实”充满贫困。如今，人们的物质生活开始高度发达，但精神生活却出现了价值虚空、灵魂不安等看不见的“问题”，一般说来，这正是由于缺少了像宗教哲学那样不太作用于现实的理论。这一方面是因为过去的宗教、哲学、伦理等均带有贬抑人的基本生存欲望、或将这种欲望看作低档次的弊端，因此，当今天人们的欲望苏醒和膨胀的时候，过去信仰和价值理论的失落，就显得十分正常。甚至可以说，今天的现实至少在相当程度上是以往轻视欲望的宗教和哲学引导出来的。另一方面，要解决当前精神生活的空虚问题，并不在于刻意恢复那些似乎不再能作用于现实的宗教、哲学理论的主导地位，而在于我们应该将人的“实际生活”划分为“生存快乐”和“心灵依托”两种不同的世界。在此基础上，即便重建宗教和哲学，也应该着眼于两点：一是应该首先将人的生存现实看作是形而上理论自己不能管理的部分，以承认生存快乐及其理论的合理性为自己的规范；二是宗教和哲学理论的研究者也不能将形而上理论看作是俯视一切、唯我独尊的形象，而应该将自己的理论看作是只能作用于人的一部分现实的理论，从而导致“不同的理论作用于不同的实际”的结论。今天，当既有的哲学和宗教丧失了引导人类建立新的精神的功能的时候，没有可以依托的精神，也没有可以产生这种精神的理论，更缺少探索这种理论的学术共识，便成为今天出现的一个新的“实际问题”，从而反衬出张承志和张炜那样守住既定的宗教和哲学，来处理和对待当下现实问题的简单性。令人遗憾的是，由于我们过于强调伽达默尔所说的“前理解”，或只能用熟悉的现成理论和常识观照现实，这样的一个“实际问题”便会被我们忽略。在没有理论来作用于“这个实际”的情况下，不仅思想史和理论史会因此而终止，而且解决我们知识病症的时机也会一再被延误。于是，我们或者只能愈发依赖一些定论性的理论，或者便情绪性地产生理论虚无主义——那些能看见的理论，当然也就一点也不能作用于我们的各种实际问题。譬如，“拜金主义”、“道德沦丧”、“物欲恶性膨胀”这些指责，是否就属于不再能积极地影响当下现实的“理论”呢？

穿越实践论美学的三个关键问题

后实践美学试图超越实践美学,但由于其理论的逻辑起点是放在实践美学的内部辩证运动——即感性生命对抗理性的基础上,这就很难构成对实践美学的"本体性否定",并容易被实践美学统摄。关键是:后实践美学依托西方的"生命、自由、形式、解构"等本体论概念,不同程度地脱离中国当代诸如"模仿大于创造"等现实问题,从而与实践论美学对此问题的忽视异曲同工。因此,否定主义美学主张以"本体性否定"为本体论,通过对实践论和后实践美学的双重穿越,来作建设中国自己的当代美学之努力。

近读朱立元先生的《美学与实践》①一书,引发了我对争议多年的实践论美学的进一步思考。坦白地说,针对陈炎和杨春时二位先生对实践论美学的发难、及其以"突破说"和"超越说"②所标示的"后实践美学"的问题,朱先生从辩证的角度进行的反驳和论证,是很具理论说服力的,由此也可以看出"后实践美学"对"实践美学"的超越,还有诸多可待商榷之处。但陈、杨二位先生及"后实践美学"倡导者为什么难以真正超越实践论美学? 朱先生对实践论美学的辩护,是否能说服对实践论美学进行超越努力的年轻学者们? 实践论美学在21世纪,又如何真正体现出有中国特色的现代性深化或拓展? 这些显然不是一个赞同谁不赞同谁的问题,也不是实践论美学有道理还是后实践美学有道理的问题。本文拟从否定主义美学③的角度,和朱先生一道思考突破实践论美学的三

---

① 朱立元:《美学与实践》,桂林:广西师范大学出版社,1999。

② 陈炎:《试论"积淀说"与"突破说"》,载《学术月刊》,1993年,第5期。杨春时:《走向"后实践美学"》,载《学术月刊》,1994年,第5期。

③ 吴炫:《否定主义美学》,长春:吉林教育出版社,1998。

个关键问题。

审美是否依赖于内蕴丰富的社会存在

在对"实践"的哲学内涵的理解上,我基本上赞同朱立元先生所阐述的"唯物史观"的说法。具体说来就是实践是唯物的、历史的、辩证的、社会的统一。由于这种统一,"实践"也是社会存在本体论与辩证思维认识论的统一,并可以简化为一种整一性的、以物质生存为起点的人类社会生存运动的历史性、丰富性概念。正是在这种丰富的概念本身就是其逻辑起点的意义上,马克思说"劳动创造了美"[①]。马克思没有说主体的能动性或感性创造了美,也没有说辩证思维认识可以创造美,更没有说美只是一种先天的客观存在,人的功能只是被动地反映和接受……因此,"劳动创造了美",比较接近蒋孔阳所阐述的,是"以人的需要为轴心……以物的性质和特性为对象,相互交错和影响,形成了整个人类社会的历史和现实生活"[②],创造了美。我想,不管陈、杨二位试图超越谁的实践论美学,由于无论是李泽厚的"实践美学"还是蒋孔阳的"实践美学",都涉及感性、个性、创造,由于"突破"与"超越"本身已被包容在"实践"中,因此,在实践内部试图超越实践说,显然是很困难的。我想,朱先生的《美学与实践》,正是在实践兼容主体与客体、物质与精神、守成与变革的意义上,反驳陈炎的"突破说"与杨春时的"超越说"的。这也是唯心论无论怎样强调自身,也无法战胜唯物论的原因。因为唯心论中的"心"也包含在唯物论中,尽管其侧重点不一样。

这就牵涉到深化、超越实践论美学的思维方式转换问题——只有从实践论美学所忽略的领域或模糊不清的领域入手,才可以发现实践论美学真正的局限所在。朱先生在本书中已经注意到如何处理好实践论美学的"积淀"与"突破"、"群体"与"个体"的关系,并主张首先从后者予以突破,我则将这局限归纳为"本体性否定"[③]的空缺。对于审美是否依赖社会存在这个问题而言,这个空缺可能分别表现为"实践何以成为可能"思考的空缺与实践中"创造性质变"被忽略、被混同于一般质变的空缺。

就第一个问题而言,如果实践是人类的标志,如果这标志是以比较现实的、

---

① 《1844 年经济学——哲学手稿》,第 46 页。《马克思恩格斯选集》第 1 卷,北京:人民出版社,1972。

② 朱立元:《美学与实践》,桂林:广西师范大学出版社,1999,第 68 页。

③ 吴炫:《否定主义美学》,长春:吉林教育出版社,1998。

可见的社会形态（如对象化活动、理性思维活动）来显现的，并且在性质上区别于自然界，那么实践与自然之间，可能就缺少一个不可见的、也难以言说的价值创造冲动的中介。如果说，黑格尔还注意到用一个会进行辩证运动的、不可见的“绝对精神”来外化自然界与人类社会，来体现“有生于无”的法则，那么我们用“实践”来外化、造就“实践”就是比较勉强的了，并且也不宜用实践内部的否定张力来替代使实践产生的否定张力。这就像使用工具是劳动的标志，但人为什么会使用工具，显然不能再用劳动来说明。由于劳动和人是互为说明的，所以就必须用一个能造就劳动与人的第三种范畴来说明。这也是海德格尔的“存在”是能产生主客体的东西，而不是主体、客体及其辩证运动本身一样。我就将这一中介称为不满足于既定世界生存性质的“本体性否定冲动”——人在这个冲动中，是一个正在告别动物但还没有成为人的“准人”，这个“准人”便是有审美冲动的人，而劳动、工具化、对象化等人成为人的标志，只是这一“本体性否定”的结果或完成，是审美符号的诞生。这意味着，“本体性否定”是造就主体与客体、感性与理性、个人与群体进行复杂社会活动的第三种力量，因而也是超越既定现实性利益活动的审美状态。在这个状态中，不是“劳动创造了美”，而是劳动在本体性否定意义上的创造中本身就是美的，使用工具的人、有对象化意识的人，本身就是可供进行审美体验的审美符号。我注意到朱先生在概括蒋孔阳先生的美学特点时，强调了其“美是在社会生活实践中创造出来的”意思，我想，如果我们将“社会生活实践”作为人的第一性创造，那么“社会生活实践”本身就具有审美含义，而不是“美产生在社会生活实践之中”。因此，如果撇开我与蒋孔阳先生在“创造”一词理解上的差异，蒋先生的“美在创造中”[①]的命题，似乎比“美在社会生活实践中”的判断，更切近审美的本质。这样一来，也就不是审美依赖于社会存在，而是审美冲动先于或造就了社会存在，可见的社会存在是不可见的审美冲动的实现。这意味着，批判与创造的审美价值冲动，是使人逐渐开始有自己的实践活动的重要前提。

这就转到第二个问题上来：如果实践宣告了人和动物在性质上的区别，并且因为这种区别而具有审美意义，那么，人成为人之后，人的社会存在形成之后，如果我们不能保持这种“本体性否定”的价值冲动，也就很难保证审美现象可以继续产生。这样，我们就不能说美的产生依赖于大概念的社会生活实践，而只能说：美的产生依赖于社会生活中人的“本体性否定”冲动，由此保持实践产生前后审美发生学意义上的一贯性。由于实践既蕴含着积淀、认同、承接等

---

① 蒋孔阳：《美学新解》，北京：人民文学出版社，1993。

肯定性的生活内容,又蕴含着突破、中断、背叛等否定性的生活内容,更蕴含着科学、艺术、思想、制度、文明等性质发生重大改变的“本体性否定”现象,这就使得我们需要对内蕴丰富的实践概念进行价值上的剥离,筛选出使审美现象得以产生的关键性因素。否则,我们不是说明不了审美的产生,就是将审美与其他社会现象混同了。其原因在于:我们能说任何民族与个人在任何时期均在实践中,但我们却不能说任何民族和个人在任何时期都在产生审美活动。由此,中国传统文化在近代以降的衰落,20 世纪中国文学缺乏可持续审美的经典作品,思想创造的激动远离中国当代知识分子,才可以得到审美或缺意义上的解释。也因为此,审美现象的产生是否必然依赖于非审美性活动,才成为一个疑点。朱立元在本书中通过强调蒋孔阳的“人对现实的审美关系”一说,通过“感觉、自由、整体、感情”四个方面来说明这个关系与现实实用关系的区别,我以为在意识上是值得肯定的,但在思维方式和内容上还可以继续拓展、调整。那就是:首先,感觉、自由、整体、感情所构成的人对现实的审美关系,是否必然依赖于人对现实的实用关系? 凡·高吃不上饭也献身于他的审美性艺术创造,而百无聊赖的贵妇人无论怎样恐怕也难以唤起任何审美激情,已典型地给出了否定的回答。如此一来,恩格斯的“人们必须首先吃、喝、住、穿,然后才能从事政治、科学、艺术、宗教”①,就不等于人们必然地会在后一领域里产生审美创造——审美既然不能直接与上层建筑画等号(如守成性的上层建筑),也就可能会在日常生活领域里出现(如爱情)。如果人对现实的审美关系不依赖于人对现实的实用关系和利益关系,实践学说的逻辑起点——物质生产与生活,就不一定成为审美发生的“基础”。其次,“感觉、自由、整体、感情”作为审美特点的内容是否准确,还可以进一步探讨。一是因为,在科学家和思想家的理性思维活动中,也可以产生审美发现与审美激动现象,而只知道吃喝玩乐的人也有感觉和感情活动。这样,感觉和感情活动就不独属审美者有,审美者也就不限于感觉和感情,也可以诉诸理性思维。二是因为,“自由”一词在蒋孔阳先生这里虽然已作了“对外物直接功利关系的消除”等限定,但非功利或非直接功利的关系还不能完全作为审美关系的规定。如果我们承认审美关系是一种典型的创造性质变关系,那么这种关系则具有让人心安的最高的功利意义。反之,宗教性的虚无看似也不讲功利,但不具备实践论意义上的审美含义。所以,笼统地讲审美的超功利性,是不够准确的——当猿人第一次为自己制造工具而产生审美激动时,那不是原来的功利性所能说明的,但在体验自己的创造有可能带来一个新天地

① 《马克思恩格斯选集》第三卷,北京:人民出版社,1972,第 574 页。

时，又焉能不具有因新的意义的产生而生出的另一种功利感？

也因为此，将审美现象看作是一种超越物质与精神、主体与客体、在人类生活的各个方面都可以体现、也都可以遁失的价值创造活动，可能就是自然的推理，朱先生在《美学与实践》中所说的“把审美活动的研究扩展、深入到人生实践和人的生存方式与生命体验层面”[①]，我深以为然。但要达到这样一个境界，需要超越朱光潜、蔡仪、李泽厚、蒋孔阳诸位先生将审美或从属于物质生产与客观规律、或从属于精神生产或主观能动这种二元对立统一的关系性思维。这一点，突出表现在蒋孔阳先生的“美是以一定的客观条件为前提的”与“美的创造，是一种多层累的突创”[②]的矛盾中。因为“突创”是对“客观条件”的创造性改变，因而必然不受“多层累”（即自然物质层、知觉表象层、社会历史层、心理意识层等）的客观条件的性质所缚，否则就不可能有突创，中国当代学人的思想多受古人和西人所束缚、更受政治和文化等多层累客观条件所缚、从而鲜有自己的突创，就是一例。其原因就在于，“多层累”只是审美内容中的材料，但不是审美境界中的性质——审美的性质必然是独创的。这样，材料与性质就是不对等的，因而也不可能成为审美的前提和基础。按照否定主义美学的原理，审美的基础与前提，是摆脱既定客观世界性质的束缚，并在批判的基础上将其化为材料并改变其功能，从而为全新的审美世界服务。如此一来，审美才能以真正的自由状态出现在物质生产（如技术创新）、日常生活（如爱情）、学术（如思想创造）、政治（如体制变革）等不同的领域。

审美是否依赖于主观能动性、感性与个性？

应该说，尽管实践论的基础由于偏重物质生产和人的社会性，所以在实践效果上常常导致对人的主观能动性、感性与个性的遮没——由此可以看出逻辑起点对哲学功能的重要性，但由于马克思毕竟强调哲学“改变世界”[③]的功能，由于辩证法将客观规律性、理性、共性与主观能动性、感性、个性组合在一起，所以说马克思的实践论不注重后者，在理论上是难以说得过去的。但也由于辩证法是一个魔方，所以仅仅在两者统一的意义上，其争论注定又是没有结果的，最后还是会看出发点是什么。我想，这就是年青一代学者更注重从哲学的逻辑起

① 朱立元：《美学与实践》，桂林：广西师范大学出版社，1999，第53页。

② 同上书，第68、74页。

③ 《马克思恩格斯选集》第一卷，北京：人民出版社，1972，第19页。

点和社会效果方面,来试图超越实践论美学的原因之一。朱先生在《美学与实践》中也意识到这个问题,认为:"应改变在美学研究中处处把理性、群体、历史放在支配地位的片面性"①的观点。但如何改变,我以为才是关键问题。不偏不倚地处理两者之间的关系,目前在理论上还尚未有突破,而且即便有所突破,实践效果如何还不得而知。我的思路是另辟蹊径。这可能首先要牵涉到对马克思"改变世界"的价值性追问。

用"本体性否定"观念来看待马克思的"改变世界",可以发现下面两个问题。一是"改变世界"在实践论中是一个图式。这个图式在思维哲学上体现的"正、反、合"之"合"是一个较高境界,在社会哲学上则以"封建主义、资本主义、社会主义、共产主义"体现出社会的优化发展,但审美是否符合这个规律,还是一个疑问。一方面,越是旧的东西越是容易唤起我们的审美体验,这是一个普遍的情况;另一方面,由于美的独特性,各个民族、时代和人均有自己的审美观念与可供审美的内容,所以我们很难说"完美"才是美,也很难说随着时代的发展社会会越来越美。二是"改变世界"在实践论中是一个没有区分"一般性质变"和"创造性质变"②的概念,由此也造成美感与快感在实践论美学中难以区分,进而也使得审美的质量受到影响。比如,我们可以说与古代和近代文学相比20世纪中国文学发生了很大的变化,但其缺乏经典这个问题,却不能得到美学上的说明。其原因就在于:"一般性质变"改变不了事物的性质,而"创造性质变"却可以改变事物的性质。因此,20世纪中国文学在"文"(文体变革)和"道"(西方的人文之道)两个方面发生了变化,但传统的"文以载道"的性质没有改变。一部中国文学史,主要是汉赋、唐诗、宋词、元曲等文体变革的历史,而不是"文以载道"(言志与缘情是"文以载道"的两种体现)这种文学观改变的历史。而西方文学史,诸如现代主义文学,在世界观、文学观、文体观等方面均发生了一致的变化——中西方现代主义文学由此便不可同日而语。审美在严格的意义上不应该定位在"一般性质变"上,而应该定位在"创造性质变"上,从而和"人成为人"这种创造性质变保持变化性质的一贯性。

回到论题上来:我们不能说中国社会的历史发展不在"实践"中,也不能说魏晋的"文的自觉"、晚明的"人的自觉"与五四的"人的解放",不是主体的能动性、感性与个性显现的产物,更不能说几千年的中国社会历史没有发生改变,但与持续不衰、且重大发现与发明层出不穷的西方文化史相比,我们却不能不说

① 朱立元:《美学与实践》,桂林:广西师范大学出版社,1999,第53页。

② 吴炫:《否定主义美学》,长春:吉林教育出版社,1998。

中国的社会体制、思想观念等一直没有发生过“创造性质变”,而一直处在“变器不变道”的“一般性质变”层次。尤其应该引起我们警醒的是:处在不断变化中的20世纪中国知识分子,在心灵依托和精神面貌上却可能不如先秦知识分子,原因恐怕只在于:以“儒、道、墨”思想为标志,先秦知识分子处在“创造性质变”中,并由此奠定了中国古代文明区别于西方文明的特质,进而古代文明和古代文学,也就成为一种可审美性符号。而中国现代文明由于多依附于或模仿西方,其文化与文学产品,就必然因丧失创造性而难以成为可审美性符号。这就是我们可以对西方现代主义文学作品审美,却难以对中国的不少新潮文学作品审美的原因。这样一个情况上升到哲学层面上,必然引起我们对人的主观能动性、感性与个性所带来的变化之局限性的反思,也必然在美学上引起我们对由这三种特性所带来的“突破”的局限性的反思。

就“主观能动性”而言,它之所以与“本体性否定”或“创造性质变”不是一回事,就在于每一个人都有对象化意识或客体意识,因此也都有主观能动性,但不是每个人都有创造性。因为主客体意识是受普遍的理性思维和文化积淀制约的,所以主观能动性是一种群体现象——文化教育告诉每一个人的就是如何与对象打交道,无论这对象是自然、社会还是自我。其缘由在于:主客体意识和主观能动性,是人类对自然界进行“本体性否定”的“结果”,所以它体现的是人类的“类存在”(“类存在”体现的是人和自然的存在关系),但任何“结果”和“类存在”都并不一定包含着它的“何以成为可能”。就像“儒、道、释”是中国人创造的“结果”,并因此成为中国传统思想文化的审美象征,但守住这个“结果”,就不可能再有思想的创造一样。而不再有思想的创造,仅仅对“儒、道、释”有主客体的认识和阐释活动,可供审美的思想符号就会减少。因此,新儒学的历史就是有主观能动性体现的历史,但不会触动儒学的基本世界观。20世纪中国的学术思想史,也是中国学者对西方思想进行主观能动性的消化、处理、接受的过程,但中国学者之所以频频被具有原创性的西方思想家(如马克思、黑格尔、尼采、海德格尔)的思想所打动,原因正在于我们多主观能动性,而少思想原创性,多的是主体阐释,而少的是批判创造。长此以往,必然影响中国学术思想的审美品性。因此,当朱立元先生用“既突出主体的能动性,又坚持了社会客观性”①来阐释蒋孔阳先生的“主体创造论”时,我觉得这里的“创造”,还难以区分“一般性质变”与“创造性质变”,而后者,实际上是产生主客体又超越主客体二元范畴的。因此,创造的“结果”,是不能用笼而统之的“对象化”来解释的。

① 朱立元:《美学与实践》,桂林:广西师范大学出版社,1999,第74页。

就“感性”而言,也同样如此。作为一个和“理性认识”与“社会理性”相对立的概念,它大致可以被划分为“感性认识”和“感性生命冲动”这样两个方面。就前者而言,“感性认识”不仅是理性认识的基础,而且对既定的理性认识还具有挑战性,这是不言自明的。关键在于:感性认识上升到理性认识或挑战理性认识,是思维的普遍规律,但不是审美的规律。一个没有审美生活和审美体验的人,也有感性认识活动;而有感性认识活动,可能一辈子都在重复他人的思想,难以体验创造的审美激动。比如,王国维在中西方哲学面前,就有“可信者不可爱,可爱者不可信”的感性困惑(这显然是王国维直面中国现实的结果),但这种感性困惑,却没有帮助王国维创造出自己的哲学。原因即在于:感性认识只对既定的理性认识有感觉层面上的怀疑的功能,但却不具备思想层面上的批判与创造功能。而思想只能用思想来批判,却不能用感性认识和理性认识来批判,这也是认识论不等于价值论的原因。就后者而言,“社会理性”突出地表现在马克思所说的“异化”之中。就任何社会理性对人的感性生命冲动都具有压抑性而言,反抗现成社会秩序可以说是人的基本生存状况。但以释放感性生命能量为目的的革命,却不一定能改变现成社会秩序——在否定主义美学中,这只具有快感而不具备美感——至少,这与能改变现成社会性质的创造性革命,不可同日而语。这就是李自成的农民起义与克伦威尔领导的资产阶级革命不等值的道理。如果我们对这两种“感性实现”不加区分,我们也就不可能真正尊重具有创造性的“感性革命”。因此,审美的产生如果只像刘晓波和陈炎那样放在“感性生命对理性的突破”上,而不对“感性”进行价值区分,事实上就会导致审美的贬值或世俗化。

这就说到“个性”了。作为一个与主观能动性和感性有内在联系的范畴,个性与个体的混淆,可能一直是实践论美学和后实践美学的一个共同问题。在根本上说,“个性”是一个天然性范畴,人与万事万物在千差万别、形态情趣各异这一点上是一致的,所以改变一个人的个性是最困难的事情。即便在封建文化推崇“阴柔、阳刚”的类型化时期,我们还是容易看出“郊寒岛瘦”,并且也愿意用把握个性的评论方式去评价文学作品,所以个性在根本上是“满园春色关不住,一枝红杏出墙来”。但个性有一个特点,那就是“多样统一”,所以自然界的万事万物统一于自然性,而人类社会千差万别的个性及表达方式,则统一于共同的世界观。在中国古代社会,那就是统一于“儒、道、释”世界观。在美学上,个性纷繁属于快感和健康范畴,但难以唤起我们对思想本身的审美热情。因此,马克思的实践论与众多学者对实践论的个性阐释,是不可同日而语的——前者属于“个体思想”,后者属于“个性阐释”。同样是面对马克思的实践论哲学,中国学者多以个性的理解差异来研究实践论，而西方的法兰克福学派则在对其的批判中另外建立起自己的思想：阿多诺的“否定辩证法”，马尔库塞的“新感性”，哈贝马斯的“社会交往理论”均是明证。这意味着，“个体”是依靠人的“批判与创造”的统一价值冲动建立起来的，因而比个性的显现困难得多。中国当代思想界缺的不是个性阐释，而是个体创造。当西方学者只能对中国的孔子和老子的思想审美时，这不正好证明中国当代学界可供审美的思想符号太少了么？并且不也同样证明了，不区分“个性”与“个体”的实践论哲学与美学，无助于这个问题的解决么？

审美是否依赖于辩证运动与辩证思维

在实践论美学中，辩证法是使实践成为可能的一个关键纽带。人与自然，人与社会以及人与自我的多重历史性关系，正是依赖于辩证法才成为可能的。在李泽厚先生的实践论美学中，“自然的人化”以及“人化的自然”是依赖于辩证法，蒋孔阳先生的“人对现实的审美关系”是依赖于辩证法，所以在某种意义上说辩证法是实践论美学的灵魂并不为过。甚至即便试图超越实践论美学的年青一代学者，也常常受辩证法思维所限。这种限制突出表现在像刘晓波、陈炎、杨春时等将“突破说”落实在辩证法的感性和个性的一面一样，以此构成辩证法的“感性—理性—感性”的辩证运动（可谓唯心辩证法）。而我想说的是：首先，由于辩证运动无论在黑格尔还是马克思那里都指的是万事万物运动的普遍规律，所以它在指称人所独有的审美现象时，有一个是否恰当的问题；其次，由于辩证思维是所有具有理性思维功能的人都具有的思维现象，它在说明只有某些人或人的某些时候才具有的审美体验时，也有一个是否准确的问题。于是问题就显现出来：审美是否是超越辩证法的？

朱立元先生在《美学与实践》中与陆梅林先生商榷时说：“美的规律……只能是人类社会的规律、历史的规律，而不是自然的规律”①，对此我深以为然。但什么是自然的规律？人类社会是否有性质与“自然的规律”相通、相同的规律？人类社会的规律又该怎样理解？却是有歧义的。一般说来，我们容易将人类社会的规律落定在“自由自觉”以及“目的性”和“主体性”上面，但我以为，这个定义对于区分人和动物来说，还是太笼统了。因为这个定义对于爱斯基摩人、非洲食人族以及曾经辉煌现在又衰落的文化来说，是说明不了问题的。我们不能

① 朱立元：《美学与实践》，桂林：广西师范大学出版社，1999，第57页。

说他们不是在“自由自觉”之中,也不能说他们没有“目的性”和“主体性”,但他们的“自由自觉”和“目的性”等,或者还停留在与动物相差无几的水准,或者便处在与自然界同一性质的生存循环中。这意味着人可以自由地选择非人的生活,也可以自由地选择非创造性的生活。以此类推,我们如果用这个定义来衡量《红与黑》中从个人奋斗到唯利是图的于连,也将感到十分棘手——我们不能说于连没有目的性和主体性,但我们可以说于连没有我们想阐明的审美状态。也因为此我们就可以说,人与动物可以遵从同样的“自然规律”,那就是求食、求利、求快乐并为此进行生存搏斗和生存运动。这也可以称为依照“本能”进行生存运动的规律。当恩格斯说“在自然界中……全是不自觉的盲目的动力,这些动力彼此发生作用,而一般规律就表现在这些动力的相互作用中”①时,我以为这“一般规律”就是生存运动的规律,而生存运动规律其实就是基本的辩证运动规律(如动物与人共同的生老病死、吃喝玩乐等)。因此辩证运动的质量互变,可以解释宇宙的演变、物种的变迁,自然也可以解释人类社会的自然性、循环性演进(如爱斯基摩人和中国封建社会后期)。也因为如此,人类社会也可以利用人类创造的成果(如理性思维、工具的使用)来过一种和动物生存性质一样的生活。这就是以循环性和一般性质变为特征的辩证生存运动。——自然界在辩证运动中虽然有质变,但改变不了自然性;人类社会在辩证运动中也有质变,但改变不了既定的文明、思想和体制。也因为此,我以为“美的规律”用“社会历史规律”来定义是不够的,而应该用使“社会历史规律”成为可能的“本体性否定”规律来定义——人靠“本体性否定”使人的社会成为可能,人也靠“本体性否定”使人在社会中摆脱一般的辩证生存运动、使自己成为始终在超越、在创造、在审美的真正的人。如此一来,“本体性否定”就应该成为“社会历史规律”中的“本体规律”,成为“规律中的规律”,也因此成为人的生活质量比较高的“审美规律”。关键是,这个审美规律并不是“客观规律”和“必然规律”,而是人可以自觉也可以遗忘的一种“或然性规律”——就像审美可以被人自觉也可以被人遗忘一样。由于每个人都在社会关系中,所以“社会历史规律”对每个人均是必然的,但因为每个人不是必然地在审美中,所以“社会历史规律”以及“辩证运动规律”就不能作为支配审美的规律。

“辩证思维”也同样如此。作为“社会历史规律”的一个重要方面,作为人的思维的社会历史性方式,自然界和动物界严格说来是不存在“辩证思维”的。所以自然界是不自觉地存在着“辩证运动”,但不存在自觉的“辩证思维”(据科

① 《马克思恩格斯选集》第四卷,北京:人民出版社,1972,第243页。

学试验,动物可能存在着依赖本能的反应型思维形态),也不存在着对“辩证思维”的对象化把握。因此,所有的人均可能因为有理性、有“辩证思维”,而与自然构成“本体性否定”关系,并因此而具有审美意义。这就是“人自身就是审美符号”的意思,而且是指的“人类之美”,不是“个体之美”。但人因为有“辩证思维”而成为审美符号是有前提的,那只是在和自然的关系中,而且是在和自然的“本体性否定”关系中(以区别于老庄美学的“道法自然”和魏晋玄学的“任自然”)。一旦“辩证思维”放在人类社会内部之中,“辩证思维”就是类型化思维或群体化思维,并因丧失了“本体性否定”特性,而难以成为审美符号。按照这个道理:蒋孔阳先生的“人对现实的审美关系”能成为可能,我以为不仅应该对“现实”有进一步的限定,而且对“关系”也应该有进一步限定。准确地说:审美的产生应该放在人对什么现实的什么关系中才能成立。否定主义美学的回答是,人对特定现实的本体性否定关系才能产生美。另一方面,审美的产生在李泽厚的美学中是放在积淀了理性的“感性”身上,在后实践美学倡导者那里,则产生于与理性对立的“感性”身上,他们均不同程度地忽略了理性思维能否产生美的问题。因此,无论是实践美学还是后实践美学,均不同程度地忽略了科学家和思想家的审美体验(如爱因斯坦和尼采的审美性生活)。因为在实践论美学中,如果我们一直认为美是人的生产实践的产物,而不研究作为人的生产实践的一部分——理性思维,那是说不过去的;而研究理性思维却忽略理性思维的基本规律——辩证思维规律,那恐怕也是说不过去的。在逻辑推论中,如果我们承认美是人的生产实践的产物,也就应该承认辩证思维规律在美的产生中起了重要的作用。但事实上问题正在这里:“正、反、合”作为辩证思维的基本规律,是适应于、运用于一切人的,尤其是适应和运用于一切研究工作者的。我们之所以说不少学者都有工作的成就感,但难以体验类似爱因斯坦和尼采那样的审美激动,原因正在于成就感是以数量和个性显现的,而审美发现却不是以数量认识差异显现的,而是受“批判与创造”的价值冲动支配的,或者是受批判性思维方式与创造性思维方式支配的。因此,“批判与创造”这种“本体性否定”的价值论本体,可以渗透在感性和直觉中(如艺术生活与爱情生活),也可以渗透在辩证思维这种理性思维中(科学家、思想家、学者的研究生活),但不是感性、理性,自然也不是理性与感性的辩证思维关系。因为理性与感性的辩证思维,可以因文化、时代、个性等因素而产生认识上的差异,但这个差异却不是性质上的差异。因此,对黑格尔哲学的认识,中西方学者均有差异,而且不可能没有差异,但这个差异,均属于对黑格尔哲学“阐释”的差异,而不是建立一种和黑格尔哲学不一样的哲学。在严格意义上,我们只能对黑格尔哲学、尼采的思想、爱因斯坦相对论等创造性思想审美,但很难对研究上述思想的"个性阐释"审美——虽然有个性阐释总比没有个性阐释好,虽然个性阐释也具有一种生存价值。但我们不妨设想一下,如果中西方思想史上只有柏拉图和孔子两位思想家,后人只是阐释他们而不是批判他们,中西方的可供审美的思想文化果实,还能有今天这样璀璨吗?人类历史,还能成为审美创造的历史吗?幸好,由于黑格尔哲学、尼采思想、爱因斯坦的相对论等均是批判创造的产物,因此他们能够穿越"正、反、合"辩证思维,成为逻辑推理。也因为此,作为审美符号,我们如果还说黑格尔哲学、尼采思想和爱因斯坦相对论是实践的产物,或者说是辩证思维的产物,就会因为大而无当而难以触及根本问题。

道德异化：
马克思主义研究的“中国问题”

当代中国的马克思主义研究，由于依附思维和问题意识的匮乏，一直不能在马克思的“劳动异化”、法兰克福学派的“理性异化”之外，提出中国式的异化问题。否定主义哲学认为，中国当代马克思主义应该提出解决“道德异化”问题，以完成凭道德立身的中国传统文化的现代发展，创造中国现代人的生命观、欲望观、底线观、审美观、人格观，等等。如此，中国的马克思主义研究，才可以具备与西方各种马克思主义研究进行平等对话的资格。

在我的印象中，20 世纪中国马克思主义的存在性质，因为中国文化“宗经”思维的延续，一直是以“阐释”苏联马克思主义（50 年代）、“阐释”马克思恩格斯理论的本义（80 年代）以及“阐释”现代西方马克思主义（90 年代后）为己任的。这种阐释对象不断转换、而依附性研究模式不能改变的状况，使得中国的马克思主义一直没有我们自己的问题意识，当然也就使得我们既不具备与马克思恩格斯对话的资格，也不具备对法兰克福学派进行有中国意义批判的能力。因此，也就必然会影响中国马克思主义对中国社会现实发言的总体能力。

究其原因，首先，我以为我们丧失的是马克思在其理论和实践中所体现的批判精神。这种精神既体现在马克思对费尔巴哈、黑格尔等前人哲学的理论性批判中，也同时体现在对资本主义“劳动异化”的社会批判实践中；而法兰克福学派秉承这一精神，对马克思主义也采取了尊重和超越的态度，才形成了自己的批判理论和大众文化批判实践，而这种“双重批判”，中国的马克思主义研究者是不具备的，因而我们也没有自己的“理论命题”和由此展开的“中国式的批判实践”。其次,对包括马克思主义理论在内的西方理论的批判实践,我们也没有予以很好的理论总结。这就是:由于中国学者对创造性问题始终处在“自在”而不是“自为”状态,所以我们没有对马克思以及西方马克思主义“在批判中提出自己的创造性理论命题”这一现象加以重视,于是我们不是用西方的一种理论来批判另一种理论,就是用中国传统理论来批判西方理论,或者就是“综合”各家长处来弥补西方各家理论之不足,除了这种不能进行“知识生产”的伪批判,我们就不知道该“怎么”批判了。因此,我所提出的“本体性否定”理论,不仅成为对马克思隐含在“实践”中的“批判”的挑明,而且成为对“批判”和“创造”分离的思维方式的弥合以及方法的建设,更区别于西方法兰克福学派“对抗”、“颠覆”的反理性之否定观,并由此努力提出自己的“中国式的异化问题”。

众所周知,马克思关于“劳动异化”的理论,是马克思对以私有制为基础的资本主义进行“全面批判”、从中展示共产主义作为社会发展的“完美理想”,以黑格尔的“辩证思维”运用于社会发展的理论。应该说,马克思对黑格尔将劳动仅仅看作人的精神性的自我确证、从而忽略了劳动的异化性的批判,是十分有力的。劳动虽然是人自由的象征,但其本身也成为一种人的异己的对抗性存在,正是马克思对人类的不平等、不自由、不公正现象作了他那个时代所能作出的最杰出的贡献;而他的“消除异化”的审美憧憬,因为符合人“弃恶扬善”的追求完美的心理,尤其符合中国人的“求大同”、“求完美”之心理,迄今都没有过时。然而从我的否定主义理论出发,马克思的“异化”理论仍有几个重要问题值得深思和反思。这表现在以下三点。首先,马克思关于“异化”是私有制的起源、私有制之不平等是人类应该扬弃的对象的理论,已经遇到了今天西方的“劳资合作”关系、全球化市场经济关系和中国承认私有制的改革开放的挑战——承认私有制意味着对其负面性也应该有一定的宽容度。这些挑战虽然不能说解构了马克思主义,但至少说明私有制并不一定与人类共同富裕的理想截然对立,共同富裕的核心能否以对私有制的尊重为前提,成为一个可讨论的问题。由于私有制本身与人求快乐求幸福的冲动相关,由于快乐幸福首先就是“自己的快乐幸福”而很难具有通约性——获得与占有的快乐与生命的本能是相通的,这就使得“私有”可以以个人、国家、民族等不同形态来显现,人类中心主义也可以理解为“私有”。这种“私有”也使得以私有制为基础的“劳动异化”,已不能成为当代中国和西方应该“消灭”的问题,而应该转化为“尊重而不限于”的问题,即“不能满足于私有”的问题。其次,当马克思将“劳动异化”理解为不再是人满足自身基本需要的“谋生手段”、从而与人的本性相对立时,马克思没有看到人的基本需要不是静态的、孤立的存在,而是随着社会的发展和劳动产品的增加而改变的，其根底，是人的发展性、依附性和社会性使然。今天人类的高楼大厦和过去的平房农舍，都可以解释为人的基本生存条件。某种意义上，基本生存需要的不断改变，就是人的发展和劳动本质所致。为不断发展的基本需要去劳动或谋生，不能简单理解为与人的本质和本性相对立。因此，当朱熹说“存天理，灭人欲”时，“人欲”应该理解为是“延伸”着的“天理”，而不能简单地视为与“天理”对立。这直接牵涉到对今天人们的享乐欲求是排斥还是尊重的问题，也由此会提出“文化性自然”是“大自然”的延伸的问题——“吃好”是“吃饱”的自然延伸，而不能被简单“克服”。再次，马克思关于符合人的天性需要的审美性劳动，因具有乌托邦性和原生态性而难以实现，“消除异化”也使得马克思的社会发展理想具有“完美主义”色彩，而“完美主义”并不符合任何事物均有利弊的辩证法思想。马克思运用辩证观点从劳动这一人的伟大创举中发现了“异化”问题，但没有看到，没有“异化”的社会同样存在新的问题。马尔库塞在他的《单向度的人》中说：一个社会如果“合理”得丧失了否定的力量，这才是人类最大的悲哀。因为这意味着社会不再可能发展而陷入停顿，而任何停顿都意味着事物衰亡的开始。如果“扬弃”是为了造就“完美”的社会而不是产生有缺陷的“不同”的社会，那么“扬弃”作为社会发展的辩证运动，便会消解掉自身，所以人类社会的发展只有不断批判与创造的过程，而没有停止批判与创造的“合”之终点（完美）。

与马克思、恩格斯不同的是，法兰克福学派以他们对工业文化的批判，形成了自己的问题意识：理性异化。理性异化虽然也可以勉强被“劳动异化”所包容，但难以被过于关注“生产过程”的“劳动异化”所揭示，更难以被主要是工人与资本家对立的劳资关系所涵盖。这是因为，自尼采之后的西方工业社会，由于科学技术的高度发展改变了过于繁重的体力劳动，技术化、传媒化、自动化、信息化作为科学理性的产物，已经从马克思所处的那种“被迫的、不情愿的”人与社会的“对抗性关系”，演变为“自觉自愿”的被这种理性和程序操纵的“合谋性关系”。因为这种“被操纵”本身具有快感性，科学技术尊重并利用了人的求快感本能，所以其中的“被操纵”，是包括知识分子在内的“大众”所不自觉的。阿多诺将这种新“异化”关系解释为“虚假的同一”，马尔库塞则将这种“异化”解释为丧失了批判性的由“单向度的人”组成的社会，本雅明则解释为从尊重过去的“经验现实”到只顾眼下的“经历现实”。关键是，由于与传媒、技术、消费等快感性大众文化相关，也与西方的民主自由体制相关，理性异化因此具有这样四个区别于中国问题的特点——

第一，“理性”首先不是指西方现代科技理性，而是指尊重人的世俗欲望、个人权利、个体自由和个体平等的西方近代人文理性,西方现代理性对消费主义采取多少有些纵容的态度,是与这种对个人权利尊重的理性传统分不开的。马尔库塞和阿多诺之所以不满意西方社会失去了一种对抗体制和社会的否定力量,是因为这种理性的“合理性”所致。而中国当代文化由于缺少这样的人文理性传统,使得当下中国的消费主义更多是对传统轻视个人利益和欲望的伦理的颠覆和报复性逆反,从而呈现出享乐化、奢侈化、无序化、从众化的取向,这种取向显然不是“理性异化”问题,而是“道德禁锢”和“道德失范”的问题;它揭示了中国当代文化建设是“穿越传统生存情感化伦理、建立中国式现代理性”的问题。在这一点上,中国的意识形态建设与个体建设应该是一致的,并不存在西方式的“意识形态批判”问题。

第二,由于阿多诺强调与社会和理性的截然对立,是将价值坐标放在已经比较成熟的个人及其非理性化的体验上,西方的个人主义传统可以保证这种体验的差异性。而中国社会中的个人一直处在被群体化规范所遮蔽的状态,这种状态不仅使得中国的个人在思想上是类型化的,在感受、情感和体验上也颇多相似性,而且即便应该千差万别的风格,也被婉约与豪放或二十四诗品的风格类型所制约,这就使得中国贫困的“个人”并不具备阿多诺和福柯式的与群体和理性对抗的能力——所谓玩人生和玩艺术就是中国式个人之“轻”的表现。而20世纪中国知识分子“不中即西”的群体化立场分类,与传统知识分子“不儒即道”的从众化选择,也是一致的,真正能外在于这种分类的知识分子少之又少。因此,使中国个体成为一个健康而独立的个体,就是中国马克思主义面对“道德异化”的使命。这使得中国的个人面临的是需要成为真正的现代个体的理性建设问题,而不是西方的个体已经存在从而可以和社会截然对立的问题。

第三,由于西方宗教精神传统的潜在性和痕迹化存在,当代西方的个体权利,不仅显现在对物质的消费上,而且也显现在对超越物质的东西的消费上,这使得当代西方的消费主义呈现出比较丰富的内涵。因此,即便在好莱坞《泰坦尼克号》这种商业化、规模化制作的影片中,我们也能体验到超越现实的审美张力,而不能仅仅理解为这种审美张力被商业制作所操纵。这种张力所产生的丰富性,是中国文化和中国艺术很难具备的。因此,仅仅把西方后现代艺术理解为技术主义和消费主义,是不准确的;在中国语境下反对技术主义意义上的理性异化,也没有抓住中国当代消费主义者生命质量和消费内容中存在的问题,即中国的个体生命缺乏一种“创造新现实”的审美张力,而只具有“寻找新现实”的快感能力。其根源在于中国传统道德从来提倡的是“宗经”和“做人”,个体的生命状态处在不自然、不放松状态,最后也就不会产生穿越现实的审美冲动。

第四,与马克思在批判劳动异化中设计出符合人的本质的共产主义方案不同,西方马克思主义并不具备设计不同于现代民主和科技体制的新体制的能力,这就使得西方马克思主义对“启蒙理性”和“工具理性”的批判,只是一种审美批判,而不是现实的可实践性批判。审美性批判之所以不是中国当下文化批判的主要性质,是因为中国当代文化的思维方式、价值规范、行为准则方面的创造性、现实性实践,比任何时期都紧迫。如果说,当年鲁迅已经进入了“在沉默中感到充实”的审美批判状态,那么中国当代文化建设就应该是将鲁迅那种“体验性的美”化为具体的审美符号的问题。这个问题,也使得我们不能将西方马克思主义的批判作为我们的批判。也就是说,中国马克思主义的批判,应该是一种既有批判又有具体创造的实践性批判,而不是只满足于发现问题、但设计不出更可行方案的审美性批判。

当马克思的消灭私有制的社会理想与中国轻视个人利益的道德传统和“圣性人格”融会时,当马克思的“扬弃”与中国人“吸取精华,剔除糟粕”的完美主义的整合思维合谋时,中国传统文化现代创造中的一个核心问题——道德异化,就被劳动异化所遮蔽了。道德异化在这里是指:一种道德如果是以理想人格来要求现实人格、而这种理想人格一般人又不能做到时,作为其逆反,它的不道德状态就会还不如现实人格。比如,由于大公无私和自私在中国是一种循环性的文化结构,在这个文化结构内部,我们很容易选择大公无私而轻视自私。但这种轻视,在否定主义理论看来是解决不了问题的。因为“轻视自私”并没有解决“为什么会自私”的问题,更不会解释好什么是“合理、正常的私”的问题。如果说所有的生命现象都有“私”之本能,如果人意识到“私”之本能的相互冲突会损害他人和社会的利益、因而必须设置不妨害他人的法规边界的话,那么人就应该、也可以设定在这个边界内任何私心都是正常的道德意识。而正常的私既不同于自私,也不同于大公无私,而是“奉公而不大公、有私但不自私”的“私”,这种“私”应该是健康的。在某种意义上,我认为自私是大公无私的圣性道德必然制造出来的现实。由于中国人只能在大公无私和自私之间循环,道德异化就会使得中国人不会产生穿越正常的私的审美创造性冲动(即离开利益世界),即如果我们只能在禁锢欲望因而逆反性地只想着利益满足的状态中循环,是不可能走出欲望世界的。这样,中国人在劳动问题上便只有“扬弃”性劳动,而没有世界观之创造的“本体性否定”的劳动。这就使得我们的精神劳动始终停留在对西方思想或改头换面、或综合整合的“贫困的创造”的层次,进而使得中国人多技术、方法革新,而鲜有世界观之原创,当然也就不会对马克思“扬弃式创造”的有限性问题作出中国思想家自己的改造。这具体表现为——

一是鉴于道德问题在中国历史上是一种“轻视欲望”和“颠覆伦理”的循环,造成所谓“治世”和“乱世”的两种模式,所以中国当代的道德异化批判,必须通过强调其原创性改造而走出这种循环。在此过程中,西方康德、边沁、罗尔斯、麦金太尔等人的理论,虽然可作为中国道德建设的资源,但我们不可拼凑与照搬,而应该进行基本原理的改造,原因即在于超越个人欲望的道德升华和以个人权利、利益作为道德内容的思路,均有不适合“家园式亲和”的中国文化精神的地方。我以为必须取“对个人欲望和利益尊重而不限于”的“穿越”性思路,突破传统的对抗性否定观以及西方二元对立的否定观。在这种理论上的对中西方道德理论的“双重批判”所产生的“道德知识”,我称为“本体性否定”实践。

二是无论是马克思的对异化劳动的批判,还是西方马克思主义从文明角度对由劳动所支配的理性异化的批判,均不是中国文化和社会发展在现阶段的批判重心。因为无论是马克思所渴望的“自由劳动”(克服异化的劳动)还是马尔库塞所提倡的以“游戏”、“快乐”为生存性质的“反劳动”本身,均可能与中国文化现阶段的发展问题错位或合谋。前者是指,由于劳动本身是人告别自然的文化性宿命,所以摆脱劳动的马尔库塞式的“反文明”,是不可能现实化的、带有乌托邦性质的理论设计,而马克思所倡导的消除异化的“自由劳动”,由于自由本身就是相对于不自由才成立的概念,所以没有不自由的“自由劳动”同样是不可能实现的。如此,以劳动问题为研究对象的马克思主义理论研究的中国化,便只能放在“我们需要什么样的自由和不自由交织的劳动”上来,从而和以往的“劳动”构成“不同而并立”的关系,而不是优越的进步关系。对后者而言,无论是游戏还是新感性,对人都有文化规定性。离开文化规定性而侈谈“游戏”,在中国文化的实践中就难以与老庄的“游”、尔虞我诈的快乐、随心所欲的自由等区别开来。

三是具有中国文化特性的人与自然、人与社会和国家、人与他人的新型和谐关系,只有在经过对“道德异化”的批判之后、通过建立尊重个人的各种欲望的健康人格之后,才能够完成。否定主义伦理学认为,个人欲望、趣味、爱好均无高低、优劣之分,欲望世界的健康性和自然性,像大自然一样充满丰富性,所以道德不能规定欲望而只能限定欲望不能伤害他人及社会,并由此形成新型的人的生命和自我意识。如果用生态学的术语表述的话,就是个人的生命欲望之丰富性所构成的“生态”才是真正的自然,这种生态先于人与社会、人与自然关系的生态建设;因为一个人处理不好自身的自然界,他又如何能与他人一起处理好与大自然的健康关系？为此，中国现代和谐社会的建立不是向传统型和谐回归，而是应该取因人对欲望世界“尊重而不限于”的观念形成的人与社会、人与自然的新型和谐关系，并从中获得处理全球化时代不同文化之间的不同于亨廷顿“文化冲突”论的启示。这样，由新型道德建设所展示出的健康人格形象，将为我们建立新的中国现代劳动者形象和中国式的现代人文文化带来意想不到的收获。

因此，一个富有创造力特别是原创力的现代中华民族，应该建立在生命状态的健康和生存方式的丰富性基础之上。我想，如果我们把马克思主义理解为致力于社会健康发展并且能面对社会问题进而对其进行改造的理论，抓住制约中国文化现代化原创匮乏的“生命状态不健康”的问题，就自然会导致上述问题的提出。而且重要的是，我们可以通过提出这样的问题，向世界贡献中国马克思主义的理论问题和实践形态，从而不仅承传了马克思主义的精髓、而且开始具备了与西方马克思主义对话的实力与资格。

对历史观念的“本体性否定”

历史进步论:西方史观之批判

由于西方的历史进步论采取的是“文明割裂性思维”,所以它不可能说明一种文明的性质,也不可能说明由文明之间的关系构成的历史。否定主义历史观认为一种文明是由对世界的独特理解构成,而不同的文明显示出不同的对世界的理解。理解是中性的,而功效才有正负。因此历史只是因不同性质的理解所构成,而不能从功效中得出。人与自然之间、文化之间、文明之间、存在者之间等,都只能是不同而并立的历史性关系。

“进步论”思维及其局限

今天,尽管人类文明的进程已面临精神文化急剧衰萎的问题,对科技的迷信已打破人类对自然必需的生态平衡,福山概括的“没有驱动力和上进心的‘最后一个人’”[①]正在成批出现,已使人们有足够的理由质疑由达尔文开辟的普遍进化论;但另一方面,作为现实的经验,科技的发展给人们的物质生活水平带来了普遍提高,知识的积累使人类认识和驾驭世界的能力不断增强,民主替代专制的体制变革正在世界范围内广泛出现,又都可以作为相反的证据,与这种质疑发生冲突。这种情况一方面说明,由于人的本质永远只能通过其精神现象来体现,今天道德中心的解体,同时伴随着个人价值追求的迷失,作为精神萎缩的迹象,已能表明进步论的脆弱性。由此,物质现代化所隐含的积极内容,是否还应该用“进步”来说明,便成了一个问题。另一方面,由这种冲突所导致的历史

---

① 弗兰西斯·福山:《历史的终结与最后一个人》绪论,台湾:台湾时报文化出版企业有限公司,1993。

悲观论和乐观论的长期纠缠，可能原本就是由“进步论”思维制造的恶作剧。这个恶作剧所体现的向善性意向，也许既不能说明人类的产生和未来，也不能用来解释人类的全部发展过程。所谓20世纪普遍盛行的历史衰退论和历史终结论，根底上还是由“进步论”思维衍化出来的伪命题。

历史进步论的基石应该溯源到“进化伦理学”。但饶有意味的是，无论是上个世纪的斯宾塞、赫胥黎，还是本世纪的洛伦茨、威尔逊，他们在共同认定人类道德是生物进化的高级阶段的时候，也共同疏漏了对人类道德可以降低为动物水准的关注。如果人真的是道德的动物，而道德的风貌和内涵又是可以如此改变的话，我不知道这会给“进化伦理学”、甚至整个以进化论为支撑的社会科学带来何种尴尬。由于“互助、无私、谦让、正直”这些人类古老的道德内容是动物界和植物界所不具备的，从进化论的角度当然可以推出人类历史相对于自然的“进步”含义；这种“进步”，甚至还可以从自然界的缺乏发展中反衬出来。只不过，道德一旦开始自己的历史，但缺乏上帝那样的力量来保证自己的向善性时，我们就不能牵制人的可能性向动物性回归的这一可能的倾向。这一点，特别可以从商品经济时代对人的本能的激发中看出。而这种激发，又是在一种似乎天经地义的生存快乐名义下进行的。如果幸福、快乐、自私、本能可以相互打通，并且动物界也不缺乏出于生存欲求的自私本能，如果“人本来就是自私的”会作为对道德的一个新的理解被提出，特别是，据西方动物行为学、遗传工程学等生物科学的试验，“在动物王国里可以观察到：‘不许盗窃’、‘不许说谎’等基督教道德的要求”，①从我们的经验中，又可以确证猴子在集体吃食时也有让长者先吃的“尊老”传统，我们就会对今天人类行为中普遍存在的欺诈、损公肥私、个人利益至上的行为扼腕叹息。假如在现代科学研究中，人类一些自以为独有的道德古训其实在动物界也存在，今天人类发展了的那些“道德”比之动物反而有退化的问题，而这一切，又是在“进步论”的影响下进行的，我们就只能说：要么是人类的发展本来就不存在“今天胜于过去”的问题，要么就是人对自然界的告别和人类道德的产生，原本就不是由自然界进化而来。

当然，问题的复杂性在于：人类知识的积累和增长，科技的发展和人们生活水平的提高，个体素质的丰富和自我意识的成熟，较之过去确实有“进步”的含义；但知识的增长反而使人们对世界的认识迷乱，物质生活的舒适反而使人的身体素质下降，个人的独立反而使群体的整合力消解，这些接踵而至的问题，使“进步”充满了悖论。也许，支配人类发展欲求的从来不是对这个悖论的考虑，

---

① 冯契主编：《哲学大辞典》，上海：上海辞书出版社，1992，第931页。

而是从生物那里就承袭下来的生存快乐本能。所不同的,只不过是人会利用科技作为手段,来促使这种本能充分实现。从人的智慧更多的是放在如何实现这种欲望上来说,又可以认为人在本质上并不截然区别于动物。至少,从中国的传统文化最终还是走上科技发展之路来看,认为“进步”的只是手段、目的因为其本能的循环性从来没有“进步过”,是言之成理的。尤其是,当不断实现的欲望达到充分状态以至于使人感觉到无聊的时候,历史的进步性和人的科技能力,却无法为它提出诊治的药方,这或许更能说明它难以将人们带至真正幸福的彼岸。追求“幸福”作为一个隐含进步的过程,也正是在这一点上,显示出它的欺骗和蛊惑性——因为它的欺骗,人们从未怀疑生存快乐的体验也会具有重复性。这使得我们既不敢说今人就比古人过得幸福,也不好说坐在家里天天看电视就比一周上街看一次电影更愉快。由于快乐在根底上没有性质的差异——快乐之间难以进行价值区别,所以快乐的重复其实是对幸福所必备的新鲜感的破坏。因为它的蛊惑性,所以人们从未预料到快乐体验在近于随心所欲时也会具有终结感,从而出现竟要通过破坏、欺诈、犯罪才能体验到快感的所谓后现代景观。由于这种蛊惑,“幸福”在个人至上原则的庇护下,才可以堂而皇之地消解道德中心主义。但这种随心所欲造成的平面,却与幸福体验多少需要的否定性张力脱节了。伴随着“历史终结论”的提出,人们自然会反思性地发问:一个缺少等待和饥渴,缺少不满和不足,缺少幻想和对抗的富足社会,真的就是历史进步的“目标”吗?

关键是,由物质的增长和精神的下降这一悖论所引发的历史观争执,实际上是由进步论制造的“割裂性思维”观照历史的结果。其直接后果是既肢解了历史,又不可能为历史转型贡献有效的方法。正如人们已经意识到的,在古希腊艺术和现代艺术之间,在亚里士多德和尼采之间,人类的精神文化很难用进步论来衡量。支撑进步论的,主要是人类生存状况、生活水平的改善和提高。而人们之所以容易相信进步论,也正在于物质生存水平体现了人类生活的第一需要。由此,进步论取历史的一面来看待历史的残缺性,自然就不会被人们警惕。历史乐观论相信:那些在人类发展中出现的问题(如工业污染),依然可以靠人类不断提高的科技水平来克服。尽管在这种信念的背后,问题依然相继出现且严重。由于历史乐观论已先验地将价值尺度放在科学和生产力水平之上,并认定精神贫困现象也是由此而导致,所以历史乐观论大致与对科技崇拜有关,并导致持该论断的人拒不承认精神现象有自己的运行机制。从现代本体论哲学来看,这当然还与传统认识论哲学区分出一个“物质与精神”的二元论命题有关。应该说,现代哲学从叔本华开始,历史悲观论接踵而至,并不是说现代人对历史的看法忽然发生了根本的改变，或者比历史乐观论的看法“进步”，而是由于悲观论者原本可能就是一些对历史进步论期望值过高，对历史进步论不再抱有当初的信念的人而已。由于对科学万能论的怀疑，又由于第二次世界大战使人们意识到物质的发达和精神的倒退可以并行不悖，更由于人类在精神问题上还难于开辟一个不同于近代人文传统的新时期，历史悲观论的蔓延自然是正常的。由于悲观论注意到了乐观论长期忽略的精神问题，可以说悲观论因减少了盲目性而更为深刻，但由于悲观论在人类的诸种问题面前采取消极的态度，所以说它比乐观论又少了些人的筹划之气。但悲观论与乐观论并不因此而成为对立的历史观，毋宁说，悲观论只是乐观论的守灵人，并因此成为进步论思维的终结形式。

乐观论与悲观论的长期争讼没有分出高下，由此也可以看出其奥妙所在：由于争论双方只取作为整体的历史的一端进行任意组合，将此历史时期的弊端与彼历史时期的长处进行比较，所得出的结论就既难以证明自身，也难以说服对方，更难以对历史的发展进行文化性的说明。譬如，以古希腊健康、纯洁的酒神精神来比较当代精神文化的病态、混浊的一面，自然会得出类似赫西俄德从黄金时代到铁器时代的历史衰退论的看法；反之，以当代高科技的发展状况，比照古希腊生产力的低下，则会得出与之截然相反的结论。今天，以市场经济带来的多元文化境况对照计划经济时代的文化霸权现象，你可能会说历史发展是令人乐观的；反之，拜金主义的盛行引发的精神平庸化，比之过去人们普遍具有的精神亢奋状，又确实可以使你得出文化悲观性的看法。问题其实不在于哪种看法更有道理，而在于这两种结论都建立在一个错误的思维方式基础上，即一方面想判明市场经济与计划经济价值孰高孰低，另一方面又想通过这种判明企盼一种没有负效应的文化。由于任何一种文化或文明都有其正负效应，因此只取其正效应或负效应，其实都不是对该文化特质的判明，也不能成为对一种文化的有效批判。事实上，不仅古希腊的精神特质难以与现代高度的物质文明融会，而且即便看似有生命力的西方近代人文传统，也无法延续至今而不衰。由于任何一种文化的正负效应，都通过特定的结构而具有特定的内涵，所以不同时期的文化内涵是不可以互换的。这就是大众文化的平面结构只能由多元（正效应）和平庸琐屑（负效应）组合的道理。但平面结构相对于过去全部中心主义时代，却不是进步和倒退、乐观和悲观的问题——如果你不再坚持割裂性的文化取舍观，你就只能在文化价值把握上保持一种中性的态度，以期对现实进行整体说明。用这种“中性”的立场去看待自然、人类、文化与文明的特质及其相互关系，就可能会导致一个新的历史观的提出，我将其称为“历史不同论”。

走向"历史不同论"

应该说,在同样主张人类道德是自然界进化而来这一点上,只有赫胥黎注意到了人的伦理与宇宙本性的对立,即"社会进展意味着对宇宙过程每一步的抑制,并代之以另一种可称之为伦理的过程"①。然而,就像严复虽然意识到人作为"万物之灵"是自己奋斗的结果,但又将这种奋斗等同于自然界的"物各竞存,最宜者立"②,从而消解了人的奋斗的特殊内涵一样,赫胥黎最后还是没有解释清楚人类伦理缘何产生于宇宙又对立于宇宙的问题。由于进化论一是不能很好地说明自然界万事万物、为什么只有人产生伦理道德这一现象,二是又混淆了人与自然的差异和自然界本身的差异(如动物进化的不同阶段)的不同质,所以赫胥黎的矛盾,实际上代表了传统哲学只能从外部寻找"人何以成为可能"的思维方式。严复的失误,也正在于蹈入了这种从人以外出发(天寅)终至消解人的特性的逻辑怪圈。本来,按照赫胥黎的分析,是可以推导出人伦与宇宙的对立是不同于宇宙内部的矛盾差异的结论的。由于宇宙内部的任何"力"③所导致的运动和变迁,总体上都是生态平衡需求所致,不可能出现人类文明对生态的严重破坏情况(即赫胥黎的所谓"抑制"了),这样,说这个"力"不可能产生区别于宇宙的"另一种伦理",就是很自然的推论,并且也正好证明了严复的"自我奋斗"与"人类伦理的产生"的内在逻辑关系。如果说"自我奋斗"就是人类伦理产生的根源,并且是对宇宙之力的摆脱和抵抗,那么"自我奋斗"本身就蕴含着人成为人之力。当手脚尚未分开的史前人还是靠捡食(包括植物之果和死去的动物)来维持生存的时候,对这种生存状态的"不满",应该就是人的自我奋斗的内在之力,并因此产生了工具、产生了劳动。相对于人是会通过"不满"产生自我奋斗的意识而言,宇宙之力正由于缺乏这种"不满",才既不能保证其他动物成为高等动物,也不能保证人类文明会像自然界那样保持整体的和谐。言下之意,人的"不满足于"既可以创造一个和自然界完全不同的文明世界,也可以打破和自然界的生态平衡。"不满足于"作为人的本体意识,也就与宇宙之力的运动状态有效地区分开来。由于宇宙运动既不可能造成一个生态失衡的世界,也不可能诞生一个和宇宙不同的世界,所以说人类伦理是自然界进化的产

---

① 赫胥黎:《进化论与伦理学》,北京:科学出版社,1973,第57页。

② 李泽厚:《中国近代思想史论》,合肥:安徽文艺出版社,1994,第256页。

③ 斯宾塞:《第一原理》,1910。

物，就显得理屈词穷。另一方面，由于在进化论思维中，人类伦理是从自然进化而来但又不同于自然，这就会造成人类伦理“优于”自然的虚假判断。这种“优于”心理，既是人类轻视自然、无穷征服自然的始作俑者，也是人类不能清醒地认识自己、错误地判定人和自然关系的主要因素。“优于”将自然界看作也应该文明化的过程，而不知道自然界与人类世界只是两个“不同”的世界，不可相互取代，只能相互尊重。尽管人和自然的冲突是永恒的，但这不等于人应顺应自然，也不等于自然应该被人类统摄。其冲突的结果，只是使自然和人类各自的特色更加鲜明，宛如两个独立的个体，是在对活、理解和批评中获得各自存在的权利。由于这种冲突不是使自然人化，这就会改变人们通过抑制、克服自身的自然属性来获得精神升华的传统思维定式，将自己的存在世界和自然世界作为两个不同的世界来对待。存在世界也就不能说是“优于”自然世界，自然世界也不必“进化”成存在世界。由于“不同”就是人和自然的关系，自然与人通过“不同”双双显出对等地位，所以我们在规范一个人时，就只能要求他的内宇宙建立自然和存在两个不同的世界，而不好说只有存在是本质。由此看来，在当前的文化讨论和批评中，那种指责大众耽于生存快乐，或要求人们通过约束物欲追求来获得精神升华的言论，就暴露出理论上的贫困性和陈旧性。

进一步说，自然界万事万物的“差异”，之所以不能称为“不同”，乃在于它们不是以对世界形成“个体化理解”为特征的。就只有人才会有“理解”而言，自然与人的差异就呈现为“无理解”和“理解”的鸿沟。人类伦理、人类文化之所以不同于宇宙世界，之所以可以不受宇宙运动的支配，正在于这种伦理和文化贯穿了人对世界的看法。由于自然界没有人类语言，所以它只能以“无理解”来体现与人类的区别，并且可以被作为一种特殊的理解来处理。但这种特殊的理解仅限于自然界。人类世界如果也有人选择了自然性的沉默方式，便只能作为“放弃理解”来对待。因此老庄哲学虽然主张“无知”，但“主张”本身却体现为一种理解，并且和其他哲学家对世界的看法构成根本的区别。但后人按照老庄哲学那样去生活，进入无知无欲的自然世界，便只能算是对理解的放弃。这样的人也就不能在“理解”上形成自己和他人的不同点。这就是在人群中，尽管每个人性格、志趣、爱好有别，但在对世界的看法上却很可能雷同的原因——人的这种个性差异，也就与万事万物的差异一样，不能在史的意义上称之为“不同”。“不同”的价值性就与它的困难性相关。人不满足于自然生存状态，开始创造文化来体现对世界的理解，在宇宙运动中便可称为一个独特的事件。而不同的文化，也由此通过对世界不同的理解形成自身。我们就既不能说庄子和亚里士多德谁比谁优越，也不能说《圣经》和《易经》谁比谁先进。文化通过它对世界的理解艰难地形成自身,也就不可能通过文化移植和文化征服来获取发展。就像日本文化不是西方文化的移植一样,那种中国文化的发展只能向西方文化靠拢的观点,由于在文化结构上是以西人的理解为自己的理解,就既不可能在操作上获得成功,也不具备真正的意义。而20世纪的中国历史已证明了这一点。于是,从无理解—理解—不同的理解,"不同论"就构成了人类历史和文化从诞生到发展的基本脉络。通过"不同",人与自然之间、不同文化之间,不仅在价值上是对等的,而且在人格上也是平等的。"自然"在这里虽不具备人的特性,但由于它的特性只能通过人来阐明,平等的意识便首先只能通过对人的要求来体现。

以此观点来看待西方从古希腊到现代的历史发展,线索便会清晰许多。所谓"中性"地看待文化,也就是把西方每个文明阶段,均看作是对世界形成一种特定理解的文化。尽管每种理解都会内含其正负效应,但无论是正效应还是负效应,都不能成为对这种文化特质的说明,而应该看作是由这种特质派生出来的内容。这样,古希腊文明作为人类的儿童阶段,其特质就在于它的"感性生成"。无论是精神上的纯洁,还是体质上的柔弱,都只能看作是由这感性文化派生出的正负效应。它的有机组合、须臾不可分离的特点,正是"感性文化"能成为一种文明的基础。而中世纪文明,其特质则在于它的"禁欲理性"。"禁欲"作为中性词,既蕴含了"献身上帝"的积极含义,也蕴含了对人的生命要求予以专制的消极内容,而且有前者作为基础,后者就不见得像现代人看来那么黑暗。西方当代人回顾中世纪,已经不像文艺复兴时期那样充满批判意识,缘由也正在这里。作为西方历史上一个不可返回的阶段,"禁欲理性"便只能成为5世纪到13世纪西方人对世界的一种理解。这种理解虽然体现出对古希腊文化的本体性否定,但由于"理解"本身无所谓进步与落后,这种否定也便成为不满既定文明诞生另一种文明的张力。准确地说,人也就不是在新文明和旧文明之间徘徊,而是在既有的文明和即将诞生的文明之间徘徊,并因此消解了好坏判断。既有的文明,也就在历史中被珍贵地保存着,成为后来人"重返古希腊"、"重返中世纪"的一种审美理想。尽管"重返"实际上是不可能的,并且在很大程度上具有乌托邦性,但作为一种理想,"重返"却最大限度地表明了人们对另一种不同文明价值上的认可。这样一来,近代理性文明虽然以"文艺复兴"的名义出现,但其内含感性与理性统一的黑格尔哲学,自由、平等、博爱的文明规范,只是表明一种对世界崭新理解的诞生。这种诞生并不意味着生活在中世纪的人们不幸福,恰恰相反,是这种幸福体验的重复唤起了人们对现实"不满足于"的否定冲动,才会产生对"另一种"生活的渴望。"不满足于"并不意味着要求进步,因为“重返古希腊”从来不能说明人们的需求是一种要求进步的心理。毋宁说，这只是人们对尚不清楚的“另一种”生活的感受性表达。已经告别了的文明，在此就可以代表人们对另一种不同文明的向往，所以处在现代的西方人，就可以提出“重返古希腊”、“重返中世纪”、“重返文艺复兴”等多种主张来。

尽管现代社会已越来越暴露出各种问题，尽管我们可随处听见对欲望扩张所带来的“经济冲动力”①的诸种不满，但是我们在把握现代主义文明的基本特征时，还是应该诉诸“非理性”才比较准确。相比较近代理性而言，“非理性”既不是理性的堕落，也不是理性的死亡。这种把世界看作是由生命深层欲望支配的理论（以叔本华、弗洛伊德、尼采为代表），既可以产生全部文化相对于此是脆弱的认识，又可以导致理性破灭后唯我独尊的负面内容。虽然今天的学者在分析现代主义时，更容易赞同丹尼尔·贝尔的资本主义文化批判的立场，但我想说的是：解决资本主义的文化矛盾，如果针对的只是生命本能展开的负面因素，并企图像贝尔那样通过重建宗教来予以弥补，很大程度上是无济于事的。对于作为一种文明的现代主义而言，如果我们一方面赞同现代主义哲学对世界的理解，但又企图纠正这种理解的弊端，试图建立一个完美无缺的世界，这本身就是自相矛盾的。究其根本，还是“已得到的就不想失去”的进步论思维在作祟。因此，我们必须像当年走出中世纪一样，既舍弃文明的正内容（献身上帝），又舍弃文明的负内容（泯灭人欲），才有可能走出现代主义的困境。

这样，从古希腊—中世纪、文艺复兴（近代理性）—现代主义—后现代，如果西方的历史只是由不同的文明、不同的对世界的理解所构成，走出后现代的唯一可能，如果不是在哲学上建立一个不同于以往的理解，还可能是什么呢？

“不同论”与中国历史

以这种思维方式来看待中国历史及其当代转型，情况或许会显得复杂一些。你可以说中国历史自秦汉以来是以“延续”为其展开方式的。虽然其间常有外来哲学的冲击（如唐代的佛学、近代的科学、现代的生命哲学），但根本上，儒、道看待世界的方式并未被打破，两三千年的历史并未出现“不同”的文明；而现代文明很大程度上也就成了“西方文明”的同义语，并不具备中国式现代文明的特定含义。你也可以从人类学的角度，说中国的历史是以其文化的形态体现出与自然界的“不同”，又以对世界的“顺其自然”式的理解体现出和西方文化

① 丹尼尔·贝尔：《资本主义文化矛盾》，北京：三联书店，1989，第14页。

的“不同”,而文化的当代转型只不过充分体现出中国人需要建立一种既不同于西方、也不同于传统的对世界的理解而已。其充足的理由,在于任何西方思想要么是被同化(如佛学和马克思主义)、要么就是难以在中国生根(如西方式的人文主义、生命哲学、结构主义等),而传统的儒、道、释思想体系,也不再能在整体上解决当代中国人的精神问题。心灵空虚在成为一个普遍的状况的同时,打出的是既定知识系统发生了危机的信号。你也可以站在第三种批评的立场,看出上述矛盾的核心,正好说明了中国历史与西方历史在文化上的差异:你既不能以西方历史演进的方式来要求中国,得出中国没有历史的决绝之论,也不能强化文化上的差异,否认人类共同的本性——对现状不满的变革性要求,在中国历史发展中的显现。其间的奥妙,或许正好证明了戈登威泽在他的《早期文明》一书中的观点:每一种文化都会有变化和发展,但文化不会平行地步调一致地发展,人类社会没有一般规律(如进化论)和一致的发展方向,等等。

这就是说,就中国文化是以《易经》体现出对世界的一种理解而言,它与西方文化以《圣经》体现出的理解,在都是人类理解这点上,是一致的。这种一致性,构成了人类和自然界的“不同”,并由此开始了人类的历史。但中国历史之所以与西方历史在演进方式上“不同”,是由于《易经》式的“顺其自然”式的理解,决定了中国历史的形成必然要经过“萌芽—生长—成熟—衰退—死亡”这一自然性的周期运动,以区别于西方激进的、断裂式的文化革命。不仅中国两千年的历史是这样,当代的文明转型也同样是这样。作为同样古老的文明,“顺其自然”一方面使中国区别于埃及、印度、巴比伦,以其缓慢、稳定的运行延缓了文明的衰老;另一方面,由于任何自然性的运动,总要经历“生长—死亡”的过程,所以稳定的运行又不能使古代文明摆脱必将衰亡的命运。这一点,又区别于靠不断诞生新思想使之避免衰亡的西方历史。“顺其自然”作为一种文化性理解,一方面使得中国哲人对世界的理解(儒、道、释互补)维持了相当长的时间,使得人们易于产生中国文化思想具有巨大生命力的误解,并由此导致了国人文化上多少有些盲目的自信;另一方面,当自然性的死亡终将来临的时候,有相当一部分人已不习惯接受这样的事实,在怀疑有生命力的文化怎么可能衰亡的同时,竭力抵制历史转型的实现。这实际上是“顺其自然”的异化形态——虚幻而蒙昧的“长生不老”心态在文化上作祟。在文化的核心——思想史上,这种心态甚至可以追溯到魏晋时期汉代“天人感应”思想的崩溃,以及宋明理学的重新建立。我们可以将儒学在汉代定于一尊,看作是中国正统思想的成熟,那么,魏晋玄学、唐代佛学、近代科学、现代生命哲学的入侵,实际上既意味着中国正统思想进入了衰退期,也意味着新的对世界的理解已经在国人的意识中产生。而宋明理学之所以以“天理”的形式来禁锢人欲，不仅说明儒学的衰退是一个渐进的过程，而且也证明中国文化的转型，必然会经历从（道学、佛学）冲击儒学的皮毛，到（西学）冲击儒学的实质，再到这种冲击如何实现（建立新的哲学）这一曲折的过程。它不仅说明中国历史可以用“不同论”来解释，而且说明，这种“不同”的寻求同样要经历一个从稚嫩到成熟的生长阶段。魏晋时期何晏、王弼等学人之所以意识不到“道本儒末”与儒学的合谋性，近代的严复等学人之所以意识不到“进化论”既难以解释中国文化为何衰退、又不能解释鲁迅对“青出于蓝而胜于蓝”的失望，实际上就是这寻求之路上必定要付出的代价。这种代价，还可以从王国维试图凭借叔本华哲学拯救中国的悲剧性命运，从“中体西用”、“全盘西化”等各种政治主张在中国难以行得通中看出。也可以说没有这些代价的付出，我们今天就难以反思近百年“反传统”思潮在理论上暴露的问题，也难以在历史发展观上提出“不同论”，并将其作为历史转型的一个基本史观。

但反过来，中国历史寻求“不同”的渐进方式，不等于我们在转型期倡导一种常见的观念：转型必须建立在本民族优秀文化遗产的基础上。当然，我愿意将这种言论的产生，看作是对文明转型即现代化即西方化的抵御。这种抵御的正确性，很大程度上来自中西方文化的“不同质”，来自《易经》和《圣经》血脉的不同性。但生命血脉的传承性，不等于文化结构和文明是不能改变的——传承只能保证中国文化与西方文化的不同，却不能保证中国当代文明与中国传统文明的不同。这也不是说，当代文明必须人为地与传统文明不同，如果不是文化在发展中提出了更新的要求（具体体现为儒、道、释思想结构的破碎与无力），如果不是市场经济已经衍化为一种冲击传统文明结构的现实力量，即便“不同论”在理论上能够成立，我们也可以说中国文化还没有发展到需要赋予新的理解的时候。问题的关键可能在于：新的文化性理解，与“建立在传统优秀文化之上”的关系，一直是含混不清的。这种含混不清，要么使文化建设最后只能成为传统文明的延续，致使文明转型，常常只是服饰和白话文意义上的革命；要么就是传统文化中的那些优秀精华（如集体精神和勤俭节约），根本无法与市场经济所引发的思想（如个人奋斗和享乐原则）相融会——思想的破碎必将使文化转型始终只是一个虚幻的“理想”。

由于文化的核心就在于它的“基础”，并以一个民族的世界观和思维方式体现出来，新的文化建设如果以此为“基础”，便很可能被既有的“基础”所统摄。打出文化建设旗号的“新儒学”之所以成为“史”，不少人之所以对新儒学持保留态度，原因就在于儒学的“心性本体论”始终作为基础而没有被赋予新质。这样，“内圣外王”就必然是一个有内在冲突的提法。如果将这种“建立……基础上”理解为对传统思想体系的剔除和改造,问题可能还是得不到解决。这是因为,任何文化思想都是一个整体,剔除是对整体的破坏,而其保留下来的思想也就成为碎片,不再能充当文化基础的功能。而改造,也存在一个依据什么来改造的问题。不用说改造者很可能就是传统的一部分而使这个问题消解,即便西方近代人文主义和现代主义,也不可能作为一个普适性的标准投入我们的文化改造。你可以说中国儒、道、释文明今天看来确实有轻视个人和自我的问题,但你不能说“自由、平等、博爱”就应该是现代中国人普遍的个人追求,也不能抽取其中诸如“博爱”作为原则,去进行艺术化和现实性的张扬。上个世纪70年代末那场“人人爱我,我爱人人”的“自我”讨论之所以没有结果,其症结也就在这里。

由此一来,“建立在……基础上”就只具有这样两种途径了。其一,它可能规定中国历史转型后国人的世界观、价值论及思维方式,必须与《易经》文化维系着某种内在和深远的精神联系。“顺其自然”作为一种博大深邃的境界,将继续在中国人的现实关系中发挥着潜在作用;西方式的“此岸与彼岸”两分法以及基督教文化精神,也就永远难以成为国人群体的、自觉的选择。由《圣经》文化派生的任何西方特定阶段对世界和人的看法、理论,由此也永远只具有阅读和参考的意义。但“顺其自然”作为一种文化背景,并不等于我们因此就不能对世界和人生价值产生新的理解,儒、道、释也就不一定是唯一的对《易经》文化精神的阐释。其二,确切地说,“以传统优秀文化为基础”,恐怕只能是以传统文化思想作为材料,而不是以传统文化思想作为价值和理论。这意味着儒、道、释的思想体系及其结构必须被打破、被穿越,但作为思想材料又未必不能在我们对世界的新的理解中保存着。“材料”和“体系”在此也就不是对等的了。“材料”是我们必须永远凭借的,无论是中国文化思想材料,还是西方文化思想材料,但“材料”也因此不能说明任何问题,“材料”一旦工具化,也就失去了传统文化“基础”的功能。中西方文化思想材料也就同处一个平面,失去了谁更重要的意味。这样一来,历史实现转型的“方法”,也就不可能在既定的文化基础中去获得,并由此将“渐进”的核心环节——创造性积累,明显地凸现出来。

历史循环论:中国史观之批判

作为中国传统主导性历史观,循环论派生于《周易》的世界观,并构成中国古代文明从兴盛到衰落的基本轨迹。在否定主义视角下,如果我们承认进步有一个顶点的话,那么接下来便会因为衰落而验证循环论。这是循环论比进步论更深刻的原因之所在。但循环论难以解释思想创造和经典作品不朽的现象,难以解释人的"批判与创造"之文化精神可以摆脱"生存—死亡"的非自然性现象。

"循环论"及其局限(一)

与西方达尔文的"进化论"代替古代阿那克西曼德的"循环论"相比,应该说,无论是从理论上还是现实上,"历史循环论"都是中国传统的、延续至今的一种历史观。虽然20世纪"西学东渐",在现代化的欲求和反传统的冲动下,国人已基本上接受了"进步论"的观念,但因为现代化的欲求本身并不一定等于进步,也因为以西方化的现代文明作为中国现代化的参照,由于文化的不可置换,必然造成"观念与现实"的脱节,更由于以老子的"大曰逝,逝曰远,远曰返"①为代表的儒、道、释哲学的深刻积淀,这些就使事实上的中国历史总是呈现出鲁迅《在酒楼上》和周作人的《历史》所描绘的循环性面貌,并导致二人对此的不同的态度——"绝望的抗争"和"超然的闲适"。尤其令人尴尬的是:如果说20世纪80年代以后的中国文化批判思潮,某种意义上只是五四新文化运动的重复,但在质量和规模上又不如五四新文化运动(如鲁迅式批判深度的缺无,白话文

---

① 《道德经》第二十五章。

革命这种重大的观念性变革的缺无等),那么,这就不仅说明中国的历史及其对此的批判均是循环的,而且说明这种循环还是逐渐衰落的。由此,历史循环论就自然通向历史悲观论,并使人们对历史进步论和在中国进行历史变革产生怀疑。

于是,历史进步论、乐观论和历史循环论、悲观论为什么能在中国现代思想史上并行不悖,除了"文明割裂性思维"①、理想与现实的必然落差等因素外,两者之间是否有共同的局限?这就作为一个问题被提出。这个问题,无疑将加深我们对历史进步论的"循环性"的认识。

我首先想说的是:由于历史进步论和历史循环论的合谋之处远胜于两者之间的冲突,从而使两者之间的关系及其衍化形态——乐观论和悲观论的对立,显得有些虚假。这是因为,所有的自然性"运动"或用这种"运动"来看人类生活,其实都具有"抛物线"性质。而所有的"抛物线",都有一个顶点,这个顶点在"进步论"那里叫做"终极关怀",在"循环论"那里叫做"物极必反"②(古字"反"、"返"相通)。只不过,由于"进步论"者常常以为是反"循环论",便多半将"进步"理解为无穷的上升,而很难承认进步的中止。由此,当欧文·佩基将衡量进步的"物质性尺度",转移到人的"内在世界的改变"上来时,③就等于承认物质性进步已经达到"终极"。此后西方的"物质文明",便呈现出斯宾格勒所描绘的"没落"状态。

就抛物线来说,我们可以说一个人从出生到成长、从壮年到老年、再到死亡,就是一个抛物线,就是一个循环。在一个人的成长过程中,我们可以说一个人学习进步、技艺进步、思想进步,进步在此好像描绘着人的非生理性部分(即文化性部分)。但实际上,当我们用进步这个词时,是有一个良好、娴熟、成熟的状态等在那里的。也意味着,人一旦达到那个状态,要求进步的使命便完成。因此,在既定的文化成果里打转转,也可以呈现出人的生理性运动的状况。当我们以分数来衡量学习进步时,对考一百分的人,我们便不再用学习进步的嘱咐来要求;对一个从事某门技艺的学徒,师傅可以夸奖徒弟进步,但师傅本身却是进步完成的标志,是技艺的成熟。而当我们说一个人思想进步时,又显然是以某种固定的思想的掌握为标志的,完成进步的标志,就是完全被该种思想所武装。——"文革"时期我们用"又红又专"来指称这种状态。这以后,成熟者

---

① 吴炫:《从历史进步论到历史不同论》,《文艺争鸣》,1997年,第1期。

② 程颐:《遗书》卷十五。

③ 欧文·佩基:《进步的演化》,呼和浩特:内蒙古人民出版社,1998。

便开始进入了延续性的、衰老的历程。如果日常生活中我们所说的进步真的有一个巅峰状态的话，那么以此类推，斯宾格勒、佩基、福山、霍根分别将文明、物质文明、政治体制和科学描绘出有一个顶峰式的终极状态，也就顺理成章。尽管我不同意斯宾格勒的文化与文明混淆说——我以为西方的《圣经》文化和中国的《易经》文化永远不会衰落，衰落的只是用以阐释这种文化的不同的文明——如西方的古代文明、现代文明等。但斯宾格勒所说的任何一种文明都有其成熟衰老的过程，并被中国古代文明、西方各个阶段的文明所证实，却道出了任何一种文明被物化和自然化了的命运。那么，福山所说的以“民主”为标志的政治体制进步的终结、霍根所说的科学重大发现的时代已经一去不复返，就可以理解为是“循环论”的思想在作祟，并将斯宾格勒的思想进行了多方面的阐释、拓展。这种拓展，无疑与已经震动西方思想界的斯宾格勒一道，对不断进步的西方进化论思想构成了巨大冲击。它所能说明的是：进步论所说的“上升”，其实只是万事万物循环的“一个环节”罢了。无论是沉湎于还是不相信这个环节，我们都不可能使任何一种事物永葆青春。因此，与福山认为民主体制已经是世界上最好的政治体制不同，尽管至今还没有成果证明，但进步论者总是认为还有更好的政治体制，并在为此努力。而佩基的思维则灵活得多，他认为物质进步既然已经不可能，那么进步的目标便只能放在人的素质的提高上。这就等于宣称：衡量进步的尺度可能是要不断变换的，而所谓的“可持续发展”，也不可能是指一种事物的可持续发展。在这个问题上，福山的态度可能更为悲观，他干脆宣布：当现代人在精神和物质等方面均不知道怎样再进步时，整个西方历史便终结了。终结了的历史，必然只能循环、衰老、令人悲观。①

当然，这只是问题的一面。由于文明的产生和发展，毕竟与人的出生和成长有所不同——前者是人为的，后者是自然的，这就使得文明的循环与生命的循环既有其相同点，又有不同之处。其相同点是指：文明和人的生命，都是在成其为物化形态的时候（思想成其为观念和体制，生命成其为肉体和身体）进入循环的，也是在其成熟（观念和体制的现实化，身体的定型化）的时候，开始衰老的历程的；所不同的是：文明衰落后，其记载文明的符号和产品依然保留，而身体死亡后，便重新融入大自然，什么也留不下来。

这就使得文明的衰老和身体的死亡并不是一回事，也使得身体的生长和文

① 此四人的代表作分别是：《西方的没落》，北京：商务印书馆，1996；《进步的演化》，呼和浩特：内蒙古人民出版社，1998；《历史的终结与最后一人》，台湾：时报文化，1993；《科学的终结》，呼和浩特：远方出版社，1997。

明的诞生过程,不完全是一回事。“进步论”的问题,是在不相信文明也会进入循环和衰老时显现出局限,是在相信现在一定比过去好时(用现在的长处来比照过去的短处)显现出文明的“割裂性思维”的,但这不等于在解释文明的发展与自然性循环运动的区别时,“进步论”是没有充分的理由的。尽管这种区别在达尔文那里,依然归结为生物进化的必然规律,从而并没有真正解释好这种区别的原因,也没有解释好这种区别的性质。但不管怎样,由于无视这个区别,“循环论”在这个问题上,更显得捉襟见肘。这表现在——

首先,《圣经》说:“岂有一件事人能指着说,这是新的,哪知在我们以前的世代,早已有了”①,这无疑道出了“循环论”否认事物有任何质变的根本性态度,与“太阳底下无新鲜事”无异。这种态度在面对柏拉图、黑格尔、尼采的思想时会说:无论这些哲学家思想如何不同,他们不都是在说人应该有一个终极关怀么?这种态度在面对海德格尔时,会因为海德格尔对前希腊哲学的推崇而说:你看,即便海德格尔都推崇远古思想,海德格尔的存在又有何特别之处呢?海德格尔既然将西方的文明史,理解为逐渐遗忘“存在的家园”的历史,那么,海德格尔的理想不是文明之前的浑然又是什么呢?

既如此,历史不是循环的,还能是什么呢?这种否认事物有任何质变的循环论态度,当然注意到了任何文明与思想其实都是对其文化源头的一种解释(这个文化源头在西方是《圣经》,在中国是《易经》)。那么,就解释与被解释的关系来说,被解释者当然永远是解释的恒定的基础、依据,并因此成为一个民族不可改变的文化,而解释与再解释便成为可以改变的文明。问题并不在于“循环论”者意识到了文化的不可改变性,而在于否认了文明的可以改变性,以及由此导致的社会的发展和变迁。这就等于否认了人类社会自《圣经》和《易经》之后的全部可能性,进而也否认了中西方思想家产生的必要及其思想史的意义,也就等于宣布人的创造性可以终止。用这种意识面对变化了的社会,在西方就会导致对《圣经》具有第一解释权的教会对社会变革的阻碍,在中国就会导致、并且已经导致了“宗经”、“述而不作”、“无为而治”等以祖宗的言论为永恒价值的行为;其消极后果延续至今,人们会用捍卫前人的思想,来解决已不在这种思想效能范围之内的当代精神危机问题——诸如用“重义轻利”来指责当代人对个人利益的重视,等等。文明的转变、思想价值体系的转变,在“循环论”者看来,既不可能,也没有必要。

其次,“循环论”看起来似乎比“进步论”更有深度,但这深度,只是相对于

---

① 《圣经·传道书》1:10—11。

进步论的局限而言的(即社会的发展永远越来越好),而不是相对于社会的发展变化而言的。或者说,当“进步论”混淆了社会的变化与变化得越来越好的不同性时,才被“循环论”者钻了空子。但这个空子,并没有消解掉“进步论”强调社会有质变的意义,也没有消解掉“进步论”所讲的变化与“循环论”所讲的运动的重要区别。这就使“循环论”可以批评社会的变化并不一定越来越好,但不能够批评社会为什么会变化以及这种变化的性质。也可以说,“循环论”可以解释任何物质的命运,但不能解释蕴含在物质背后的人的创造性思想。

“循环论”并不是要告诉我们人类从大自然中产生、最后又复归于大自然这样一个虚无主义的道理,而是说面对这个虚无,人类该如何处理自己的事务,才能真正对待这个虚无。这样,“循环论”的意义只是对有人类存在而言的,而不是说,人类毁灭以后,“循环论”还照样有意义。只要有人类存在,物质、产品、作品可以破坏、腐烂、消失,但思想却不会遭受同样的命运——思想可以在人的记忆中存在,也可以在新的符号中被保持。思想不是有机体,所以它可以在人类中代代承传。普鲁斯特意义上的“在追忆中永恒”就是这个道理。于是,文明、思想的产生,就应该理解为人类对循环、虚无、消失的摆脱(即“本体性否定”)。这种摆脱有些近似于海德格尔意义上的“向死而生”——正因为人无法逃脱身体的死亡,才会更好地考虑生的意义。由于这种摆脱是以创造的形式出现的,因此文明和思想的诞生之“力”,就是与“循环论”所讲的运动之“力”相反的一种“力”。这种“力”我解释为是对循环性世界的“否定冲动”——人类就是靠这种否定冲动建立起自己的文化的,也是靠这种否定冲动建立自己的文明的,更是靠这种否定冲动建立起不同的文明的——在当前文明转型的时期,自然也依赖于这种否定冲动。或者说,人在自然界、物质世界、自己的有机体的生命世界必将进入循环与虚无的绝望中,正是靠这种否定冲动获得自己的心安感的。因此,“循环论”所讲的循环,就与否定冲动所造成的社会的发展,是两回事。“循环论”也就不可能真正解释好人类的发展史。

“循环论”及其局限(二)

由于历史循环论的虚无主义和悲观主义倾向,所以我们在中西方思想史上,常常可以看见类似于贺拉斯这样的言论:“我们父亲的年代,比不上他们先辈的好/抚养我们时就更糟/我们将留下的一代比我们还不如”[①]。五四时期,鲁

① 贺拉斯:《颂歌》Ⅲ,6。

迅笔下的九斤老太自不待言,而在当代文化批判中,自叹今天的知识分子不如五四时期一批学贯中西的学者,也是常见的议论。我感兴趣的不是要去考证是否真的一代不如一代,而是想追问一下这种以先前的事物来衡量当下事物的批判眼光的得与失,进而看看这种"历史 = 循环 = 衰落"的思维方式,在价值论上源自一种怎样的以不变应万变的东西。"循环论"者又是如何将不同的价值纠缠在一起,在效果上起到阻碍历史发展的作用的。

在阐释这个问题之前,可能首先需要对当下进行简单的区分。这种区分的必要性在于:并不是任何当下都有一个"当代性问题"的,而"当代性问题"也不能被混同于"现在"。这是因为,"现在"是无时无刻不在的,但"当代性问题"以及由这问题派生的文明的转变,却不是无时无刻在发生的。如果仅处于"现在",我们没有理由要求一切价值重建,历史积淀下来的价值就是有效的,那个不变的尺度就是可以应对时间意义上的万变的,否则,对既定价值的改变就成了破坏。反之,我们如果处在"文明的转变"时期的当代,用不变的尺度来应对变化了的社会——尤其是对不变的尺度不进行价值区分的时候,那就很可能在捍卫某种应该捍卫的东西的同时,将不该捍卫的也捍卫了,从而客观上又阻碍了历史的发展。因此,某种意义上,并不是任何时候趋新都是好的,也不是任何时候守旧都是坏的。笼统的新与旧已经失去了实际意义。重要的是要搞清楚什么时候趋新才是好的,怎样的新才是真正的创新。而这个问题,就直接牵涉到我们对"现在"与"转型的现实"作的区别。按理说,如果仅仅说新而不说创新,那么宋代的天下替代唐代的天下,也可谓之新。因为朝代不一样了、方针政策不一样了、不同面貌的人及其作品和产品出现了,怎么可能和原来一样呢?甚至细而论之,我们经历的每一天都是不一样的——每一天人有生长、物有生产,怎么可能完全一样呢?但我之所以将以上这些"不一样"的时间消耗均归结为"现在",是因为这些"不一样"没有触及"文明的转变"。由于文明的根底在于生活其中的人形成了一种特定的世界观、价值观,所以,如果我们感觉这些世界观和价值观对当下现实作用式微,我们就不能称"现在"为"转型的现实",也不能称"现在"有一个"当代性问题"。所谓"当代性问题",不是当代出了什么新的问题,而是当代在整体上出了问题——这个问题不是具体的什么方针政策或农工商等问题,而是心灵和价值依托方面出了问题——对我们来说,就是儒、道、释价值体系出了问题。因此,宋代有宋代的问题,但由于儒、道、释价值体系并没有发生根本的危机,这样宋代就不能说有一个"当代性问题"。虽然汉末和唐末先后发生了儒学危机,但由于道家和释家的拯救,儒学在时间上便延长了它的循环期、衰老期——所以不是儒学有生命力,而是道家和释家给儒家吃了补药，才延缓了其衰老。但又由于任何物化了的思想必然要衰老，这就使儒、道、释思想在20世纪的中国，必然要由其“现实作用”转化为“历史作用”——所谓“历史作用”，就是作为有“现实作用”的思想的“材料”，就是由“作用现实”转化为“影响现实”。“作用现实”是指对当代仍具有指导作用，而“影响现实”则只具有思想史的意义。

同样，对于“以不变应万变”的那个“不变”的东西，也应该进行区分。比如弑父，在任何文化背景的任何时期都是应该遭受谴责的，而亲情，在任何文化背景的任何时期，也都是被看重的。这是因为，亲情缘于人类的生物性、自然性的关系，并且是任何文化与文明赖以生存的土壤，因此，它与人的求快乐欲望一道，是很难受文化与文明支配的一种“不变”性内容。说“母爱”，说“爱戴父母”，只不过是说了一种人和动物均具备的永恒性生命内容（例外的情况或许有，但并不具备普遍性），并不包含多少文化性、文明性内容。这样，说以“母爱”来对待各种文化性的关于母爱的态度，只不过是说任何文化与文明都应该恰当地对待“母爱”、“尊老”等，而不是说，这里面有一个“以不变应万变”的历史循环性问题，或者有一个以人的生物性的亲情关系来评说人类任何时期的人际关系问题。这是因为，人的亲情是本能的，但“孝道”、“君臣父子”和“人人平等”则是文化和文明性的。我们在评价具体问题时（如孩子离家出走），常常不是以本能性的亲情（本能性的亲情无具体的规定性）去作评价，而是以诸如“不孝”、“孩子独立”等不同的文化性尺度来作评价。因为离开了具体的文化尺度，我们无法说孩子的出走就是背叛亲情，或者不重视亲情，也无法说在家里的孩子就是重视亲情、爱戴父母。相反，如果在生物性渊源上来考察孩子的离家出走，小动物长大永远离开自己的父母，倒是常有的事情。这意思是说，我们一般不大可能用生物学意义上的亲情来评价人的文化性问题——因为这一层次上的亲情，既是无序的，也是抽象的，并且并不听从人的文化性支配。既如此，当我们用过去的价值尺度来评价当代性问题时，便常常是用过去的文化性、文明性价值尺度来作出评价，是用不同的文化与文明对本能性亲情的解释来作出评判。又由于文明是可以改变的，社会是发展的，因此，这种“以不变应万变”的评价，就很可能是简单的、粗暴的，乃至逆历史潮流而动的。

因此，当柏格森说“祛除一切我们归功于那长久不断教育的东西，那么你将在我们的本质深处看到原始的人性”[①]时，“原始的人性”是指非文化性的“生命

---

① 《西方思想宝库》，北京：中国广播电视出版社，1991，第903页。

意志”,而当董仲舒说“天不变,道亦不变”[①]时,则是指人创造的一种终极价值——前者产生一种反文化、反文明的功效,后者在中国古代社会则成为道德伦理的化身。尽管我不同意柏格森将“生命之流”与人的创造性联系起来(柏格森在这一点上犯了与很多“进化论”者相同的错误,即把人的文化性创造归结为生命运动的产物,但解释不了很多生命运动为何产生不了人的问题),但由于柏格森的哲学是产生在西方理性文化式微的环境下,这就使柏格森的哲学具有恢复理性文化发展的原动力的意义——尽管这种原动力不一定保证理性文化的发展,但在效果上,却无疑具有松动传统被奉为经典的理性文化基石的作用。比较起来,在董仲舒神学伦理化的意义上说“天、道”,在王阳明是非之心意义上说“致良知”,然后再将“天、道、良知”作为“宗”来对待,说“万变不离其宗”,不仅很可能阻碍了伦理道德本身的演变,而且,也很可能阻碍了其他意识形态的发展,当社会真的发生需要我们反思各种知识和真理的变化时,“天、道、良知”的万能论就必然会显得无力。比如,当王阳明说“见父自然知孝,见兄自然知弟,见孺子入井自然知恻隐”[②]时,这“自然知”何以成为可能姑且不说,仅就“见父—知孝”、“见孺子入井—知恻隐”而言,在当代社会就是有问题的。不用说“文革”时期我们已搞成“见父—知同志”,早已不孝,“见父—知亲情”也并不必然等于“见父—知孝”,当代社会,父子的多重关系、多时空关系,也使得王阳明的“良知”不攻自破。这种破,也自然使得我们在思考“孺子入井自然知恻隐”时,更多了一份当代性的反思眼光。那就是:“见孺子入井自然知恻隐”并不是一种伦理教化,而是生命与生命之间的本能反应。因此,“见死救之”并不是什么了不起的英雄壮举,只不过在比较人的文化性反应——“见死不救”时,才显得不可多得。但我们却不能由此指责在不少场景下所看见的“见死不救”的行为,而应该找到当代人为什么“见死不救”的各种价值因素和心理因素,并予以解决。换句话说,造成“见死不救”行为的原因比“见死不救”行为本身,对我们解决这个问题来说更为根本。既如此,用“良心都叫狗吃了”来进行道德性的指责,就既不能抓住问题之所在,也不可能有益于这个问题的解决。

既如此,奥维德依据一种没有恐惧、没有争斗、没有法律的桃花源式的“理想国”[③],来将历史描绘成从“黄金时代”到“铁器时代”的衰落过程,便与当代知识分子埋怨世风日下,既如出一辙又疑问大存。由于这种“循环—衰落”的思

---

① 《汉书·董仲舒传》。

② 王阳明:《传习录传》上,《全书》一,第39页。

③ 奥维德:《变形记》,《西方思想宝库》,北京:中国广播电视出版社,1991。

维,是用古代的价值尺度作为永恒的循环性标准的,这就使得历史悲观论呈现出既反历史变革、又不能说明历史沿革的倾向。这种局限,主要体现在以下两个方面——

首先,用一种文明(无论是着眼于其基本特点还是其正效应)来作为尺度看待另一种文明——无论是用古老的文明看待今天的文明(循环悲观论),还是用今天的文明看待古代的文明(进步乐观论),都既不可能说明本文明的性质,也不可能说明他文明的真实状态。这是因为,当我们笼统地说远古文明的性质在于其简单,现代文明的性质在于其复杂的时候,这里面并不蕴含什么价值判断。因为简单既可以理解为褒义的单纯,也可以理解为贬义的单一;既可以理解为纯洁,也可以理解为无知。无忧、无虑、也无争斗的远古文明,是因为我们不在其中而显示出今天文明之所缺,这种所缺,自然遮蔽了远古文明的另一面:贫困、疾病、灾难、愚昧等。因此,以寻根的态度来反对今天的文明,不仅将过去作为整体的文明人为地割裂了,从而在对待现代文明病症的时候,显示出无缺陷的乌托邦性思维,而且在某种意义上,以寻根来贬抑现代文明,也显示出文明与文明之间“相克”性的传统否定之含义,显示出我们的一个盲点:在我们不占有远古文明的时候,抬高、美化因而也是误解了远古文明。实际上,当我们谁也不愿意真的回到远古文明去的时候,当我们真的置身于现代的原始部落中,肯定又会向往现代文明的时候,已经很能说明这个问题了。

其次,文明与文明之间所呈现的历史之关系,既不可能以过去的文明为标准得出,也不可能以现代的文明为标准得出,而应该以两种文明之间的“本体性否定”关系得出。所谓“本体性否定”意指:文明与文明之间是由不同的世界观和价值观构成的。后来的文明虽然是对前一种文明否定的结果,但这种否定不是否定前一种文明的糟粕,而是在否定前一种文明性质局限的基础上,诞生一种不同性质的文明。由此,说西方近代文明否定中古文明,不是否定中世纪压抑人性的糟粕(亦即不是一个简单地解放人的欲望的问题),而是否定禁的思维方式的局限,从而诞生理性与感性可以进行辩证运动的近代文明的。走历史下坡路的循环论之局限,不仅否认文明有一个“生长—成熟—衰老”的自然性循环过程,否认事物有一个上升的环节,从而否认了黑格尔的辩证法和老子的“大曰逝,逝曰远,远曰返”的自然循环论思想,而且,它与进步论的文明割裂性思维一样,是取古代文明之优质,来比照近、现代文明之劣质的(如取人的精神的纯洁度)。这样,也就不可能是文明与文明之间性质的比较,自然也不可能说明由文明之间的关系所形成的真实的历史。因此,在历史不同论看来,循环论、悲观论看起来是对立于进步论、乐观论,但其共同的关于历史的思维方式的局限,则是如出一辙的。结果,它们就既解释不好不断变化的历史,也解释不好在变化中始终不变的东西。

“不同论”对“循环论”的本体性否定

在“本体性否定”看来,我们所生活的世界只能划分为两个世界。一是生存性的、循环性的世界,这个世界在人类诞生以前已经存在,在人类诞生以后也继续存在,所以它构不成人类自身特有的历史,因为它自身最终将随着地球和宇宙可能的爆炸归于“无”。另一个世界则是存在性的、不同性的世界,这个世界只伴随着人类的存在而存在,而且是在人类有存在的意识的状况下才成为可能,并由此构成人类的历史的。但这个历史既不是进步的,也不是衰落的,而是由不同的对世界的基本理解建立的否定关系奠定的。

应该说,在人类的全部生活中,任何“生存性的事物”都摆脱不了循环,而摆脱不了循环,也就摆脱不了衰亡。所谓“生存性事物”,在性质上即是指除“创造性事物”以外的一切事物,即不是由自己独特的理解灌注而掌握、使用、运行的事物。在范围上,无论是自然界的事物,还是人的肉身,抑或是人出于工作需要而生产的产品和作品,都是生存性事物——生存性的事物是不考虑自然界和人类的区分的,因为人离开了自然将无法生存;生存性事物也不考虑文化与文明的差异,因为它总是沿袭前人的生活方式——其中,沿袭自然界与沿袭前人在思维方式上是一样的;在时间上,“生存性事物”的运行是或长或短的,但并不由此给人带来属于自己的意义感,也不会由此尊重前人的意义之差别;在目的论上,生存性事物具有维持人的生命延续、知识传承的性质,并且具有给人带来物质性享乐和精神愉悦的特点,因此它不需要付出艰辛的和创造性的努力。从自然方面说,大到地球,小到一个人、一根草,避免不了循环衰老的命运;从文明方面说,古人将墓地搞成辉煌的宫殿,也还是避免不了风化和后人的开掘,从而结束其永生的梦想。而现代人对考古的喜好,在我看来,只是加快了这毁灭的进程。这让我想起了高晓声的小说《陈继根癖》:现代人丧失了创造力之后,唯一可干的事情,便是消耗祖上的遗产。实际上何止是陈继根,人的自然性的一面就是承接、消耗前人的物化产品。因此,人出于活下去而且活得快乐所做的一切工作和事物,严格说来,均属于“生存性事物”。由于“生存性事物”的目的在于生存,在效果上,就不可能在人类的时间消耗中留下来什么。比如在思想史上,《老子》和《论语》可以留下来,但阐释《老子》和《论语》的文字留不下来;在《老子》和《论语》的研究史上,有独到见解的阐释可以流传下来,但用自己的表述重复前人的研究却留不下来——这些留不下来的人类脑力产品和体力产品，与一棵树的循环衰老的命运是相似的。在这一点上，我们就不能笼统地说人的文化性生活与本能性、自然性生活是对立的——人的劳动、实践等文化性生活，照样可以以强调从众性，呈现出繁殖的、认同性的、循环性的一面。循环性的生活是快乐的，但因为不可能留下什么，便很难获得“自己的历史”的感觉。相反，那是自己在“别人的历史”中的感觉。

所谓“存在性的、不同性的世界”则是指：人是在对自然的“本体性否定”中成为人的，也是在对循环的、本能的、生存性的世界的“本体性否定”中，诞生出一个以“理解”为标志的文化性世界的。“人—文化—理解”在此是三位一体的，并由此区别于自然界，开始了自己的历史。这个“开始”，就是对循环的、自然的、无理解的世界的一种摆脱或否定。而“历史”，由此也被赋予了“在否定中诞生理解”的含义。

这意思一是循环的世界是一种本能的世界，任何动物在本能中都无法抗拒这个本能。因此，人必须以非本能的力量才能抗拒本能，这就是在不满足本能的状态中，以思想和理解来显示自己的特殊性。于是，西方的《圣经》和东方的《易经》，便成为这种显示的标志。又由于人刚刚成为人时不可能以个体的面目出现，所以《圣经》和《易经》便不可能是个人所作。也只有不是个人所作，才能成为文化存在的标志。康德则在他的《人类历史起源臆测》中将“理解”认知为“理性”，并将此解释为超越本能的、会比较的、会对象化的、会预测未来的、意识到自我价值的一种能力。① 但“理性”是泛化的、普适的、持续的一种人的能力，而“理解”，则是人运用这种能力对世界产生了独特的认识的结果（亦即不是每个人都能产生这种结果）。因此准确地说，历史不是理性生长的历史，而是人运用理性产生不同的对世界理解而形成的历史。

二是人否定循环、否定本能的力量，不是大自然本身的杰作，也不是上帝造就的、祖上世袭来的或靠自己的灵感产生的，而是依靠不满足于自然和本能的力量产生的——我将这种力量称为人特有的一种否定力量。这种“否定力量”，用今天的话说，便是批判与创造的统一。所以，人不能简单解释为“会创造自己的历史”的动物，也不能简单解释为依靠一种“恶”的冲动、非理性的破坏冲动反叛既定现实的动物，而应该解释为会进行“本体性否定”的动物——即不满足于既定的理解，产生新的、存在性的理解的动物。如果仅仅有解构和破坏的力量，西方的近代文明和现代文明无法建立起来；如果仅仅讲“大胆的猜想”、“灵感性

① 康德：《历史理性批判文集》，北京：商务印书馆，1997，第59—66页。

的创造”,我们又不知道这种猜想和创造冲动何以产生,又是如何产生的,产生的过程又是怎样的,等等。

三是人依靠这种“本体性否定”建立起来的理解之关系(俗称“文明之关系”),是平等的、不同的历史性关系,它既不是逐渐进步的过程,也不是逐渐衰退的过程。这是因为,人对世界的理解只要是独特的,便可以称为“存在”。而“存在”与“存在”的关系,只有性质的不同,没有性质的优劣。可以说,古人依据古代文明使自己心安,现代人依据现代文明使自己心安,其文明之间和思想之间并无比较关系。就像古人不可能以现代文明使自己心安一样,现代人也不可能依托古代文明使自己心安。因此我们不能以古代文明之优,来比较现代文明之劣,或以现代文明之优,来比较古代文明之劣。这种态度,就是“历史不同论”的基本态度。

值得说明的是,“不同论”对“循环论”的否定,与“不同论”对“进步论”的否定,并不完全是一样的。“不同论”认为历史的发展没有“进步”这回事,但并不否认我们的生活中有“循环”的现象。“不同论”否定“进步论”和“循环论”,表面上看起来是否定了两种历史观,而且是在否定两种历史观之局限的基础上,产生自己的历史观,但严格说来,“不同论”否定“进步论”,是否定“进步论”对历史发展的解释部分,而它否定“循环论”,虽然也否定“循环论”对历史发展的解释部分,但并不否认“循环论”对非历史发展的解释部分,而是否定“循环论”将历史发展部分和非历史发展部分混淆的局限。也就是说——

一、“不同论”让“循环论”退出对“历史”的解释,而只保留其对“历时”(非历史发展部分)的解释。① 所谓“历时”,在“否定本体论”中相当于周而复始的“生存世界”。“生存世界”是由“欲望冲动”、“利益冲动”、“快乐冲动”构成的。这三种冲动,永远在进行着周而复始的循环。“否定本体论”将人的功名利禄的冲动,看作是与人的性欲、食欲等并无二致的冲动,也将人的模仿性和认同性看作是与人对自然、本能的依赖并无区别的一种属性。因为它们的共同特点,都是以“快感”为特征的,也都是以“快感的消失”为运动形态的。因此,以“快感”为目的的生存方式,因为与动植物的求快感的生存方式并无区别,便只具有时间消耗的意义,而并不具有“历史”的意义。

二、“不同论”否定“循环论”,“历史”否定“历时”,并不由此对“循环论”采取轻视或取消的态度。恰恰相反,“不同论”由于与“循环论”各司其职,反而对各自领地内的事务采取了不同于以往的态度。那就是:对自然界和人的生存世

---

① 吴炫:《否定本体论》,贵阳:贵州人民出版社,1994。

界,我们不必以人为改造的、进步的态度来对待(比如以征服自然、将自然全部文明化的态度对待自然),也不必以工业文明一定比农业文明好、汽车一定比自行车好的态度强求一律(工业文明与农业文明、汽车与自行车各有优劣),而应该以个性化的、顺其自然的态度对待自己的欲求——每一种文明可以有自己的生存方式,每一个人也可以有自己的生存方式。反之,对人的存在世界和历史世界,就既不能以循环无为的态度来对待,也不能以功利的态度来要求(诸如以增强实力、获利的观念来衡量自己的发展)。这样一来,我们生活中的“历时”方面,便会减少过多的人为性,而“历史”方面,也会减少过多的利益性。这于“历史”有利,于“历时”也有利。

三、“历史”与“历时”分开并立,这意味着人类的历史不能定位在对“快乐”的追求上,而应该定位在以“理解”为内容的自我价值的实现上。“否定本体论”认为:人的自我价值的实现,不能定位在他的生存快乐、生存利益的满足之上,而应该定位在他的创造性的体现上。无论是文化的历史,还是个人的历史,抑或是思想史、文学史,都不应该是风俗史、编年史、事件史、作品记录史,而应该是文明转变史、思想转变史、体现出不同的对世界理解的文学观及其作品的关系史。因此,“历史不同论”在对“历史”有自己的要求的同时,将不能体现这些要求的事件、观念和作品等,都放在了“历时”的范畴之内。因为很多事件都是围绕生存欲求的冲突而产生的,很多观念都是用自己的表述或加进一些自己的感受来阐释别人的观念,很多作品也只是写得好看、有个人风格,但缺乏自己对世界的基本理解——这些内容,是不在“历史不同论”关注的范围之内的。

更值得注意的是:“历时”与“历史”不同而分立,但“历时”并不是以外在于“历史”的形态,而是以内在于“历史”的形态显示其“分立”的,并标志着历史的空隙与终结。所谓历史的空隙和终结是指:在一种文化、一个民族、一个人的时间性消耗中,“历史”与“历时”常常是交错运行的——当“历时”显现时,便是其文化、民族和个人只能承接以往的创造性成果的时候,也便是“历史”终结及文化、民族和个人进入“延续循环”的开始。由于一种文化、一个民族、一个人不可能时时处在创造性状态之中,所以“历时”就成为“历史”不可缺少的组成部分,并因此将“历史”的创造性特征显示出来。“本体性否定”之所以成为“历史”与“历时”的关系,其原因就在于提醒我们“历史”已进入“历时”、进而也进入“循环—衰老”的过程,提醒我们摆脱这种状况。就中西方思想史而言,我们可以分别将赫拉克利特、柏拉图、亚里士多德和老庄、孔子、孟子看作是对本文化之源——《圣经》和《易经》的创造性阐释,并由此开始了各自的思想史。这几位思想家之后,我们便可以将阐释这些思想家的“学术”,称为“历时”的过程——

在中国,孔子的弟子颜回等做的就是这个工作;在西方,斯多噶派做的也多半是阐释性工作。这之后,假如我们将哲学思想史定位在“本体论”和“基本价值论”的突破上,我们便可以说,休谟、康德、黑格尔完成了对希腊哲学的“本体性否定”,也完成了对《圣经》的重新阐释,但中国的朱熹、王阳明、二程等,却没有在本体论方面完成对先秦哲学的否定。也因为此,儒、道之学的命运便逐渐呈现出衰落的趋势,在19世纪开始丧失对现实的统摄力量。这以后,中西方思想史便显现出“历史”与“历时”的差异。我将这种差异解释为:西方思想家没有忘记“本体性否定”,而中国后来的思想家却遗忘了“本体性否定”。

就“历史”只能是自我的创造性价值的时间性关系而言,“历史”是严格的。其潜台词是:并不是每个人都有他自己的“历史”,一种文化或一个民族,也不是始终会保持其“历史性”的。这不仅使得我们认真对待自己的“历史”,也使得我们应该以“历史性”的态度对待自己的“历史”,避免“历史”转化为“历时”。但这样说,并不是意味着我们可以避开“历时”,而是说,我们应该时刻意识到:“历时”是“他人的历史”,或“自己过去的历史”。因此“历时”体现出一个人的“非存在性”生活。但“非存在性”生活并不是无意义的生活——因为“历时”与“历史”不同而并立,所以“不同”在此也显示出意义的不同。在“否定本体论”中,“存在性”意义是让一个人、一个民族、一种文化心安的意义,也是让一个人、一个时代的人此生无悔、有所依托的意义感。“存在性”意义因为是一个人或一个时代的人创造出来的,所以它具有不可重复性——一个人一生守住这种意义足矣(如黑格尔、陈寅恪,一生都在守住自己的存在性,因为这就是在守住真正的自己——真正的自己,因为有自己的思想灌注,所以不可能朝令夕改)。比较起来,“非存在性”意义,则是让一个人、一群人获得快乐的意义。快乐的意义不仅是群体性的、从众性的,而且是以运动、寻求差异变化、喜新厌旧获得快感的。因此,快乐性的意义是在延续、模仿、承接的状态中获得的。“存在性”意义和“非存在性”意义之所以是不同而并立的,是因为这两种意义各有长短:“存在性”意义充实而缺乏快感,“非存在性”意义舒服但有空虚性。所以,“否定本体论”不主张以“存在性”克服“非存在性”,以“历史”克服“历时”,而是要求人们保持其间的张力,明确各自的功用、长短,从而使自己的一生“历史”与“历时”兼备——对一个学者来说,如果他的一生只是以阐释他人的思想为主,而不能确立自己的思想,他的一生便只具有“历时”意义,不可能有此生无悔的感觉;反之,如果一个确立起自己的存在性的学者,如果没有认同他人的存在性和延续自己的存在性的时空,没有“非存在性”的生活,他的“历史”也不可能具有真实的、可触摸的意义。

历史不同论:否定主义之史观

与其说一切历史都是当代史,不如说一切历史都是当代史观。针对当代思想史观和文学史观大同小异的状况,否定主义哲学认为:人类历史不是开始于对自然的征服,而是开始于对自然界的告别。

历史不同论的哲学基础

我首先想说的是:当克罗齐说"一切历史都是当代史",当科林伍德说"一切历史都是思想史"的时候,他们虽然注意到了历史的性质在于当代性的解释、历史的本体在于思想的流程,从而告别了历史等于过去的传统历史观,但是他们都不同程度地忽略了如下至关重要的问题——不是一切当代性的解释都能成为与传统有所区别的解释,也不是一切思想都能成为与传统有所区别的思想,进而也不是一切当代性的和思想性的东西都有必要进入历史的。由于"当代"只是或者主要是一个时间性概念,由于不是任何当代性的事件、人物、产品和观念都具有史的意义,特别是由于有的"当代"只是"过去"的延续和重复(这个问题在中国尤其突出),所以"当代"在这里很可能只是一个虚假的意义称谓,既不能甄别创造性和非创造性活动,也不能突出历史的变化性因素。同样,"一切历史都是思想史"虽然突出了人与自然界的区别以及人与自身的生存活动的区别,强化了人类文化得以成为可能的思想基础,但由于思想有创造性思想和延续性思想之分(进一步说还有个性化的延续和全盘模仿之分),所以一个笼统的"思想",就无法突出"思想何以成为可能"即人的创造性在历史活动中的地位,也无法突出不同的思想在时间流逝中的关系。这意味着,承接传统解释的所谓当代性解释,延续传统思想的所谓当代性思想流程,在历史中是不能与那些区别于传统的思想和解释等值的,尽管它们均参与了历史的活动。这也意味着,否定主义哲学的历史观,将既穿越对过去时间流逝中所产生的各种思想的描绘,探讨思想与思想之间(纵向与横向)的价值关系,同时也不对一切当代性的阐释采取纵容的态度,从而突出“当代史观”而不是“当代阐释”的意义,这样,就对当代性的思想阐释和过去的思想阐释进行了同样的价值限定。我把这种价值限定称为“历史不同论”。

这意味着,“历史不同论”是在批判迄今为止的一切历史观念中建立自己的史观的——它既区别于一切历史都是当代史和思想史这种时髦而又笼统的提法,也不对一段时期内的经典思想和非经典思想只采取描述的方法,更区别于历史是延续的、循环的、进步的、衰落的这些传统历史观。这一史观的提出既依赖于基本的史实和事实,又依赖于对这些史实和事实的哲学性的、先验性的判断。

就事实和史实而言,“历史不同论”不是一般地讲看重材料,也不是一般地把握经典材料和非经典材料,而是看重人这个文化性事实(有思维和感悟性的人)与自然界这一天然事实之间的“差异关系”,看重的是文化延续中有重要差异的思想符号、艺术符号和科学发明符号之间的“变革关系”,以及由这种关系导致的历史变革的事实。在历史发生论意义上,“不同论”认为考古学的发现其意义是有限的——任何考古只能发现人的文化性产品,而历史观需要阐明的却是人的文化性产品和无文化的自然界之间的关系,因此考释出人的巫术观念在前还是图腾观念在前、洞穴壁画在前还是原始舞蹈在前,抑或又有新的考古发现,对于说明这个问题均是无意义的,因为历史发生学和艺术起源学需要回答的是“观念和符号何以产生”的问题。同样,任何考古只能发掘已成为符号的艺术品,但不可能以事实的形态考证出这些艺术品是如何、何以、怎样成为艺术品的无形的运作过程。因此这个过程只能依赖于先验价值判断,而不同的哲学即不同的判断。如果说马克思将这种判断归结为“实践”,黑格尔将这种判断归结为“绝对精神之辩证运动”,海德格尔将这种判断归结为人的原始性“澄明”和“筹划”,我所说的否定主义哲学则将之归结为“本体性否定”。这种否定包含以下三层意思——

一、这种否定是一种离开自然界、不满足于既定生存循环的价值冲动,是人类历史成为人类历史的真正动力。而史前人用感悟性的、思维性的对象化的眼光开始面对自然界(如图腾、舞蹈、巫术等),进而发明工具,使生存活动变为劳动,这些不过是这种无形冲动的具体结果罢了。因此“本体性否定”是无形的冲动和有形的结果的统一。“本体论”在否定主义哲学中,从此不再仅仅是实体的(物质世界),也不再仅仅是虚体的(上帝、道、理念等),而是实体与虚体的统一。由于人类文化被视为人自发地不满足于自然性生存状况的产物,所以这种虚体与实体的统一就成为“批判与创造”的统一,以区别于非创造性的实体与虚体的统一。人类历史不仅是靠这种“批判与创造”统一的否定诞生的,而且也是靠这种否定发展自身的。人什么时候丧失了这种“批判与创造”统一的否定,什么时候便进入了自然性循环,历史便因循环之衰老而具有终结倾向。因此,如果说中国古代文明是先人不满足于自然现实创造出来的,那么,当20世纪的中国人或者只能依附西方文明成果、或者只能延续中国传统文明成果时,便必然会呈现历史的衰落和空虚之状。同样,福山所说的“历史的终结”,也是指西方人长期依附在“民主”政体下的必然结果。其缘由就在于,“依附”(无论依附什么)是自然性生存状态。原始人如果依附自然界,便不可能有人的产生、历史的产生,后来人如果依附前人(古人)和他人(西方人)创造的成果,便不可能有历史的当代的形态、自己的文明。而“创造自己的文明”便是人成为人的精神、历史成为历史的精神的当代显现。此外,“批判与创造”之所以是统一的,批判冲动之所以逻辑上先于创造结果,那是因为:史前人如果没有不满足于自然现实的冲动、或者没有摆脱自然界困境的冲动,便不可能有任何发现与发明;西方近代人如果没有批判中古文明的冲动,便也不可能有近代文明的诞生;同样,当代中国人如果不能对儒、道、释价值体系和西方文明采取审视的态度,有中国特色的当代文明便永远也不可能建立,当代中国人的心灵空虚感便会成为宿命。在此意义上,“本体性否定”是历史的动因,也是历史的符号。

二、这种“本体性否定”由于是从人的产生开始,并且在人产生之后,以不同的文化和文明、不同的思想和作品保持着的,这就使得“本体性否定”与黑格尔的包罗万象的“否定之否定”、与马克思的无所不在的“实践”、与海德格尔的“此在之在”都区别开来。就黑格尔而言,猿变成人和两栖动物变为爬行动物都算作“质变”,但黑格尔没有注意到这两种“质变”性质其实是不同的——前者改变了自然性,后者则没有改变自然性;前者是人为的、创造的,后者则是自然的、循环中的个性差异。“本体性否定”将前者称为“否定”,将后者称为“运动”。也就是说,在人诞生之前,自然界所有的变化,都是自然性的变化抑或“否定之否定”的运动。其次,由于我们不好说人的模仿性活动和求生存活动不是“实践”,也不好说从众性的“沉沦”不是人的“筹划”之一种,这就使得“本体性否定”所讲的“批判与创造”的统一成为对“实践”和“筹划”的一种价值限定,成为“实践”和“筹划”的本体,也成为对“实践”和“筹划”的一种价值超越。或者说,历史不同论认为“实践”和“筹划”所包含的生存性、利益性、认同性、循环性和天然差异,不可能成为人类历史的基本结构,成为人类历史的“本体”,否则,自然界便也可以有它的历史了,而价值延续和价值变革便被混同了。言下之意,“本体性否定”将“实践”和“筹划”所包含的内容划分成两个世界:一种是循环性的、模仿性的、从众性的、享受性的世界,一种是创造性的、不可重复的、个体性的、心安性的世界。前者是一个大多数人或一个人的大部分时空想沉湎的世界,是在历史中需要占有相当时间量的世界。这个世界在人类历史中虽然混淆在“文化”之中,但其性质与自然界并无根本的差异。因此这也是一个摆脱不了生老病死的世界——肌体在分裂和再生中必然走向死亡,心灵在享乐和利益驱使下必然产生空虚。这个世界在历史中的功用是:将人类的创造性产品巩固下来,使其普遍化,使一种思想变为一种思潮,进而演变为一种文明,在帮助其发挥作用的过程中也使其走向衰老的历程,最后以空虚性和死亡性提醒后来的创造者产生“本体性否定”之冲动,但它本身并不构成历史变革的动力,也不能显示历史对于人的特有的意义。或者说,历史主要是记载创造者及其思想和作品,而不会记载阐释者和依附者的思想和作品。这样,“本体性否定”便以非同自然性变异的创造性,与前一个世界形成历史的间隙——人与自然之间、文化之间、文明之间,便是这间隙的表征,而历史便也因为这间隙才成为历史。没有这间隙,历史不仅是贫困的,而且也是衰落的、终结的。

三、“本体性否定”所讲的“否定对象”和“否定结果”之关系,因为“否定”性质的改变,既不同于历史进步论,也不同于历史衰落论。由于“本体性否定”所讲的“否定”是“不满足于”既定的生存现实,或者说是既定的文明、思想、体制、思维方法等相对于新的现实有其局限性,否定者才需要建立自己的文明、思想、体制等来获得心安感、自我实现感,这就使得否定者对“否定对象”不是“克服”、“取消”、“打倒”的态度,而是“离开”、“区别”、“不同而分立”的态度,由这种态度便进一步产生“否定结果”比“否定对象”既不是进步也不是衰落的观念。这首先意味着:“本体性否定”所讲的人类在对自然界的否定中开辟自己的历史,不是指人类从此可以征服自然界、优于自然界,而是指自然界本身无法安放人开始萌生的自我意识,因此人需要利用自然界的材料来建立一个属于自己的世界。石头与石头的敲击打出火花,可以说就是人类建立自己的世界的开始。但这个开始,并不意味着人类从此可以改变自身的自然属性(如食、色,如生老病死、集群性生活),也不是指人类从此可以不再依赖自然界生活,而是说,人类击石生火的手舞足蹈感,是自然界所有的动物(包括人自己的前身)所不曾有过的感受,人类从中体验到的,就是生食食物的快感和熟食食物的美感这两种不同世界所带来的感受。这两种感受的关系,就是人类历史的开始,也是人类历史的内在结构。但我之所以说“熟食”不能优于“生食”,自我价值实现感(如爱情)不能优于自然性快感(如性交),原因就在于它们是各有长短和利弊的。用今天的眼光来看,“生食”比较“熟食”,固然不卫生、不消化,但“熟食”的营养成分之被破坏,“熟食”在烧烤中产生的各种有毒物质,却也是不证自明之理,更何况在“熟食”已普遍化了的今天,我们有很多食物依然在“生食”,这都说明“生食”和“熟食”不好互相取而代之,只能不同而分立。以此类推,“爱情”的心灵沉醉感、自我价值实现感以至此生无悔感均是“性交”本身没有的,但“性交”本身的刺激感和生理性快感,却也是“爱情”无法比拟的——从更为负面的因素来看,文明的发展已使当代人“性心理”多于“性行为”,面对纯粹的“性”,文明人反而不是无所适从就是阳痿了。因此我们也同样不能说文明的性爱优于自然的性爱,而只能说那是不同的性爱。同样,如果人类世界与自然界只是不同而并立的两个世界,我们也就没有权利说西方近代文明优于古代文明,或者不如古代文明。这也是因为西方古代文明和近代文明各有利弊:古代文明钳制人的基本欲望,但同样培养起人献身上帝的牺牲精神;近代文明虽然尊重人和个人,但人的集体精神、凝聚力、献身热情,却无法与以往相比。这意味着文明之间虽然是否定性关系(近代文明是在批判古代文明的基础上建立起来的),但这种“否定”却只能是不同而并立的关系。近代文明不是要打倒古代文明,而是古代文明无法安放近现代人的自我价值感;古代文明虽然被近代文明所“否定”,但它只不过像自然界一样,在近现代人自我价值实现以外的地方,被近现代人保留着、积淀着、尊重着。这种保留、积淀和尊重的一个明显迹象便是:人类常常需要以往全部文明的财富作为当代文明的价值参照,情感性的、对象化的弥补和批判自身的局限、问题,这就像人类需要用自然界作为对象化的价值参照一样。另外,人类即便在观念和信念上接受了当代文明,但其生存行为、精神世界肯定有一部分(尤其是不自觉的部分)是属于自然界和以往全部文明的,并构成相对于当代文明的一个不同的世界。一种是自然的,一种是人为的,它们同时各有利弊地并存在我们的生活中,我们怎好说谁比谁优秀呢?我们又怎能说历史是越来越进步,或是越来越衰退呢?

历史不同论的分期方法

应该说,当汤因比以文明和宗教的差异来进行历史描述的时候,当罗素说“世界全是各种点和跳跃”的时候,当巴勒克拉夫说“我们寻求有意义的东西不是两个时代的相同点而是他们的不同点”的时候,他们都注意到历史发展的关键在于变异性问题。或者说,变异性就是他们的历史观,也是他们的历史分期方法。尽管他们没有在哲学上区分文明之变异与自然之变异的代沟性问题,尽管汤因比还是运用了黑格尔的矛盾冲突的“有无论”、“消长论”来解释创造性问题(这可以解释每种文明内部的生长与消亡,但难以解释文明之间的“本体性否定”关系),但是当后者注意到当代社会“不同于以往时代的格局和本质”、并以此来进行历史研究的时候,可以说,“历史不同论”在西方已经有了相应的基础,或者说,西方的历史沿革更容易验证历史不同论的基本观点,并引起西方学者的高度注意。

只是,在如何鉴别历史不同这一点上,西方史家却没有较为一致或较为深入的历史学意义上的看法。巴勒克拉夫注意到当代史的“结构之变化”问题,但没有将这种“结构之变化”提炼到“思想之变化”的高度。汤因比注意到不同的文明受不同的宗教支配的问题,但同样没有将宗教的本质理解为思想。柯林伍德注意到思想在历史中的决定性地位,但同样没有注意到“不同的思想”才是问题的关键所在。更为重要的是,历史不同论不仅将“不同的思想”作为历史分期的基本方法,而且还要将这“不同的思想”放在“世界观”的意义上来进行检验和筛选。或者说,历史不同论将文化的不同、文明的不同、文学的不同,均看作是由世界观所支配的对世界的基本理解之不同而导致的。而历史的研究或历史的写作,就成为剥离表面的不同、发现深层的相同,或剥离表面的相同、发现深层的不同的分析与甄别过程。这样一个鉴别过程,有别于迄今为止有关历史和文学史的写法,尤其是有别于迄今为止中国学者的历史和文学史写法。

这意味着,人类与自然的否定关系,首先是以一种文化性理解和思想的形态显现的。这种显现在东方就是《易经》,在西方就是《圣经》。或者说,东方和西方各自的历史,是分别由《易经》和《圣经》奠定的。由于东方文化在产生自己的原初性理解时,并没有他文化性理解进入自己的视野,所以人类的原初性文化否定的就是整个自然界。又由于自然界不是抽象的存在,而是具体的、有差异性的存在,所以人类文化性的原初理解就与具体的自然性差异有关,所谓西方的“彼岸”思想与海洋的关系,便至少成为一种有道理的解说。所谓文化之间的差异,在根本上就与具体自然环境的差异相关;而自然环境差异的永恒性,又决定了文化性理解的永恒性。这也使得东方人面对自己的土地,只能永远依附《易经》式的对世界的基本理解。从此以后,具体的人类(即东方人或西方人)面对自己的文化性理解(《易经》和《圣经》),如果要实现原始人面对自己世界的否定冲动和发问冲动,便只能对自己的文化性理解予以再解释。这个再解释，便是文明。而中古文明、近代文明、现代文明，便是西方人对“彼岸”的不同的再解释（“彼岸”分别代表过上帝、理性和艺术）。因此准确地说，历史只是由不同的文明、不同的再解释所构成的在时间中的思想结构。历史的分期，由此也就成为不同文明的分期，或成为寻找不同文明分期。由于任何一种历史都只能是每一种文化内部的文明的变迁历史，所以汤因比所说的历史在于描述每一种文明的生长和衰亡，虽然涉及历史变迁历史的动因，但没有涉及历史分期的问题。甚至在严格的意义上，巴勒克拉夫所说的“当代史”也是难以成立的——任何一个阶段的文明均无法构成历史，历史只有在两种以上思想、两种以上的文明之间构成本体性否定关系时才成为可能。当代史只有在与古代史、近代史和现代史的不同性比较中才能显示出意义。当代文明只有放在历史的长河中才能显示出“史”的意义。

如此一来，“自然—文化—文明—新的文明”便成为我们进行历史分期的基本标志，也成为我们寻求历史的新的可能性的基本路向。这一点不仅适合于对西方历史的描述，而且也适合于对中国历史的描述。这意味着，在宏观方面，“自然—《易经》—儒、道、释阐释系统—当代新的对《易经》的阐释系统”，将代替以朝代和编年的方式对中国思想史的事无巨细般的描述与评价，而在微观方面，“儒、道、释”阐释系统延续两千年的盛衰，一方面成为中国古代文明区别于西方古代文明盛衰的方式，另一方面，“儒、道、释”阐释系统为什么能延续偌长的时间而又终难避免衰落的命运，便成为中国历史撰写者尤应重视的问题。这也就是说，我们既要将“儒、道、释”阐释系统看作一个整体，又要注意到“先秦儒学—魏晋玄学—宋明理学—明末心学”之间所隐含的否定关系（这种关系体现着后来的学说对儒学的超越性努力），并将这种“隐含的否定关系”放在世界观层面上来检验，剔除其表面和虚假的否定性内容，保留下“本体性否定”意义上的否定内容。在历史本质上是文明变革史、而文明的变革史本质上又是思想的变革史的意义上，一部中国历史或中国思想史，就由“本体性否定”关系的三个层次构成——

当我们将由“儒、道、释”思想所支配的世界看作一种文明，将“儒、道、释”产生之前的世界看作另一种原生性文明时，中国历史或中国思想史主要是描述和分析“儒、道、释”文明由盛及衰的历史，并从儒家《易传》对《易经》的阐释中，寻求中国当代改革现实对《易经》进行新阐释的可能性，以建立一个不同于儒、道、释文明的文明。历史的大的结构为“文化（《易经》）—古代文明（儒、道、释）—当代文明（新的对《易经》的阐释）”。这样的一个大跨度的历史分期，是在基本世界观和价值系统层面上而言的，因此这属于历史的本质性结构。由于这种结构在任何民族的时间过程中都存在,所以这一层次的历史被称为“第一层次的历史”。这一层次的历史可以告诉我们:为什么有的民族在文明的转换中始终处在生机勃勃的状况中(如西方文明),而有的民族又因为丧失了“本体性否定”精神而处在衰落和文物化状况中(如阿拉伯文明、印度文明等)。这样,中国文明和东亚文明何去何从,便一目了然。

由于中国历史的变革形态区别于西方,也由于《易经》文化所规定的自然性变异的精神,这就使得文明的转变在中国要经历自然性的生长和衰老的过程。其自然性突出体现为对儒家学说的否定不是西方式的断裂和革命,而是要经历既与儒家合谋、又与儒家有所区别的渐进性否定过程。其具体体现就是“玄学(魏晋)—理学(宋代)—心学(明末)—生命哲学(五四)—价值创造(当代)”这么一种逐渐深化、以至于最终撼动儒学根基的时间历程。历史不同论一方面要突出上述几个环节在中国思想史的重要地位,避免以朝代的划分和对所有出现的大小思想家进行均等描述的状况,另一方面也要采取批判的眼光,站在当代价值重建的立场上,分析玄学、理学、心学和西方生命之学没有完成对儒学的世界观意义上的变革的原因,指出其价值论方面的盲点和误区,从而完成“历史不同论”对过去和现在的衔接。在此意义上,历史不同论对历史文化现象的价值重复的一面,采取的是一种“批判性描述”的方法。比如,历史不同论虽然要指出“玄学”、“理学”和“心学”与先秦儒学的区别之处,但更要批判它们在忽略人的创造性问题上与先秦儒学的合谋之处,从而在某种意义上回答儒学在中国变革的艰难性、儒学的衰落在中国为什么是一个长期过程、儒学为什么必然会衰落等问题。对这个问题的回答,某种意义上便是在回答中国古代、现代、当代知识分子为什么心灵越来越空虚的问题,回答文明应该转变但文明又始终没有转变的中国式的尴尬性问题。这样,历史不同论所讲的历史的当代性,本质上便是批判性。

历史不同论对国内有的学者所说的“一般知识、思想和信仰的历史”,虽然不采取排斥的态度,但也不采取无价值褒贬的纯客观描述的态度,而是以上述历史分期法为依托,用“本体性否定”划分两个世界的态度,将一般思想家和作家的思想与作品,分成重复延续性的和创造批判性的这两个部分,并以强调后者、批判前者的方法来撰写历史。如果一般思想家和作家的作品经不起这样的检验,他们是否能进入历史就成了疑问。比如,思想史既不能像侯外庐先生的《中国思想通史》那样,以“17 世纪、18 世纪、19 世纪”的编年方法来描述,也不能在写到 17 世纪思想史时,将王夫之、黄宗羲、顾炎武与朱之瑜、傅山、唐甄、颜元的思想等量齐观,更不能在写到像王夫之那样的思想家时,对王夫之依附于老庄道家哲学的“生化说”(“道”可作不可见的“气”之解说,也可作自然性的运动、出生来解说)和知识论、人性论上依附于王充的“性本自然”、“言必证实,义必切理”等唯物论思想,不作“本体性否定”意义上的批判,也不能将其与王夫之对宋明理学批判基础上产生的“人欲之各得,即天理之大同”的理欲一致的尊重欲望的观念等同起来。而在像“道与器”这些更为具体的命题上,这意味着我们一方面要批判王夫之用“阴阳之和”的自然性理论来解释形而上(道)与形而下(器)的关系(这是依附于传统的解释),另一方面又要充分重视王夫之所说的“故无其器则无其道”的“先器后道”、“道随器变”的现代意识,并分析出王夫之的“成器者人也”与“车器生于木土”的人为创造与自然生产之间的内在矛盾,以及由这种矛盾而导致的抵消他的创造性思想的历史性效果。至于傅山和朱之瑜,如果他们在思想和世界观层面上没有区别于前人的贡献,而只是在“释子”、“注经”及学术观念上有所努力,那么他们就可以在中国学术史上有所记载,而不必像侯外庐的《中国思想通史》那样,将他们统统归入中国思想史。

如此一来,历史不同论视角下的历史,就有历史的“空白点”出现。这个“空白点”可以作两种解释——

一是对于没有创造性的人类生活(人物、作品和事件),其历史可以略去不计,这直接导致历史的“桥梁”性跨度。历史也因此成为只记载人类有意义生活(创造性生活)的方式,空白的部分即是无意义部分,或者说是对有意义部分的延续而显得无意义。历史也因此而显得清晰、简洁,并容易使我们摆脱面对全部复杂纷乱之历史史料的无所适从感。从“第一层次的历史”来看,历史不同论将不能对《易经》予以新的阐释的“当代”就作为“空白”来对待。中国当代知识分子的心灵空虚问题,显然就是因为处在“空白”状态所致。或者说,心灵空虚问题的出现,就是文明需要转型但又始终不能转型的一个“空白”性讯号。从“第二层次的历史结构”来看,先秦儒学—魏晋玄学—唐代佛学—宋代理学—明末心学—五四西学之间的朝代变更,也可以作为“空白”来处理。这样,两汉、南北朝、十六国、清代等,可以在中国基本思想史中略去不计或一笔带过。一部思想史,便成为研究上述诸学从产生、发展到衰落的历史。具体说来,便成为研究上述诸学一次次冲击儒学、又一次次被儒学所同化的历史,“空白”便成为上述诸学之间“思想荒芜”的一个表征。

二是历史的“空白点”部分,只是作为对人类创造性生活的“巩固方式”而被关注,或作为人类的创造性生活的“批判对象”而进入史家的视野之中的。这种关注,是以历史不同的支点(独特的文明、体制、思想、作品与符号)为价值坐标的,因此这种关注便只具有对历史主体部分的从属意义。这种从属性,正与人类认同性生活本身的性质相协调。就“第一层次的历史结构”而言,我们可以将“宋明理学”看作是对先秦儒学在价值论层面上的从属,将“魏晋玄学”看作是对老庄学说的从属,进而将整个古代文明看作是对“儒道”学说的从属,这就为我们在历史的意义上实现文明的转型提供了价值坐标,从而提出对“儒、道、释”的共同批判问题。这样我们也就可以说,“新儒学”的历史,既是对先秦儒学巩固的历史,也是先秦儒学在不断的受批判中逐渐衰落的历史。就“第二层次的历史结构”而言,儒学在汉代被定于一尊,因此官方意义上的汉代有必要在“巩固方式”的意义上被提及,或者说先秦儒学一直到汉初才被真正确立下来。就“批判对象”而言,玄学的兴起起源于汉末何晏、王弼等人的“道本儒末”与阮籍、嵇康、刘伶的“越名教而任自然”,因此汉代正统儒学(即名教)是在玄学批判对象的意义上被提及的。这样,汉代往前从属于儒学,往后受批判于玄学,而自身便在这从属性中被分化了,因此成了“空白”的另一种形式。这样,董仲舒的“天人感应”学说,是在强化先秦儒学的意义上被关注的,而王充的“异端”学说,则是在第一个对儒学发难的、章太炎所说的“汉代一人”的意义上被提出来的。而其他思想家,如贾谊、司马迁、刘向、刘歆、扬雄等人的思想,则基本上属于“第三层次”的依附性思想,而不具备在思想史中的重要地位。

中国文学史的基本线索

以上述方法来看中国文学史,我们将梳理出一个与现成的文学史不同的基本线索。这个线索可以分为“文学观念的变革史”和“文学作品的鉴定史”这样两个方面。

周作人在他的《中国新文学的源流》一书中,将中国文学的两种观念——“诗言志”和“文以载道”,以波浪形的运动形态从“晚周”描绘到“民国”,似乎可以在某种意义上说明中国文学观念演变的徘徊性轨迹。但这种轨迹的“非本体性否定”性,“诗言志”与“文以载道”对立的虚假性,却被钱锺书一语道出:“‘诗以言志’和‘文以载道’在传统文学批评上,似乎不是两个格格不入的命题”,“所以许多讲‘载道’的文人,做起诗来,往往‘抒写性灵’”。这是因为,“道”所指的“理”是“规范”之意(无论是价值规范还是艺术规范),但“规范”永远伴随着“反规范”的冲动、并且也是相对于“反规范”冲动而言的,所以一个正常人不可能只有规范的一面而没有反规范的一面。更多的时候,人们只是用规范的一面来遮掩不规范的一面罢了,所以“规范”和“反规范”之间只能是同一种文明的自然性差异,但不能涉及同一种文明的创造性差异——一如西方“艺术即模仿”和“艺术即表现”的差异一样。因此,周作人只能用“徘徊”来描绘丧失真正自我(没有自己的思想)的中国作家的自然性运动状态,而钱锺书只不过是在缺乏真正自我的意义上说“文以载道”和“抒写性灵”没有真正区别罢了。

这意味着,在“第一层次的历史”看来,以《尚书》提出“诗言志”为开端,中国将文学作为工具看待的文学观——“文以载道”是将文学看作群体化的“道”、“理”的工具,而“缘情说”只不过将文学看作服务于个人的生存快乐的工具——一直到王国维和鲁迅的充满悲剧色彩的文学观提出,其实都未曾发生过根本的改变。这种从属性的文学观,正应和了“儒、道、释”价值体系对个人的从属性要求,因此也与文明的没有转型相一致。在西方也是如此,如“艺术即表现”与近代西方文明相关,“艺术即形式”与现代西方文明相关。这样,王国维充满“生命之痛苦”的文学观和鲁迅充满“苦闷之象征”的文学观,一方面说明中国作家开始建立一种不同于“载道说”和“缘情说”的新文学观的努力,一方面又意味着文明的现代转型的开始。在这一点上,历史不同论不同意周作人以明末公安派的“独抒性灵”的眼光来看待五四新文学运动。五四新文学的内部构成是复杂的,既有徐志摩、冰心那样的类似公安派的“清新”之作,也有鲁迅、郁达夫那样的充满生命痛苦体验的现代呐喊。周作人在前者的意义上将新文学运动等同于公安派的革新运动,而我则是在后者的意义上将新文学运动区别于明末文学解放思潮。五四先觉们的努力之所以持续了近一个世纪也没有完成,其间又多经历了“文学为政治服务”这种“载道性”文学观的回潮,说明中国人借西方人的文学观来“反传统”的“非本体性否定”式错位(王国维借用叔本华的哲学,鲁迅借用厨川白村的文艺理论)——即文明和文学观之间真正的不同,必须有赖于中国人自己的创造,一如“文以载道”是中国人自己的创造一样。因此,如同“文以载道”之文学观是逐渐衰落的一样,中国当代形态的文学观,自王国维开始,也同样是一个逐渐走向自觉的过程。

如此一来,一部中国文学观念史,在最基本的层次上,便由“诗言志(内部分为载道派和缘情说)—文学是生命苦闷的象征—当代新文学观的建立”构成。这种文学观之间的“本体性否定”关系,是以文明为单位的历史划分,并制约着第二层次的文学观念史的抒写。

这就是说,第二层次的文学观念史,是依据既有的文明逐渐衰落、新的文明逐渐诞生这么一个“本体性否定”的思路展开的。这样,一部中国文学观念史,自先秦的“诗言志”以来,中间经过宋代的“文以载道”,20 世纪中期的“文学为政治服务”,到 20 世纪 90 年代的“个体化文学思潮”,就被描述为文学的遵命性质和群体性内容“由盛及衰”的自然性过程。其中,尚且模糊的“志”向清晰明确的“道”(理)转变，再到强制性的“政”对文学的高压，可以清晰地显示出文学所载之“道”的越来越观念化和政治化的倾向，以及在这种倾向中“文以载道”越来越衰落的趋势。这种趋势终于在 20 世纪 80 年代后期导致了“文学本体论”的提出(尽管什么是中国的文学本体论至今尚未明朗)。与此同时，作为对“文以载道”说的逆反，朦胧的“诗言志”从魏晋开始，便走上了一条从文的自觉到人的自觉，从个性解放到个体确立，从“任自然”的生命到20 世纪“绝望的”生命的漫长演变之路。也就是说，我们不能一般地按照周作人的“徘徊性”方式，一个朝代不漏地描述魏晋、五代、元朝、明末及至五四对“文以载道”说的反拨，而是要有所取舍地、在文学观的变异上，涉及魏晋六朝的“任自然”文学观、明末以李贽的“童心说”和公安派的“独抒性灵”为思想支撑的个性解放思潮，以及五四充满生命痛苦感的“绝望性个体”，及至当代我所提出的“个体理解”性个体。这样，中国的文学观就从“诗言志”以后的二元性分化(缘情说和载道说)，到以“个体理解”为基本单位的新的统一性文学观，走完了自身的古代历程。而 20 世纪各种西方文学观的纷呈，也就成为传统文学观衰落后到新的文学观建立之间的一个迷乱的、过渡性阶段。

言下之意，我称“第二层次的文学观念史”为具体的文学观念史。但这一层次的文学观念史，并不像周作人那样以朝代的变更来体现“诗言志”和“文以载道”之间的运动形态，而是以“诗言志”为开端，将其分化出来的“文以载道”看作逐渐走向衰落从而完成自身变革的历史，也将其分化出来的“缘情说”看作逐渐走向成熟从而完成自身飞跃的历史。这个变革和飞跃，就是当代以个体理解为支撑的“艺术否定论”的提出，或者说，“诗言志”是对“文以载道”与“缘情说”的原始性整合，而“艺术否定论”则是对“文以载道”与“缘情说”的当代性整合，从而使“艺术否定论”成为对“诗言志”的一个“本体性否定”。如周作人所说，由于“诗言志”之“志”在《尚书》中还是一个模糊的概念，所以它只阐述了文学的从属性质，但并没有阐释清楚文学从属于什么，这就一方面为官方的或教化的文学分别作了汉代服务于“礼”、宋代服务于“理”、现代服务于“政治”的逐步登峰造极的解释，以至于最终走向终结。这样的一种批判性描述，就把“文以载道”看作一个自然性的自我否定过程。另一方面，“缘情说”自魏晋的“任自然”的个性，到公安派的“独抒性灵、不拘格套”的叛逆式个性、再到五四的“绝望的”个性、当代的“私人化”个性，也同样走了一条从“文的自觉”到“人的自觉”、从对抗群体的个人到沉湎于个人体验的个人这么一个历程，从而在 20 世纪末提出以“个体理解”来穿越以往所有之“个人”的命题。这样，一部中国文学观念史，就成为文学摆脱从属性走向独立、文学逐渐以个体性的理解和体验支撑这独立的历史。这样，历史不同论视角下的文学观念演变，就不是没有价值差异的、周作人意义上的“徘徊”过程（尤其不能将五四的个性文学等同于明末的性灵文学），而是随着文明的式微，逐渐丧失了“诗言志”这一原初的文学观的意义的过程。

也因此，具体的文学观念史当然要涉及作家们具体的文学观，但这种涉及，必须在“差异”的意义上与“文以载道”的式微有关，也必须在“差异”的意义上与“缘情说”志向的自觉有关。否则，便没有必要进入历史不同论意义上的中国文学史。这意味着，历史不同论在对待汉代的价值观和文学观时，一方面要描述先秦民间意义上的儒学是如何被官方化、正统化的，指出“诗言志”由此开始走向自己载道的式微之路，并因此限制了汉代文学的整体水平（这种状况是中国古代文明不倡导人的“本体性否定”精神所导致的）；另一方面则要注意到，从《史记》、《汉书》对“文学”与“文章”的区别，已经可以看出这个时期的文论对大一统文学规范的反拨——一种划分文学与非文学之界线的意识。这种意识既是真正的文学否定精神的体现（对既定文化现实和文论现实的否定），因此文学史写作应该充分重视这种精神，同时，这种从“文体”角度讲文学性的思维方式也从此奠定了中国文学革命的“非本体性”（即不能上升到世界观的层面上理解文学的独立性）。因此，历史不同论又不得不同时对这种不能触及文学根本的“独立”持一种批判性的描述眼光。以此类推，历史不同论虽然充分注意到魏晋“文的自觉”、明末“心的自觉”、五四“人的自觉”之间的差异性，但由于历史不同论将价值定位在“对世界的独特之理解”的层面上，这就使得历史不同论在描述上述文学观时，不能不始终是批判性的描述。这样的一种描述，使得某种意义上中国文学观念史便是批判的文学观念史。

至于“文学作品的鉴定史”，由于好的文学作品对任何观念化的内容（无论是文学观念还是非文学观念）都是一种“本体性否定”，而差的作品则是这种“本体性否定”特性较弱的显示，由于这种否定最终是以作家独特的对世界的体验和理解为支撑，而不是以作家的个性和风格为支撑（艺术否定论认为任何作家都有其个性与风格，只不过有程度之差而已），这就使得一部中国文学作品史，不仅不应该将文学性的表达但实际上是非文学的文本放进“文学史”（如以《左传》为代表的历史文本和以《论语》为代表的诸子文本），而且也不应该将每个朝代、每个作家的代表作均放进文学史——前者无以跟文化现实和一般思想史构成“本体性否定”，后者无以和一般的文学现实构成“本体性否定”。或者说，历史不同论意义上的文学史由于有自己对文学的规定，就不可能将在基本意蕴和思想方面重复前人与他人的作品放在文学史中，也不可能将性质上是非文学性的、只是有具象性表达的文本放进文学史中来。有这样的一种规定之后,历史不同论意义上的中国文学史,也将不再以先秦散文、汉赋、唐诗、宋词、元曲、明清小说这种“文体的变革”来勾勒文学史,而是首先筛选出各类文体中实现文学否定现实程度最强的作品、并以这些作品之间的“不同性”关系来勾勒文学史。历史不同论虽然要涉及文学文体的变化,但这种变化,只是在文学否定现实的意义上来谈其得与失,而不是仅仅在“社会背景、时代决定文体”的意义上来谈特定文体产生的必然性的。这样一来,一部中国文学史,就呈现出这样三个基本格局——

一、除了《诗经》、《山海经》、《离骚》这些开辟了中国浪漫文学的先河,并以其原初文化性韵味“穿越”(本体性否定)了“儒、道、释”价值体系,从而奠定了中国文学史的基石的作品外,中国文学史尤其应该关注像《孔雀东南飞》、《木兰诗》、《望庐山瀑布》、《登幽州台歌》、《红楼梦》、《孔乙己》这些或对“儒、道、释”予以批判、或以其独特的“儒、道、释”均难以涵盖的人物形象寄托作者自己的审美理想的作品,并在此过程中将《陌上桑》这样的在价值观念上依附于儒家伦理的作品、《桃花源记》这样的有浓烈道家意识的作品、《江雪》(千山鸟飞绝,万径人踪灭)这样的禅意诗,放在文学史“非经典性”文本的行列。这样一来,传统文学史将上述作品等量齐观的状况将得到改观。就《诗经》、《离骚》等作品而言,我们虽然可以从中挖掘出“惟夫党人之偷乐兮”等符合儒家道德的内容,但在整体上,由于其未被文明污染的纯洁性、边缘性、神话性和含混性,它们可以和中国古代正统文学保持一种整体意蕴上的否定关系,是不言自明的。因此上述作品像西方的古希腊神话一样,因为其原初性而永葆魅力。就《孔雀东南飞》、《木兰诗》而言,它们之所以在价值上优于《陌上桑》和《桃花源记》这类作品,原因就在于《孔雀东南飞》以难能可贵的悲剧意识,对儒家依附性的价值观进行了控诉,而《陌上桑》却以伦理之爱压抑了个体之爱,并顺应了正统的道德观。《木兰诗》中的木兰像《红楼梦》中的贾宝玉一样,是正统价值规范和道家、释家均难以解释的人物,因体现了中国古代作家对现实的“本体性否定”意识而给人全新的感受,并由此获得世界性的认可。比较起来,像“千山鸟飞绝,万径人踪灭”,“春眠不觉晓,处处闻啼鸟”等虽然也可为千古名句,但这千古是以“儒、道、释”为价值中心时代的“千古”,是“儒、道、释”倡导生存快乐和现世享受的结果,因此这样的诗不可能给人带来启迪和心灵震撼感,也不可能激发人的“批判与创造”相统一的“本体性否定”冲动,自然也不符合历史不同论“对世界的独到理解”这一经典作品的艺术规定。

二、由于文学史的性质是对文学文本的记录,又由于中国早期文学的其中一个特点在于“文、史、哲”交融，更由于历史不同论对文学的“独特理解”之规定，这就使得文学史对待司马迁的《史记》，与对待先秦诸子散文与历史散文的态度不可同日而语。从哲学角度来说，先秦诸子散文在思想史上的地位是无可置疑的——其中每一个思想家基本上都有自己的对世界的独特理解，但由于诸子散文的目的在于阐明道理，形象、情感、比喻等只是作为技术处理的，这就使得诸子散文不能在文学史中占有突出的地位。反过来，《史记》之所以在中国文学史中占有重要地位，一是在于它的“究天人之际，通古今之变，成一家之言”的格局，正是“文、史、哲”高度统一的典范，从而使我们很难说它是一个纯粹的哲学文本、历史文本或文学文本，这种现象在中国思想史和文学史中都是独特的，因此应该被思想史和文学史同时关注；二是这部著作既体现了一个作家难能可贵的“是非颇谬于圣人”（班固语）的独特价值观，又体现了一个作家对社会和时代必要的批判意识，更无任何依附性的、遵命性的写作心态和内容，这就在一定程度上保证了这部著作高度的“独立性”，从而符合“本体性否定”对作品“史”的要求；三是这部著作以“人”为中心，既开辟了“纪传体”的史学新体裁，又为其建立生动的文学世界奠定了良好的基础，更以其故事性、戏剧性、描述性使得以“人”为本位而不是以“事”为本位成为现实，从而区别于《战国策》等以“事”为中心的历史文本。如此一来，《史记》就不仅是前无古人，而且是后无来者的——与之相比，班固的《汉书》就不仅显得过于依附正统儒学，而且也因为过于工整典雅而具有非文学性倾向。文学史当然可涉及班固的《汉书》、王充的《论衡》等，但必须以局限分析为主。

三、历史不同论意义上的中国文学史，将不再以文体演变为历史线索，也不再以作家来带动作品，而只以具有历史意义的经典作品与既定现实和既定文本的否定关系，来带动对其文体的分析和作家本人的分析，从而改变“社会—作家—作品”的模式。这意味着，文学史首先将以“小说史”、“诗词史”、“散文史”、“戏曲史”、“文论史”来代替“元代文学”、“明代文学”、“清代文学”这样的朝代划分，在“小说史”一章，将以“志人志怪小说—话本小说—文言小说—章回小说—现代小说”为基本结构。这样，不仅“清代前期和后期”的划分不再有必要，“谴责小说、倡优小说”这种诉诸内容的划分不再有必要，而且我们还将看出小说史中的“空白”（比如宋代小说的空白）。在“章回小说”中，文学史也不再以“社会—章回小说”为切入点，而是直接以诸如《水浒传》的文本分析来带动对社会背景的分析。在对《水浒传》的文本分析中，文学史也不单单离开艺术分析来谈文体问题（“章回”也好、“文言”也好，并不牵涉到小说价值高低的问题），而是在艺术否定现实实现自己的程度上来谈“章回小说”的功用，从而改变文学史的知识性质,强化文学史对现实的本体性否定性质。以此类推,文学史在分析《水浒传》的过程中,也不注重分析作者吴承恩这个人的基本情况,而是着重阐明《水浒传》与其他小说从内容到形式的区别之处,尤其要突出小说人物对既定的封建伦理的反叛之处所生发的艺术魅力,突出"梁山泊"这个艺术世界与《水浒后传》等小说在皇权意识、道德意识方面的区别之处,并以此确立《水浒传》的历史地位。

我就将这样的文学史称为21世纪的新的文学史观。

反传统·反文化·反文明辨析

传统包含着生物性亲情、人的原创冲动和具体的文化果实三种，反传统只能在后一种传统上成立。笼统的“反传统”是有害的。文化体现着人对世界不同的元理解，在西方是《圣经》，在中国则是《易经》；中西方人无论怎样发展均不会脱离这种元理解，所以“反文化”是不成立的。文明则是对元理解的再理解。

在中国，持续了近一个世纪的“反传统”思潮，终于在20世纪末期减弱了势头。尽管在市场经济——现代化的当代发展背景中，依然蕴含了一个告别传统文明的价值取向，显示出这一思潮从“精神”向“物质”的现代转化，但显然，以国学为标志的学术思潮，以弘扬传统文化为标志的意识形态，以对西学怀疑为特征的知识分子心态，至少暴露出以“反传统”为旗帜的五四新文化运动的问题。尽管也有不少人认为：在市场经济条件下，由“物欲”产生的对以往全部精神文化的消解，本身就蕴含着一种新的价值诞生的可能，并由此使“反传统”成为逐渐现实化的事情。但毕竟，“沉湎于物欲”与“对物欲形成区别于传统的看法”，进而诞生新的文化，终究还是两回事。这种区别，是使得我们并不对市场经济本身就抱文化性的乐观态度的缘由。市场经济或许可以给人们带来富裕，但并不一定能给人们带来新的心灵依托——心灵的问题，永远只能靠心灵来解决，而物质越丰富，这个问题便也越突出。这样，心灵依托、价值建设、精神状态的空虚性，就不仅与文化意义上的“反传统”休戚相关，而且与我们在反传统中对“传统”的一种模糊性认识也密切相关。这种模糊，一定程度上是持续了近一个世纪的、精神文化意义上的“反传统”必将陷入瘫痪的重要缘由。

其中，“反传统”与“反文化”的混淆、“反文化”与“反文明”的混淆，就是一例。

反什么传统?

应该说,由于"传统"是一个包容范围很大、争议很大,因而也缺乏具体内容指向的范畴,这就使我们在使用"反传统"这个概念时,更多具有直觉和情感的意义,体现的是被压抑的生命复苏的状态。又由于中国文化在近代以降的落伍,直觉和情感是我们面对这段历史的原生性反应,所以,"反传统"在表达我们对"传统"的"不满"这一点上,是无可非议的。而五四新文化运动,也正是在这一点上,至今仍显示出它的意义。问题在于:我们称为"传统"的东西,并不是指生命本身的状态如何,而是指历史上延续下来的由思想、道德、制度、风俗、艺术等体现出来的关于生命、关于生活方式的总称。如果我们是靠着这一总称成为中国人,也是靠着这一总称成为中国历史得以延续的中介,那么,疑问将首先提出:这个传统如何反?这个传统凭什么要反?这个传统又如何能反得掉呢?

也许有人说,作为稳定形态的传统,在其延续过程中总有变异。这种变异,正好使传统成为活的传统,或者说,传统干脆就是活的。在此意义上,传统是稳定性和变异性的统一。"四书五经"流传至今,但读"四书五经"的私塾教育方式已被淘汰。私塾被淘汰,但私塾作为概念并未被淘汰,或许能说明传统本身就是有它的消长性。反传统这个提法,正是这一消长性的要求。但问题在于:"传统"是稳定性和变异性的文化之总称,我们能否将那些可能克服的,或经过努力可以克服的习俗、观念、生活方式称为"传统"?这就是一个尚未予以深究的问题。准确地说:假如我们只能在传统中将那些形成传统的素材做一些筛选性的工作,那么这个工作能否用外延性极大的"反传统"来称谓,便是一个疑问。无视这个疑问,至少是导致肤浅的"全盘西化"行为的缘由之一。

我注意到E.希尔斯在他的《论传统》①一书中,提出了"实质性传统"和"积极的传统"②这两个范畴。大意是指:"实质性传统"与人类的一些原始心理需要密切相关,诸如敬重权威、怀旧、恋乡、渴盼家庭温情、道德感等(影片《克莱默夫妇》、《雨人》便是揭示了这种传统)。由于这种传统在中西方文化中普遍存在,而且在任何时代都普遍存在,所以也可以称为一种"人类的传统"。这一类传统,体现着人类对神圣性、确定性、规范性的内容追求的一面。"积极的传统"则相反。它是与反规范、虚无主义、原创性、个体性、科学主义相关的一种"反传

---

① 《论传统》(*Tradition*),上海:上海人民出版社,1991。

② 同上书,第315页。

统的传统”。这种传统在史前是通过“创世神话”等本源性神话体现的，在近现代则是通过个人性的创造、发明、立说来体现对稳定性传统的反叛的。“实质性传统”构成了传统稳定性的一面，“积极的传统”构成了传统变异性的一面。

我们近一个世纪的“反传统”，主要是指已经僵化了的儒家思想传统、以道德治国的社会传统和专制化的封建制度传统，“传统”在“代代相传”的意义上，至少由以下三种完全不一样的内容构成——

一、“人类的传统”由于具有超文化的特性，所以它不仅与人的本性相通，而且也与人的动物本性相通，这层意义上的传统应该视为人的宿命，而与“反传统”基本上没有什么关系。猴子对长者的尊重使得我们不能简单地说“尊老”只是人类的传统，狮王的权威感和威严感也使得我们不能简单否决动物界没有权威意识，燕子飞去又飞来也使得我们不能简单地说这只是气候使然，而没有恋乡怀旧的情结……如果这一类传统接近所有的生命“本能”，是一种永恒的生命现象，而不独属于人的文化性现象，那么，这一类传统不仅不应该“反”，而且也是“反”不掉的。西方近代启蒙学者，因为“怀乡情结”、“家庭感情”等无法被经验科学所证实，而对其采取否决的态度，其结果是证明了科学的无力或失败。而中国的反传统者，或者将“娜拉的出走”扩大为对家庭的反叛，或者因为反对专制性的权威而倡导绝对的“反权威”，或者将个人的孤独建立在可以舍弃友情和亲情之上……其实都体现为“反传统”问题上的情绪化和盲目性，其结果也自然是以偃旗息鼓告终。换句话说，由于我们没有将对生命的解放与生命本身对安定感的寻求，都作为生命本身的要求来看，结果，我们就“反”了不应该被反的传统，也“反”了永远也反不掉的传统——作为一种逆反，我们还很可能对目的在于生命解放的“反传统”本身产生怀疑，复古主义和保守主义思潮便最容易在此时泛起。这种在人类普遍的生命性情感内部制造“反”的现象，曲解了人和动物既具有向往温情和秩序的生命本能，也有喜欢差异冲破牢笼的生命本能，因此，当我们用一种本能来“反”另一种本能——诸如将西方文化解释为寻求差异的本能，东方文化解释为向往稳定的本能，由此产生一个所谓的“反文化”问题，便也同样是一种曲解。反过来，当我们将“反传统”特指对儒家束缚生命欲望的伦理的批判时，只不过是说：儒家思想作为一种文明，已经侵犯了由生命的丰富欲求所形成的传统，并已经构成了对这一传统的“反”和“违背”。这样，批判儒家思想所形成的伦理束缚，只不过是对儒家“反传统”的拨乱反正而已。

二、“原创性”和“个体性”一直是被作为“反传统”因素来对待的，而没有被作为“传统”的一个重要方面、甚至是“传统”之根来对待，这是迄今为止我们在“反传统”问题上的一个最大的盲点。因为我们是将那些可以看见、触摸的代代相传之物作为“传统”的，所以，看不见的“原创性”自然不在我们的关注之列；因为我们是在稳定性、群体性、固体性意义上来理解“传统”的，所以我们总是对还未被社会接受的“个体性”有所忽略。这就使得一方面我们解释不了那些看得见的传统是怎么来的问题，另一方面也解释不了制度、观念等稳定性的传统是否应该变化、如何变化，像新儒学那样的变化是不是我们所需要的变化等问题。于是，尴尬的情况就出现了：我们反对儒、道、释这些思想性的传统，但由于我们不会创造思想，所以便只能移植西方思想来作为我们的“新传统”——一旦发现西方思想并不适应我们，我们除了再次认同儒、道、释以外，便似乎一下子没有了传统。不仅如此，没有了传统的我们，还会为这种没有传统的自我现实辩护：不是我们没有创造力，而是我们对传统了解、知识积累得太少，好像“博学”自然会带来创造力似的；不是我们对待传统的思维方式和观念有问题，而是我们缺乏一种信念来和传统作持续性的对抗，于是，情感性地坚持五四激进的文化批判立场，遮蔽了五四激进的文化批判所暴露的理论上的问题。从根本上来说，传统的稳定性一面，是以其生命力和有效性自然而然地显示稳定性的，根本不需要人为地去弘扬；就像孔子“克己复礼”也无法挽救传统的命运一样，人为弘扬的传统内容，已经证明了这个传统的问题，再弘扬也是无济于事的。因此，新儒学的历史就是儒学逐渐衰亡的历史。反过来，传统变异性的一面，倒是在传统的无力性的基础上需要人发扬自己的原创性去努力的。尤其是在如何变化、变化成什么样这一点上，是需要我们去努力的。而这也正是五四新文化运动的教训所在：儒、道、释传统是中国人原创精神的产物，而五四以西学为参照进行传统的变革，丧失的正是这种原创。其结果，也必然是今天的文明的碎片、思想的拼盘，以及国人心灵上的空虚感，并由此宣告在整体上依托西学的流产。它从反面说明传统的延续，需要我们激发起另一种被遗忘了的传统——那种使稳定性、可见性的传统诞生的人的“原创性”之传统。

三、于是，真正需要我们今天“反”的“传统”，便是制约着我们思维方式、行为方式、生活方式的儒、道、释思想，以及建立在这种思想之上的制度、习俗、规范。但“反”在这里，并不是如五四时期那样采取“打倒孔家店”的推翻性态度，而是说，我们必须诉诸原创性产生新的思想体系，将儒、道、释化为这个体现内部的材料，并改变儒、道、释思想的性质和功能，才能使传统得以延续。按照斯宾格勒的说法，任何文明都要经历人的生长、成熟、衰老的过程，而创造性的否定（本体性否定）正是激活这个文明赖以生存的土壤——文化——的唯一有效的方式。正如西方的近代理性主义文明，是通过改变上帝的内涵、现实的内涵及其关系，变对教会的膜拜为对人的膜拜，变对生命现实（诸如人的情感、欲望等)的约束为对生命现实的尊重,变两者的家长制关系为平等式的关系来实现的一样,中国文化要在21世纪被重新激活,也同样需要在“天与人”、“义和利”等问题上,建立区别于儒、道、释的思想体系,进而诞生新的文明,才能够实现。

问题在于,我们应该注意到:中国儒、道、释文明,西方近代理性文明的诞生,并不是以其他文化的文明为价值参照的,而是通过激发起自己的原创性才得以成功的——即依赖于自己的看不见的、生成性的传统,“反传统”才能成功。而延续至今的五四“反传统”暴露的“问题”,一是在学术上从未产生过“如何反传统”的理论,多是直接的“拿来主义”,从而使新文化的内容不可能是创造性的;二是以救国代替思想的变革,或思想的变革以救国为尺度,这样,能救国的策略(如农村包围城市,新的焚书坑儒——“文革”)不一定是创造性的,而非创造性的策略,也就不一定能真正救国(中国的历史始终在“抗洪救灾”就是明证);三是以传统的方式来反传统,其结果必然是有气无力的(如以“重义轻利”来批判时下的“重利轻义”)。其中原因就在于,“重义轻利”和“重利轻义”是传统的两极性循环的组成部分,因而也不可能体现出“反传统”的功能。

文化不可“反”

多数人已承认,文化是一条河。一方面我们不可能在河岸上谈论文化(将文化作为一个外在对象谈论),也不可能上岸进入另一条河(全盘西化),更难以逆反性回归到流逝过的地方(企图用传统伦理来维持当代秩序)。在一般的情况下,这样说并无不可。但由于河流属于自然性运动,而文化和文明属于人的创造性产物,这就使得文化、文明的延续和变迁,不可能用任何自然物和自然性运动来进行准确的比喻。另一方面,如果传统真的划分为人的生物性传统(如乡情、亲情)、原创性传统、文化性传统(元理解)、文明性传统(再理解)这几个不同的层面,而如上所说,“反传统”又只能是反可进行再理解的“文明”(即反文明),那么,与含混的“反传统”相比较,同样延续近一个世纪的“反文化”概念,则是不成立的。

在多数情况下,当文化和文明都是“传统”的代名词时,人们总是将“反文化”与“反文明”混同使用,却在无形中忽略了这样一个情况:文化是不可改变的,而文明是可以改变的。先不谈文化和文明的各种定义,只要我们注意到西方文化无论怎样发展,都不可能改变自己的《圣经》血统,东方文化无论再怎么现代化,都不可能脱离自己的《易经》血缘这一点,我们就可以说:文化作为人对自然世界产生的第一次“元理解”,因为以后不再可能纯粹地面对自然,而不再重复——即不可能产生第二次"元理解"和重大更改。《圣经》作为西方文化的"元理解",以宗教文本特有的丰富性、神秘性和价值的彼在性,被以后的各种哲学家和不同的文明作过不同的阐发,形成所谓的古代文明、近代文明和现代文明,就是明证。或者说,我们所看见的西方的古代文明、近代文明和现代文明,无论在思想内涵上有多大差异,其实都是对《圣经》的不同诠释——理性代替上帝,艺术代替理性,但都没有取消价值的彼在性;而在彼在性消失的后现代,现代西方人的茫然和无聊,不正是在充分说明彼在性不在场之后的问题么?不正是在呼吁新的彼在性的诞生么?如果说西方人不可能产生不同于《圣经》的《易经》,那也就是说西方人永远不可能在文化血脉上接受东方的《易经》文化精髓。如此一来,为西方人欣赏东方的"天人合一"而欣喜,就像指责中国人为什么没有"彼在"意识一样荒唐。

如果中西方文化的比较,只是得出中国人缺乏西方式的"彼在"意识,或者大团圆似的希望中西方文化"合璧",依我看,这样的"比较文学"没有也罢。因为这样的"比较"和"批判",正是建立在文化之间可以彼此取代或可以融会成一个没有缺陷、没有差异的"文化乌托邦"基础之上,而在根本上,也正是文化可以"反"的意识在作祟。当然,我更愿意将其原因,看作是将文化与文明混淆的结果。这种混淆体现在,我们没有将《易经》与儒家思想,看作是一个"元理解"和"再理解"的不同性关系,即如果《易传》是对《易经》的一种诠释,那么《易传》就不可能是对《易经》的唯一解释,在文明转型的今天,我们也就可以建立不同于《易传》的对《易经》的新的解释。当我们说"反文化"时,其实在根本上并不是要反对《易经》文化,而是要对以《易传》为基础的儒家经典以及建立在此基础之上的封建伦理和古代文明进行批判而已。但因为我们没有对文化与文明的区分意识,没有对"反文化"之不可能与"反文明"之可能的理论阐述,所以我们用"反文化"的立场来"反文明",当然也就不仅反不掉什么,而且对"反"本身慢慢也会十分反感了。而在我看来,对"反"的反感与对"反文化"和"反文明"的不加辨析,是如出一辙的。因为对"反"反感的人,一旦重新"反"起来,还是会将"反文化"与"反文明"搅和到一起,结果还是什么也反不了。

另一方面,将"文化"理解为偏向于精神形态,"文明"理解为偏向于物质形态,则是较为普遍的文化观和文明观。而当精神优于物质的时候,文化作为大于和优于文明的概念,又是自然的推理。于是,伴随着物质文明进步的是精神文化的衰退,这又是推理中的推理。这种人为制造出的分裂性的文化观和文明观,其谬误一是在于,迄今为止,人类历史上从来没有过只有精神形态而没有物质形态的"文化",也从来没有只有物质形态而没有精神形态的"文明"——用精神和物质的两分法,不仅说明不了“文化”,也说明不了“文明”。一方面,人类的思想和艺术这些精神现象的产生,不仅离不开物质符号的表现,而且这些物质符号本身也是有变化的。纸张替代竹简,画布替代青铜,行为艺术替代博物馆艺术……但我们不能将这种变化叫作进步,叫作与原始相对立的文明。另一方面,机械化时代替代手工化时代,电子时代替代机械时代——如果我们不能指称哪个时代是“文明时代”、哪个时代不是“文明时代”,我们也就没有理由认为“野蛮时代”不是一种“文明”,顶多只能说那是一种和今天不同的“文明”;即便原始、手工、机械、电子的更替,是一个越来越“文明”的历程,我们也没有权利认为原始时代不是文明,顶多只能说,那只能是较低程度的文明,但仍然是文明。这样我们就不能说,文明时代与人类的野蛮时代是相“对立”的。“两分法”的谬误其二在于,如果说机械化时代有近代人文主义思想相伴随,今天的物质丰裕的信息化时代,在西方有多元化的后现代思想相伴随,那么我们不仅没有理由说,在今天所谓的“物质文明”时代“精神文化”已经衰退,而且也不能轻易地说,后现代的精神文化已经不如前现代的精神文化。因为当我们说“精神衰退”这个词时,显然是以价值中心主义时代、精神有其凝聚力为尺度的,但人类的历史表明,人类的精神形态也可以有非中心化时期,原始社会就是明证,即我们可以指陈当代人精神物欲化这个问题,但我们不能批评当代人精神形态的非中心化、多元化;我们尤其需要搞清楚,当代人精神物欲化的问题,本质上是来源于传统的“克欲”化的精神形态,因此,问题并不出现在当代人身上,而出在传统的精神形态的内核上。既如此,我们就可以将当代人的精神物欲化、茫然化,看作是建立不同于传统精神文化的一种新的精神形态,也就不能得出当代“精神文化衰退”这个命题。

更重要的是,如果一个时代有一个时代的精神性文化和物质性文化,如果我们不能指称某个时代是精神性文化、某个时代是物质性文化,那么,“文化”便只能分成两种——那种再怎么变也依然是中国人的文化和中国人在价值、思维等方面可以改变的文化。不可改变的文化既包括精神性内容,也包括物质性内容;可改变的文化也既包括精神性内容,也包括物质性内容。诸如中国人喜欢吃、喜欢用筷子、喜欢喝茶、喜欢团聚,这些都属于不可改变的文化,与此相应的价值和精神形态则是:中国人注重世俗和感官快乐体验,并不是什么不好的价值观念,倒是反衬出道家“简朴”的生活规范和儒家对“吃喝玩乐”的道德性指责的粗暴性和非现代性。或者说,儒、道、释是对中国人生存快乐的一种文化性规范,而这种规范在今天显然是应该改变的,因此它属于可改变的文化。

同样,筷子和团圆作为中国人的物质生存形态,则象征着中国人注重“平衡”、注重“完整”的世界观意义上的文化，是源远流长的，但对“平衡”和“完整”的理解，不同的时代可以是不同的。像两根分开而平行的筷子，当然首先区别于西方人对天的不平衡关系或优越性关系；但“平衡”，可以作利益均衡的平均主义的解释（这种解释与小生产者构成的农业文明息息相关），也可以用作专制之手所控制的“摆平”、“稳定”的解释（这种解释与儒家文明息息相关），自然也可以作“天人合一”、“心静自然凉”的道家、禅宗和谐论美学的解释。在今天，在“否定本体论”中，当然也可以作“天人分立”、“义利分立”、“快感和美感分立”、“生存世界与存在世界分立”的新的解释。在此意义上，我将习俗意义上的或者民间性文化，理解为“本根”意义上的文化或可供再解释的文化，而将制度性文化、思想性文化、道德性文化、学术性文化，理解为可再建立性文化——前者因为其意义的朦胧性、混杂性、原始性和抽象性，需要后者予以再阐释，才具有时代性、现实性和规范性。因此，所谓“反文化”不可能是反对前一种原初性文化，而只能反对可进行再解释性的文化。具体说来，就是儒、道、释价值观念以及由此派生出来的各种精神规范、行为规范。这样一来，诸如所谓的“吃”的文化就不一定必然导向“民以食为天”、“好吃懒做”这些儒家性的解释，还可以导向新的解释。比如“民以食为天”可改成“人以食为天”，“人以食为天”可改成“人不可或缺的一种世界”，但意思已经明显区别于“民以食为天”。又比如好吃者必然在体力行为上懒，但在智力上并不一定“懒做”，即便是“好吃懒做”，只要不妨碍和伤害他人，作为各人的喜好，也不必要进行道德性指责，既如此，“好吃懒做”作为一个贬义词，也就没有必要存在。

这样，在“否定本体论”中，我将不可“反”的文化称为“文化”，而将可“反”的文化，称为“文明”。

文明：错误的反与正确的反

20世纪初，自“新戏”被称作“文明戏”开始，中国人所理解的“文明”在被等同于新生事物的时候，便一方面与“落后”相对立，儒、道、释文明和中国传统戏曲不是被作为“另一种文明和文明戏”去理解，而是像文言文一样，被作为陈腐的事物来抛弃，从而暴露出“反”的观念上的错误；另一方面，当“新生事物”与“中国现代文明”这两个有重大差异的范畴被混为一谈、接纳新生事物便是建立新文明时，便又暴露出“反”的方法性错误。于是，这就注定我们要踏上一条充满误区的、注定要失败的破旧立新的征途，也注定中国知识分子要在20世纪末，喟然兴叹新文化建设的无力、茫然和不甘。

当中国人喜欢用“新与旧”来理解社会变革和价值变革的问题(如新社会、新时期)时,西方人则喜欢用“进步论”来描述人类历史的形成和发展,而其在“否定”问题上的共同“局限”就是:今天比过去要好,新的比旧的要好。既然如此,旧的和过去的就应该被淘汰、克服和消灭。也因为这种共同性,“进步论”便成为一个容易被中国人接受的范畴,用现代的观念来表达传统心态中就有的“喜新厌旧”心理。只不过,传统心态中就有的“喜新厌旧”是在传统文明内部、事物之间的变化(如体制不变朝代变),而五四时期的“喜新厌旧”,则是对传统文明及其价值体系的厌倦。但这种厌倦的起因,并不直接来自国人对文明转型的自觉,而是来自国力的衰弱。这自然导致五四先知对文明转型理论研究的忽略。如此一来,体现西方强盛的西方文明的一切事物,因为其陌生化而具有新的含义、好的含义,乃至美的含义。而中国传统文明中的一些事物(如旗袍和长袍、京剧和戏曲),也因为体现出国力的衰弱及其传统价值观念,因而具有了贬义。这样,当新文化运动的代表者鲁迅,不仅仅是从个人兴趣爱好来对京剧颇有微词时,就更加将这个问题突出了出来。

应该说,文明史的本质便是思想史,思想的重大变革常常是文明转型的决定性因素。因此,当以爱因斯坦、尼采为代表的现代思想,对以牛顿、黑格尔为代表的近代思想予以批判时,历史究竟发生了什么,这是我们应该予以追问的。这种追问一方面是指,爱因斯坦和尼采对西方整个传统科学和价值观念发难,究竟是因为以牛顿和黑格尔为代表的传统观念不行了、落后了,还是指现代人应该开辟一个不同于以往的价值世界来安放自己的心灵?这种开辟是指从此可以代替传统的价值观,还是指随着这种开辟,人类的生活越来越成为一种有历史、有多种时空的生活,而传统文明的价值观念,只不过是在“非依托性”的领域中,发挥着它的影响力?从今天的情况来看,我们已经可以说,处在19世纪末期的西方人,是因为近代理性主义不能有效解释二次大战爆发后的现实世界进而被怀疑的,但这并不意味着近代理性主义不能解释人的理性层面上的生活(如法律和社会规范),也不意味着牛顿的绝对时空观在今天多元化的世界中不再起某种作用(如当代人对科学的崇拜)。说近代理性主义应该被批判,是指当它以理性万能的态度面对世界时,人的潜在的、反规范的生命世界,必然成为其盲区和局限。因此,当人的这个非理性世界被激发起来之后,理性主义文明必然不能成为人的心灵依托。这一点,首先决定了“反文明”应该是对既定文明“局限性”的批判,而不是对既定文明本身的批判;既然是批判既定文明的局限(由于任何文明都有其长处和短处),这种批判就不是取消既定文明的价值观,而是诞生一种能弥补这种局限的价值观和世界观,使两种有重大差异的世界观、价值观不同而并立——现代文明的价值观解决人的心灵上的可能性、多元性和个人性问题,而近代文明的价值观解决人的生存世界(这个世界本质上是无序的)的法规性和普遍性问题。这样,生存世界和心灵世界也就不可混淆。西方的“进步论”世界观之所以是有问题的,正在于它将现代文明对近代文明“局限”的弥补,在整体上看作是比近代文明优越,而忽略了近代文明的长处(形而上、爱、秩序等),本身也反衬出现代文明的短处(世俗、唯我独尊、无序等)。

由此,中国新文化运动反对传统文明的问题,便昭然若揭:由新与旧的思维,不仅衍化出激烈的反传统行为——所谓全盘“否定”传统文明,而且在一个世纪的反封建思潮中,我们也不能够处理好西方近代文明和现代文明这两种文明的关系。于是,多种文明交织冲撞,必然产生力的抵消,甚至导致对“反文明”的“反”。就前者而言,“全盘否定”在理论资源上或许有尼采的“重估一切价值”作为支撑,但尼采的“重估”是为了“找到自己”,这已被无形中忽略了。“全盘否定”当然也注意到“文明”的整体性问题,不相信西方文明和中国古代文明可以整合成一个活生生的新文明,但总体上说,“全盘否定”诉诸换一个新文明的思维方式,却是建立在对传统文明的取消的基础上的。而当实践的效果证明我们实际上不可能取消传统文明的什么、取消传统文明的做法无异于破坏的时候,作为一种逆反,它还会导致以所谓“学术”的姿态来积累和捍卫传统文明的当代性立场,从而产生对“反文明”的“反”的效果。就后者而言,由于“取消论”依赖于“新旧论”,所以,一方面我们会认为西方的现代文明优于近代文明,近代文明优于古代文明,从而错误地理解了西方文明更替的实质性内容;另一方面,当西方近现代文明在20世纪的中国同时登场时,西方近现代思想在中国的纠缠(如主体论过时之争、“Pass北岛”之争、现代和后现代之争)所耗费的精力,几乎已超过中国知识分子共同的批判儒、道、释文明的努力。在这种纠缠中,中国古代文明的转型抑或现代化问题,已经从“什么是中国的现代化”,转变为以西方文明为参照的“什么是最现代”问题的讨论,即是像西方那样的按部就班、还是可以跨阶段的讨论。其结果,也就必然使“反文明”在中国成了吸取西方哪种“新文明”的伪问题。

于是,中国的“反文明”究竟意味着什么,便成了学术界迄今没回答好的问题。

自然,由于中国从未真正完成过“反文明”,参照西方文明变迁的经验是自然的。但参照西方文明变迁的“什么经验”,则又是未曾深究的。在我看来,西方文明变迁的首要经验,无论是古代文明、近代文明还是现代文明,都是在没有其他现成的文明的参照下诞生的,或者说,西方各个阶段的文明是西方人根据自己文明内部的要求,由他们自己创造出来的——这就像中国的儒、道、释文明,是中国古人自己创造出来的一样。这意味着,一种文明的底蕴是一种思想或一组内涵相近的思想奠定的,而任何一种成为思想的思想都不可能是参照、融会、整合前人思想而成的。正像尼采的思想不是整合任何前人的思想而成的一样,我们也不能说以儒家思想为底蕴、整合佛学的"宋明理学",是一种区别于儒、道、释的独特的思想。否则,宋代就会建立起自己的文明,而不仅仅是一个"宋朝"。这也意味着,一种能被称为"独特"的思想,必须在"世界观"和"价值观"上与前人和异域的思想构成根本的区别,因此,能支撑起一种文明的思想必须对一切既定的思想进行全方位的批判,并在这种批判中诞生自己的思想。古希腊文明的支柱——柏拉图和亚里士多德是这样,西方近代文明的支柱——康德和黑格尔是这样,中国古代文明的支柱——孔子和老子也是这样。或者说,我们可以在这些思想家的思想中找到前人思想的"材料",但使这些思想家真正成为自身的,却无疑是他们自己的思想创造。在此意义上,也可以说,一切能移植的都是"技术",而"文明"却只能是创造的结晶。因此,文明不等于技术,现代文明不等于高科技。

反过来,由于我们一直将新文明等同于新事物,而新的事物却并不一定是创造性的事物——一个世纪以来,我们所说的新事物,其实就是指我们没有见过的西方现成的事物——其状态、其性质和刘姥姥进大观园是一样的,这就使我们一个世纪的"反文明",从来没有指向真正的文明的创造。其目的不是在于创造文明的"反文明",其结果必然是各种新旧事物堆积的"碎片":这种碎片状态,就既不是古代文明,也不是现代文明,甚至什么文明都不是。具体说来,任何新的现成的事物,一旦被我们熟悉和占有,就会成为旧的事物,新与旧是可以循环的。20 世纪西方各种思潮在中国的迭起、转换和重复,五四启蒙思潮在 80 年代的复兴,就是一例。而文明的性质由于是建立在"自己的思想"之上,所以就不存在"新与旧"的问题。"自己的思想"让一个人或一群人"心安",而陌生化的异域思想只能让一个人或一群人"新奇";"心安"是独立的,所以不是激进与保守所能解释的,而"趋新"和"保守"的人由于均存在"自己的思想"的空缺,所以内心深处肯定是不充实的。在此意义上,中国古代知识分子由于有儒、道、释思想作为支撑,所以他们是心安的,而中国当代知识分子由于没有自己对世界的思想,所以必定是不安的。这种不安,不是标志着五四新文化运动始终未完成,而是标志着参照西方既定的、新的事物来"反文明"的批判行为的破产。这种破产不应该被理解为中国当代知识分子的悲剧,而是处在思想贫困状态下的中国知识分子的必然结局。相对于我们从此意识到什么才是真正的"反文明"而言,这种破产应该是幸事。

对伦理常识的“本体性否定”

儒学若干精华的否定主义改造

所谓“穿越”，意指依据中国当代现实问题的特殊性，同时改造中西方的思想精华，当然也包括同时改造中西方思想糟粕。改造后的精华不一定还是精华，改造后的糟粕也不一定还是糟粕。因此“穿越”是不离开既定的思想材料，但又到达既定思想以外的地方。这里所列的二十条，是儒学的否定主义改造的初步尝试。

1. 己所不欲，勿施于人，己之所欲，亦勿施于人，但可说于人

孔子原文“己所不欲，勿施于人”（《论语·颜渊》），“己欲立而立人，己欲达而达人”（《论语·雍也》），意在强调君子的行为规范和表率作用，亦在加强人的道德自律，对纠正中国文化中的口是心非等问题，具有一定作用。在今天中国的哲学界，有不少学者认为它是普世伦理。但中国当代现实的问题是，且不说知识分子是否已经掌握了可启蒙大众的真理——依据西学来对中国大众进行启蒙疑问颇多——即便回答是肯定的，我们也不能拿着这真理要求大众接受，这是中国知识分子特别需要注意的。而在个体意识逐渐增强的当代社会，一个人自己想要的或倡导的，不能要求别人也去要，更不能强加于人，而只能通过说话影响社会——西方文化在对待东方文化上，同样存在这个问题。“己所不欲，勿施于人”在逻辑上不一定推导出“己之所欲，可施于人”，但在功效上则很容易如此。因此，否定主义哲学认为“己之所欲，亦勿施于人，但可说于人”是对第一句话的当代制约，并改变了第一句话的性质。

2. 学而不思则罔，思而不批则殆

孔子原文“学而不思则罔，思而不学则殆”（《论语·为政》），意在强调学与思的互动关系，一般意义上没有什么错。学而不思则难以消化吸收，思而不学则难免空疏之害。然而，纵如下则所说的“终日不食，终夜不寝，以思”、“无益，

不如学也”，并未触及问题的关键：中国文化在晚近的衰落，20 世纪中国知识分子的所谓“失语症”，人文精神讨论中知识分子之所以说不出中国当代的人文主义是什么，均与我们在“思”上只有阐释、认同、消化性思考，缺乏批判、创造性思考有关。因此，中国学者在“思”问题上的“否定”，也是认同新的思想来抛弃旧的思想的同义语，其“批判”只具有“选择新的思想”之意，而不包含“创造自己思想”之意。长此以往，自然会耽搁事情，并造成各种文化性危机。因此，否定主义哲学主张以“学”、“思”、“批”的三元关系穿越“学”与“思”的二元关系，其“批”也是否定主义意义上的“批判与创造”的含义，并对“学”与“思”进行了价值限定——“学”解决的是求知的问题，“思”解决的是对知识的消化问题，“批”解决的则是“学与思”中的自我实现等问题。

3. 君子忧贫亦忧道，学不仅为禄

孔子原文“君子谋道不谋食……学也，禄在其中矣。君子忧道不忧贫”（《论语·卫灵公》），意在强调和要求知识分子不在意贫困，只关心“道”之能否行于世，或者可通过读书致富，所谓学而优则仕、仕则富，这触及了知识分子的人文关怀胜于利益关怀的问题。然而，孔子的思路存在三个问题。一是知识分子在过去和今天均难以做到“不忧贫”，只不过是通过读书做官去脱贫，这只是方式问题，因此不必虚伪地称自己“不忧贫”（无论是个人之贫还是国家之贫）。二是将“道”与“贫”对立，其“道”便可能是对“脱贫”不管用的“道”，这种“道”便只能是“轻利”之道，这与当代改革实践不符合，也与对人性的尊重不符合。否定主义哲学认为，“道”可以不限于“食”，但不能轻视“食”。三是通过读书做官致富，无疑容易将求知作为生存快乐的工具，从而忽略了探求自己的“道”以获得心灵依托的问题，因为心灵依托与贫富无关。因此，不是通过学去为禄，而是学可以为禄、也可为与禄无关的心灵问题。这样，学就有“生存”之学与“存在”之学的区别。

4. 尊人、敬优、孝老、护幼，缺一不可

“尊老爱幼”是儒学的精华，西方的“人人平等”则是西学的精华，否定主义哲学均主张改造之。“尊老爱幼”中显然不包含“人人平等”意义上的“尊重”之意，否则就应该连孩子也尊重；而“尊老”也不能区分“孝老”、“敬老”等不同含义。但否定主义哲学也不认为在中国可以实现以“个人权利”为单位的“人人平等”——中国人将心灵幸福看作比个人权利更高的人生境界，所以否定主义改造后取“尊人”之意。即任何人都需要尊重——不管是男女老少还是所谓渺小的人，甚至是自己的敌人，你都不能将之当狗，而应该当人。但不是人人都可以“尊敬”的，我们只能尊敬优秀的，老人如果不优秀，也不一定就能获得人们的尊敬。但优秀的不一定是圣人,也不一定是英雄,在我这里主要指富有创造性的或尊重创造性的人。对老人应该“孝”,即便你不尊敬老人,或者和父母关系不太好,也应该“孝老”或“孝敬”老人,尤其是对老人身心的关怀。至于对孩子,不能是笼统的“爱幼”。因为传统意义上的“爱幼”,更多的是把玩和溺爱,无法区分爱的不同性质,所以对孩子还是“呵护”、“爱护”其成长为妥。

5. 尊利、守法、求义

“重义轻利”和“重利轻义”是中国传统文化中二元对立的思想。否定主义哲学不赞同用“重”和“轻”来处理两者的关系,并认为“重利”是过去“轻利”的逻辑结果——有轻必有重,有禁锢必有放纵。当代社会必须建立“尊重利益而不限于利益”的新的道德观与思维方式。因为利益与快感相关,属于人的本能;本能既不属于丑也不属于美,而属于否定主义美学中的“正常”。我们只能说当代人不能“唯利”或“沉湎于利”,但不能“轻利”,亦即不能轻视正常的东西。何况不少“轻利”者一转身似乎比谁都重视利益——这在知识分子中更常见。重要的是,儒学中的“义”没有区分法规之“义”与心灵依托之“义”的不同质。对法规之“义”,我们只能无条件遵守,而不是孔子所说的“见利思义”——如果这里的“义”是“君子喻于义”的“义”,那么在效果上就还是会“轻利”;而对心灵依托之“义”,由于传统的信仰、人生观、世界观在当代有一个思想原创问题,属于我们这个时代的思想和理论还不在场,所以今天是一个求索的时代。即便我们以后建立起属于我们这个时代的“义”,个人与这个“义”的关系仍然是一个穿越、消化、探索自己的理解的问题,而不仅仅是选择与认同。

6. 三人行,或有知识之师,但恐无创造之师

孔子的“三人行,必有吾师焉。择其善者而从之,其不善者而改之”(《论语·述而》),主要是在知识和道德论意义上讲的,即任何人都有知识和道德意义上的长处与短处,我们要善于发现别人的长处而学习,在知识论和道德论上这没有错。但在今天,不但获得知识的途径已经多种多样,而且获得知识已不能作为今天教育的最高境界。即素质教育所要求的创新教育,已经对传统知识传授型教育构成了巨大挑战,能面对并承担这样挑战的“师”,现在三十个人中间也不一定有一个。而这样的“师”的缺乏,无疑是中国当代教育迫在眉睫的课题。不仅如此,传统道德在今天也处在需要重建、重组的状态中,何为善何为不善,今天应该有新的思考。这样,“三人行,或有知识之师,但恐无创造之师”,并不构成对孔子观点的排斥,但又可以映射出孔子言论的当代性局限,并穿越了孔子的思想,揭示出当代教育的问题。

7. 和而不同,和为和气;不同才和,和为尊敬

子曰“君子和而不同,小人同而不和”(《论语·子路》),钱穆释为“君子能相合,但不相同。小人只相同,但不相合”(《论语新解》),意思是不错的。“和而不同”因此成为儒学中的精华之一,并且依然为不少当代学者所认同。但“和而不同”中的“不同”,主要是指个性不同、表达不同、风格不同、阐释不同,而很难容纳世界观的不同——比如儒学能否容纳西学,比如孔子是否容纳反对儒学的人和思想。如此,其“和”主要讲的是和气与礼节,但并不一定能消除对他者的轻视,也就很难与当代多元化思想相通。“中体西用”和“西体中用”,就是这种不对等的“和”的表征。即便“和而不同”可以引申出当代多元思想和谐共生的意思,但它也容易混淆中国文化内部儒、道、释的共生与《圣经》和《易经》共生的不同质——前者没有内在价值的冲突,而后者则存在世界观的重大差异。“和而不同”更难区分可选择的思想多元化,还是思想家之间的思想的多元化。可选择的思想因为异己性而不稳定,从而也会产生排他性;自己产生的思想因为独立性,从而也会真正尊敬他人的思想独立性。如此,“不同才和”便成为相互尊重与尊敬之和,而不是人伦之和、情感之和与功利性的“和气生财”之和。“不同才和”由此成为对“和而不同”的包容与穿越。

8. 述而有作,切问远思;无远虑之近忧,忧之犹存

孔子原文分别是“述而不作”(《论语·述而》)和“切问近思”。前者意指对先王之言只阐释而不创新,后者则是指从切身近处去问去思,可免缥缈玄想。前者或可是孔子的谦词,但作为治学的方法与境界,其后果未免消极。因为依附和模仿是人的本能,而创新和创造则需要人的努力。“述而不作”不但不提倡创新,反而只提倡描述与阐释,这就难怪中国思想史中的独创性思想少之又少,而多“宗经”与“释经”之作——虽有个性化劳作,但无世界观的重大突破。而“切问近思”虽然有中国思想贴近现实务实的优点,但由于儒学将“人无远虑”和“必有近忧”对立起来,要么过于狭窄实际,要么就过于高蹈空虚,而不善于通过“近忧”而“远虑”,由切近之问推及长远之思,由中国之忧推及人类之虑,所以“近忧”与“远虑”就都解决不了。比如“抗洪救灾”如果只停留在“水来土屯”的层次,那是不可能真正解决洪涝问题的——所谓中国就是“抗洪救灾”的历史是也。因此,建立“切问远思”、“由近及远”的“穿越性思维”,已迫在眉睫。

9. 吃喝玩乐,人之本能,中性词也

在中国传统思想中,“吃喝玩乐”虽然不像“好吃懒做”那样具有贬义,但还是不及“君子喻于义”那样高尚——虽然君子与小人一样都需要甚至喜欢吃喝玩乐。儒学常常不是忽略人正常的欲求,就是将人正常的欲求看作是比“仁、义、礼、智、信”低一个层次的,并制造出不是“伟大”便是“藐小”的二元冲突思

维——"艰苦"与"享乐"正是这种二元对立的结果。其实,只要一个人不妨碍和伤害他人,吃喝玩乐就既不属于美,也不属于丑,而是一个中性概念。而现实的情况是,不少轻视吃喝玩乐的人,一转身也很喜欢吃喝玩乐,这就难免虚伪。而社会的发展是引导人们去享受还是过艰苦的生活,也十分明了。特别是,一个人如果继承了一笔遗产,不工作就可以活,我们也没有必要以"好吃懒做"指责人家。我们充其量只能说,人不能停留在"吃喝玩乐"、"好吃懒做"的状态,但这不等于轻视他们。二者既是中性词,我们也就没有必要羞于谈论它,更没有必要在审美上贬低它。

10. 文以化道,文显个道

"文以载道"是中国传统的主流文学观,并作为文化积淀延续至今。西方的"艺术即形式"之所以难以冲击它,原因一是在于中国没有纯粹形式的土壤,二在于它是以拒绝"道"的方式来反"文以载道",并未改变"文"与"道"的关系。否定主义文艺学认为,"文以载道"一方面突出的是文学对"道"的从属性,另一方面也没有突出"个体之道"对"群体之道"的穿越性,因此作为一种文学观,它体现的是中国文化对中国文学的要求和统摄。因此否定主义文艺学主张以"文以化道"和"文显个道"来穿越之。"文以化道"是指文学中可以有思想材料,但性质不在思想和观念上,而是以文学性世界将之化成丰富的意味;所谓"文显个道",是指文学家以文学的方式穿越了群体性的道,建立起个体化的道,这就使得文学世界中的意蕴具有独特性。所谓卡夫卡的丰富不等于曹雪芹的丰富是也。这是文学与道的双关含义,并在某种意义上可以概括古今中外文学经典的基本特征。

11. 身在创造,家在和睦,国在强盛,天下在均衡,道不同,求亦不同

《礼记·大学》和《朱子文集》等均强调"修身"为治理家庭、国家和天下之本,所谓"修齐治平"也。其思维方式是道德治己和推己及家、及国、及天下。否定主义哲学认为,在当代尊重个体的社会条件下,个人的价值判断、需要与行为方式,不能用来推及他人和要求社会,而只具有自己安身立命的意义。当然这里需要区分公共道德和个人道德:公共道德不属于个人"修"的范围,而只能遵守;而个人道德则属于价值观的多元化问题。关键是,个人、家庭、国家、天下,有不同的价值尺度和内在理路:个人的价值在于自我创造实现,家庭需要稳定和睦,国家需要兴盛强大,只有力量均衡才能天下太平。将"平天下"作为个人修身养性的终极目的,一方面极可能与各种专制主义(中心主义、家天下、世界霸权)合谋,另一方面个人的自我实现与创造不一定就能带来家庭和睦;而个人的道德完善,也不一定能带来国家的发展与强大;而任何一种文化均有长短,只

有不同而均衡，才能天下太平。将个人、家庭、国家、人类不同性质的关系混为一谈，最后可能既没有了个人，也没有了国家。或者说国家个人化了，而个人则国家化了。

12. 道不同，不相为谋，但可互尊；小道不同，可并立，大道不同，可对话

孔子原话“道不同，不相为谋”（《论语·卫灵公》），大意是指思想不同，不能相互商讨谋划，这是可以理解的。在价值中心主义或思想专制时代，“不相为谋”极易导致对异己之道的排斥，思想流派也极易演化为思想帮派，并通向话语霸权。这在某种意义上依然是中国当代思想文化的现实。否定主义哲学认为，在价值多元化的今天，道不同虽然很难为谋，但可相互尊重。因为任何一种道均有长短，所以道之间很难是优越、相克的关系。因为在对话中可了解他人之道的长处和自己之道的短处，有利于更清醒地运用自己的道，也有利于发展自己的道。尊重与对话不是消除差异，恰恰相反，而是了解对方何以与自己不同。问题在于区分小道和大道。小道是在文化内部世界观与价值观的分歧，可以彼此尊重并立；大道是指文化之间世界观与价值观的差异，可以彼此理解对话。并立是不排斥，对话是了解对方何以然。

13. 天人分立而对等；天法自然，人法创造；自然随意而空虚，创造充实而艰难，各有利弊也；人可利用天，不可轻视天或合于天；人之内的天与人之外的天，同等视之。

“天人合一”是儒学的主导思想。即便子产意识到“天道远，人道迩”，荀子强调“明于天人之分”，但前者最后还是说“夫礼，天之经也，地之义也”，后者最后还是说“天地生君子”，倡导人道以天道为皈依。西方建立在宗教基础上的“天人对立”，其好处在于意识到人与天的不同性质，鼓励人之创造，但其弊端在于“人优于天”和“人征服天”，不符合中国文化的和谐精神。因此否定主义哲学汲取西方人与天在性质上不同的思想，改“人优于天”为“人不同于天”，“人征服天”为“人尊重天而利用天”，突出人的创造性而不是侵略性。通过“创造不优于非创造”的哲学本体论建立人与天“不同而对等”的中国现代天人观，从而完成对“天人合一”与“天人对立”的双重穿越。所谓“天法自然”，意思在于“天道”是人不可能规定的，无论是“鸟往高处飞”还是“水往低处流”，都不等于“天道”和“自然”。真正的天道便是无规定的自然，便是除创造以外的什么都可能；而“人法创造”是对笼统的人为性、能动性、主观性、感性等范畴的价值限定，亦即后面这些范畴不能真正区分天性与人性。

14. 饮食，美味，色欲，人之文化性自然，以不妨害他人为界也

朱熹在《语类》中说“存天理，灭人欲”，“饮食者，天理也；要求美味，人欲

也”,其轻视人的享乐欲求昭然若揭。此语一方面可以衔接上孔子的“小人喻于利”的轻利思想,一方面可以与老庄的“水往低处流”的尚贫精神合谋,并导致道德论与审美论对“色欲”的排斥。否定主义伦理学认为朱熹观念的危害在于:它合于天然的自然,但违背人所创造的文化性自然。即天然的和人所创造的均为人的生存现实和欲望现实,而人所创造的文化果实即蕴含享受之意。如此,吃饱了想吃好,吃好了想娱乐,均是欲望正常的延伸。正常欲望既不伟大,也不渺小,却是中国当代美学缺少的环节。传统伦理在人的欲望延伸上横轧一刀,这就违背了人的文化性自然,并使国人在“吃饱”与“吃不饱”之间循环,并使中国文学始终围绕生存问题而“呐喊”。只不过,欲望拓展会导致人相互间的利益冲突,因此人成之为人,应该设立其初衷和效果均不妨害他人的边界。这个边界可有文化的与时代的差异。我们的问题在于如何设置中国当代尊重和不妨害他人的边界。这也意味着,食欲与色欲并不存在价值高低,它只是人欲望对象的不同,喜好对象的不同,而其性质都在欲望满足和身心享受。我们要警惕的只是一个人成天沉浸在欲望满足中而没有非欲望化的时空。

15. 忧无个人之天下,乐有天下之个人

范仲淹的原文是“先天下之忧而忧,后天下之乐而乐”(《岳阳楼记》),意在凸显中国传统知识分子先社会后个人的价值观念与思维方式,是中国传统知识分子忧患意识的典型体现,并在传统社会中发挥过积极的作用。只是,这一价值观念对“什么天下”并无追问,也无反省,这就容易导致这样一个当代性问题:如果一种天下是无视个人的天下,或者是由“先天下后个人”的意识组成的天下,那么这个天下是谁的天下?而先于这个不清楚的天下去忧、后于这个不清楚的天下去乐,其忧患的价值同样是可疑的。就像出国不等于不爱国,爱国也不等于将“爱国”二字挂在嘴边,打着为天下的旗帜谋私利,或者为维护一个专制性的天下去忧患,今天同样疑问大存一样。另一方面,今天市场经济兴起,人们从过去的“大公无私”摇身变为“私字当头”,从而使得个人化、私人化泛滥,人类关怀与群体关怀逐日失去,个人由此成为没有责任感的个人,也不能不与过去的“轻个人”的天下观有关。因此,否定主义哲学主张忧虑无个人的天下,而倡导心中有天下的个人,是对范仲淹的这句名言的当代性改造。其基本原则是:为个人与为天下,是一个健康人格在不同时空下的不同需要,二者不应该是相克的。关键是:有的时候,为天下就是为个人,因为天下保不住,个人也就没有了(如抗洪救灾);有的时候,为个人就是为天下,因为没有个人的幸福与发展,天下又如何真正富强(如按绩取酬)?

16. 拜物丧志,轻物损身;玩物而不寄于物,人之健康也

《尚书》云“玩物丧志”，意指人沉湎于玩赏某物便会丧失积极进取的意志。这个观念传达出重精神轻物质的中国传统价值取向。“玩物丧志”确实可以涵盖人类历史越来越物化所带来的问题：随着人们物欲快感的膨胀，精神、理想、意志已逐渐远离我们。但我们没有想到，造成今天“玩物丧志”的原因，恰恰在于以往我们不健康地轻视了物，才会逆反性地导致沉湎于物。因为玩物或物欲是人的本能，它直接与人们的日常生活和舒适欲望相关。你约束了它，其实并没有消灭它——它存在的方式就是使人们对玩物和物欲更感兴趣，不是偷偷摸摸地满足，便是稍有可能即沉湎于它。因此否定主义哲学认为必须对这个观念进行如下改造：轻视物或物欲，损害的是身体，因为身体、快感、玩物、物欲是相关的；沉湎于物和物欲的拜物主义，损害的是意志，这在今天特别应该引起人们的警惕；只有玩物而不寄于物，对物欲采取若即若离的放松态度，才是健康的人生观念。玩物而不寄于物，是指既不排斥物，也不迷恋物，这就是否定主义哲学所认为的“健康人格”和“正常人格”。

17. 仕而学在仕，学而仕在学

《论语》原文是：“子夏曰‘仕而优则学，学而优则仕’”，意思是做官优秀或有余可研究学问，求学优秀或有余可做官。后者可引申为“读书做官”或“不仕”则“学无用”，学的终极目的在于“治天下”；前者引申意指做官做得好，必须从古人的言论中汲取经验、增长识见，所谓“半部《论语》治天下”。在学统与政统一体化、“学以致用”的中国，学与仕的上述关系是有意义的。问题在于，孔子读书的终极目的在于以“仁”治国，而儒学所讲的包括读书在内的修身，最后也是为了“平天下”，这就混淆了学术与政治的不同性质：学术可以也应该讲功用，但这功用是启迪民众、影响社会，而不是直接制约民众、改造社会——后者是政治的职责和功用。因此，从先秦儒学到汉代官学，其学术已经发生了政治性的转换，而孔子的局限在于将学术当做政治来努力，所以他肯定碰壁，其“仁政”也从来没有真正实现过。20 世纪中国知识分子的误区在于：倡导西学的意义只在于启迪国人，但不应该将西方的体制和观念实施于中国，否则，其努力只能是悲剧性的。否定主义哲学认为：政治家研究学问，肯定是把学问作为工具来服务于政治，此学问不可能是纯学问；而学者可以做官，也可以关心政治，但目的并不是通过做官和关心政治来实施自己的学术，而是通过政治实践看自己的学术与思想的效应如何，其目的是在学术本质的影响功用——学者如果成为一个好的政治家，便不能再用学术的思维方式运行。分清学术与政治，学术与政治均会健康，否则学术会无用，而政治也会幼稚。

18. 温故而知新，文化同质；温故而不知新，文化异质孔子原话“温故而知新，可以为师矣”（《论语·为政》），意指能从温习旧知中开出新知，就可以做老师了。此话虽然不错，问题是如何在温习旧知中开出新知，这一点可能是孔子的盲点。后人在使用中常常引申为总结历史、了解过去，便可判断今天、推知未来。孔子的“述而不作”、“克己复礼”，均与这种尊重过去的回顾性思维有关，并在理论与实践上身体力行。后人所说的“论从史出”、“忘记过去便意味着背叛”，以及今人以思想史代替思想的治学倾向、以五四所倡导的人文精神或传统道德来评价市场经济新出现的社会现象，均与这种对历史的遵从之思路有关。在“变器不变道”的中国文化内部，“温故而知新”确实可以解释诸多“变革”现象，如历代农民革命的循环性，如汉末和明末的儒学危机的同构性，如王国维放弃西学转攻经学与今天的知识分子放弃启蒙转攻考证的重复性……其实，新出现的社会文化现象，在性质上与旧事物的性质是基本相同的。但否定主义哲学认为，相对于儒学而言，魏晋玄学兴起、唐代佛学兴起之“新”，与五四的西学引进之“新”，是不可同日而语的；相对于汉末、明末儒学危机造成的价值失范，五四的反传统和今天市场经济对传统价值系统的全面挑战，也是不同质的“新”。我们一般把这种“新”称为文化的创造性转型——这是以往历史所没有出现过的现象，所以不可能“温故而知新”。这是因为：儒、道、释虽然是有区别的哲学，但就性质而言，在某种意义上是相同的，即都强调人的依附性，不太讲人的创造性；而西方文化进入中国，是一种异于儒、道、释的新事物，其所造成的冲击和带来的变化，也是中国历史上未曾有过的。尤其是市场经济带来的变化，对中国传统文化和五四新文化运动，均具有全面的解构功能，也带来全面的建构机遇，以致发生“温故而不能知新”的中国当代文化特有的现象。这使得我们必须对“新”有三解：传统文化内部变化之新，西方文化引进之新，中国当代文化的创造性期待之新。而对后者之新，中国当代知识分子恐怕没有人能为师。

19. 道是根，器是叶；器生于道，而非变器不变道、变道不变器或变器也变道也

道与器是中国哲学的一对范畴。虽然解释多样，但大都不外乎“形而上者谓之道，形而下者谓之器”、“道本器末”、“无其器则无其道”、“器体道用”、“变器不变道”或“变道不变器”等几种解说。其核心思想在于道是根本、是虚体、是不可见的，而器是表现、是实体、是可见的，两者相互依存，不可分离。由于中国哲学也讲发展变化，在实践中就导致“变器不变道”、“变道不变器”、“变器也变道”这三种基本类型。而在素有“万变不离其宗”的政治一统天下的中国，以前一种类型最为普遍。否定主义哲学认为：前两种类型虽然注意到“器”与“道”

的相互依存,但将“器”与“道”的整一性质破坏了,从而直接导致“中体西用”或“西体中用”的文明破碎的现实,也导致中国当代文学探索中汲取西方文学创作方法、传达传统理性主义内容的艺术造作状况,暴露出中国学者和作家在创造自己的“道”方面的贫困性;后一种类型虽然注意到“器”与“道”的整一性,但无法解决新的“道”与“器”与旧的“道”与“器”之间的分裂和冲突关系,五四以降的“全盘西化”和“拿来主义”便有这个问题。其结果,还是和文明的碎片同构。因此,否定主义哲学认为:我们今天不光要明确“器”与“道”的相互依存、整一性,而且还要强调“道是根,器是叶,器生于道”的创造性、生成性思维,来纠正“变器不变道”的分裂性思维和“变传统的器也变传统的道”的移植性思维。这意味着,中国古代文学创作方法,是派生于中国古代哲学的,而西方现代文学创作方法,也是派生于西方现代哲学的,中国当代学术如果不产生自己的哲学(道),而仅仅依赖于进口西方哲学或守护传统哲学,也便不会产生自己的道德观、文学观、美学观,更不会产生自己的方法与技术。其结果,将使我们既没有自己的“道”,也没有自己的“器”。

20. 负应负之重,忍可忍之辱

《三国志》说:“国家所以屈诸君使相承望者,以仆有尺寸可称,能忍辱负重故也”,意指为国家承担重任,应可忍受任何屈辱。“忍辱负重”由此成为中国传统文化美德之一。而《史记》的作者司马迁、谌容的《人到中年》里的陆文婷、“四人帮”横行时期的张志新等,因此也被认为是中国知识分子忍辱负重的楷模。问题在于:多数人的忍辱负重与少数人的专横霸道,在中国文化中是一种二元对立的互补结构,忍辱负重尽管蕴含着中国人坚忍不拔的优良品质,但也夹杂着一定程度的奴性人格,并构成中国封建专制社会的基础。即“辱”分不可忍的人格之辱和可忍的非人格之辱,如果所负之重是以人格之辱为代价,那么其“重”或者是不包含对人的尊重的,或者负其“重”是否是值得的,就成为一个问题。否定主义哲学认为:冷落、贫困、酷刑、疾病、嘲讽等,是可忍之辱,而诬蔑、羞耻、奴颜、顺受、强暴等,则属不可忍之辱。这不仅牵涉到中国现代人生存的底线与生命的质量,也牵涉到中国现代民族精神形象的重建,更牵涉到我们对以牺牲人格为代价所承担的“重”的价值拷问。作家张承志在他的《心灵史》中也提出过类似的问题。我虽然不赞同他对“哲合忍耶”的膜拜,但赞同他对汉儒文化“怯懦”一面的批判。由此,否定主义哲学提出“负什么重?忍什么辱?”的问题,其解答是:负应负之重,忍可忍之辱。

21. 奉公而不大公,有私但不自私

“大公无私”是传统儒学思想的当代表达,是荀子的“公义胜私欲”、韩非的

"去私行公"的当代延续。近人龚自珍对此虽然多有质疑,但并未对"公"与"私"进行更细致的思想剥离。"大公无私"在当代学界虽然被解释为意图在于纠正"徇私"和"损公肥私"、不拒绝个人的正当权利,然而什么是今天的"正当",却可能是一个疑问。如"正当"是定位在不违法上,还是定位在不违背道德上?如果是不违背道德,那又应该是一个怎样的道德?正当是定位在拿工资吃饭,还是定位在挣钱享受上?挣钱享受又如何与"无私"衔接?关键是:"无私"即便没有排斥个人利益之意,在功能上也导致轻视个人利益和私心之效。其结果是,我们不仅无法从理论上解释"雷锋叔叔一个早上都没了",也难以解释今天为什么那么多的"见到金子两眼发光的老葛朗台"。因此否定主义哲学认为:助人于难与个人私欲,均是人性正常的内容之一,甚至在动物世界中也可以看到。而人为地提倡"大公无私",就同样会逆反地导致"各人自扫门前雪"的自私。因此,无私和自私、大公和无公,都是人性不健康的显现,是一种思维方式的结果。一个人在国家危难时挺身而出,那是人性之正常的显示,因为在生存利益上,国家保不住,个人利益与权益也难以保住;同样,一个人追求个人名利的满足,也是人性之正常,因为个人不富强而国家富强,这在历史上也同样是鲜见的。因此否定主义哲学提倡"奉公而不大公,有私但不自私"的健康人格,以此来造就一个同样健康的现代社会。

论“不同才和”

“和而不同”是儒家哲学的“精华”，并且依然为当代不少学者所认同。但“和而不同”中的“不同”，只是个性不同、表达不同、风格不同，而很难容纳世界观的不同。其“和”，也就很难与当代多元化的思想状况相容。

儒家“和而不同”的当代性局限

应该说，从“和为贵”（《论语·学而》）、“矜而不争”（《论语·卫灵公》）、“德莫大于和”（董仲舒《春秋繁露·循天之道》），及至我们今天所要谈论的“和而不同”（《论语·子路》），“和”与“同”在儒家哲学中的突出地位是不言自明的。而其基本含义，早已由《国语·郑语》中史伯所提出的“以他平他谓之和”、“和实生物，同则不继”的观念奠定。即“和”是事物“多样统一”所造成的和谐与互补，这种和谐与互补可以促使万事兴旺：这便是“贵”，也便是“美”，所以有“中和之美”之说。反之，由于“同”是指事物的相同或简单相加，不仅于事无补，反而有不美之含义，更易引起纷争。这样一来，当孔子说“君子和而不同，小人同而不和”（《论语·子路》）时，不仅将“和”与君子、与礼、与稳定相联系，“同”与小人、与非礼、与动乱相联系，扬“和”贬“同”，而且作为一种个人和群体关系的理论，“和而不同”还阐明了一种在中国古代文明源远流长的符合自然辩证法的思想：像大自然的和谐是在万事万物的差异中才成为可能一样，人群的和谐也同样是在保持个性或事物之差异中才成为可能。因此，“差异”是“和谐”的基本前提，“无差异”才是破坏“和谐”的罪魁祸首。这种思想，不仅成为中国社会繁荣和发展的基础（如先秦因百家争鸣而思想繁荣，当代社会因政治和思想宽松而社会稳定），而且对大跃进、“文革”那样的因追求政治和思想“大同”所造成的灾难、内乱，当代文化批判中因追求思想认同所造成的一些意气用事的纷争，以及由此产生的对“统一”、“认同”的追求，无疑也具有警醒的作用。或者说，这种思想启示我们：中国历史上的动荡和不稳定，并不是来自思想和个性的多样化、不同性，恰恰相反，那是因为思想的专制、统一，个性的泯灭，多样化始终未实现而致。

这是因为，“和而不同”并不是人类建立的区别于自然界的伦理，而是体现自然界运行规则的伦理。因此，“和而不同”在解释人类的自然性生存一面时，尤其是在解释人类社会维持自然界那样的生态平衡时，是非常有力的。中国的“儒、道”哲学，作为注重自然性生存的哲学，当然注意到这个问题，并因此使中国古代文明体现出“生长—成熟—衰老”的自然性特征，由此区别于西方过于人为性的革命，也由此使中国古代文明将“和谐”与“稳定”作为自己的最高境界。因为自然界是以求生存为其本性，因此人类如果要维持自己的长久生存，也就必须像自然界那样保持万事万物之间的差异而相长——在此意义上，“现代化”如果是以取消文明、民族间的差异为代价，以所谓“全球大同”为鹄的，那么我们就可以说，这样的“现代化”无疑将缩短人类的生命历程。因此，亨廷顿意义上的“文明冲突”，如果不是以文明的多元并存为其目的，那么，文明之间的冲突对人类而言，就是趋于一元性的、毁灭性的。这种毁灭不仅可以从鸦片战争、二次世界大战这种文明征战、统一的灾难中看出，而且也可以从其反面——当代世界的稳定正是因为各民族坚持了自己的文化本体和价值立场——中看出。虽然文明是人类创造的产物，自然界万事万物的差异是天然的，但文明一旦物化和现实化，就开始具有自然性生存性质的一面——它们在“差异”中取长补短，而在“相克与征服”中既限制着他文明的发展，也阻碍了本文明的发展、交流，乃至显示自己长处的路。

问题在于，随着儒家哲学在当代市场经济条件下解释力的式微，“和而不同”的内涵、功效及解释范围，也就相应地发生危机。这种危机首先体现在“和而不同”的思维方式上。即以先讲“和谐”、“亲和”再讲“差异”、“个性”的思维路径，在中国人的道德实践中，很容易为求和而丧失差异。这是因为，“和谐”在儒家哲学中，已经不是指自然性的和谐，而是由伦理所规范的“稳定”。具体说来，就是由等级和血缘制所规定的和谐。这一点，和道家哲学所讲的非自然性之“道”，是如出一辙的。道家虽然也讲自然性，但这自然性由于被老子规定为“水往低处流”的“简朴”之意，这就将人的求快乐之本能的自然性延伸，限制在自然界的水准，从而将人的自然性与自然界的自然性相混同了。亦即人由于懂得对快乐的领会，寻求快感体验的差异（如吃饱—吃好—娱乐，如不停地变化菜肴，等等），就是人的自然性。而违背这种自然性，便是不自然。而由这种不自然所规定的“和”，在道家那里，具有泯灭人的欲望不断实现的倾向，在儒家这里，也同样具有扼制人的欲望、人身自由与选择多样性的弊端。这样一来，儒家的“和”，便具有本质上的一致，而只有风格的差异。这使得晏婴在谈到“和”时，不是讲“和如羹焉，水火醯醢盐梅以烹鱼肉……宰夫和之，齐之以味……”，便是说“清浊，小大，短长，疾徐，哀乐，刚柔……以相济也”（《左传·昭公二十年》），也使得儒家所讲的“和”与“不同”具有不对等性：以“和”为主，以“不同”为辅。儒家另有“和一”（《荀子·荣辱》）之说，“君君臣臣，父父子子……各得其位，自然和”之说，即意指“和”是遵守道德的象征，而“君臣父子”的正保证了这个道德之“和”的实现。如此一来，“和而不同”之“不同”，除了风格可以有阳刚阴柔的差异，兴趣爱好的以及等级性的差异外，还能有什么样的差异呢？而这种差异，不正好反衬出对世界的基本看法不能有差异吗？或者说，不正好反衬出“和”的道德性质与伦理性质吗？——如果“长尊幼卑”、“男尊女卑”也成为对“不同”的一种解释，那么，理论上的个性以及人格独立所显示的差异，最后在实践中也就没有了立足之地。

这意味着，儒家偏向人伦的“和”，在解释当代社会各种复杂的“和”的情况时，已显得捉襟见肘。因为由封建等级制所显示出来的“等级”之“和”，与家庭团圆所显示出来的“安详”之“和”，与大自然万事万物无序共生所显示出来的“平衡”之“和”，以及与西方意义上的个体相互尊重所显示出来的“平等”之“和”，在价值上无论如何都是有差异的。比如，大自然的“平衡”之“和”，本身就是由平静与冲突、生生灭灭为其运动形态的——我们不能视“平静”为“和”，视“冲突”为“争”（不和）。如果以此逻辑来看待人类社会，我们就不能视“大公无私”为“和”，视“私”为“争”、为“不和”。儒家哲学推崇“公”、推崇“安宁”，贬抑“私”、贬抑“纷争”，在今天来看，也就显示出极度的偏颇。由于个人利益和快乐欲望是人的本能，我们只能引导而不能克制，这样我们就可以说：今天重视“私利”的社会，正是以往贬抑“私利”的道德引导出来的，并暴露出传统道德论在“否定观”上的重大局限。这种局限体现在“和”的问题上便是：将个人利益以及由此引起的纷争视为“不和”而排斥，就不可能建立起像自然界那样的包罗万象、宽容万物之“和”，也不可能涉及个体之间相互尊重所产生的近代人文主义意义上的理性之“和”，更不可能涉及我所说的存在者之间的“不同才和”、存在者如何平衡地建立自身的两个世界（即生存世界与存在世界）形成个体内在世界等“和”的问题。

“不同”这个范畴也同样如此。就像一个抽象的“和谐”遮蔽了西方的“形式的和谐”与中国的“人伦的和谐”的不同性一样,无论是儒家所讲的“不同”,还是黑格尔所讲的“质变”,也都没有涉及“不同”也有性质的差异的问题。像金、木、水、火、土,咸、甜、苦、酸、辣,也是差异,也是不同,但这种差异,就像人的外貌差异、性格差异,乃至人的一般的感受和认识差异一样,是天然的、自然的,并不需要特别人为的、创造性的努力——“一千个人有一千个哈姆雷特”便是如此。相反,我们常说的“共识”(诸如思想工作之类),倒是需要经过人为的努力才能达到的。或者说,凡是人为性的东西,要么制造相同的东西(如复制,如人云亦云),要么制造出来的不同的东西,与自然性的差异不一样。对前者而言,这种人为性体现为一种由从众性、强制性所形成的“文化自然性”——它虽然是人做的,但这所做的事情与自然界的运行性质并无二义,即“本质不变,形态各异”。金、木、水、火、土虽然有别,但本质上都属于自然性与物质性,人的感受和思维活动皆有个性特点,但对世界的基本理解可以是一样的(儒学支配了中国几千年就是明证)。反之,文化为什么只有东西方两大系统,而不可能每个人都有自己的文化,中西方富有才华和智慧的人很多,但为什么只有老子、孔子、柏拉图、亚里士多德等思想家产生,就显然牵涉到人的创造性和非创造性活动、创造性活动之间的“否定本体论”意义上的差异——这个差异,既不是自然性所能解释的,也不是一般的人为性所能解释的。这样一来,文化的不同、思想的不同,就不能混同于五味的不同、五色的不同,也不能混同于金、木、水、火、土的不同与人的个性的不同。“和而不同”如果不能区分这两种性质的不同,自然会丧失对复杂的社会现象的理解力和穿透力。

“不同才和”的基本含义

为此,“否定本体论”认为,只有改造关于“和而不同”的思维方式,变“和而不同”为“不同才和”,并赋予“不同才和”以“生存论”和“存在论”这两种不同的含义,形成两者之间不同而并立的否定关系,才可以较为有效地解决上述问题。从“和而不同”到“不同才和”,“否定本体论”试图完成自己对当代“和”、“不同”及“同”等问题的理解。

首先,表面上看起来,相对于“和而不同”,“不同才和”只是一种逻辑关系的调整,但是这个调整,无论从理论上还是实践的功效上,都应该是十分重要的。就像海德格尔以“我在故我思”对笛卡儿“我思故我在”的改变,是一种思想的改变一样,我们的一些思想症结也常常就局限在旧有逻辑关系的天经地义上。在理论上,“和而不同”在内涵上固然包含“差异”的意思,但由于“和”是逻辑起点,“而”是连接词,“不同”与“和”是并列的关系,并不能突出“不同”是“和”的先决条件的意思;而在实践中,一旦“和”被赋予了儒家的伦理规范,为了维护这个规范,“不同”也就随时可以被牺牲的——这种局限,在“不同才和”这个范畴中得到了有效的避免。“不同才和”的基本意思是:不是“和”可以“不同”,而是只有“不同”才能做到真正的“和”,并且也才能保证“和”的健康实现。在“和而不同”中,“和”的基本内涵及其实现方式是未决的,或者因为“不同”在后造成了这种未决;而“不同才和”不仅规定了“和”的实现的方式,也规定了“和”的基本内容——无论在“生存论”上还是“存在论”上,它都是由不同的事物以及不同性质的事物组成,从而对儒家意义上的伦理之“和”,实现了价值上的深化与超越——特别是针对儒家不重视个性的展现和个体的自我实现这些方面。某种意义上,将“不同”作为“和”的先决条件,因为“不同”未被“和”事先规定,这就使“不同”所蕴含的个性、个体等丰富的含义,至少可以对儒家“等级化”的“差异”的解释,具有制约和消解的作用,避免对“不同”作传统定于一尊的解释,有利于建立当代多元化的社会格局。关键是:“不同才和”将“不同”作为先决条件,对西方以进步论和价值中心论所制造的“和”,也具有一定的批判性。这是因为,在“不同”的思维方式下,此事物与彼事物因为性质的不同而没有可比性,没有此事物(文明)优越彼事物(文明)落后之说——因为任何事物均有其正负效应,我们不好取一个事物的正效应来比照另一个事物的负效应,也不可能将我们过去所追求的理想,看作是一种完美无缺的事物——这在历史观上将从历史进步论导向历史不同论①,在共时性下世界将从终极关怀导向存在关怀,从对一种价值的追求导向对不同的价值追求,从西方中心论或东方中心论导向两种、多种文化并立之“和”论。

这就提出这样一个问题:我们说“不同才和”的依据是什么?而这个问题,又与搞清楚孔子为什么说“同而不和”是相关的。言下之意,孔子在《系辞下》中虽然以“天下同归而殊涂”,阐明过路径不同而目的相同的意思,但总体上说来,“小人同而不和”之“同”,则主要指为了个人利益的满足而苟且附和、雷同的意思。对前者之“同”,应该说孔子是赞同的,并在董仲舒的“名号异声而同本”②,王夫之的“文名异而统同”③中得到响应、贯彻,以此体现“同”是“道”

---

① 《从历史进步论到历史不同论》,载《文艺争鸣》,1997 年第 1 期。

② 董仲舒:《春秋繁露·深察名号》。

③ 王夫之:《读四书大全说》。

“同”的意思。而对后者之“同”,亦即绝对的相同,如利益上的绝对平均主义,相互攀比而钩心斗角,思想上为消灭异己而采取的大批判,孔子实际上是十分反感的。但可惜的是,这种反感并没有在后人的实践中得以体现。其原因一方面在于文化专制主义在中国封建社会的后期愈演愈烈,以致在政治生活中“求同存异”成为“求同不异”(“文革”是一典范);另一方面,就是孔子的“君子和而不同,小人同而不和”在理论上包含着诸多内在的矛盾,这些矛盾体现在——

一、孔子将君子理解为“喻于义”,小人理解为“喻于利”,由于重视利益是人类共同的本能,又由于君子重视名分是重视利益的另一种形式(名分可以转化为利益),这就难免带有价值论上的虚伪性。这种虚伪性制造出中国表面上“正人君子”、暗地里“钩心斗角”的文明现实,一定程度上比所谓在桌面上挥拳相向的小人的现象,产生更多的问题。因此,在利益层面上理解小人的“同”,而将君子排除在外,对君子而言,制造出的是“二重人格”。这种“二重人格”的脆弱性体现在:一旦君子在“中和”的面目下没有获得实际利益,君子就很可能比所谓的小人呈现出更为凶险的面目——“文革”中意识形态领域和知识分子内部的“窝里斗”,就是一个明证。因此为了利益,君子可以以小人的面目出现,而小人也可以以君子的面目出现,君子和小人的划分便成为十分困难的事情。这也是在当代市场经济条件下,用“君子轻利而和,小人重利不和”来进行文化批判的无力性所在。因此,在“和与同”的问题上取消君子小人之说,以“不同才和”要求一切人,恐怕是首要的。

二、“和而不同”之“和”,与“同而不和”之“和”,表面上都是“和”,但实际上并不完全是一回事。小人之“不和”是为了利益的等同产生纷争的“不和”,“和”的内涵是“不纷争”;而“和而不同”之“和”,不仅包含宇宙论、方法论和道德论等多重含义,而且是以“多样统一性”为自己的规定的。其中,“多样、相异”不是指利益得失上的差异,而是指个性、方法、形态上的差异。“多样统一”,即不同的“器”从属一个“道”之意。如此一来,对君子所说的“和”与对小人所说的“和”,便具有不对等性。我们无法以君子所说的“和”去要求小人,因为小人的问题根本不在于个性、方法的不同,孔子谈的不是这个问题。事实上,小人尽管在利益需求上趋同,但个性和方法的不同依然是存在的——这一点,想一致恐怕也难以做到(即便“文革”,虽然社会不崇尚个性,但个性只不过是在私下里显现而已)。反过来,君子尽管“和而不同”,但碰到利益冲突的时候,依然也有小人之“不和”的一面。这样,“君子和而不同”与“小人同而不和”,也就不能成为对立之说——它们说的基本上是两回事。既如此,如何在一个命题中包含孔子所说的两个命题,就成为“否定本体论”要考虑的问题。“不同才和”的提出，既对孔子的“和而不同”有所批判和超越，又囊括了“同而不和”的基本内涵，更内蕴了“和而不同”与“同而不和”所解释不了的现代性内容。

我想说的是：“生存论”层面上的“不同才和”，并不将自然界的生存（即宇宙论）和人类社会的生存看作是两回事，而是都将其看作需要繁衍以及获得生存快乐的对象——在这一点上，人与一棵树、一根草并无根本的差异。首先，无论是人需要繁衍和快乐，还是动植物需要繁衍和快乐，都需要有与自己不同形态的事物的存在为条件（无论是人还是动物，一般都不以自己的同类为食品，或许就是证据之一），这一点使得万事万物（包括人）的区别性共存才能保证地球总体上的生存之“和”。这种“和”体现在人类社会自身的生存发展上，那就是——只有不同种的单位、企业的并存，才能满足人的多方面的需要，也才能使社会稳定；同一种类型的企业，只有各具特色的企业才能生存下来，并构成相互依存的发展格局。其次，由于人的面貌、个性是天然不同的，这样，尊重个性、尊重人的各种欲望和本能，便会使人类社会呈现出自然界那般的生机勃勃之“和”，否则，便会在万马齐喑中隐藏着动乱。因此，当儒家的“礼”形成对人的个性的钳制时，社会的不稳定便在所难免，也是“和而不同”很容易为了“礼”之“和”（即“中和”）而丧失“不同”的原因。当然，人的个性的伸展、欲望的伸展，必然会有相互摩擦的事情发生，但碰到这样的事情，不应该用儒家“克己”的态度以求人际关系之“和”，而应该以法律为准绳，在公平竞争、不损害他人的原则下实现个人的利益和欲望。法律之“和”比较道德之“和”的优越性体现为：小人的趋同和攀比，正是天下为公、去私的道德论引导出来的——既是为公，人与人就不应该有利益上的差距。在生产力不发达的时代，那就是大家都应该过艰苦的生活，否则，人们就难免会攀比——要穷都穷，要富都富。“小人同而不和”，其根源正在于泯灭私利和个人欲望的传统道德，是在“和而不同”的招牌下行“和而相同”之实所造成的。而“否定本体论”的“不同才和”认为，如果现代道德论鼓励人的差距与不同，人们就不会在趋同性心理下制造纷争（纷争是在既趋同又不鼓励竞争的状况下导致的），如果这种差距和不同悬殊很大而缺乏可比性，人们也就会放弃纷争心理，转化为对自己的生存能力、自我实现的关注上来。因为纷争只能是对相同东西的“争”，而不可能是对不同东西的“争”。

所谓“存在论”意义上的“不同才和”则是指：由于“存在”是对“生存”的“本体性否定”（即批判与创造的统一），所以“存在论”意义上的“不同”，不仅是人为性的产物，而且是创造性的产物。又由于文化与文明最能体现这种“创造性的产物”，而文化与文明的核心是由思想（即对世界的不同的理解）所构成，所以“存在论”所指的“不同”主要是由“对世界的不同的理解”所规定的，并通过人类与自然界的关系、文化之间和文明之间的关系、各种文化与文明形态之间的关系体现出来。首先,人作为“能对世界产生理解的动物”,与自然界无这种能力的动植物之间的“不同”关系,就不能被混同于自然界万事万物之间的“差异”。说前者是人为的差异,后者是自然的差异,还是表面的判断,更重要的是:人通过创造自己形成与自然界“不同而并立”的关系,这个关系又造成了人类世界与自然界这两个世界的“平等之和”,而自然界中万事万物的差异,却不具备将自己“对象化”的能力,因此这些差异总体上还是依附于自然性的——我将前者称为“存在性之和”,而将后者称为“生存性之和”。这意味着,无论是以轻视自然界的态度对待自然界,还是以丧失人的创造性的态度顺从自然界,都不是正确地对待自然界的态度。其次,人类社会自身的和谐,则是通过对世界理解的“不同”,形成文化之间和文明之间的“不同而并立”,这样才可以有心灵意义上的安详。当中国人以东方式的对世界的理解面对西方文化时,不仅可以有心安感和归属感,而且可以对西方文化的霸权态势(任何霸权态势都是造成“不和”的基本原因)形成一种“平衡”的张力。同样,近代以降,我们竭力以“反传统”的姿态对待自己的古代文明而又反不掉传统,我们以西方思想来反对中国古代思想但西方思想又不能化为我们的血肉之躯,不正是由于我们还没能建立起自己对世界的理解,因而也不可能建立起中国的现代文明所致吗?如此一来,在本文化系统内部,相对于古代文明我们的心态是不平衡的,但如果我们仅仅抓住中国古代文明面对西方文明,因为缺乏当代性的思想支撑,其心态同样是不平衡的——这样,西方文化对我们的征服性态势,就始终具有某种意义上的合理性——但这种态势,却是文化上西方人不愿意与我们平等对话的原因之一。再次,科学、艺术、哲学、伦理、教育、政治等不同的文化形态的“不同而并立”,同样是以不同的对世界的理解及方式形成的。人们常说的科学求真、艺术求美、伦理求善,外加哲学求思、政治求稳等等,虽然有大而无当之嫌,但在总体上毕竟把握出各种文化形态对世界理解的不同点,并形成相互之间平等、尊重、并立的和谐关系。因此,如果我们搞科学崇拜,或以政治为中心,或以道德治国,其结果恰恰会造成人们精神文化领域里的诸多人为冲突、纷争、失重,造成文化生活形态的“不和”,这样的教训应该说为数不少了。

两种“不同才和”的否定关系

由于世界上存在着两种不同性质的“不同才和”,我们在使用这个概念时,就必须对这两种“不同才和”的范围、功能及其相互之间的关系,有一个明晰的认识。这个认识,不仅将改变我们在“和”与“同”问题上的思维方式,也将改变我们在“和”与“同”问题上的实践方式。

简而言之,“生存论”层面上的“不同才和”,在人的自然而然的状态下就可实现,因此它要求我们的就是以自然的态度来处理我们的生存问题。一方面与传统不自然的道德论构成“本体性否定”,另一方面又与“存在论”意义上的“不同才和”形成“本体性否定”。或者说,用非自然的态度来处理我们的生存问题造成诸多的“不和”,不仅已经构成以往全部历史的一个误区,而且还将混淆“快乐论”和“心安论”这两个不同性质的问题,造成不必要的理论纷争。所谓生存问题,是指以我们的本能和欲望为基础的、绵延不断的求快乐意识和行为。感官的满足和享受作为快乐欲望的一种,已自不待言,而人的名利、娱乐等精神生活,也同样是人类利用自己的文化成果,获得生存快乐的一种方式。这使得“生存论”基本上等同于“快乐论”。而“快乐论”的本质,基本是以不断地寻求差异性获得的。所以“喜新厌旧”也好、“见异思迁”也好、不安于现状也好、追逐时潮也好,都说明人的快乐体验是在寻求“差异”中获得的,因此它属于人的一种自然而然的本能行为。这样,人为地消灭这种差异或扩大这种差异,实际上都是造成纷争性的“不和”的重要因素——诸如“温柔敦厚”泯灭个性,造成的是“私人空间”和“公共空间”的冲突,而重视利益和快乐是人的共同本能,传统道德又以“大公无私”和“自私”制造出“无私”与“私”之间的人为冲突。这样,“生存论”层面上的“不同才和”,不仅认为传统道德论将“生存快乐论”和“存在心安论”混为一谈,从而笼统地轻视“喜新厌旧”、“见异思迁”是有问题的,从而在一定程度上保证人的“喜新”的求快乐行为的合理性,而且,还通过与“存在论”的“不同才和”的区别,有效地纠正了纯粹的“喜新厌旧”可能带来的弊端,杜绝了人们极端性地用“喜新厌旧”来处理一切问题的倾向。诸如“婚姻”与“喜新厌旧”的关系,在“和”、“同”问题上就具有这样几层意思——

一、婚姻在本质上不是因为“志同道合”而“和”,而是在保持、允许和鼓励“差异”的张力中,才能建立真正的“和”。一方面,我们常说的夫妻双方有缘走到一起,就是指这种说不清楚的“和”,是不受思想、个性、志趣的共同追求左右的——“差异”可以制造出婚姻的弹性、节奏,弥补夫妻双方所缺的内容,呈现出大自然本身的生动性、复杂性、有机性,而“志同道合”者,往往最佳的关系倒是“同志”或“情人”(如萨特和波伏娃);另一方面,由于婚姻生活内容本身的重复性,婚姻又是最容易磨合夫妻双方差异性的领地。这个时候,不明智的夫妻就会强化婚姻的义务性,来扼制人的“喜新厌旧”的心态和行为,以维持婚姻形式意义上的“和”。而明智的夫妻,不仅会给对方保持一定自由的空间,以充分体验生活本身有差异性的内容，而且，即便一方有“喜新厌旧”的意识或行为，对另一方而言，如果她（他）首先能在人的本性就有“喜新”之一面的意义上来理解这样的事情，她（他）首先就不仅有了健康的婚姻观念，而且有了健康的人的观念，便完全可以健康地处理这样的事情。同样，如果当事者本身也具有上述意识，并且知道“新”与“旧”本身是循环的，世界上本无什么绝对的“新人”和“旧人”，这样，他（她）也不会轻易地破坏婚姻之“和”。于是，“喜新厌旧”在婚姻中如果是可以理解的，那么，它也就不会构成破坏婚姻的力量——自然，不健康的婚姻除外。如此一来，好妻子或好丈夫的概念，就是懂得婚姻的内在差异性结构形成的夫妻之“和”并维护它的人，而不是传统那样的不能有“喜新厌旧”意识和行为的人。

二、由于婚姻的本质在于繁衍和生存，婚姻有将爱情转化为“相依为命”这种生存感情的功能，这就使得人们可以用制造新鲜感来对付婚姻的重复性、陈旧性，但不可能、也不应该用来对待婚姻中爱情的有无问题以及婚外恋问题。因为爱情的有无或爱情体验的不同，完全区别于我们在说“喜新厌旧”时所说的“不同”。其原因就在于：爱情是男女双方共同创造的，属于存在性领域，而不是追奇猎新“寻找”来的，追奇猎新属于人的自然性本能。爱情不可能是找到的——像寻觅一件新的、称心的衣饰一样。因此，爱情只有“有”还是“没有”的问题，却无新鲜还是陈旧的问题。用“喜新厌旧”来对待爱情，就像将爱情现实化、秩序化、生存化一样，都是错误的。在此意义上，婚姻与爱情在性质上应该是两回事——我们不能用对待婚姻的、喜新的“不同”来对待爱情，也不能用对待爱情的、创造性的、不可重复的“不同”来要求婚姻。前一种做法将取消爱情，后一种做法将取消婚姻。反之，说“存在论”层面上的“不同才和”，是对“生存论”层面上的“不同才和”的“本体性否定”，其含义是指：因为“存在”是人筹划的，因此“存在”本身以及“存在”与“生存”的不同性关系，也都是人为建立起来的。因此，当我说“生存论”是对“存在论”的“否定”的时候，实际上是指用“存在论”的观点来处理“生存”问题，进而形成包含一种观念的“生存论”——由于“生存”本身是无所谓“论”的，所以两者之间的否定关系，是靠人的本体性否定冲动、确立存在的冲动才建立的。又由于本体性否定的基本含义，是在不满足否定对象的基础上批判性地建立起一个与对象性质不同的世界，在“不同才和”的问题上，就产生如下两层意思——

因为“存在论”意义上的“不同才和”是以不同的创造性理解为支撑点的，而以此为基础建立起来的文化、文明、作品、思想、个体之间的关系，既不是人伦意义上的“亲和”，也不是大自然意义上的生命运动之“和”，而是人为的、相互尊重的平等之“和”——这个“和”在儒学中是没有的，这就使“存在论”意义上的“不同才和”，较之于“生存论”意义上的“不同才和”，更能体现现代人生存的“价值论”和心灵依托方面。但由于“生存论”意义上的“不同才和”与“存在论”意义上的“不同才和”各有利弊——前者使我们自然和快乐，但缺点是因为其循环性、生生灭灭性而让我们空虚、无法心安，所以，仅仅靠个性和风格写作的作家，比起博尔赫斯这样有自己的存在性的作家，将显得轻飘，或者说，靠个性写作可以获得快乐，但无法获得真正的价值支撑点。而后者，虽然可以让人获得心安感，但心安本质上是一种孤独感，而无法获得从众性、自然性所带来的快感。既如此，两种“不同才和”在“本体性否定”中“分立”，各行其是、其职，不是相互克服的传统意义上的否定关系，这些便成为现代意义上的新型“否定关系”。这就是“本体性否定”的基本意蕴。

这种新型的“否定关系”，将产生一种传统所没有见过的、也不被容许的、现代意义上的丰富之“和”，这就是“生存论”和“存在论”并立之“和”——这个“和”，远远大于“生存论”所包括的个性差异之“和”，也大于“存在论”所包括的思想区别之“和”。在先秦儒学中，“生存论”之“差异”是被允许的，而“存在论”之“差异”是不被允许的；在西方伦理学上，个体之“差异”主要包含个性、个人选择的权利、个人利益至上等，也未将个体的思想放在使一个人“心安”的层次上来对待。而在今天，由于中西方“逻各斯中心”的解体，我们失去了遵守共同信念的依据，这个问题就被突出了——如何使个人获得价值上的“心安感”，便只能从建立个体对世界的独特理解上去寻求——至少在“否定本体论”来说，是这样设计的。这就使得21世纪的中西方，都将思考个性、个人利益、个人权利自由展现造成的“和”，由于心灵空虚的介入，又造成总体上的不平衡、不和的问题。因此，“否定本体论”主张通过不满足“生存论”的“不同才和”，去建立一个区别于传统普遍性理解的“个体性理解”的世界，形成理解之间的“不同才和”，便可以使当代新型个体既获得个体性的充分自由，又得到个体性的坚实支点，这样就不仅造成个体的两个内在世界的“不同”才“和”，而且也将造成个体之间的“不同”才“和”，并形成能和谐运转的社会机制。当一个人既靠自己人为性的、独特的理解和自己的自然性的、群体性世界形成“否定而平衡”的“和”，又以自己的独特理解与自然性的差异区别于其他个体，产生相互尊重、相互依存之“和”时，当代的“不同才和”就是一个立体性的网络——这一天的到来，某种意义上，便是对儒学的一种“创造性转化”。因此，“创造性转化”不是以西学对儒学的改造，而是以新的“和”、“同”思想来对双方进行双重批判。这就是“否定本体论”所讲的“批判”之含义。

论“义利分立”

义利之辨是中西方哲学的基本命题之一，其共同局限在于都以“相克”或“混同”的否定观来处理两者之间的关系。但无论是“重义轻利”或“道德形而上学”，还是“重利轻义”或“功利主义”，都不足以揭示当代人既重利、也重义的现实感受。

“义利相克”的历史及其否定观局限

应该说，“重义轻利”作为中国传统道德思想中的主导性原则，从孔子的“君子喻于义，小人喻于利”[①]始，直到当前“拜金主义”、“物欲横流”一类指责，是贯穿在各种舆论中的。

问题在于，经过百余年的文化批判，儒家“仁义礼智信”的那套价值系统已经解体，而在西方之“义”能否成为我们的依凭还悬而未决的情况下，“义”之焉附，“轻利”何谈？加之市场经济对人的利益、欲望、自由选择权利的尊重，不仅给“轻利”思想予以重创，使之软弱无力，而且以“见利是否就必须思义？”“思什么义？”的问题对此提出挑战，更使得“义利缠绕”的思维方式成为我们今天必须反思的对象。

同样，“重利轻义”虽然在传统思想体系中一直处于被贬抑的位置，但作为逆向思维的结果，它显然一直起着对“重义轻利”制衡的效用，并导致荀子所说的“义胜利者为治世，利克义者为乱世”[②]的所谓“治世”和“乱世”交替的状况。

---

① 《论语·里仁》。

② 《荀子·大略》。

虽然在思想史上,甚少有学人明确提出“重利轻义”的主张,而多半采取“义,利也”[①]的义利等同观和“私者,人之心也”[②]的重利观念,但在具体阐释和逻辑展开之中,由于墨子将“义”解释为“可以利人”[③],王安石将“义”解释为“理财乃所谓义也”[④],从而将不能“理财”和“利民”的“义”悬置起来,客观上起到了轻视儒家之“义”的作用。另一方面,以“理财”和“利民”为中枢的思维方式,在义和利即便可以并存的情况下,也还产生了“先利后义”的“轻义”效果;更加上明末资本主义萌芽出现,李贽、黄宗羲、龚自珍等明确提出“利”是人的本性、本心的观念,儒家之“义”当然也就被看轻了。重利论多在先秦、两宋和明清之际出现,也正好应验了荀子所说的“乱世”之说,而当代中国的价值无序,由此也得到了新解。当然,更深的问题也在这种盖棺论定中被遮蔽了:儒家的“轻利”之“义”固然可被看轻,但“重利论”如何解释信念、信仰、思想、心灵依托这些不能被“功利”囊括的范畴?又如何面对重利所带来的“唯我独尊”、“生态失衡”、“空虚无聊”的当代生存现实?“轻义”的实质就转化为我们今天要什么“义”,这个“义”和“利”究竟是怎样一种关系上来。

这种情况,同样适用于我们对西方伦理学上“义务论”和“功利论”(义利关系)的描述与把握。康德的《道德形而上学原理》可以说是“神诫论”在现实领域中“重义轻利”的典范。所谓“除非我愿意自己的准则也变为普遍规律,我不应行动”[⑤],似乎典型地体现了普遍规律、上帝或由神颁布的道德律令对人的快乐行为的统摄性。义务论发展到今天,诚然已不被西方当代哲学家归结为一种客体的属性,但在普里查德、罗斯那里,把义务感看成是人活动的最高动机,乃是西方“重义轻利”派的不争之理。事实上,在以“道”、“上帝”为至上存在的逻各斯中心时代,“义”对“利”的优先性是不证自明的。问题只在于,在逻各斯中心已被消解、每个人只根据自己的意愿去行事的今天,传统由上帝、良知等进行内心规范的道德系统,一方面已让位给法律;另一方面,在“唯我独尊”、“利益至上”[⑥]的时代,在义利相克的思维定式下,“义务论”被“功利论”所统摄,也就理所当然。

从表面上看,重义轻利与重利轻义,确乎是相对立的。这种对立不仅在于

---

① 《墨子·经上》。

② 《德业儒臣后论》。

③ 《墨子·耕柱》。

④ 《王临川文集·答曾立公书》。

⑤ 康德:《道德形而上学原理》,上海:上海人民出版社,1986。

⑥ 斯马特、威廉斯:《功利主义:赞成与反对》,北京:中国社会科学出版社,1992。

各自强调、肯定的内容不同，而且还表现在这种强调和肯定是建立在对对方克服、抑制的基础上。然而，由于“义与利”确实如荀子所说，是“人之所两有也”①，体现出人性基本要求的两个方面（在总体上义利之争本身就说明了这两种要求的不可偏废），没有短长和胜负之分，这就使以“相缠”意识来联结二者关系的全部义利之争的历史，显现出以“相克”的否定观念来处理两者矛盾关系的思维，在价值重建的当代的明显的局限性。这意味着，由于重义轻利和重利轻义是同一种思维的产物，所以前者不仅是后者的逆反性结果，还是后者得以延续的机制，而且共同构成中西方文化上至今尚未解决好的“非现代性”问题。由于利益满足是包括人在内的一切动物的一种自然需求，本身不应该用“轻视”的态度来对待，又由于“恶”的问题，只是在这种需求无止境、无节制的状况下造成对他人利益损害的情况下才能成立，“轻利”应该由此修正为对“损人”的“节制和管束”，这就使“重义轻利”存有混淆“利益需求”与“逐利失范”两种不同范畴的弊端，并使正常的、哪怕是无止境的“逐利”的欲望也要受到钳制。如朱熹的“饮食者，天理也；要求美味，人欲也”②，将要求美味的欲望予以舍弃，就是对人的递进性欲望的人为分割。一种不能将正常欲望的实现予以保护的伦理，客观上也就不能有效制止利益的相互侵害的现象。当所有的“逐利”现象均被轻视时，“损人”由“利己”造成，也便成为一种似乎天经地义的逻辑推论。由于利益满足在根本上必然是利己的，那么当它和“损人”联系在一起时，其全部合理性也就自然遭到贬抑，剩下的便只能是“利人”和“利他”被肯定（但这显然已经属于“义”的范畴）。在一个谈“利”只能解释为“利人”的社会里，一旦传统价值失范，利益抢夺现象造成的“重利轻义”行为才真的会成为我们可触摸的现实。其逻辑推论可解释为：损人是在利益哄抢前提下出现的，利益哄抢是在利益长期匮乏、压抑被解除的情况下出现的，而正常的利益被贬抑，理论上则正是由“重义轻利”的思维方式和价值观念所导致的。

“义利缠绕”的思维前提是：只要谈“利”，就多半会有损“义”的现象发生，所以必须“见利思义”。但“利”的层次和分类问题，见利为什么必须思义，在传统的义利之争中并未得到很好的阐明。人的欲望和利益追求诚然带有无序无尽的特点，但求利行为本身是否必然会产生损人现象，还是求利行为在过于人为化（生存抢夺、人为攀比、唯利是图）的状况下才会伤害他人，什么样的损人现象是被允许的，至少有待于我们进一步的区别。这种区别的更深一层意义还在

① 《荀子·大略》。

② 《朱子语类》卷十三。

于：正常的、不损及他人利益的欲望行为，本不应由诉诸内心的道德良知和规范去约束，而损及他人利益的纵欲行为，诉诸内心的良知和道德义理，又有一个是否能管束得住的问题，以及是否有鉴定标准的问题。欲望及其满足首先属于人的永恒的动力世界——正如纵欲是禁欲导致的一样，这个要求不可能因为我们内心的力量而消长，作为能量，它永远积蓄在那里，直到自身消长完毕。因此，对欲望和利益管束和轻视的结果，恰恰会使它以各种方式，如诅咒、宣泄、大批判、人身攻击、哄抢等表现出来。这种表现，不仅说明欲望是无法被轻视的，而且还说明这种变形表现出来的欲望，其危害性并不亚于纵欲本身对他人利益的损害。因为这种文化性侵害损伤的已经是人的身心和人格，“文革”及其余波就是一个明证。

这也反映出以取消、克服为鹄的的传统否定观念，对人的健全的欲望人格和价值人格组成的生命世界的危害性。陶渊明如果为五斗米折腰，固然损害了传统的价值人格，但如果不为五斗米折腰（如果它很重要的话），对欲望人格其实也是一种损害。这种损害，在重义轻利的思维下，一直获得肯定的评价。问题并不在于欲望人格和价值人格不可兼得，而在于价值人格的实现必建立在对欲望人格的克服之上这种二者必具其一的否定观，使你不可兼得。一个有成就的科技工作者，常常是现实生活中的低能儿，一个贪恋女色的人，必不会具有很高的社会地位，一个注重精神生活的人，必得视清贫的物质生活为正常，这些似乎已能体现出这种排他性否定观念的正常性。在以往全部价值中心的时代，在二元世界必得有一元处在“被否定”的时代，这种排他性的否定是为捍卫一个或价值中心或利益中心而存在的。但在价值多元化的当代，在人类世界日益反思文化与自然（自然界和自身自然性生命运动）不平等关系的当代，在不同的价值体系从你死我活走向并存的当代，这种否定观已经逐步显露出对时代的阻碍性：以克服人的利益追求所获得的“义”，常常也不要求个体对“义”进行自己的筹划和理解，甚至也是以牺牲个体对“义”的理解，来守护超于个体之上的普遍之“义”的。因此，“义”对“利”的“否定”，也常常表现为以一种“义”来排斥另一种“义”，或者相反，以“利就是义”来否定一切不能带来利的“义”，唯我独尊之“义”就转化成唯我独尊之“利”。而在理论上，排他性否定则来自我们用自然性矛盾运动的观点来处理人类文化与自然界关系的不成熟性。这种不成熟的否定，不仅将“义务论”和“功利论”各自的弊端暴露无遗，而且造成了人类对自然界的轻蔑和掠夺性行为，造成了西方文化优越论或东方文化优越论这种文化中心主义思维，当然，也更造成了批评界对目前大众文化中“逐利”和“逐利失范”不加区分的简单化指责行为。

义利分立和义的分立

我想阐明的一个基本看法是:义和利,只有分属两个性质不同的世界,才可以获得并存;义,只有分化为维持“利”的“义”(如法律和一般社会规范)与个体的心灵依托之“义”(如个体理解与信念),才能保证“义”和“利”的分立。

可以说,义利统一的愿望由来已久,但这种愿望,无论是在孔子那里,还是在墨子商鞅那里,均没有将义和利作为两个不同而平等的范畴来对待。这表现在孔子用“君子”来联结“义”,用“小人”来联结“利”,表现在墨子将“利”作了“忠,利君也;孝,利亲也”的等于“义”的解释,从而忽略了和“义”不相同的人的生存欲望之“利”,更表现为商鞅的“吾所谓利者,义之本也”[①],从而忽略了与利不同的“义”的思想。因此,前人的统一和兼备,或停留在笼统的不排斥“利”的层次,或干脆用“利”等于“义”、“义”等于“利”来混淆其不同性,一旦在实践中两者产生冲突,义和利的不平等性也就自然地暴露出来,当然就不可能真正完成义和利的平等并存。传统义利理论只注意到义利对立问题,但由于没能将这种对立上升到性质不同的两个事物去看待,其结果,也就必定会用不平等的、不尊重的意识去看待这种对立。所谓性质不同是指:利益、欲望、本能在其根本上不是低于人类文明的世界,而是以它的无理解性和自然而然性区别于以筹划和发展为特征的人类文明。人类文明可以说是在对自然界的否定中诞生的,但这种否定的目的,是生产一个不同于自然界的世界,而不可能产生一个优于自然界的世界,因此否定的性质是诞生性的,而不是优越性的(人能诞生自己不是优于动物,而是不同于动物)。这意思首先是:自然界本身的性质是人不可改变的,尽管人类可以利用自然资源,但绝对谈不上利用自然界的自然性;人类无穷地征服自然,征服的只能是自然资源,但却以生存环境的恶化被自然界的自然性所征服,毋宁说,这是一种不恰当的对自然的干涉态度所得到的回报。整个人类的文明史,对人的快乐欲望等自然属性,均采取了不同程度抑制的态度,但其结果,反而导致了一个以人的快乐欲望为主导的所谓后现代,这也同样证明了自然性只能尊重而不能改变、取消。准确地说,欲望的不正常宣泄,只是欲望长期被抑制的自然性爆发,只是自然界自然地伸展自己的一种显现形式。而人自身的自然世界,也常常以自然性要求着我们的各种生存渴求,以“不自然”来贬抑生存运动中很多人为行动的无效性。更能说明问题的是,当一部分人用自

---

① 《商君书·开塞》。

然界所不具备的人类文明来炫耀自身优越时，另一部分人却用自然界的淳朴、纯洁等人类越来越丧失的品质，来指称人类文明的堕落，我们反而对自然和人类关系的判断无所适从了。这种无所适从，正说明人类优越论和自然优越论均没有充足的理由站住脚，也说明以平等的态度来看待两个性质不同的世界，可能是我们的最佳选择。

由于欲望、利益和快乐体验属于人的自然性世界，所以这个世界的最佳的状态，就是身心的“放松”。“放松”正是自然性世界所要求的“善”。“放松”意味着这个世界没有统一的标准，没有攀比的必要性，没有一切人为努力的必要。但“放松”在这里有双重含义：一是每个时代会自然而然地形成自己的生活状态，尽管这种生活状态的形成不排斥人类努力的结果，你生存在这个时代，你就会自然而然地和这个时代保持自然和谐的关系。这样，用树皮遮体或像堂吉诃德那样大战风车，显然会和这个信息时代不和谐；二是每个人囿于个性的差异，生存欲望的形式和程度也必然会形成差异。因此，别人花 5 万元装饰房子，别人喜欢旅游度假，你都没必要效仿。也许对于你来说，简朴就是最好的生活方式，自行车永远是你最惬意的交通工具。关键是欲望世界的“放松”，这在一定程度上会有效避免欲望抑制与膨胀带来的犯罪、战争等破坏性行为，因此，出于占有、侵略、掠夺意欲引发的战争犯罪，本身就可理解为人在欲望世界里“放纵”自己的结果。为此，欲望世界中必须有一个维持者和管制者，使其不逾分寸。这个分寸就是：你追名逐利也好，喜爱异性和新鲜事物也好，贪图享受和舒适也好，或者相反，你喜欢洁身自好、探险、吃苦或清贫，这些都不应遭受以往意义上的道德谴责，也不存在应该不应该这种伦理学之说，但只要你妨碍、侵占或伤害了他人、集体的利益，你就触犯了法律和社会规范（诸如排队须先来后到），而法律和社会规范的存在，只不过是用一种外在约束的形式，保证每个人欲望和利益充分、正常实现的手段。由于利益、欲望同时具有无序化的特征，欲望之间的碰撞和欲望的人为化造成的相扰，是使这种手段存在的最充分的理由。这种存在就是“善”。因此，以往我们说“恶”这个词，是指与“义”相对的“利”，而今天说“恶”这个词，则是指欲望世界内部的破坏性倾向。欲望和利益世界本身无所谓善恶，它就是一个周而复始、永无止境的运动世界，就是人类全部生活中的一个特殊宇宙。善是使这个世界不相害，而恶则是这个世界的相害——尽管相害和不相害都是相对的。

然而，除了本身是无序的，需要法律之“义”参与维系之外，欲望世界还是循环的、重复的，因而容易让人产生心灵的空虚感。为此，人类还需要价值世界来消弭这种空虚，来使心灵有所依托，精神有所信仰。这就是欲望世界和价值世界对人缺一不可的最直接的缘由。说利和义、欲望世界和价值世界是一种本体性的否定关系，主要是指：欲望世界是本能的、自然的，因而谈不上任何对价值世界的否定（欲望世界对价值世界的颠覆只能是消解、破坏，而不是有建设含义的否定）。否定显然属于人的筹划领域，因此只有价值世界是人的筹划活动的领地，并且就是作为人筹划的结果而存在的。甚至可以说，人的诞生就是有本体性否定意识的“前人”筹划自身的结果，劳动、理性思维、文明就是这结果的各种标志。由于理性思维产生后，筹划在根本上首先是理解性的，这就使价值世界和欲望世界之间的否定关系，可能要经历从义对利的抑制性理解，到把利看作是有自己性质的一个与自身平等的世界的过程。这样，说本体性的否定必须产生性质上的新的结果，只不过是我们将欲望世界看作一个与心灵依托无关的世界而已。这同时使心灵依托成为价值世界的一个质的规定，并由此将法律和社会规范之“义”与心灵依托之“义”也作为两种“义”来对待。法律和社会规范从此只能活动在欲望和利益世界，而与心灵依托这一价值世界无关。因为一个再遵纪守法的社会，也会出现心灵空虚和迷茫等问题。这一点，自然明显区别于以义或义务论来统摄法、心灵、良知等中西方既有的伦理思想。这可以理解为“义”的当代性分化和对自身的重新限定。这种限定，也可以理解为是心灵依托的茫然比以往任何一个时代都要严重的当代精神问题使然。

更重要的是：在以往全部历史时期，法规之“义”和心灵依托之“义”都是群体性的，所以“义”的性质也基本上是普遍性的、中心化的。而在个性、个人欲望、个人权利这些传统普遍性的人文精神内容（义）已经成为基本现实的今天，在完美主义、神性和圣性人格追求已经越来越被当代人意识到是不可能的今天，在个人对世界的基本理解随着多元时代的到来已经越来越成为社会的基本呼声的今天，心灵依托的普遍性就自然让位给心灵依托的个体性，并且由此超越了个性、个人权利、个人欲望这些旧人文主义的范畴，成为当代社会唯一值得个人去努力的事情。或者说，由于心灵依托问题已经交给每个个人去处理，而这个问题又不等于个性、个人权利、个人欲望这些生存性内容，这就使得“义”的“多元化”成为必然之理。因此，当一个“叛徒”背叛他的国家和信念时，本质上因触犯了群体和他人的利益而受法律和社会规范管束，“背叛”本身从此不应再具有道德意义。相反，萨宾娜拒不参加捷克抗击苏联入侵游行的“背叛”行为①，在昆德拉笔下反而具有了哲学意义、个体意义。这意味着，传统观念观照

① 萨宾娜，昆德拉《生命中不能承受之轻》中的女主人公。

下的诸多“不义”行为，将因为今天“个体化理解”[1]的参与而动摇和重构。“义”作为心灵依托的同义语，从此将越来越成为一件因人而异、因体验和理解而异的事情。

将“义”的个体化定位解释为与传统群体化观念的冲突，是我们很容易产生的一种误解，而其关键点首先还在于传统相克性否定观念的作祟。这种否定，常常将群体化的观念、规范看作是对个性、个人意志和利益的束缚，并将对这种束缚的反叛当做个体的实现，将“我不赞同”就作为个人化理解的产生。结果，反叛后的个人可能实现了自己的意志、个性和利益，可能获得了自由思考并容许你自由思考的空间，也许，这就是一部中西方现代史、近代史所争得的关于个人权利的基本内容。问题在于，“个人意志”是一个不区分欲望世界和价值世界的概念，“个人自由”也是一个不区分思想自由和思想个人化的概念，也因为此，“个人意志”应为贝尔所谴责的现代社会使人导向“唯我独尊”负责[2]，“个人自由”也应为获得自由的当代人反而内心茫然负责，如果理论应该为它所制造的现实负责的话。虽然一种理论在制造它的现实时总带有一定的负效应，但这种负效应，正是我们今天能超越现代主义意义上的个人自由的契机。由于价值世界在当代已经逐渐摆脱利益和欲望的纠缠，回到心灵依托的本位，又由于心灵依托已开始区别于笼统的心灵性的对自由的呼唤（特别是个人选择自由已成为一个基本事实），这就使心灵依托开始与个体化的对世界理解的建立，显得尤为相关。

心灵依托之义的定位及其实现

这就是说，在个人至上的时代，个人只是意志和利益意义上的个人，而不是理解和体验意义上的个人。这突出体现为在个人至上的时代，个人依然可以信奉上帝和艺术（西方），也可以什么都不信或患失语症（中国）。在个人意志自由的时代，一个人一开口，很可能是在重复他者的话语（内含），以致造成后现代的所谓“批量复制”的景观；一个人可以随心所欲地忙碌，但是却不一定能说出这样忙碌是为了什么，尤其是不一定说出除了生存还为了什么的话语。因此，信念、信仰，灵魂安宁的根基，即使在张承志《心灵史》中已完全诉诸血性情感，但其支柱依然离不开哲合忍耶的教义（《热什哈尔》及其渡世理论的传播）。这

---

① 参见吴炫：《否定本体论》，贵阳：贵州人民出版社，1994。

② 丹尼尔·贝尔：《资本主义文化矛盾》，北京：生活、读书、新知三联书店，1989 年。

就像中国人的情感伦理离不开儒家思想，而20世纪50年代的信念离不开共产主义理论和理想一样。信仰、理想、价值奋斗从来不可能是一种抽象的血性、情感和灵魂存在。即便巫术和占星术，也摆脱不了幻想、神力预测等原始理解的性质，更不用说“砍头不要紧，只要主义真”这种现代人为之牺牲、获取幸福的理论源泉了。尤其是在普遍性的“主义”解体之后，人必须还有一个“主义”来支撑的价值要求并没有解体，在个人的利益和快乐需求被排除在心灵依托的世界之外的时候，人的幸福需求需要靠自己来筹划，并没有排除个人已不能指望靠群体和他人来拯救，但依然需要拯救，并且只能自己救自己，就是当代的价值定位。如何拯救自己？除了诉诸个体化的理解、体验，似乎别无他途。当阿格尼丝喜欢在“独处”[①]中倾听自己灵魂的低吟时，昆德拉向人们展示出西方社会最低限度的个体理解和心灵依托。而且重要的是：“独处”作为形式可以是普遍性的、世界性的，但人们在独处中倾听到的内容则纯粹属于个体的心灵寄托，并且首先只能被自己感知。因为只有个体的心灵体验，才能孕育出一个个体的价值世界。在“个体化理解”被我作为未来理想化个体标准的时候，“个体体验”就具有一种立足当下、向未来个体过渡的含义，成为“个体化理解”的“胚芽”状态。阿格尼丝在“独处”中不一定能清楚地感知自己的心灵依托是什么，但是她至少能通过对周围人事组成的现实的“否定”感知她的心灵依托不是什么，并由此保持她体验内容的充分个体化，和由这种个体体验产生的依托感、宁静感。这样，“个体体验”的性质就被定位在对现实化事物的否定中对本真自我的呈现。由于心灵的体验在今天常常被诸多现实事务的嘈杂遮没，所以这种否定就成为个体出场的必由之路。尽管昆德拉没有告诉我们阿格尼丝的个体体验是什么，但这一来正好应验了人的可能性和自我实现是在体验中展开的存在主义思想，二来正好是处于文明转变时期但还不知未来确切的文明形态的“转折的象征”，类似于鲁迅先生所说的“前面的声音”[②]。（对这“声音”，几乎所有的宗教都拒绝去言说“是什么”。）更重要的是，“个体体验”道出了价值世界对欲望世界的一种否定方法：通过体验，一个人可以自然而然地通过沉湎于心灵声音的倾听，告别欲望世界的缠绕，进入价值世界的凌晨：渴盼澄明。因此，“否定”首先不是理性的而是对既定理性在性质上的拒斥，以保证心灵自我在轻松状态下出场。这个时候个体体验到的是“心灵的舒适”。但阿格尼丝为什么在办公室、电梯、出租车内等各种场合寻找独处的空间，并且心灵始终难以获得可谓充

① 阿格尼丝，昆德拉《不朽》中的女主人公。

② 鲁迅：《过客》。

实的安定，其缘由一方面在于：体验到的个体内涵由于带有不可言说性，所以在宗教的意义上可以说是充实的，但在现实的意义上又是不充实的。由于现实信念和心灵依托是由理性做底蕴的，这就使得还未转化成“个体理解”的阿格尼丝，只能通过强化“独处”的时空来抓住不够坚实的个体，以致落入对“独处”的迷恋。相反，中国思想家顾准之所以能不为时势左右，始终不放弃自己的信念，则无疑与他形成了自己对世界的某种理解相关。这使得顾准即便“不独处”，其心灵世界也是安然的。另一方面，不断地寻找“独处”空间，用中国的话来说，很可能只是图个“清静”。而“清静”只是对现实烦乱的暂避，但不可能真正避开现实事物的“缠绕”。在“清静”背后，依然可能是对现实事物的眷念。一个以“清静”为身心休息方式的人，不可能有真正的对心灵自我的筹划和孕育，更不可能产生“个体化理解”的渴望。长此以往，“清静”反而可能成为一个人现实生活的一部分。阿格尼丝如果后来又崇拜谁，也就会证实她的“独处”接近于“清静”。一个“清静者”是摆脱不了现实的喧嚣的。这就像中国传统个体人格，是通过“忠君”等外在于自己的对象，来体现一种人文精神和民族气节一样。柳如是和岳飞如果今天还能打动我们，是由于个体、忠君、杀身成仁等古代伦理人格作为一种文明体系的结果。柳如是的牺牲精神和岳飞的崇高感，均不可能脱离这一体系。正如西方的献身精神离不开中世纪的禁欲文明一样。但在古代价值体系解体的今天，在个体需要被赋予新的理解、崇高感被孤独感所代替的今天，崇高和牺牲可能却难以单独地被我们继承[①]，而柳如是的民族气节和岳飞的忠君性崇高，也就应予以当代性的深思。那就是：真正的当代性人文气节，不仅应表现在外族侵略时对民族尊严的捍卫（即民族利益），而且在柳如是与明代君主的关系上，也应保持独立的人格与品格。否则，如果只在反清时显现一种人文气节，便难脱“事我君不事他君”的人伦精神之嫌，其独立的精神也就缺乏真正的个体含义。而“清静者”被现实事物维系，“独立者”又受忠君意识所牵连，由此便显现出古代文明的内在统一性。也因为此，阿格尼丝超越“独处体验”进入“个体理解”，不仅是她的必由之路，而且可能要比寻找“救国真理”和“依托上帝”的前辈们更为艰巨。由于任何传统理论，都没有告诉我们一个人如何将他的体验转化为理解，所以，对欲望世界和现实事物的本体性否定，由此就具有一种“方法雏形”的含义，并成为一个人自觉的行为。

这意味着，将“独处”转化为一种人类生活中“独特的位置”，可能是“体验”升华为“理解”的第一步。由于不是任何人都要求产生哲学家和学者那样的“个

---

① 王元化：《简论道德继承》，载《新华文摘》，1996年第12期。

体化思想”（思想只是“理解”之一种，并且多半是哲学性的），而只能是对哲学思想的个体化实践，这就不仅使当代哲学要成为帮助人成为个体的学问，而且要由每个人的实践来完成这个学问，当代哲学的非居高临下性及其依赖每个人的感受和实践，便由此体现出来。由于“独处”状态中的自我还伴随着身体性的自我存在，这就使心灵的内涵——那种使一个人坚实的价值感，渴求越过身体而出场，并将身体性的自我理解成现实生活中他人不可替代的“位置”。“位置”与“独处”的差异在于：“独处”是以物理时空为自己的存在形式，其价值内涵还十分模糊，而“位置”却是一个价值时空概念，其内涵开始能被个体感知。一个人在工作和事业中，体现出别人难以替代的价值，并为此而感到充实时，这个人就开始在人类生活中占据了一隅“位置”。“位置”是贡献性的，因为只有别人不可替代的价值才具有贡献性。这样，“贡献”在价值论上也就不等于劳力和心血，也不简单等于奉献和牺牲。唯其如此，“位置”还体现为对由群体价值构筑的现实的“本体性否定”。“本体性否定”不是指对群体价值的克服和冲突，而是指个人贡献了一种群体所不具备的价值。因此，一个清楚地感知自己“位置”的人，在非独处的时空下，也会感到安然，在生存不富足的状态下，也会感到欣然。在万马齐喑的年代，将名利淡然置之乃至置生存安危于不顾的顾准便是这样。当然，一个凡人拒绝物质利诱，不愿离开能体现他个体价值的岗位，自然更是这样。这意味着，“位置”已超越了职业的划分（职业道德作为社会规范的一种，无法安顿人的灵魂）而区别于“岗位”。就学者来说，“治学”之所以只能说是“岗位”而不是“位置”，正因为不是每一个学者都能体现出他人难以替代的价值，也不是每个学者都能产生建立在这种价值上的成就感。离开学术岗位下海，著作等身时反而有种无聊感，不断反思、后悔者的无所适从感，均可窥一斑而见全豹。

自然，“义”的个体实现的最高境界，可能还是建立一个性质和内容方面真正属于自己的“世界”。在当代社会，只有“世界”，而不是“上帝”或“乌托邦”，才是一个人现实中的真正家园。我曾经说过，一个好的文学作品，一个经典作家，是自成一个“世界”的，并且是他人不可模仿的。[①] 言下之意：进入“世界”的作家作品，可以最充分地体现出“义”对“利”的本体性否定，即改变“利”的自然性，将其作为“材料”纳入自己的结构，使之产生意义。因此，好的文学作品决不回避写“利和欲”，甚至也可以只写人的利和欲，但是决不会让读者也产生利和欲的冲动，而是能赋予“利和欲”以作家自己的理解，使之穿越利和欲，给读者以

---

① 吴炫：《艺术否定论：缘起、基础和内涵》，载《山花》，1997 年第 2 期。

某种咀嚼和深思——这与好的文学作品能穿越政治之利的诱惑（如昆德拉）是一样的。在这一点上，陈染、韩东等晚生代作家和蒋子龙、张贤亮等80年代作家的成败得失，均可以此为衡文玉尺。尤其是，一个商家如果能对利益追逐有自己的理解（而不仅仅唯利是图），那么表面上看他可能只是在追逐利润，但实际上他已经有了自己的心灵依托，他已经能将利益满足和价值凭借作为两回事来对待。在此方面，香港邵逸夫先生的“教育赞助”遍布全国各地，创造了所谓的“逸夫世界”，并以此为他经商的价值支点，便可谓一例。更重要的，个体价值的最高境界之所以是“世界”，不仅在于“世界”的个体性使之拒绝任何模仿（如《红楼梦》的“红楼世界”，任何续集无法比之），而且在于“世界”的丰富性，体现了个体人类性关怀的博大和深邃的现实性实现，和个体创造性的最高境界。如果说，毛泽东的价值依托一定程度上寄放在他所领导的新中国和新文化的建立上，其“东方的曙光世界”使全球为之震惊和回味不已，那么，凡·高构筑的金黄色的“向日葵世界”，便成为后来富有生命力的艺术家取之不尽的源泉。如果说上帝死了，信仰宗教天国世界的人便茫然失措，那么能使个人心灵永恒安宁的途径，则不外用自己的双手去开辟一个世界。这一点，甚至也可以在一个普通妻子的家园建设中体现出来：富于个性的环境空间中，如果飘荡着在别的家庭中体嗅不到的生活气息、独特的生活内容、富于个性的情感交流方式……便足以让一个女性心灵沉醉、幸福，这显然是物欲满足所不可顶替的。重要的是，从“独处”、“位置”到“世界”，“义”的当代性和个体性实现既可触摸，又有一定的张力和难度。这正好将“义”的筹划性显现出来，也将唾手可得的、守住现成的“义”的价值坚守行为，排除在“义”的当代性定位之外。

论“欲望放松”

否定主义哲学认为：当代社会“纵欲”的根源，来自传统道德对欲望轻视和禁锢的态度。当本不应该约束的欲望一放松时，当然会逆反性地纵欲。为此，否定主义哲学主张建立对欲望的新的道德论和审美论。在美学上这便是“健康”。当代人只有摆脱轻视欲望的圣洁和伟大，以及沉湎于欲望的杂乱与渺小，才有希望获得文明的现代化，也才有希望在生命舒展的状况下产生真正的创造冲动，并生发出现代人格魅力。

“放松”的基本哲学内涵

在否定主义哲学中，所有“本体性否定”的“对象”，都属于“生存世界”。“生存世界”是以循环、延续、本能性和非人为性为特点的，并渗透在人的自然性生存和文化性生存这两种类型和模式中。人类在“生存世界”的基本生活准则，便是“放松”，而不是用各种“应该”的语言，制造各种非自然性的生活。或者说，“放松”就是当代性生存道德的体现。

在自然性生存世界中，“放松”首先具有“顺其自然”的意思，并要求着人类的自然性生活，像自然万象那样呈现出千姿百态的、丰富的天然可能性。当自然界既有风暴般的“冲突”，也有湖泊般的“宁静”；既有水往低处流的“朴拙”，也有鸟往高处飞的“激昂”；既有动物族类相残的“冷酷”，也有母子之间爱抚的“温暖”；既有“猴子称霸王”的不平等，也有私有制出现之前的原始“平等”的时候，“顺其自然”就包含着由上述各种可能性引导的、使人类的生活显示出复杂性、有机性、不应该由任何人为性去制约的意思，并反衬出迄今为止中西方各种

“自然观”的“人为性局限”。这意味着,“放松”对“顺其自然”的理解,已经既不等同于道家哲学的“简朴”,也不等同于儒家哲学的血缘性“亲和”;既不等同于卢梭意义上的“平等、无奴役”的自然观,也不等同于张炜笔下的由“小草和柔弱的动物”组成的自然世界——因为这些“自然观”,均是用一种各取所需的态度、对“自然”的“某一方面”的理解,而不是用放松、宽容的态度去拥抱自然界的全部可能性。其结果,也就破坏了自然的丰富性,“不放松”地对待了自然。比如,人群像动物群落一样,既有柔弱的人,也有强健的人,而柔弱或强健的人也各自有柔弱和强健的一面,柔弱和强健也都有其可爱的资质,或在某些时候能转化为审美符号,“柔克刚”或“刚克柔”的现象也无时无刻不在发生。顺其自然地对待、认同这一切,就是合理的、健康的。当我们既不能像道家文化那样推崇“柔弱”、贬低“强健”,也不能像西方进化论那样,推崇“强健”、贬低“柔弱”的时候,我们就是在说:人类的霸权现象和似乎成立的落后现象,其实都是人类破坏自然、以人为性的、不完整的自然性标准来衡量世界的结果。虽然这些标准都是对自然界某一方面内容的提取,我们不能简单地说“不自然”,但由于“自然”并不等于“某一种自然”,“自然”就是在多种事物、多种形态之间自由地穿行的意思,所以我们就不好说崇尚“强健”是掌握自然的精髓,也不好说肯定“柔弱”才是掌握自然的精髓,而是说:对“强健”和“柔弱”不作任何价值评判和价值引导,让人放松地生活其间,才是掌握了自然的精髓。因此,当古谚说“老虎吃鸡,鸡吃虫,虫吃棍子,棍子打老虎”时,一方面阐述的是循环论的道理,另一方面则说明,任何事物都是在“强健—柔弱”之间运行生存的。不仅推崇“优胜劣汰”是肤浅的,而且推崇“以柔克刚”也是肤浅的。“放松”地生活其间,就是说该柔则柔,该刚则刚,什么时候该什么时候不该,全凭自己的生存感受,而不是凭“应该”的意识。

以此类推,当我们说“放松”地对待自己的“欲望”的时候,就是说“欲望”在根本上说来,也像自然界万事万物那样是丰富的、无序的。欲望之间并无价值的差异,也没有一个此欲望好、彼欲望不好的道德性划分。一个人喜欢这种欲望的满足,另一个人喜欢另一种欲望的满足,还有一个人喜欢多种欲望的满足,本质上都是无可厚非的。因此,说一个人或好吃、或好穿、或好玩、或好色、或什么都好,其实也都不应该是贬义词,而是“趣味无争辩”意义上的“自然而然的事情”。当我们说一个人“好吃懒做”时,其实也不是指其人不应该“好吃懒做”,而是指不能成天“好吃懒做”,不能总是“好吃懒做”,总还应该有点其他欲望,或做一点超越欲望的事。但“应该做点其他什么”,并不是建立在对“好吃懒做”的“克服”和“鄙视”的基础上,而是建立在人生的丰富性或人生必须还应该有另一个世界的基础上,属于与“存在”相关的问题。这样,将“克服”“好吃懒做”改变为“不满足于”“好吃懒做”,便成为“本体性否定”的基本规范。这个规范,便是对“好吃懒做”的宽容。就人的生存世界和欲望世界来说,每个人在求舒服的意义上都是喜欢“懒做”的,也都是喜欢吃或吃好的的,因此这根本不应该牵涉到人格问题。甚至可以说,人类求发展的过程,某种程度上便是“好吃懒做”驱使的。在文化的意义上,由于人类自己的创造成果(如吃生食时因为火的发明而改为吃熟食,一般的熟食又因为菜谱的发现而改为美食)堆积如山,“放松”就不仅意味着要满足人吃饱的欲望,而且还应该满足人进一步吃好的欲望,在吃好的前提下,还应该满足人不断变化吃的花样的欲望……如此一来,人的文化生活才能呈现自然界丰富的形态。因为各种文化“果实”摆在那里,就如自然界各种“果树”生长在那里一样,我们怎能禁止动物们去采摘呢?传统哲学将此解释为人的贪婪而赋予贬义,道家哲学要人过得“简朴”来制止欲望的生长,但在“本体性否定”中,它们因为赋予了“放松”的含义而具有健康的意味。“顺其自然”的本义即在此。在这一点上,我们甚至可以说,物质文明的过程,便是人的欲望不断延伸的过程,不应该用存在主义哲学进行指责,也不应该用传统道德进行指责,更应该与利益追逐和沉湎于欲望区别开来。这意思是说,一个骑自行车的人羡慕开汽车的人,这种欲望是正常的,也是健康的;但是一个人如果成天想着的就是怎么弄到汽车,弄到汽车后成天把玩汽车,这就是追逐和沉湎。这就导致为一种事物所累而没有“放松”自己的后果。因此在价值观上,“放松”就是不排斥对任何一种事物的体验,也不受任何事物所累的意思,“放松”就是一种自然而然的、动态的、欲望逐步递进的过程。它听凭身心感受的驱使,它的无目的性便成为丰富性,它的无所驻留性便成为健康性。至于现代人的心灵和精神空虚问题,并不直接由人不断满足自己的利益和欲望而导致,而是由于人们还停留在传统的、中心化的价值依托方式上而导致。由于欲望满足和不满足的人,都会有心灵空虚的问题(大款和下岗工人都有一个当代性心灵空虚的问题),这就使得心灵空虚问题,与欲望实现的程度相比,几乎是两回事——当心灵问题只能由心灵去解决的时候,“物质发达,精神必然衰落”,便成为无稽之谈。

这意味着,只要不妨碍和伤害他人,一个人在欲望世界中想做什么,其实都是可以的,即便他只想“好吃懒做”。但“不妨碍和伤害他人”,并不是对“欲望”的规定,而是“欲望”活动的“边界”。因此,“放松”不是随心所欲的代名词,尤其不是在随心所欲的借口下“胡作非为”的代名词。由于欲望世界是无序的,所以欲望世界的相互冲突在所难免,这样,我们就要给人的欲望实现制造一个“边界”。我们之所以要给人的欲望设定“边界”，首先因为大自然也有它的“边界”，如：鱼类只能在水里存活，水稻难以在北方生长，所有的动植物目前只能在地球上繁衍、生息，以此类推，太阳系、银河系也会有它的边界，否则我们不会称之为“太阳系”、“银河系”……这种生物生存的“边界”，在人类生活中就体现为“法律”和“国家”。“法律”和“国家”就是人在自由地实现自己的自由意志时不可逾越的“边界”。而在“法律”保护的范围内，一个人爱做什么就做什么，就是一个人真正的返璞归真的自然性生活，也是体现自然界之丰富性的“放松”性的生活。同样，一个人只要不损害国家和集体的利益，即便成天只想着一些所谓低级趣味的事情，也不应该受到人们的鄙视、监督和指责。其次，法律和国家作为“边界”的诞生，也是人区别于动物的地方（动物是相残的而又无力管束自身的），这种区别是因为人就是“本体性否定”自然界的结果。地球既然有不同于动物的“动物”（人）产生，就是因为人除了有和动物类似的边界，还有不同于动物界的边界，那就是人自觉地诞生一种“边界”——法律，是人类为更好地、放松地、像自然界的事物那样生存、又能防止自然的无序性、相残性，而设计出来的。在人类历史上，道德和法律是人类的两种创造。但道德在制约人的相残性（尽管很无力）的时候，也克制了人的基本欲望（似乎很有力），所以比较起来，不规定人应该干什么，而规定人不能冒犯、欺骗、伤害他人的“边界”，便更适合现代人的生存之道。这就是“正义论”对现代人来说优于“良知论”的地方。此外，像“公平竞争”、“买卖公平”原则等，也都是由法律这个大的边界造成的各种小“边界”。因此，由法律所构成的人类生活很近似于“野生动物园”——“野生动物园”有一个“边界”，这是为了使之不伤害人类，而各大城市现在设置的小型“野生动物园”（一种动物一个大的边界），除了这个目的之外，还有为了减少动物互相伤害的功能。但在“边界”以内，动物则享有自由自在体验自然界的放松性、丰富性的功能。

人为性对“放松”世界的各种侵犯

首先值得说明的是：“放松”在根本上就是反人为性努力（道德性努力和身心努力）、也反对通过人为性努力离开现实欲望世界的意思。因此，当奥修批判迄今为止的人类文化是轻视欲望（如“性”），从而导致人们对欲望的迷恋和性的渴望心理时，奥修确实涉及人对欲望、裸体和性的恐惧式的“人为性”和迷恋、追逐式的“人为性”这两种不健康的态度（所谓“反对把性教给小孩只会引起他们注意到它的存在”），但是当奥修主张在“性”之外“开创出一个新的管道”（即

"静心")时,当这个"新的管道"是指每天静默一个小时以达到安静、祥和,是指通过普遍的爱意来转化人们对性的注意时,奥修还没有教会人们如何正面地、放松地对待性,他只是在承认人们压抑性进而也放纵性这种扭曲状态的合理性,用"回避"的、"转化"的方式遮没了"放松"的方式,一旦人们不能做到"静默"一小时,一旦爱的建筑倒塌、爱的教义失去听众,人们就还是会沉湎于欲望或性;于是矫枉过正,人们就还是会或轻视性和欲望、或压抑性和欲望,也就不能从根本上解决欲望和性的问题。

比较起来,以儒家伦理为代表的中国传统道德,则典型地体现出人类对自己的欲望世界的轻视和钳制的态度(西方的古典主义也不例外)。虽然在先秦儒学中,孔子所说的"见利思义"并没有排斥"利"或贬低"利"的意思,但是由于"见利"就应该"思义",由于"义"已被儒家作了"仁、义、礼、智、信"相统一的解释,由于这种统一的核心是为了维持"君臣父子"的封建等级制,而不是奠定在个人权利、个性自由、人与人的相互尊重等现代平等观念上的,这就使个人的欲望和利益,是在一种"人为性"的制约下"不放松"地来有限地实现的。于是,历代封建统治阶级,正是利用了孔子儒学的"君子喻于义,小人喻于利"的"轻利"思想,而逐渐地、变本加厉地约束乃至摧残个人的欲望和利益的。换句话说,如果孔子不作"君子喻于义,小人喻于利"的"轻利"思想之补充,"见利思义"之"义"又只具有"不损公肥私"之意,那么"见利思义"是可以作现代法律意义上的阐释的。又因为现代法律并不具有任何"轻利"的意识,更不具有血缘等级制之意,这样,符合"仁、礼"的"义",就将所"见"之"义"挤压到一个十分狭窄的空间之中,或成为宋江浔阳楼上的"反诗"式的(个人言论自由)的罪名,或成为张生与崔莺莺性爱自由式的悲剧,从而也就在客观上阻碍着人的欲望的健康、正常、自由的实现。与此相关,道家思想虽然不像儒学那样提倡"克己",也明确禁止追逐欲望的现象,而提倡"水往低处流"式的"简朴",但道家的错误一是在于将人的欲望的健康运动人为化地规定为必须往"低处"流,从而将自然界进行丰富运动的精神理解为"一种自然现象",客观上阻碍了人的求快乐本能的逐步延伸,进而使中国人的生活总体上始终停留在"抗洪救灾"和"饥荒年年"的层次,使中国文学始终停留在被"呐喊"、"要活"的主题所缚的层次——在此意义上可以说,中国人、中国文学的贫困,在根本上源自道家哲学对贫困和简朴的提倡。二是道家哲学将欲望的正常满足与"逐利"现象混同起来了,通过禁止欲望延伸来消除"逐利"现象,这样就既损害了正常的欲望满足,又不能对"逐利"有一个明确的理论性界定,从而就既不能解决好欲望本身的问题,也不能解决好"逐利"和所谓"物欲横流"的问题。在我看来,"逐利"的界限,既在于对他人造成非法伤害，也对自己的“完整性”——生存与存在并存的两个世界——造成伤害，他变得只能追求一个世界了，因而变得残缺和不健康了，变得自身因为被利益占满而空虚起来。因为心灵世界、存在世界是与生存世界、利益世界完全不同的一个世界。

造成这种状况的原因，我以为在根本上，来自人类的不成熟性所产生的对自身的自然世界的恐惧心理，以及由这种恐惧心理所导致的不正确的处理欲望无序性的解决方式——道德约束。道德约束虽然代表着古代文明对世界的一种理解，但是不能健康地解决欲望的问题、反而造成“逐利”的当代现实的一种传统性理解。由于人的欲望是一种进行永恒运动的能量，接近孔子释《易经》哲学内涵的“损益观”（即波浪原理），而道德约束就像挡住波浪运动的大坝，其效果只能激起裂岸之“惊涛”，这“惊涛”在伦理学上便是“逐利”或“纵欲”。因此在根本上说，“逐利”就是“克利”的道德约束引导出来的。

由于“纵欲”是欲望的宣泄形态，或者是欲望实现的人为化的不健康形态，所以它就不仅会导致西方历史上罗马帝国的覆灭，而且必然会产生西方近代文学史上以于连、拉斯蒂涅乃至杜洛阿为代表的变本加厉的“唯利是图”者，导致由边沁、穆勒的“功利论”为理论支撑的、已经获得个人利益满足的当代“唯我独尊”者的内心无聊、精神空虚的状态。而且，只要“克利”的道德观维持一天，这样的景观就还会继续下去。中西方虽然存在着较大的文化差异，但是由于“欲望”是人类共同的本能，这样我们就可以看见在道德制约下的“纵欲”现象何其相似：西门庆式的唯淫欲之能事、文人介入时世溃败后的沉湎于声色和把玩智力、当代官员逐利欲望受体制限制造成的受贿等腐败现象，再推演至中国历史和现实的任何时期存在着的、在道貌岸然后面私人化的“损人利己”、“男盗女娼”现象……我们就更可以判断“纵欲”的这样一种性质：由于欲望的满足必须在“放松”状态下实现，才能保持肌体的健康循环，但由于中国人多在传统道德的捆绑下生活，从未做到“放松”，所以一旦这绳索被挣断，人的欲望喷发还是会对“放松”构成破坏，其直接结果便同样是对肌体、身心的损伤，并加速其衰老感、麻木感和空虚感。只不过，中西方在这个问题上的差异在于：西方现代人由于有肯定人的世俗欲望的近代理性主义作支撑，这就使逐利已久的西方现代人，呈现出一种普遍性的、能够在阳光下或发呆或歇斯底里或等待莫名的戈多或宣称历史已衰老人也已经死了的景观；而中国的近现代文化，由于李贽、戴震等肯定人的基本欲望的声音始终处于边缘状态，五四以降的新文化运动，又以民族性的启蒙和救亡遮没了人的世俗欲望的正当性，这就不仅使中国人的“逐利”行为只能在私人空间内进行，而且因“逐利”造成的空虚、无聊和颓败，也只能通过忙碌一天临睡前的叹息、朋友相聚时的穷开心、个人独处时的发呆，揭示出人类共有的因享乐无度而对惊喜感、幸福感等人类特有的珍贵感受的远离。这无疑使当代中国人呈现出这样人格破碎的状况：在公共场合中要维持一种对人的欲望冲动无力的教化形象，而在私人空间中又缺乏一种全新的思想引导人们摆脱“逐利”的空虚感，于是便造成人们在公共场合和私人场合的“双重内虚”（双重不健康）——公共场合的个人缺乏放松性的生命涌动感（每个人都是“做出来的人”），私人场合的个人又缺乏不同于利益满足的价值追求。

在我看来，造成这种状况不能归罪于人的欲望和利益冲动的无休无止性，而应归罪于人们对欲望的历史性的不健康之态度。由于人的欲望属于自然性领域，因此它是永动的、不可改变的，而人对于欲望的看法由于属于人为性领域，因而它是暂时的、可改变的。迄今为止，人们对“纵欲”、“逐利”等的不健康的关注，由于没有触及对待欲望观念的改变的问题，由于都是用一种“轻利”的观念来纠正“纵欲”和“逐利”现象，也就不可能根治“纵欲”和“逐利”的问题。“本体性否定”是针对中西方共同的“轻利”观的局限之处提出自己的“放松”性生存观的，从此以后，对“欲望”和“本能”的否定，在“本体性否定”中便具有了不同于以往的含义。

作为“离开欲望世界”的否定性

当叔本华将人“想做的”与人“想要的”事物区分开来之后，当这种区分启迪爱因斯坦进行人生实践时，我以为世界从此以后便应该进行新的划分：“想要的”属于“欲望世界”，“想做的”属于自我价值创造的“存在世界”。但是当叔本华进一步说人“不能要他想要的”的时候，可以导致两种理解：一是对“欲望世界”应该有所克制；二是不能沉湎于“欲望世界”、将欲望之弦绷得过紧，尤其是不能无休无止地获取。这两种理解都包含着对欲望的“否定性”，但前者是“克服欲望”的否定观，后者是“离开欲望”的否定观。这两种否定观在性质上存在着重要的差异。

我想说的是，“克服欲望”的否定观是导致“纵欲”和“逐利”现象的文化性依据，是一个没有正常和健康地实现自己欲望的人在一旦可以实现情况下的必然结果，而且还会呈现奥修所说的状况—— 一个克制自己欲望的人，必将成天想着如何满足自己的欲望，或者说，一个克制自己欲望的人，就已经在心里面纵欲了。因此，当爱因斯坦说“我从来不把安逸和享乐看作是生活目的本身——

这种伦理基础,我叫它猪栏的理想”①时,他一方面是将创造性的工作作为自己的人生依托,从而“放松”地对待了享乐本身;另一方面,爱因斯坦可能是在安逸和享乐并不成为问题的情况下说这番话的,这样爱因斯坦就等于是没有受“生存欲望”所缚;但是当一个下岗工人捏着每月一百元的工资补贴时,如果他(她)也说爱因斯坦的这番话,就不仅显得虚假,而且荒谬。因此,假如爱因斯坦是在鄙视生存快乐的基础上说这番话的,那么,在面对一个下岗工人的时候,他便将无话可说,或者会感到这番话是有局限性的。从根本上看,爱因斯坦这种可能存在着的局限,不应视为其本人的局限,而应视为整个传统否定观念的局限。这个局限,虽然不影响爱因斯坦取得惊人的创造性成就,但却在影响着不能取得爱因斯坦这样成就的人追求安逸的生活——爱因斯坦本来想说的是人不能依托在安逸生活之上,结果由于这种否定观的局限,就变成人追求安逸是可耻的。在安逸作为一种本能支配着大多数人的生活、但人们又需对这种生活采取轻视态度的尴尬中,人类的基本生存状况就显得躲躲藏藏、惶惶不可终日。这里面就涉及几个关键性的问题:人们究竟为什么要否定安逸和享乐的生活?我们又该怎样否定安逸和享乐的生活?

在《否定主义美学》一书中我说过类似的意思:由于安逸和享乐的生活是人的本能性、循环性生活,所以虽然它不可抗拒,但存在着消磨人的创造性、让人产生空虚感并且最终必然要衰老的局限。一种文化沉浸在安逸和享乐中,将必然呈现中国文化在近代衰落的格局;一个国家沉浸在安逸和享乐中,将必然导致罗马帝国灭亡的结局;一个人沉浸在安逸和享乐中,将或者成为百无聊赖的贵妇人,或者成为纵欲而死的西门庆,因此可以说,追求安逸和享乐,就是打开了通往死亡之门——我们用的力量越大,通往死亡的距离便越短。所以,无论是“放松”性地对待快乐欲望,还是“逐利”、“纵欲”性地对待快乐欲望,其差异只不过在于前者是自然而然地通向死亡,后者则是加速通向死亡。在这一点上,为了摆脱死亡,我们必须对安逸和享乐性的生活态度持一种否定的立场——通过创造另一个不死的世界来实现。然而,由于“放松”性地对待享乐与“逐利”性地对待享乐存在着重要的差异:前者是以尊重欲望世界的不可违抗性、但又不满足于欲望世界的空虚性为特征的,后者是以轻视欲望世界、进而追逐快乐享受、因而也意识不到死亡的危险性为特征的。所以对欲望体验的“放松”性态度,反而有可能使人离开欲望世界,而对欲望的轻视性态度,反而只能使人沉湎于对欲望的追逐。之所以如此,那是因为:“放松”地对待欲望和享乐

① 爱因斯坦:《我的世界观》;大学活页文库(3),上海:华东师范大学出版社,1998。

世界，人就不会沉湎于某一事、某一物，也不会沉湎于对某一种快乐的享受；当一个人对各种生存性事物既有所用心又无所用心的时候，他才可以因腻味感、循环感而产生离开这个世界的冲动。而沉湎于生存快乐，那肯定是沉湎于某一种事物、某一种快乐体验（如沉湎于打麻将），即便他对某一种事物或快乐体验产生腻味感，那也是对某一种事物或快乐体验的腻味，而不可能是对快乐本身的腻味。在这样的情况下，他腻味某一种事物，还会去追逐另一种事物，也就不可能在根本上摆脱快乐的诱惑。这一点，在西门庆乐此不疲地追逐、更换女人以满足性欲的情况中得到了充分的证明。也可以说，“放松”地对待欲望世界，一个人就不会沉湎于性欲，还可以有其他欲望的满足。也只有在有多种欲望得到满足的情况下，一个人才有可能离开欲望世界——那个时候的“否定”，就是对欲望世界本身的否定，而不是对某一种欲望的否定。

亦即在轻视欲望的否定观的支配下，大多数人只能沉湎于对享乐的追求，而只有极少数人才能摆脱这种追求的诱惑。但像爱因斯坦这样的摆脱欲望和享乐的诱惑，在“本体性否定”看来，不是仅凭在意识上保持对欲望和享乐的轻视态度就可以做到的——很多人冠冕堂皇地说轻视享乐，但背地里却十分重视享乐或在目的论上是为了获得更多的享乐，也有很多人声称为理想而奋斗，但在异己性的理想破灭后只好回过头来沉湎于欲望和享乐。爱因斯坦的“离开欲望世界”具有这样的意味：只有创造性的工作，才可以使人在一定程度上摆脱欲望世界的诱惑，也只有在从事创造性工作的人，才可以避免因信念和理想幻灭而热衷于享乐，也才可以对欲望和享乐持无所谓的态度，并因此对沉湎于欲望和享乐的人予以鄙视。但这种鄙视不是对欲望和享乐本身的鄙视，而是对“沉湎”于欲望和享乐以及离不开欲望和享乐的鄙视；对“沉湎”于欲望和享乐的人的鄙视，在根本上也不是对他们没有理想追求的鄙视，而是对他们没有自己的创造性理想追求的鄙视；对没有自己的创造性工作追求的人的鄙视，也不是鄙视他们从事的从众性的、阐释性的、承接性的工作，而是鄙视他们只能沉湎于从众性的、阐释性的、承接性的工作，并且自以为这就是全部价值之所在。实际上，当多数人觉得爱因斯坦高不可攀时，他们就已经是在为自己的“沉湎”寻找理由了；当多数人觉得爱因斯坦的创造不可思议时，他们也就在为自己的非创造性生活寻找理由了：把爱因斯坦归结为天才后，他们就可以为自己是凡人、进而为自己不能“离开”欲望世界而安然处之。他们不知道，爱因斯坦之成为爱因斯坦，只在于爱因斯坦首先不满足于用既定的思想和观念看问题所带来的“安逸性”，不满足于阐释前人思想的所谓学术工作所带来的“享乐性”，因为这种“安逸”和“沉湎”与满足于物质快乐和利益的享受，在性质上是等同的。因此，爱因斯坦的“鄙视”,实际上不仅是鄙视物质生活的享乐,也同时在鄙视只能阐释前人思想的享乐,这也就是在说他的创造是“何以成为可能”的。或者说,在“本体性否定”看来,除了创造性生活,其他一切生活其实都带有享乐性。站在创造性生活的角度,你就不能不对只有享乐性生活的人采取鄙视的态度了。

也因此,“离开欲望世界”的“离开”之意,一方面给人们在欲望世界的放松性的、充分的满足留下了自由的空间;另一方面,为了人的完整和健康,也为了人的心灵能有所依托,由“离开”所构成的否定内涵,由此就具有创造另一个世界之意。这样的一种“否定”,便形成了一种新的“放松”和“紧张”兼具的现代人才有的双重世界:人们在生存世界中,只要不触犯他人利益,尽可以放松地对待自己的欲求,而不必人为地克制或沉湎于什么,不必紧张地追求什么,但在离开这个世界、创造自己的价值世界的否定过程中,则必须真正地紧张和认真起来——因为这是自己成为自己的立身之本,所以可能要费毕生的努力。欲望、享乐等是大众性的,因此不可能代表一个人自我价值的实现。所以发财只能证明一个人的生存能力,不能证明一个人的创造力——除非这个人在发财之道上有自己的创造。因此,不仅坑蒙拐骗与公平经商有区别,公平经商也与创造性的经商有区别。创造性工作虽然要与生存性世界、既定的现实世界打交道,但由于性质已不在获利和快感,所以就不能以是否获利和有快感为尺度。这就有写赚钱的书和写让自己心安的书之别。当然,让自己心安的书可能赚钱也可能不会赚钱,这与心安与否没有什么关系。因为赚钱不赚钱与创造性生活才能产生的心灵依托是两回事。什么才能使人真正产生看轻享乐或真正放松地对待享乐的力量,除了创造性的生活支撑,别的力量恐怕均难以达到——爱因斯坦看轻享乐,是因为有自己的创造性生活作支撑,而一个下岗女工不能看轻享乐和欲望,除了生存危机本身的原因之外,没有自己的创造性生活作为支撑也是一个重要的原因。我们虽然不能要求一个女工成为爱因斯坦,但我们可以要求一个已摆脱贫困又沉湎于欲望的现代人,多少具备爱因斯坦的意识。因此,我们一方面要对欲望和享乐本身持“放松”的态度;另一方面,如何才能真正做到对欲望和享乐“放松”的态度,则取决于我们是否能对“欲望世界”和“享乐世界”进行“本体性否定”——在发现欲望世界本身之空虚性局限的基础上,通过离开欲望世界、创造自己的价值世界以获得心灵上的依托。可以说,一个人只有以创造性的生活为依托,才可以真正健康地对待欲望世界——他才可以摆脱或抵抗享乐的诱惑、或沉湎于享乐的诱惑这极端性的传统的二元生活。他才可以建立新的二元性生活,才可以成为一个真正的现代人。

对个体思想的“本体性否定”

告别“终极关怀”，走向“存在关怀”

“终极关怀”体现了人类追求完美的特性，但因为完美的不可即，人类也因此付出了沉重的代价。在知识转型的今天，我们是否依然以继续付出惨重的代价来追求完美，还是另辟蹊径，以能容忍不完美的态度来建立健康的人性、追求可实现的完整，便成为一个迫在眉睫的问题。

我首先想说的是，“终极关怀”没有出现在任何正式辞典的词条中，但却被人们在各种话语中频繁使用，这本身就已经说明：这个概念在区别于像杜林的“终极真理”、相对于“相对真理”的“绝对真理”等哲学用语的同时，很大程度上只是一个价值指向，而其内涵从来没有确定过。于是，在中国的当代文化语境中，“终极关怀”才像“人文精神”等概念一样，被人们在各种层面上使用和评价。也唯因其模糊性，人们或者只知道“终极关怀”似乎是与“现实关怀”相对的，大致可以用来表现人们对现实不满或超越现实的渴盼，或者不能在学理层面上论证这种“理想”的冲动在多大程度上是合理的，也不可能论证我们靠什么方法来实现这种“理想”，更不可能解释清楚“终极关怀”为什么在当代社会受到冷遇，这就必然使“终极关怀”在当代社会格局下，越来越呈现出以下几种局限。

“终极关怀”的“完美性”局限

这一点，最先突出地体现为20世纪中国知识分子，将“人类的全面解放”作为对“进步”的终极性理解，进而产生的对“完美的社会”的追求上。当马克思将没有缺陷的“共产主义”作为对“人类的全面解放”的终极理解，将摆脱“异化”作为人类的“终极关怀”时，最容易暗合中国知识分子素来就有的、康有为意义上的“大同理想”。我们当然可以理解这种无忧无虑的“完美理想”的产生，是源于人对已经感受到的各种“缺陷”的意识，理解人类在农业社会为摆脱贫困、在当今工业社会为摆脱技术对人的奴役所做的种种努力的正当性；但人类在任何历史时期都不是处在“完美”的境地，任何一种文化也没有在时间推移中越来越接近“完美”的迹象，加之孔子圣化意义上的“仁义”从未在中国任何历史时期实现过，而类似“大跃进”、“文化大革命”所造成的灾难又多是发起者在“完美理想”的诱惑下驱动的，则又使我们对这种“警觉意识”本身产生怀疑：是否这种既要物质发达、又要精神辉煌的“完美理想”本身便暴露出人的一种至今尚未被发现的局限——一种与“利益贪婪”不同的“精神贪婪”？看来，下这样的判断，很容易与中国自古以来就有的向往“仁义之邦”、“圆通”等审美理想相冲突，与人们对“缺陷”不满意的感受相冲突。但这个判断无疑引发出这样一个问题：什么样的对“缺陷”的警觉是有意义的？什么样的对“缺陷”的警觉是无意义的？如果“完美”的社会理想是不可能的，那么我们变革社会的目的究竟是什么？

我们已经注意到：20 世纪 80 年代中国知识分子在“终极关怀”问题上的两难局面，是既在反封建的基础上渴望物质和精神的现代化，又对现代化带来的技术奴役和精神危机等问题保持批判的眼光——前者是以现代化的“长处”为尺度，后者则是以传统社会的“精华”为依据。由于这种“终极关怀”的“完美性”，是建立在我所说的“文明割裂性思维”[①]之上——即通过破坏作为“有机体的文明”，来实现一种非有机体的、乌托邦式的“综合文明”，又由于任何事物均具有两面性，所以这种只要事物的“长处”、不要其“短处”的“终极关怀”，自然永远也不可能实现。因为它已经违反了事物均有其两面性这一自然或文化属性。究其根本原因，我以为这种“终极关怀”的失误，首先是将“任何一种文明均有负面因素”与人们“在性质上要求文明的转型”混淆了，这样也就将人们对现实的“两种不满”混淆了。就前者而言，技术对人的“方便”与“制约”是相辅相成的，不可能只有“方便人”的技术而没有“制约人”的技术，因此只批判技术对于人的奴役性而不批判技术本身，是无效的批判。而放弃技术对于人的“制约”，也就放弃了技术对于人的“方便”。就像中国古代士大夫，只批判儒家思想

---

① 吴炫：《从历史进步论到历史不同论》，载《文艺争鸣》，1997 年第 1 期。

对人性的制约，但又迷恋儒家的人伦、人情等血缘性社会关系，也不可能是真正的批判一样——我将这种批判称为“牢骚”。发完“牢骚”之后，人们依然还是拥护现有的观念和体制。另一方面，五四新文化运动及其中国现代化的特殊意义则在于：这个批判不仅仅对“克欲”、“轻商”、“灭私”等传统文明负面因素是一种批判，而且对“重义”、“兴情”、“感悟”、“大公”等传统文明的正面因素，也具有重释、改造的审视意义。因此这种批判是对古代文明“性质”和价值系统的批判，其目的在于建立一个无论是正面还是负面因素都不再等同于古代文明的“文明”，在思想上建立一个不同于“儒、道、释”的价值系统——在这个系统中，“重义”和“克欲”的观念都将受到拷问。因此在这个价值系统生成的现代化过程中，我们用传统文明的“正面”来对现代性的“负面”进行批判（比如用传统的“轻利”来批判今天的“唯利”），必然导致整个中国现代化运动的价值内耗，也必将导致整个中国当代知识分子在价值关怀上的冲突、迷乱，于是我们也就越发搞不清楚“现代化”究竟是怎么一回事。

这意味着，“文明的转型”不是克服传统文明的“负面因素”，也不是建立一个没有“负面因素”的文明，而是要在对文明的性质——儒、道、释价值结构——批判的基础上，建立一个不同于“儒、道、释”的价值系统。这个价值系统肯定还会产生新的负面因素——只不过在这个价值系统建立之前，我们还不知道其负面因素是什么，正如20世纪初的西方人肯定不会察觉现代人“唯我独尊”等负面因素一样。由于“文明的转型”是支撑文明的“价值系统”的转型，而任何价值系统都会有正、负两种功能，这样，以“完美”为特征的“终极关怀”，就是不适合用来解释中国的现代化的，也不适合来批判西方的现代化的。如此说来，海德格尔比丹尼尔·贝尔深刻就在于：海德格尔是对“技术”以及支撑技术的现代“主体论”进行批判，而贝尔则是温和地对现代资本主义的诸种负面因素（比如“唯我独尊”等）进行批判。海德格尔的价值关怀是指向另一种文明和价值系统的，而贝尔的价值关怀则是为了完善现有文明的——前者是对现代文明性质的批判，其批判也包括舍弃现代文明的好处，后者则是对现代文明糟粕的批判，其批判是使现代文明消除自身的矛盾。比较起来，中国80年代的理想主义追求，不是肤浅在对理想的追求本身，而是肤浅在以“完美”为鹄的的各种理想的交织、冲撞上，肤浅在西方文明的“好处”加东方文明的“好处”这种“完美理想”上。在同一时空中，既要摆脱封建专制，又要抵抗技术奴役，还要批判快乐主义，就是这种因为“完美理想”而产生的“批判冲撞”。这种冲撞致命的症结在于：我们并不知道这种不受封建道德奴役、也不受技术和快乐奴役的社会，是个什么样的社会。它的理性论证的“匮乏”，使得这种“终极关怀”很大程度上只是一种情感化的“愿望”。既是一种愿望,“完美”不仅是说不清楚的,而且也是不真实的,自然更是乌托邦的。

“终极关怀”的“情感性”局限

也因此,以“情感大于理性”为特征的“终极关怀”,究竟给这个社会带来了什么,并且还有可能给我们继续带来什么,便成了一个应该让我们警醒的问题。就“感性冲动”的本质是一种热情、渴望、敏感与狂热交织的生命状态而言,它是最容易激动人心的,也是最容易使人偃旗息鼓的,因此从来不可能成为一个人真正的、稳定的终极性心灵依托。这一点,不仅表现在当年的“红卫兵运动”、20世纪80年代初中国作家以“沉重的翅膀”为主题的现代化关怀之中,而且也表现在“寻根派作家”突然产生的对现代性的质疑之中,以及90年代那个说不清楚的“人文精神”讨论的消长之中。问题并不在于上述各种价值关怀中都充满了我们宝贵的青春热力,而在于上述各种思潮的投入者,不仅是以缺乏思想为前提的,而且是以缺乏自己的思想支点为前提的,这才会造成思潮的迭起又消失这种不稳定现象。因此,同样是“终极关怀”,鲁迅在这个问题上的冷峻和岿然不动、不为时代和思潮所左右的坚毅形象,不是靠不满意于现实的情感力量(比如不是靠控诉孔老二的“吃人”,向往一个“不吃人”的社会)支撑的,而是靠同时对中西方既有思想的怀疑、靠对中国的“人国”是什么样的思想性困惑和探求支撑的。既如此,鲁迅式的“终极关怀”的执著就取决于他独特的思想方位的支撑,取决于他不把价值依托在任何现成的观念和蓝图上。这种关怀,不仅可以支撑起一个人的一生,而且也不可能被情感化地放弃。这也就像海德格尔、尼采等人的“终极关怀”与陀斯妥耶夫斯基、赫尔岑的“终极关怀”,是运用他们的思想武器作为坚持“终极关怀”的资本一样。俄罗斯的知识分子在19世纪之所以能呈现出《日瓦戈医生》展示的“终极关怀”的状态,也与这种思想信念的坚定性有关。比较起来,中国不少作家之所以一会儿呼唤“乔厂长”的到来,一会儿又担心“乔厂长”来了之后,会不会失去“最后一个渔佬儿”,中国知识青年年轻的时候是“红卫兵”,上了年纪后又骂“红卫兵”是“小赤佬”,一些理论工作者20世纪80年代自以为掌握了启蒙天下的真理,90年代市场经济来临,又自嘲或鼓吹理论虚无主义……我以为均与中国知识分子只能凭着一种群体化涌动的热情、而从来没有在思想上论证过这种热情的具体内涵有关。

究其根本原因,中国知识分子的现代化热情,自19世纪后期,就是建立在现实生存危机等世俗性关怀的基础之上的。其情感基础,无论是生产力落后,还是文化的衰落,“性质”都是定位在“生存危机”上。首先,我们是借西方“终极关怀”之名,来实行与西方式的“终极关怀”完全不一样的现实关怀。这并不是说我们应该有一个“此岸”和“彼岸”式的“终极关怀”,也不是说只有基督教式的价值关怀才叫“终极关怀”,而是说,中国现代知识分子,从来没有将“终极关怀”问题与解决“生存危机”问题作为不同的问题来看待,自然也不会将“生存快乐”与“心灵依托”作为不同的问题来处理。于是,吃不饱喝不足或贫困挨打才产生现代化期盼,而吃饱喝足之后自然便心满意足;贫困的时候自然有激情化的“呐喊”,利益满足时反而要怪“呐喊”是扰乱安定团结,终极关怀自然也就不再有必要。在此意义上,我们就可以理解 90 年代“终极关怀”消失的原因了,也可以理解 80 年代的知识分子谈“自由”、“生命”等,都是为了解决与生存快乐和选择自由相关的诸问题,而不是在考虑即便这些问题解决了,现代中国人如何获得新的价值依托——就像中国古代知识分子依托在“儒、道、释”价值体系上一样。其次,中国现代知识分子之所以“反传统”,又之所以憧憬西方文化,主要是看到了西方文化使西方强大了起来,而没有看到西方文化的精髓在于注重人的创造性(注意:创造性不等于主体性,否则“文化大革命”便成了中国式的主体性),这样,整个 20 世纪的新文化运动的“终极关怀”,便被定位在借西方文化来使中国强大,借西方文化来使中国人获得生存自由(即打碎锁链)上,而不是定位在中国人如何创造自己的新文化之上。于是,当解释不清为什么一方面要学习西方,另一方面又要“消灭资本主义”(因为学习西方必然包含学习资本主义)这种矛盾现象的时候,我们就陷入了一种由生存性情感来支配的怪圈——抵抗西方是为了生存自由,学习西方同样是为了生存自由;“反传统”是为了摆脱不自由,“批判现代化”同样是为了摆脱不自由。但是我们就是没有想想这几种“自由”实际上是不可同日而语的,也不可能在同一时空下同时进行——因为技术奴役和金钱奴役对于封建专制的奴役,从来就具有批判的功效(从历史上看,几乎是唯一的功能),如果既反对技术奴役,又反对封建奴役,就正好将这个批判功效抵消了。由于上述几种“生存自由”和“生存情感”均具有真实性,所以上述几种价值关怀的冲撞所造成的“终极关怀”的无序性便在所难免。这就暴露出这样一个问题:无论是西方基督教意义上的“终极关怀”,还是张承志笔下哲合忍耶意义上的“终极关怀”,它们都是建立在一种由教义和思想支撑的“信念”之上。就“信念”主要是指自己信奉的观念而言,它必须是由一种世界观支配的,而不可能是由多种世界观支配的。由于“生存欲求”和“生存情感”本身是多种多样的、不稳定的,所以人们才需要由一种价值系统支撑的“思想”作为“终极关怀”,来与生存本身构成张力——信奉哲合忍耶的回民与生存极度贫困的并立,已经有力地说明"生存关怀"与"终极关怀"不是一回事,也有力地反衬出:中国当代知识分子建立在生存情感上的"现代化"关怀和"批判现代化"的关怀,并不是真正的"终极关怀",因为它从来没有建立一个确定的世界观,也没有在批判儒家"轻利"的世界观的基础上,建立起一个新的对利益问题的思想,自然也就不会派生出由这思想产生出的矢志不渝的信仰力量和稳定的情感力量。于是,我们的情感就由复杂的生存欲望支配,而不是由中国当代知识分子自己的思想支配。所谓的"终极关怀"最后成为"利益关怀",便自然成为我们今天的现实。

"终极关怀"的"非本我性"和"顶峰性"局限

此外,"终极关怀"虽然不等于"终极真理",但在"唯一性"和"最终的唯一性"意义上,它们又是相通的。在以往全部逻各斯中心时代,尤其在牛顿的"绝对时空观"统治西方的时代,在"道"、"天"、"仁"、"理"这些中心范畴统治中国的时代,"终极关怀"的这种"唯一性"是自不待言的。它一方面制造出"终极关怀"的"多样统一"——即每个人的表述和感受可以不一样,但思想和价值观念必须在根本上一致;一旦这思想和价值观念解体,人们的个性表述和感受失去了"对象",便会像今天这样惶惶不可终日。这一点,显示出"终极关怀"的"肤浅的自我性"和"非本我性"。另一方面,由于"终极关怀"的"终极"是建立在"顶点思维"的基础上,所以人们不但解释不了过去我们信奉的"终极真理"怎么会解体的问题,而且还会导致历史发展问题上的"非发展性思维",具有阻碍历史变革的负作用。

就第一个问题而言,由"非本我性"所显示出的"终极关怀",只能显示出个人全部生活中的"群体性价值"之一面,而不能显示出个人生活中的"个体性价值"之一面。

或者说,在"终极关怀"中,除少数制定"终极真理"的思想家以外,多数人的个体价值,只能显示出个人的"自然性"差异(如个性、感受、表述等),而不可能在世界观层面上有自己的领会。这样,个体就不可能有自己的"思想性"支撑,而只能有自己的"感受性"支撑。"感受性"与"思想性"的差异在于:前者是价值群体化时代个人生活的方式,其好处是个人凭着自己的自然天性进行努力,所以谈创造问题只需诉诸自己的"灵感"便行了,不必过多地考虑有关世界的根本性问题,也不必由个人为这个问题操心,但其坏处是个人具有很强的依赖性——个人凭着个人的力量无法真正站立。当群体化的"世界"随着群体价值解体的时候,当今天的世界除了法律、技术、欲望、利益这些内容还可以称为“群体世界”,心灵依托问题全部交给个人去处理的情况下,个人凭着自己的力量无法站立的问题,便被突显出来。所以,在个人“感受化”时代,文学家可以只对“文以载道”进行自己的领会和表述,而无须对“文以载道”本身提出质疑,“文以载道”便就是作家的“终极关怀”。但是当传统之“道”面临危机,使得“文以载道”作为文学观也面临危机的时候,对当代作家来说,所有的文学世界的问题便都成为作家个人问题的时候——当代作家在内心深处的茫然无措感便必然会产生。在根本上,这是因为作家们在“终极关怀”问题上的长期依赖性所致。或者说,“终极关怀”必然使作家产生这样的依赖。为了解决这个难题,否定主义哲学认为,当代作家必须将个人对价值的关怀,从“感受性”提升到“思想性”的层次,从谋划自己的故事、情节、表达方式,提升到直接介入自己的“文学观”的谋划,才能在文学生活中获得当代性的安身立命感。因为“文学观”就是作为作家的“世界观”,就是哲学在文学中的显现方式。而要达到这样的目的,当代作家就不能满足于文学观上的“载道说”、“模仿说”、“表现说”、“形式说”等既定的群体化的理解,应该达到像昆德拉那样的“小说与人的可能性”、博尔赫斯那样的“小说与严肃的游戏”的个体化理解,并由此告别文学观上的“中心化”理解。“终极关怀”由此转化为以个体理解为目的的“存在关怀”。

不仅如此,由于唯一的真理也是最高的真理,由于“终极性”只能在群体中才能被确立为“终极”,这样,在“终极关怀”问题上的共识性的解体,将直接导致非发展性的顶峰思维的解体。历史进步论由此转化为历史不同论。虽然我们在一般的意义上说起“终极关怀”,并不一定意味着等同于“绝对真理”,而只是意味着一种超越现实的理想追求,但由于“终极关怀”的信仰性质和理性性质,它又很容易在我们的实践中,将追求价值转化为追求一种“顶峰性价值”。“价值”与“顶峰性价值”的区别在于:“价值”是能使一个人安身立命的东西,是不是“终极”并不重要。我们每个人在新时期短短的十年中,追逐过各种价值和理想,只说明我们没有建立起使自己安身立命的信念,而不是说没有建立起自己的“终极价值”。另一方面,当将“价值”理解为“终极价值”的时候,我们一边会为自己在价值问题上的忙乱寻找借口,以褒义的“追寻过程”肯定这些随时可能放弃的价值,一边又会守住我们自认为的“终极价值”,阻碍价值的变革,进而阻碍历史的变革。因为从个体与价值的关系而言,我们需要一种“以不变应万变”的执著性,但这种“不变性”是对“自己”而言的不变性,而不是对“非自己”而言的不变性。因此,传统价值是在不再能使我们安身立命的时候需要变革的,而“顶峰价值”也是在我们不可能追寻到的情况下,被我们放弃的。除此之外,“顶峰思维”还潜藏着这样的弊端:如果顶峰性的价值关怀有一天实现的话,那么人类便可以坐享其成,放弃价值关怀的冲动。这不仅是违反历史的,而且也是违反人类的“本体性否定”之本性的——如果每代人均有自己的价值关怀,那么便不可能有“顶峰价值”实现的一天。

“存在关怀”特性之一:健康性

鉴于上述分析,也鉴于21世纪的人类正在重新思考价值关怀的问题,更鉴于当代个体——无论是西方还是东方——都在逐步摆脱思想上的依赖性、信念上的从属性,鉴于无论是回到西方“逻各斯中心主义”的王国,还是回到中国“道德一统天下”的时代,均不再具备现实的可能性,所以“否定主义哲学”正式提出:以“存在关怀”代替“终极关怀”,以“存在关怀”的“健康性”、“理解性”、“个体性”和“不同性”,分别代替“终极关怀”的“完美性”、“情感性”、“群体性”和“顶峰性”。而且,这种“在批判中确立”的思路,就是“本体性否定”之意。

在根本上说,“健康”作为一个医学专有词汇,从未在中西方的价值关怀上使用过,而且也一直没有得到过正面的确切的解释。虽然亚里士多德说“身体上的长处就是健康,这是一种能使我们免除疾病,又能充分利用我们身体的状况”①,而按照奥修的说法,“健康”像“爱”一样,是不可正面解释的,我们最后只能说:不生病就是健康。“健康”的这种无法正面界定、只能通过“免除疾病”去言说的思维方式,一方面说明“健康”必须有“疾病”这个词介入才能实现自身,另一方面则说明,“健康”只能在和疾病的较量中才能证明自己。这可能导致两种解释:一是“健康”将身心永远不生病作为自己的最高理想,将消除疾病作为自己的价值追求,但一个人永远不生病是不可能的,所以这种理想是不可能的——近于人的道德性的消灭“私心”是不可能的一样;二是“健康”将肯定会有疾病出现作为自己的前提,然后显现出一种能与疾病打交道的能力——这种既包含疾病又能与之打交道并战胜之的身体状况,就是“健康”。而“不健康”,就是与疾病打交道的能力虚弱的显示,就是被疾病战胜的显示。这样,“健康”的人是生病能自愈的人,而“不健康”的人则是始终在生病的人。“健康”的人不是将不生病作为自己的理想,而是将疾病出现后能够战胜它作为自己的理想。相反,“不健康”的人反而可能在心理上视疾病为仇敌。更重要的是,如果

---

① 亚里士多德:《修辞学》136Jb3,见《西方思想宝库》,北京:中央广播电视出版社,1991,第1058页。

一切自然性生命运动均摆脱不了“生老病死”,而“健康”的生命运动只不过显现为正常的循环,那么“健康”的生命就是指疾病的“消长”,而“不健康”的生命则是指疾病“长而不消”了。

以此原理来看人类文化现象,我们就可以说:健康的文明不是企图排除其“负效应”的文明,而是不至于使“负效应”战胜“正效应”的文明;在价值关怀上,我们所渴望建立的“新文明”,也不是一个集中西方传统之“精华”于一身的文明,而是一个肯定还会有新的“负效应”的文明。我想说的是:正因为“新文明”肯定会有“负效应”,它才是“可实现”的、值得我们去追求的文明;正因为“新文明”能够容纳其“负效应”,它才是能进行健康的生命运动、值得我们信赖的文明。如果说,一个有“洁癖”的人、一个通过练功而得意于自己连“感冒”也不会患的人,是一种病态的“健康”,而浑身沾有汗迹、灰尘以及随时可能会生病的人,才是自然性的“健康”的话,那么“健康”的文明其实并不是陶渊明、汪曾祺笔下的没有犯罪、争夺的完美的“桃花源”,而是可以有效制约不公正等社会负面因素的、富有张力和弹性的王国。因此,“健康”是有“杂质”但又不至于使“杂质”造成公害而“健康”。一种文明、一个社会、一个人的“健康”,从此以后不再是消灭“不公正”、“犯罪”、“腐败”和“私欲”,而是能有效制约这些负面因素的“健康”。但制约的前提是承认其合理性,而不是用打扫卫生的方式又使这些负面因素逆反式地“膨胀”。在此意义上,我认为“重利轻义”是由“重义轻利”导致的,“腐败泛滥”是由“消灭腐败”的“完美”性“终极关怀”导致的。

这还意味着,我们从此将用“完整”来代替“完美”这个词。21世纪人类的价值关怀,也将不再是追求“完美”而是追求“完整”。当代中西方文化的价值关怀问题,不是出在“不完美”上,而是出在“不完整”上。所谓“完整”的意思是:在传统社会,在“终极关怀”的标准下,人的“私利”和“欲望”等总是作为“不健康”的因素、“不完美”的因素来对待的,而在未来的社会,人的“私利”和“欲望”是“完整”的人不可或缺的一个部分——另外一个部分,则要靠人的“本体性否定”特性(即“存在”的确立)来完成。这样,“完整的人”就是有杂质、有私利、有快乐欲望,但又不满足于此、渴望实现自己的独特价值、创造另一个世界的人。“不满足”,在此就构成“本体性否定”实现自身的一种张力,就成为建立“完整世界”的一座桥梁。“完整”就是杂质与纯净、本能与人为、模仿与创造、快乐与心安这两种性质的世界的“不同而并立”。“完整”对于当代社会的价值在于:无论是传统的“价值中心化”时代,还是现阶段的利益至上、欲望至上、技术至上的时代,其实都是“不完整”的。传统社会的“不完整”表现在以“纯净”克服“杂质”,以“公心”遮盖“私心”,以“人为”轻视“本能”,并以其作为社会的

“终极关怀”;当代社会的“不完整”则表现在沉湎于本能、利益、快乐、技术,并误以为这就是价值关怀。事实上,只有“不完整”的社会才会制造出另一种“不完整”的社会,在“完美”性的“终极关怀”之下,在以一种世界代替另一种的“理想”之下,也就可能继续制造21世纪的“不完整”。因此,“本体性否定”将生存与存在、本能与创造、快乐与心安的“不同而并立”,作为我们今天追求的理想。达到这个理想,人就可以显得很“健康”。

“存在关怀”特性之二:“理解性”

与“终极关怀”不同的是:“存在关怀”诉诸“理解性”,不再将人的价值依托,放在难以言说的情感和信仰领域,靠一种类似宗教性的热情支撑我们的追求。其原因是:首先,在中国文化语境下,在以注重现实生存领域里的生存运动为特征的《易经》文化血统中,为区别于西方,“存在关怀”主张将价值追求放在现实领域里来谈,西方“此岸”和“彼岸”的超现实性思维及其宗教性价值关怀不适合中国,这已多少被实践证明;其次,在儒家的伦理性依托,已经不能有效地面对当代价值迷茫、商品竞争的时代的情况下,为区别于中国古代传统和20世纪初新文化运动的传统,“存在关怀”主张告别80年代情感化的理想追求和以感情为支撑点的人文关怀,以“建立自己的对世界的理解”为当代人的追求目标,并由此成为当代人区别于欲望和利益的价值努力,从而将“理解性”与文明转型所必需的思想新建联系在一起;再次,90年代以来,由于中国当代知识分子对说不清楚的“理想”(无论冠以“旧理想”还是“新理想”)和“人文精神”已不再感兴趣,对“文革”式的群体性、盲从性的“终极关怀”早已保持相当的警惕,更看出了抽象的价值关怀的“姿态”,面对当代迷乱现实的无力,这就使得以“理解”为内容的价值关怀,比任何历史时期都显得更为重要、更为迫切;最后,在传统的“终极关怀”中,“思想”总是现成的,个人只需认同与否或有选择的认同,并不需要个人来承担“理解”的筹划。但80年代中国知识分子“选择的迷乱”造成的精神困扰,已多少说明在价值关怀问题上我们已没有“有力量的思想”可依靠,更说明我们也不可能“等待”一种思想去依靠。所以,价值关怀实现从“认同”向“建立”的转化,实在是无所依靠的现实逼出来的,是西方早已出现的“等待戈多”的虚幻性警醒出来的,也是“依赖别人是靠不住的”的现实经验告诫给我们的。

值得指出的是:“理解”在此不是认识论意义上的对“对象”的感受、体验、了解等主客体活动,也不是海德格尔、伽达默尔那个“人皆有之”的“解释学”活动——虽然两者在哲学上有“本体论”意义上的不同,但严格说来,两者所指的“个性化”内涵,总带有自然性的、普遍性的特征。即个性就像面孔是因人而异的一样,一个人只要处在放松的状态,便总会有个性呈现——就像大自然万事万物的差异一样。带着这种差异,对同一事物自然会有不同的感受和认识。所谓“一千个读者便有一千个哈姆雷特”,就是指的认识论意义上的“理解”之差异。但“一千个读者便有一千个哈姆雷特”,并不能保证每一个“哈姆雷特”都是有意义的,也不能保证每一个有关哈姆雷特的看法,都能成为哈姆雷特研究的专家,甚至也不能说,每一个哈姆雷特研究专家,其差异都是等值的。其原因就在于,“存在关怀”意义上的“理解”不仅仅是“本体论”的,而且是“否定本体论”的——前者意味着通过“理解”,一个人在“哈姆雷特”问题上可以获得“安身立命”感,由此,对“哈姆雷特”的“个人感受”必须上升到“个人理解”的层面,其个体性才具有稳定性;后者意味着只有在“世界观”层面上与他者形成区别,才可以获得这种“安身立命”感。所以,说“哈姆雷特”是一个复仇者,或者是一个人文主义者,或者是一个道德理想主义者等,便都属于在“性质”上没有产生对“哈姆雷特”的新的理解,自然也就不能在“哈姆雷特”研究上获得自己的安身立命感。这就使得“存在关怀”意义上的“理解”,对一个学者来说,就是一个持续追求的境界——它是不容易的,但确实是心向往之的,确立之后,也是终身无悔的。

所谓“世界观”层面上的“理解”是指:在文化方面,我们只有建立起不同于“儒、道、释”的新的世界观,当代中国人才能获得当代性的心灵依托——在这种“理解”尚未建立起来之前,对这种“理解”的渴望,便是“存在关怀”。又由于百年来我们曾经试图将西方人的“世界观”(近代人文主义的、现代主义的等等)作为我们的“心灵依托”的屡屡失败(如小圈子性、纸上谈兵性、朝令夕改性、文化心理上的隔膜性等),所以“世界观”(在中国尤其是指道德观)的重建就不得不由我们亲自筹划,而不可能靠移植来完成。又由于这种筹划不可能通过“科研立项”的方式来集体完成,所以筹划首先就不能不是个人的筹划(“否定本体论”正是试图作这种艰难的努力),并通过众多个人的积累、筛选来逐渐完成——这个过程,便是中国当代知识分子的“存在关怀”。在文学方面,这意味着中国当代作家不能再满足于“个性、风格”上与他人的不一样,而应该看到《青春之歌》与《红岩》的局限、《一地鸡毛》和《烦恼人生》的局限,主要是在于在个性化的故事和情节背后,作家对世界的理解是基本一致的——正是这种一致性,使作家们不可能获得凡·高意义上的独立感、心安感、无悔感,也使得中国作家总体上不是喜欢追逐“思潮”,就是喜欢依附在传统“儒、道、释”思想之上。

这种放弃建立起自己的思想之重任的创作现象，自然也使得作家们的“轻飘性”或通过下海经商、或通过拍电视、写传记、研究气功等非文学性生活显现出来，自然也通过批评家们今天写几句愤世嫉俗的文化批判文章、明天写几句考释性文章、后天又去搞思想史这种不稳定的治学现象体现出来。长此以往，中国作家真正的精神贫困，就不是通过引进外资即能解决的，而是要激发自己的原创性，在世界观、道德观、艺术观等方面，建立起自己的“理解”才能解决。为此而努力，就是当代中国作家的“存在关怀”。

“存在关怀”特性之三：个体性与不同性

由于“存在关怀”在道德论上的“健康性”，在内涵上的“理解性”，这就不仅开始显示出与中国古代道德论的区别，而且开始显示出与西方三大“存在论”的区别——它既不同于古代的“实体性”“存在”（即“存在”是一个“东西”），也不同于近代的“我思故我在”的“存在”（即“存在”是认识论意义上的“我思”之功能），更不同于海德格尔生存论意义上的、排斥任何认识论功能的“诗意地栖居”（即“存在”是一种拒绝理性的孕育状态）。但这种区别并不是毫无联系，“否定本体论”意义上的“存在关怀”，其“筹划”是在摆脱生存快乐的基础上进行的，其“过程”是可以将认识论作为“工具”使用的（也可以将不可言说的体验状态作为“工具”使用①），而其结果（“理解”总有其表达方式，或文字、或形式、或行为等）也不在根本上排除“存在”的实体性特征——尤其对注重现实性的中国人来说，这一点显得尤为重要。这样，“否定本体论”意义上的“存在”，就既是可触摸的，又是生成性的，更是在其实现过程中可以容纳理性和非理性活动的。关键是：否定主义哲学所说的“存在关怀”也诉诸“个体”，但这个“个体”，已经既不同于中国“沙聚之邦”意义上的“随心所欲”的个人，也不同于西方建立在“个人权利”、“个人利益”基础上的个人现实。这样，“存在关怀”层面上的“个体性”，便一方面具有特殊的内涵，另一方面又具有了特殊的意义。即由“世界观”层面上的“个体理解”所奠定的“个体”，将会既逐步摆脱西方“个人利益”至上的传统，又给中国当代随风飘荡的、孱弱的个体，建立起一个真正的支点，更给未来的人与人的关系，确立起一个以“不同论”为理论基础的社会结构——中心化的社会结构和一盘散沙式的社会结构，将由此可能得以改观。

这就是说，“个体”是追求“独特理解”的“个体”，而不是“个人感受”、“个

① 吴炫：《否定本体论》，贵阳：贵州人民出版社，1994。

人欲望”、“个人利益”、“个人权利”意义上的“个体”——并不是说这些“个体”不重要，也不是说这些个体在中国的土壤上已经成为现实了，而是说，这些“个体”均无法获得心灵上的依托感，与真正的价值关怀是两码事。“个体的独特理解”作为“存在关怀”被提出，是因为除此之外，其余的“个体”实际上都是“生命实体”意义上的“个体”，而不是靠自己的努力建立起来的“个体”。因此，前者是虚假的、传统意义上的“个体”，后者是真正的、未来意义上的“个体”。

一方面，从“个体的发展史”角度来看，“个体”经历了“群体”（古代）、个人生命的有限度的解放（近代）、个人生命的彻底解放（现代）这样几个阶段，从个体的生命感受、欲望、权利、利益这些方面理解“个体”的历史，在今天，已经作为基本完成了的现实而终结。因此，中西方当代个体的价值迷茫现象，告诉我们有必要开辟新的对“个体”的理解角度、建设角度。而否定主义哲学之所以提出“个体的独特理解”之问题，又在于人类文化的积累、个体经验的丰厚，已经在相当程度上使个人从“自在”走向“自觉”、“自为”、“自立”——这种自觉、自为、自立的能力，除了显现在生存利益层面上的“个人奋斗”之外，也同时可作为一种积蓄，显现在对世界的思考层面上。因此，当代文坛的纷争和无序，从传统的角度看是凝聚力的解体，但从文明转型的意义上看，从王朔和王小波这些边缘人物开始，到“晚生代”作家的个人化写作，至少又预示着个体开始建立“自己对世界的理解”的可能性——尽管其中层次不一、鱼龙混杂、快感和美感相冲撞。在作家是社会发展的晴雨表的意义上，它至少预示着我们在价值关怀问题上的某种方位。

另一方面，感受、欲望、利益、权利这些范畴，看起来似乎是十分个人化的事情，但在性质上却不能将真正的个人衬托出来。这是因为，人们欲望的对象和实现的方式常常是相似的（如都想赚更多的钱，都想出人头地，都经商），利益的标准也常常是共同的（如都想有一个三室一厅的住所），感受的背后常常是思想的共识（如或认为现代化好，或认为现代化不好，或认为现代化既好又不好），个人的权利其实是普遍的社会规范（如每个人都必须尊重他人等）。这就使得建立在此基础上的“个人”，讲的是每个人共同的东西，而不是每个人不同的东西；讲的是时空意义上的“个人”，而不是价值意义上的“个人”；讲的是“生存”意义上的“个人”，而不是“存在”意义上的“个人”。由于“生存”是自然性的、群体化的需求，所以它不可能将每个人的“不同性”凸现出来。

否定主义哲学还注意到：在人类历史上，真正在价值关怀问题上坚定、执著、稳定、无悔的人，是像孔子、亚里士多德、尼采、鲁迅这样的在对世界的基本理解上，不同于群体和他者的人，而生活在一种文化或文明状况下的民族，其巨大的精神力量，也是来自本文化、本文明对世界的理解与他者的不同。在“终极关怀”大于“存在关怀”、“群体理解”大于“个体理解”的时代,我们只能在经典思想家、作家、科学家那里体验到“存在性”,而大多数人只能以认同、集群性、文化与文明的方式,显示出我们的存在性。所以,正像西方人是以《圣经》式的理解、西方现代人是以生命哲学显示自己的精神力量一样,中国人的精神力量自然来自《易经》和“儒、道、释”的价值依托。于是,这正好将生活在后工业状况下的当代西方人的茫然、生活在市场经济体制下中国知识分子的困惑的根源揭示了出来:当代西方人产生不了对“神性”的新的理解,而当代中国人也产生不了区别于“儒、道、释”的价值系统。所以,当代西方人仅靠《圣经》,无法产生当代性依托,中国当代人仅靠《易经》,也容易成为靠变卖祖上遗产过日子的“陈继根”。而更深刻、更棘手的问题则在于:当约翰·霍根宣布爱因斯坦那样的划时代的科学家已不可能再出现的时候①,这是否意味着孔子、尼采那样的思想家也不可能再产生呢?如果让我们更意想不到的“时代”的划分,是在于高于群体之上的“伟大人物”已不可能再产生,是在于由每个人自己去筹划自己的“伟大性”,那么,以“不同性”的“存在关怀”代替“中心化”的“终极关怀”,便成为历史的必然。于是,每个人追求自己对世界的价值性理解,便就是追求自己的“伟大性”——这叫做“将神性交给自己去处理”。

关键是,由不同的对价值的理解的追求,将给我们的社会结构和文学批评带来重大的变化。那就是,很多的社会纷争、文化纷争、学术纷争,均是由“趋同论”导致的,而“趋同论”最后必然导致中心化的社会结构。比如当我们不能容忍一件事物的时候,常常是因为我们不赞同这件事物,而不太考虑这件事物是违反了法律还是违背了我们对世界的看法。因此,我们就很难将像王朔这样的作家的破坏性、调侃性与王朔可能有的对世界的某种看法区别开来,并在不能容忍前者的同时,连后者也不能容忍。比如我们在批评贾平凹《废都》的时候,是因为《废都》不符合我们的道德标准,而不是因为贾平凹在写性的时候,没有完成自己的对性的理解——一如劳伦斯有自己的对性的理解一样。因此“不同论”认为,“存在关怀”是因为自己没有成为自己而进行自我批判,也是因为对方没有成为自己而帮助他人成为自己所进行的批判。这样,由不同的“自己”联结的社会,才是真正多元的、不再为同一目标纷争,从而也是健康的社会。而认同这样的“存在关怀”,便应该是我们社会的基本共识。所以,否定主义哲学所讲的“共性”,不是由一种对世界的理解支配社会的共性,而是由不同种理解、追求不同种理解支配的“平衡型”社会。

---

① 约翰·霍根:《科学的终结》,呼和浩特:远方出版社,1997。

论“个体化理解”的个体

由于“唯我独尊”造成的负面因素,西方的“个人自由”观念今天已面临严峻的挑战。但对中国人而言,这并不等于传统群体的人可以重新发挥优势。关键是:中国当代的“个体”建设,既不仅仅是西方意义上的“个人自由”,也不仅仅是中国传统意义上的“个性解放”,而是关于依附的个人(无论是依附于权力,还是依附于既定思想,抑或依附于金钱与生存快感)缺乏思想的谋划。

今天可能有人会说,当我们过去追寻的那种个人主义时代逐渐到来,并且愈益倾向于无序、平庸和世俗化的时候,再提“个体”还会有什么新意?不管“个体”作为一个命题是否在理论上得到过深究,也不管“个体”应该随着时代的发展被不断注入新的内容,仅从后工业时代个人意愿和权利的庸俗和泛滥,追溯到现代主义思潮对“自我”的极端强调,人们就有权利对我们所熟知的关于个体的理解保持某种警觉。就如丹尼尔·贝尔忧心忡忡所说的“现代主义文化是一种典型的‘唯我独尊’的文化”[①]那样。更为复杂的是,就“个体”作为一个永恒的哲学命题来说,一种更高层次的抉择就显得尤为紧要:我们是拨乱反正回归到新的整体主义时代,还是在现有文化的基础上去开辟个体的新的存在形态?

拨乱反正,既意味着要对西方文艺复兴以降的个人主义文化实行某种反思,也意味着要对五四以来中国知识分子为之奋斗的个人主义理想予以反思。虽然随着新的宗教的建立,人类重蹈整体主义之路的可能性不是没有,但即便如此,我们今天对这一新的整体主义格局把握的模糊,并不亚于我们今天面对未来的个体在认识上的茫然。于是,拨乱反正的实际操作,最后便只能体现为

---

① 丹尼尔·贝尔:《资本主义文化矛盾》,北京:三联书店,1989,第182、184页。

我们对以往关于个体理解的批判性清理。另一方面，就一种概念的演变必然与它的历史发生内在联系、而且是弥补了过去的局限而言，这种清理便可能成为重释个体的契机。只是在此意义上，我说抉择已经不包含可以选择之意。

我曾经在《否定本体论》①中说过，“个体”最原初的含义，应该是相对于宇宙自然界存在的人类群体。只是在近代与个人联袂后，“个体”才与这最初的含义疏远。而个人的极端发展，又使个体有重新回归自然性的可能。先且不论这个怪圈，仅就“个体 = 个人”而言，就足够昭示出不易觉察的文化性误导。以“自由和平等”作为个人的规范，应该说是人类个体发展的一个必经阶段，个人中心主义应该是西方现代文明诞生的一股最主要的力量。处在中世纪对人的权利和个人意愿的约束下，解放大写的人使之归于平等，解放小写的人使之恢复应有的感性生命，无疑体现出人类整体主义的发展和个人主义的诞生。只是，整体主义的发展作为一种理性的变革，只体现在对普遍的人作出一种新的规范上，忽略了对个体的人在个体的意义上作出新的规范。这样，个人除了遵从一些普遍的人文规范以外，在个人的感性生命之上，一直没有一种新的个体理论来制约个人，以致走到今天无序的地步。因为感性生命，已经命定了它只能与当代个人随心所欲而又茫然无措的生存状态相联系；至少在学理上，这一病根是在近代理性主义的个体理论那里就埋藏下来了。因为这一隐患，就自然会造成现代主义非理性的绝对自我的出现——感性生命的无节制发展，必然会造成对近代普遍主义意义上的那个“人的理性”的反叛。在此意义上，我们可以说《变形记》是《哈姆雷特》的子裔，《北回归线》是《查泰莱夫人的情人》的后代：虽然在类型和意旨上它们是大相径庭的作品，但文化血脉上的遗传则是根深蒂固的。就这一点来说，萨特无所不包的意向性“自由”，海德格尔难以言说的体验性之“在”，尼采和柏格森的“生命意志”说都难以推卸对无序的后现代的责任。当萨特对“自由”无法进一步限定的时候，你就无法说个人对生存快乐的追求不是自由；海德格尔将“在”建立在反文化、反知识的神秘体验的基础之上，你就至少在形态上无法对同样具有反文化性的老庄式沉醉予以臧否。于是，就必然会出现丹尼尔·扬克洛维奇所谈到的一个颇为典型的范例：一个叫林登的人看上去已经获得了世俗意义上的成功，他“有著作出版，收入比我估计的要多，享有所有权，许多人都依赖他”②，但他总觉得没能“自我实现”。因为“自我实现也许是不可及的”，而且“出奇地令人难以捉摸”。林登当然难以捉摸，因为整个西

---

① 吴炫：《否定本体论》，贵阳：贵州人民出版社，1994。

② 丹尼尔·扬克洛维奇：《新价值观——人能自我实现吗?》，北京：东方出版社，1989，第133页。

方现代哲学就已经把个人界定在难以捉摸的内容之上。

比较起来，“个体”在中国的情形又有所不同。先不说中国传统文化中所崇尚的“克己”，所推崇的“持敬、主静、守一”，乃至“修身”，皆以约束个人的基本欲望为要旨，要求个人言行有矩，使中国古代的个人基本上是以“类型”（如宋词中的婉约与豪放两派）的面目出现，即便五四以来中国知识分子张扬“个性解放”、推崇“娜拉出走”的反叛形象，但他们是在什么意义上理解“个体”这个概念的，却并没有进一步追思。如果“个性解放”主要指的是解放被约束的个人欲望，那么这层意义上的“个体”已经在当代中国成为某种基本的现实，并且有耽于感官享乐和利益获取之虞。如果“个性解放”指的是发扬精神意义上的个人情趣、爱好、特长、风格、感受和私语，那么这个层面上的“个体”在徐志摩、周作人、林语堂等“为艺术而艺术”的作家作品中，也都有过较为充分的体现，并且一直成为中国作家的全部“能指”。但其重要缺陷，在于这种“个体”永远难以诞生作家自己对世界的理解，思想的贫困由此成为中国作家的宿命。

再次，如果“个性解放”指的是胡适先生所说的“个人对于自己思想信仰的结果要负完全责任，不怕权威，不怕监禁杀身，只认得真理，不认得个人的利害”[①]的话，那么我想说，这种个人思想选择和人格操守的权利、义务，一方面在百年中国一直成为一个悬而未决的追求，但这种追求，却由于当下中国人的世俗快乐而成为一个无足轻重的问题；另一方面，由于“思想信仰”并未涉及“思想如何刻上自己烙印”，所以对他人思想的信仰终将会遇到一个“怕”的问题。这就是伽利略烈火焚身也不存在“怕”的原因，而张承志现在“选择”了异己的哲合忍耶，就很难保证他将来不会像他过去那样有个“再放弃”问题出现，其差异就在于思想是自己的还是异己的。自然，由于整个中国的个性解放运动，首先是先争得“选择”的自由权，“个性解放”未曾予以上述意义上的理论追思，应该是合乎情理的。只是在今天，当个人的生存快乐欲求，个人的感受和私语已不再成为问题，个人的精神渴望因丧失方位逐渐消失，与此伴随的人格内容又成为一个其次的问题时，“个体”究竟还应该意味着什么？还可能意味着什么？

另外，还有一个方面是我们在梳理中应该注意的：无论是西方的个人主义思潮，还是中国的个性解放运动，往往都是在与群体对立的意义上展开的。这种冲突一方面使得“个体”只能等同于“个人”，另一方面，又使得个人作为素质性存在缺乏对整体或群体必要的考虑，从而更加剧了两者之间的冲突。在牺牲个人利益的前提下来强调对整体的负责，“大公无私”即是一例。

---

① 《胡适语萃》，北京：华夏出版社，1993，第188页。

这种对立性思维方式在以往曾发生过积极的作用，但在个人主义已经成为现实的今天，已经显现出严重的弊端。其一，它会造成"否定群体"就是"将群体否定了"的错觉，不知道"否定"的最重要含义是将个人凸现出来，并因为这种凸现和群体产生新的关系。于是，西方意义上的"唯我独尊"，中国意义上的"损公肥私"，就是这样泛滥成灾的。其二，它会造成对"个体"内涵的简单化理解，仿佛"个体"就是体现为一种个人意志，而不考虑除此之外，"个体何以成为可能"本身就是以对群体的关注、并在这种关注中表达出个人性的理解才完成的。也因为此，当代个体如果有价值和精神方位迷失这回事，在我看来，只能从当初个人只将视线投注到自己这种谬误中寻求原因。其三，它所形成的一种绝对个人主义的文化，已经对当代个体重新定位和更新自己带来了沉重的包袱。去掉这个包袱，很可能将个人已经获得的生存快乐权利也一道抛弃——在非此即彼的思维方式下，个人的生存快乐权利能否与对群体的精神关怀并存，将在理论和实践两方面都昭示出困难。于是如何选择一个突破口，将"个体"在历史上的局限一一弥补，便成为一个更为棘手的难题。

"个体"的重释

在此基础上，我的一个基本看法是，个体在未来多半会走向一种"世界"——靠在自身的内宇宙中建立某种结构关系，使自己成为一种"理解性存在"。[①] 这种"结构"不是别的，就是我所理解和阐述的那种本体论意义上的"否定"。

现在我们已看出，以往所有关于个人的理解与追求，都是把个人感性生命欲求的解放放在首位，从而导致了卢梭所说的"我感觉，故我在"[②]这样颇为偏执的结论，更导致了丹尼尔·贝尔所说的"天才民主化之所以可能实现，是因为一个人能够同判断争议，却无法跟感受论理。然而任何人的感受跟别人一样，都没有什么权威可言"[③]这样可虑的状态。走出这个状态的需求构成了我们重释个体的前提，但是否再像传统那样"走出"则形成了今天问题的焦点。换句话说，如果感性生命欲求本身无法作进一步限定，那么"超越"感性生命的"超越"二字，就不应该再从传统伦理所强调的"约束"、"抑制"的意义上来谈，而应该在"不仅仅"或"离开"的意义上来讲。这里就牵涉到对"超越感性生命"是否必

---

① 吴炫：《否定本体论》，贵阳：贵州人民出版社，1994。
② 丹尼尔·贝尔：《资本主义文化矛盾》，北京：三联书店，1989，第182、184页。
③ 同上。

须以“牺牲感性生命”为代价的问题。在传统思维方式中,“否定”一样东西,常常是在“消灭”、“克服”的层面上说的,“存理灭欲”或“感性从属于理性”就是一例。当个人还不能把握自己因而只能选择一种生活的时候,“否定”的这层含义是不言自明的,并且构成迄今为止的历史发展形态。问题在于,由于历史发展到今天,文化的断裂已频频出现,由于个人感性生命的解放是几代人甚至十几代人所追求的理想,并且还很难说已经真正成为现实,为了获得某种必需的精神升华,以重新克服作为人类文化成果之一的感性生命的代价,显然是不现实的。个人的感性生命虽然琐屑甚至无聊,但是作为人永恒的自然性生存的一面,却是一种真实的、必要的存在,而且是一种基础性存在。我们只能说“个体”不能以此为支撑,但却不能说“个体”不需要这种基础的生存快乐自由。毋宁说,否定这种生存自由,只是不再满足于这种自由,否定这种生存快乐,只是不再满足于这一层快乐;生存快乐作为否定对象出现,不应再包含被“克服”之意,而应在价值层面作为被“穿越”之意。如此一来,“否定”便成为个体生存世界的一种张力,一种结构。“否定”的目的,是为了生成一种新的结果,而“否定”的对象,也同样应作为一种曾有价值的结果来对待。在哲学上,我把这种意义上的否定称为“本体性否定”。

这就是说,“否定对象”既是“个体”一个不可或缺的组成部分,又是“个体”赖以寻求自身本体的激发性环境。“个体”只有占据这种环境,才能产生离开这种环境的“否定冲动”。个体的感性生命的确带有无序、宣泄的特征。当一个人由此产生无聊感的时候,就是这种感性生命在呼唤价值和精神方位引导的时候。无聊在今天有时竟会成为价值升华的必备前提。反之,一个感性生命得不到满足或以遗忘、抑制等方式来追求精神价值实现的人,在凡·高的时代或许会成为社会的普遍追求,但在个人的感性快乐需求已被唤醒的今天,在这种需求可以被当代人用来作为精神创造的原动力来利用的今天,他们或者会显出苍白,或者只能成为一种艺术化的精神符号在某种程度上产生审美作用,而很难对现实产生功效。如果说,过去的全部历史,是以个人的单向度选择来显出文化发展的纷繁的话,那么,由21世纪开辟的人类新纪元,则很可能是以个人的丰富性来衬托文化的单向度——在现代性和世界性的导向之下,文化的纷繁或许只能退回个人的内心来构成“世界”,并进一步形成这个“世界”的发展史。这是一种迫不得已、更是个体文化和群体文化的双向转型。

现在的问题是,由这种否定所导致的当代个体的支撑点应该是什么呢?这个支撑点应该与传统所理解的个人内涵有怎样的不同,才能保证这“世界”形成秩序,成为可能呢?既然感性生命不能成为支撑点,我们也不能像近代理性主义那样寻求普遍的人文规范来统摄个人的感性生命，中国文人的那种个人化私语、独白式的感伤又无力担此重任，作为当代个体“本体”的这个支撑点，恐怕只能从个人对自己、他人和群体的某种“个体化理解”中去寻求。由于“理解”总是一种精神性的语言表达现象，所以“个体化理解”说穿了，就是表达一种个人性的关于自己在这个群体世界中的意义以及对这个世界的理解。之所以要强调这种“个体化理解”，就是因为在目前中国这样从众心理极强的国度，把他人的理解当做自己的理解、因而本质上是没有自己的理解的个人，是无法承担超越个人感性生命的使命的，甚至就是被自己的感性生命操纵的，所谓“跟着感觉走”就是一例。那种全民族的集体反思、个人的追悔莫及现象之所以在我们的现实中容易发生，其根源也正在于这种“跟着感觉走”在作祟。在这里，“个体化理解”是什么倒不是很重要的，关键是你是否有“个体化理解”。自然，在从众性极强的现实中，“个体化理解”有时并不是在个人意义上发挥功效的（如王朔对文学的态度及其创作），但这种现象之所以会泛滥，本质上还是在于当代个人的“个体化理解”的贫困，也是“个体”只有在个体化的土壤中才能成为个体的道理。这个问题暂且不说，“个体化理解”之所以必要，还在于，当代文化和你自己的感性需求本身就已无序，你的工作、岗位、研究课题也很可能是在不断变换，如果你不能赋予这种无序和变换一种你自己的理解，你最后肯定会厌烦这无序和变换本身。反之也同样——你一生只选择一个职业、终身从事某种事业或某种研究，如果你不能赋予这种唯一性以你自己的理解，你同样会厌倦这唯一性本身。因此，“个体化理解”就是使你的选择能显示出对于你有意义，因而你不会轻易再改变这种意义，并且还会以此去影响他人的那么一种精神形态本身。在你的“世界”中，如果你什么都有，并且你也有充分的自由去让你什么都有，但唯独缺乏这种精神性理解，属于你的“世界”不但难以成为可能，而且你还会成为他人“世界”的一部分，忍受被欺骗、被愚弄乃至被抛弃的痛苦、酸涩和空虚。你只是一个“人”，而不是一个“个体”。因此，在影片《精武英雄》中，陈真如果对武术与社会的关系有自己的理解，离开精武门他也会有心灵依托感，否则，即便在精武门中，也不会有属于自己的意义。影片中的“大师兄”就是明证。

这还意味着，“个体”之所以是一种“理解”，强调的从来不是传统意义上个人与群体的对立（这种对立多半看重的是个人的感性需求），而是为了凸现个人在群体中的独立位置和意义。这种作为价值来显现的“位置”不仅与个人的真正充实有关，而且也将被作为未来群体生活的“目的”来对待。在个体素质日益优化和重要的今天，未来的群体文化没有必要设计出一种新的要个人牺牲什么来服从的秩序，相反，它会靠个体建立起自己的世界来产生一种新的群体关系。

当个体逐渐知道怎样与他人建立健康的群体联系、怎样对待他人所追求的“个体化理解”时,“群体文化”和感性生存需求便只是个体世界合理的一部分存在,个体之间没有必要过于关心和干涉。由于个体是以追求自己对世界的一种理解为其精神支撑的,所以个体之间虽然是相互否定的关系,但这一“否定”已经不是以取消或要求对方顺从自己为目的,个体之间将由价值冲突转变为价值并存。既然并存是新型的群体文化,个人也就会自觉地为他人确立自己的“理解”投赞赏的一票。尽管在最初,由于“个体”的稀少,不少人会从传统的群体观念出发不予接纳,抑或接纳后很快使之成为一种群体行为(这在现阶段的中国尤其普遍),但如果个人意识到,在个人感性欲求得以实现之后,从众性的意识和行为无法满足日益增长的“自我实现”欲求的话(尽管“自我实现”还存有多种解释),由此产生的一种新型的人际态度和思维方式就可能出现。关键是“个体化的理解”并不是像美国社会那样,以追求自己如何奇特为目的,进而形成一种争奇斗艳的文化——既然是“理解”,个人就总须将自己的视线由自己投向周围的世界,这样“理解”既是自己的理解,又包含对自己与他人关系的理解,所以通过“个体化理解”,个人实际上是向群体文化贡献了一种对生存意义的看法,而不是向群体证明了他人不敢做出的某一奇特行为(美国的个人主义文化就是由此走向偏颇和极端)和举动。这种贡献之所以是可贵的,乃在于个人不仅由此确立起自己的价值,也丰富和发展了群体文化的基本内容,并由此减弱和淡化了人与人之间感情生存欲求层面上的冲突。如果“个体化理解”真的可以在某种意义上转移人们耽于生存快乐的视线,“走出后现代”就不会成为一句空泛的呼唤。至少,这对中国文明的现代转型不无尝试意义。

“个体”的实现

为了明晰起见,我想把“个体化理解”大致分为思想、见解和日常行为三个层面。这三个层面宛如一座金字塔,分别对个体及其实现有着不同的要求,不同的实现途径,从而构成关于个体的基本层次。

应该说,思想的个体化是最为重要,也最为困难的了。说它重要,是由于中国文化精神是以认同而不是创造思想为其衍生方式的,其直接结果便是思想的荒漠(“跟着感觉走”是这一荒芜的明证)。因此,在思想层面上“说自己的话语”,恐怕是当代中国文化建设的不可或缺的环节。由于一个时代总是以思想为其精神文化的巅峰,所以思想的个体化,将对其他层面的个体化行为产生多方面的影响。也因为此,实现思想个体化的障碍,不仅在于思想者总是一小部分的知识分子，而大部分知识分子只能是思想的追随者，更在于人类迄今的思想果实已经堆积如山，用既定的思维方式来产生自己的思想已变得十分困难，何况一个思想者不可能彻底摆脱既定思维方式的影响。对百年来已习惯被西方思想“殖民”的中国知识分子来说，思想的重压与思想的贫困交加，更显出这个问题的难度。但按照否定主义的思维方式，一种思想总是在对过多的思想和无思想的否定中诞生的，这个问题又尤显出意义，并同时让我想到朱苏进的一部小说《绝望中诞生》。这部小说实际上已用艺术的语言暗示出我的否定哲学方法论：个体化的思想既然在凭空和冥思苦想中难以诞生（并且也不可能成为天外来客），那么你索性就在既定的思想中去寻找——不是寻找你感兴趣的思想，而是发现你感兴趣的思想的“局限”。或者说，个体化思想作为问题之所以出现，无疑源于既有的思想难以再解决你的价值问题——这个问题，就是你衡量出既有思想“局限”的坐标——这些思想是在不再能解决你灵魂安顿的问题上显示出局限的。因此，个体化思想是否有必要，来自思想探求者是否有思想空缺这个问题的自我缠绕。由于每个人的“问题”不同，他对既有思想“局限”的看法和发现也就会有所不同。这样，个体化思想的诞生，就不可能来自经院式的学术研究和知识积累，而是来自个人问题与群体问题的差异性。如果你的问题就是大家的问题，你就不可能会有个体化思想产生的欲望——如果你在这种感受上没有自己的东西，你便只能等待思想而不可能产生思想，也不可能在思想这个层面成为一个“个体”。

于是我想说，更多的人可能只能在自己的专门领域内，通过在某个问题上提出自己的见解来完成“个体化理解”。在这个层面上确立自己的本体，没有必要形成完整和独特的思想，但可以对你赞同的某种思想完成自己的领会。你可以说卡夫卡和昆德拉在思想上总体而言没有走出存在主义哲学，但是他们通过小说创作，完成并深化了自己对存在主义哲学的体验和领会，至少作为艺术家来说，这就已经是较高的“个体化”境界——小说家没有必要一定成为思想家。对一般学者而言同样如此。宽泛地说，任何一个真正的学者在他的研究领域和工作范围内，都有完成自己对该课题的“个体化理解”的可能，并且通过这种可能的实现找到自己的价值支撑点——这种可能实现得越多，其支撑点便会越加牢固。在今天，一名学者尽管可能会像他人一样，在存在价值的依托上存有空虚感、失重感，但是如果能在自己的课题中完成自己对问题的认识，他同样可能在某种层次上找到自己的价值依托。现在的问题是，由于思想层面上的存在价值空缺，一般的学者很难在方法论、认识论乃至本体上不受其空缺性影响，从而即便感受到问题，也难以寻找到突破口。这也是中国学者更容易变换自己课题的原因之一。自然,这只是就学术研究而言,但由此一来我们却可以得出这样的认识:在见解层面上确立自己的“个体”,虽然较思想层面来得容易一些,但由于这只是在某个领域、某个问题上显示出的个体价值,所以这个层面上的“个体”是不稳定的。不用说新时期以来从50至60年代过来的学者,常常在怀疑自己治学的价值,即便在新时期文坛曾发挥过显著作用的一些中青年学者,在文化断裂的今天,不是也会常常怀疑自己的学术成果的价值么?指出这一点,并不意味着我们可以有效地回避这一点,正好相反,这是一种难以回避的生存现象。你可以因为这种尴尬引发出自己对学术的怀疑,也可以因为这种现象强化自己的否定意识——虽然见解是一种不稳定的、影响力有限的存在,但见解本身的获得,已经具有价值,而个人和人类历史的丰富性,也正是这样通过否定才成为可能。

由此展开,日常行为层次上的“个体化理解”,则更容易被一般人所把握。如果将日常行为划分为生活方式、现实行为和对这种方式与行为的体验三个方面,我们将看出:生活方式和现实行为的“个体化”或许会困难一些。假如“独身”在刚出现时意味着一种个体化生活方式,那么当其成为一种生活模式被不少人效法时,其个体含义便只能由个人独身的方式、过程以及由此产生的体验中来见出。反之,大多数人选择的婚姻模式中的个体性,也只能由其过程或对婚姻理解的差异性中见出。模式和方式将由此成为一个次要的问题——尽管在婚姻和独身之外的新的生活方式可能还会出现。如果你不把婚姻视为你全部的生活,而视为生活的一个部分、一个层次,或一种需要,你对婚姻的理解就会更加多元化,而用一种尺度评价很可能是多种性质存在的婚姻,就会显得简单(比如用爱情一定要与婚姻结合)。这种情况同样可在近年商品热下海潮中看出:那种匆匆忙忙下海、打湿了脚又慌忙上岸的人,正是在一种公众化的现实行为中缺乏对其行为理解的人。这种源于生存挣扎而不是源于生存思考的现实行为,即便碰巧有所收获,也不可能给个体带来真正的充实。仅仅在此层面上,说当代部分知识分子的个体素质,并不比一些非知识分子、但已在商海中找到自己价值依托的人优秀多少,我以为是言之成理的。可以说现实行为的个体化是难得的——这种个体化突出表现为做大家还没能理解的举动,而不是大家都理解而不敢做的举动——后者无疑属于“勇气和品格”范围而不是个体范围。由于你赋予了这个举动以你自己的理解,不管这种举动看起来是否唐突甚至荒唐,但比较起来,对行为在表面上很难得出真实的判断。意义永远在行为的背后,它是容易被人忽略的,也是在未来社会应该予以重视的。“个体”的意义应该在此体现,也只能在此体现。

日常生活中的“个体化理解”

“个体化理解”不仅仅是知识分子可以做、能做到的事情，而且也是普通百姓经过努力可以做到的事情。我们的工作，我们的日常行为，我们的日常情感、欲望，皆可以对自己显示艰难而心安的意义，也可以显示出快乐而空虚的意义，关键就看你能否赋予它们一种属于你自己的理解、领会。

“个体理解”作为心灵依托

由于否定主义哲学将当代个体定位在“个体理解”上，这就使得“个体理解”不仅是一个人为性努力的范畴，而且还是一个“批判与创造”一体化的努力范畴。“个体理解”的这样一种性质，使得完成“个体理解”的方法就显得十分重要，并由此使得中国当代个体迥然区别于中西方既定的个体形象——它既区别于个性和个性解放这些明末以降的生命思潮，也区别于西方个人选择自由、个人利益、个体人格和个体的生命欲望等“个人”理论。个体之所以是一个有待于进行创造性建设的范畴，原因就在于：个性、个人利益、个人自由、个人欲望和快乐，均属于自然性的、群体性的、本能性的范畴，它是每个人自然而然就会有的生命现象，而不是需要一个人去建立的。我们之所以要“反封建”，现代哲学之所以要“反文化”，原因就在于人类理性有不同程度地束缚人的自然性生命的问题，这样，“反”本身就是人的自然性生命伸展自己的显示，而“反了以后”，也只不过是恢复人的健康的生命肌体而已，并不等于我今天所说的“建立”。这在海德格尔哲学中叫“去蔽”，在20世纪中国新文化运动中叫“打碎枷锁”。但问题一方面在于，人类既不可能建立一个不受任何理性束缚的生命世界（法律就是最低程度的束缚），而且即便建立起来了，也会因为相互干扰、残杀而多灾多难（自然界便是如此），这样，问题就从“反理性”转移到建立一个“什么理性”上来；另一方面，人类即便在相对意义上实现了中西方近现代意义上的“个人”理想，个性、个人利益和个人权利，个人享乐即便像今天这样得到充分的满足，但这些只能解决人的生存快乐问题，而不能解决人的心灵依托问题。或者说，由于生存快乐和心灵依托是两回事，由于在贫苦中而心安的宗教信徒和富足而无聊的贵妇人可以并行不悖，这就使得生存快乐的满足并不与心灵依托的充实成正比，也使得当代文化的问题突显出来——在传统中心化的宗教、哲学、道德已经被市场和生存欲望解体的今天，在个人奋斗、功成名就解决的都是生存快乐问题的前提下，如何建立一个使自己心安的价值世界，便成为当务之急。又由于当代社会已没有现成的群体性世界观和价值观可供认同和寻求，这就使得个体的努力成为建立一个自己对世界的基本理解的过程。这意味着，在已无法像以往那样依赖从众的方式去寻求意义的情况下，我们每个人只能依靠自己去建立一种“不可重复的意义”。不可重复的意义与可重复的意义的区别在于：它不是以快乐与否、利益的得失来衡量的，而是以创造性的、他人不可重复的内容为坐标的，这就使“个体建立理解”不能以现实性的东西来衡量（如名誉、地位、财产、职称、学位等），而是以“独特的理解”来衡量的。这种“不可重复性”可以使一个人临睡前产生“此日无悔”的感觉，也可以使一个人临终前产生“此生无悔”的感受，因此它衬托出一个人真正贡献性的意义，既改变“个体”这个概念只是在知识分子中间流行，普通老百姓多是从众者这么一个尴尬的状况，也能解决任何一个贫困者和富足者均可能产生的生活无意义感。又由于日常生活中出现的多是群体性的生活方式和生活内容，这就使得“个体理解”意味着对群体生活的“穿越”。在否定主义哲学看来，这种穿越方式可以通过以下四种理解途径显现出来。

我行我的什么素？

素，本来者也。成语“我行我素”，便成为按自己的本性行事的同义语。一个人的本性可以理解为真情，可以理解为个性，也可以理解为放松之后的天然性情和欲求，但无论何种理解，均指的是人的自然性生存状态，是一种不受理性规范和人为制约的个人生存状态，也是不需要去特别建设的生命自由状态。在文明社会中，“我行我素”一方面代表着在理性束缚下的个人审美理想，体现着人的反叛现实的生命冲动，所渴望的是生存快乐的实现；另一方面，用理性的价值尺度去看,“我行我素”由于代表着反理性因而也是反价值的冲动,在价值中心化的时代,“我行我素”又因为缺少必要的对自然性生命状态的提升,而多少是一个贬义词。因此,否定主义哲学主张对传统的“我行我素”进行双重改造:一是给自然性生命状态的“我行我素”设置一个最低程度的理性边界——即不妨碍和伤害他人的法律和社会规范,从而使个人的生命欲求和个性处在最高程度上的放松状态,这是否定主义哲学对待快乐世界的基本态度;二是对生存层面上的“我行我素”进行“本体性否定”,通过实行“我行我的什么素”的追问,完成个体对自己行为独特的价值性理解,从而获得心灵依托感。也就是说,个体只有同时具备生存层面上的“我行我素”(放松)和理解层面上的“我行我的什么素”,才能够获得当代意义上的完整和健康。

这也就是说,“行”可能是我的,但出于人之本性的“行”也可能是他人的。因为人的本性是有相通之处的,虽有个性的差异,但并无性质的不同。只不过,我此时的“行”可能不同于他人此时的“行”罢了。我的“行”的表达方式与他人之“行”的表达方式,或许有程度之差而已,但这并不意味着他人彼时的“行”,也不同于我此时的“行”。因为在生存层面上的“行”永远是群体性的,一个人的“行”很有可能也是另一个人的“行”。所以一个人的爱好(如爱吃辣椒)与趣味不可能与他人构成“不可重复性”,一个人的行为、哪怕是惊世骇俗的行为,也不可能与他人构成“不可重复性”,“我行我素”只不过是不遵守规范的意思罢了。比如一个不参加集体活动的人跑去与恋人约会,与恋人谈了一阵又觉得没意思而借故跑掉,其行为本身谈不上任何不可重复之处,因为这种行为是他人也可能做出的。所以一个人做他人也可以做而暂时没有做或不敢做的事,不可能具有“不可重复性”。而毛泽东所说的“一个人做好事并不难,难的是一辈子做好事”,就是说“好事”这种行为是人人都可能做的,但一辈子做好事或天天做好事,就因为一般人做不到,而具有“不可重复性”,由此显现出心灵依托价值和一个人的存在性。或者说,如果雷锋真的天天在做好事,他一定是对“好事”赋予了一种奉献性理解,在一种人为努力的状况下才成为可能——如果这种理解真的成为群体性的理解,大家都能够天天做好事,雷锋也就不成为这个独特的雷锋了,雷锋也就不具备意义了——无论是对雷锋自己,还是对我们。

这也就是说,“行为”后面只有诉诸一种个体化的独特的理解性内容,“行为”才能够成为让一个人心安的行为,否则便只能是只具有快感的行为,因依托于人皆有之的生命冲动而转瞬即逝。这就是当代个体在获得了相对充分的“我行我素”式的自由后心灵依然空虚的原因,也是一个塞林格笔下的“逃课”的学生霍尔顿[1]将逃课理解为摆脱虚假、势利、利己的教育制度因而心安理得的原因。这样，逃课这一似乎是“我行我素”的行为，在传统的群体化理解中是贬义，而在新的理解中就可以赋予有价值的意义，从而和一般的逃课行为区别开来。

于是，问题的关键处就显现出来了：逃课者要将逃课显现出意义，必须将对逃课的理解与既定的关于逃课的理解形成“本体性否定”才能完成。也就是说，使某一行为对自己显示出意义，必须不按照常规来理解这一行为，必须在理解上有批判有理解的冲动才行。我们固然可以说霍尔顿的逃课是既定的教育制度和现实导致的，但这种解释无以说明大批学生依然安然地在教室里上课，也无以说明为什么在《麦田里的守望者》出现以后，我们才意识到既定现实的弊端，赋予霍尔顿的逃课以意义。这就使得理解和理解产生的意义永远是主动的、自觉的行为。由于生活中的任何行为，不是从属于既定的群体化的理解（如逃课是贬义词），就是在无理解的状况下只产生快感，所以要使行为对自己显示出意义，只能依靠自己的理解性努力来产生。但理解不能被简单解释为替逃课找一个理由，主动建立自己的理解也不能被认为是有意为之，没事找事做。如母亲生病也是一个理由，但这理由却没有被赋予自己的理解，所以它只是一个理由而不是理解。一个人也不可能事事都要去赋予自己的理解，而是在有可能与自己的心灵依托有关的事情上赋予自己的理解——比如霍尔顿讨厌在学校“一天到晚干的，就是谈女人，酒和性”，但是当他自己也逛夜总会、叫妓女的时候，他就难以为自己的如此行为挖掘出意义来。否定主义哲学所要告知人们的是：要使一个行为成为自己人生的亮点，你就必须发现这个行为不同于以往的意义，并且坚守这个行为所显示出来的意义。而要使某种行为显示出不同寻常的意义，你就必须搁置这个行为已经显示出来的意义。要搁置这个行为已经显示的意义，你就必须对这个行为轻易显示出来的意义持一种怀疑的眼光，所以批判和建立在此是一体的。

创造和珍视不可重复的爱

严格说来，爱情本身就具有不可重复性，但因为有特殊内涵构成的爱情与本然化的、心荡神驰的性爱常常混淆在一起，甚至与纯粹的性交相混淆，使不少人不能将它们作为不同的事情来对待，这就使得爱情与性爱、性交不可同日而语，也使得当代人越来越难以在男女之间的关系上获得心灵依托感。简而言

---

① 塞林格《麦田里的守望者》中的主人公。

之,性交以及性爱是本然的,而爱情却是男女双方共同创造的。“不可重复的爱”显然指的是后者。

可以说,不带有对特定对象的性爱感受的性生活,我们在酒色场上常常见到。“妓女与嫖客”表面上是交易关系,但实际上是以性的原始性内容——外在条件和本能——为基础的性生活,其终极目的是基本快感的获得。妓女看重嫖客的钱,嫖客看重妓女的长相、身材等外在条件,本质上都是以快感为坐标的——尽管这快感是转瞬即逝的、难以留下心灵印记的,但它依然是重要的,并成为“红灯区”长盛不衰的原因。比较起来,以一见钟情和两相情愿为标志的男女性爱,或者以男追女产生的性爱火花(男追女并不是不自然的,因为自然界的动物同样如此),则伴随着不同程度的性心理和性感受。由这种感受和心理所生发的情感活动,总体上受性的相互吸引力支配,并主要以相互占有为目的,也以相互占有、熟悉、重复而逐渐显出陈旧感和危机感。一般说来,“性爱”虽然蕴含着文化的积淀(如男人的潇洒、女人的娇柔),但总体上仍是不受理性制约的(如婚外恋),这就使得缺乏爱的独特内涵支撑的、以性感受为依托的男女关系,不可能成为一个人的创造性生活。这就是已婚者可以有多次婚外恋,一个人一生中可以像昆德拉笔下的托马斯那样有众多情人,但要像萨特和波伏娃那样的不可重复的情爱关系,则必须依赖于独特的理解才行。

这就是说,“志同道合”作为不可重复的爱的基础并没有错,问题在于所谓“志”和“道”不能由群体性的思想支配——诸如以往的“革命爱人”。群体性的思想之所以是异己的,就因为它不是由自己的创造性产生的,而是自己认同的、拥护的、因而本质上是异己的——因为认同是可以改变的。一旦异己化的思想不再对自己产生作用,爱情的危机就成为必然。这就是新中国成立以后一些老干部的婚姻和情感产生危机的原因(因为他们本来就没有自己的理解来支撑自己的婚姻),也是中西方文学史上的经典爱情故事(如梁山伯与祝英台、罗密欧与朱丽叶),均是在抵抗主流意识形态和流行观念的基础上产生的原因。或者说真正的爱情常常是孤独的、自成一个世界的、难以被人轻易理解和接受的,也很难用现实的东西来衡量的。喜欢一个人可以因为她的美丽、他的潇洒,他的地位、名气和财产,但爱一个人却常常是没道理的。但这个没道理,正是“本体性否定”所要讲的道理,也是“本体性否定”所看重的价值——因为它不是现实中的生存性价值,而是与现实完全不同的、只有男女双方才能领会的价值。如此一来,不可重复的爱之基础——独特的理解,就不一定都是萨特和波伏娃那样的可进行思想交流的(因为不可能人人都是思想家),而很有可能是像梁山伯与祝英台、罗密欧与朱丽叶那样的、在对世俗观念或主流观念拒绝的基础上,创造了一个只有自己才能领会、并心心相印的独特世界。因此，这个价值和内涵，是众人（哪怕是亲人）都不能领会、理解，也不渴望众人领会和理解，并因此而被珍藏着的。或者说，爱情之所以是日常生活中人们确立自身存在的方式之一，正在于它的体验性而不是观念性、思想性，所以它对非思想家的老百姓来说更为合适。

值得说明的是，真正的爱不是追求来的，而是男女双方共同创造的。这不仅因为追求往往是单方面的，而且因为追求在本质上是受欲望（更多是占有欲）支配的。而这两者又是有内在联系的。男女关系中，所有体现主动和被动的性爱关系，就像动物的雄强雌弱一样，都是由性和欲支配的，也因此都是属于现实领域的。所以女人可以被“追求”到，“性”可以被“追求”到，“婚姻”可以被“追求”到，但唯独爱情是追求不到的。

一个女孩可以在男孩的追求下被感动、打动，从而接受对方，但这绝对不等于爱。因为爱的标志是男女双方共建一个独特的世界——“性”可以带来新鲜感、兴奋感和刺激感，婚姻可以带来家庭的温馨感、和谐感，但差异性的“性”是不能给人依托的，而“幸福的家庭也都是相似的”。为此，否定主义哲学珍视爱，不是因为爱情优于性交，而是因为性爱和性交不能给人的心灵以依托，所以人必须创造一个爱的世界来实现这一点。

否定主义哲学的另一个基本观点是：男女双方能否走到一起，需要随缘，因为随缘就是自然；但走到一起的男女双方能否由此经历一种任何人也替代不了的生活，则取决于双方能否有超越随缘的努力。这种努力在不同的恋人身上其程度可能是不同的，但其共同则表现为：深刻或强烈的情感来自一种力量，这种力量又来自男女双方精神、心灵、肉体与思想撞击所达到的默契度——恋人互相创造了对方，当然也由此重新创造了一个自己，这种创造的一个标志即是：他们两个人在一起，才成为一个完整的世界，并且是现实中原本所没有的世界，而且须臾也离开不了对方——这就是要分离一对相爱的恋人，有时候毋如让他们死的原因；这也是爱情决然不同于婚姻和家庭的原因——在爱情中双方融为一体，而在婚姻和家庭里，往往很容易产生离心力。因此，爱情的珍贵来自否定现实观念、利益、欲望、时空（爱情的时间不能用现实中的时间来衡量，所以爱的短暂是正常的）的创造性。爱情是一种现实中的艺术，在爱情中，男女双方成为真正的艺术家，并且远胜于一些艺术家的艺术品。爱情是难的，但也因此而成为能让人心安的。

在不同的职业中确立不同的存在

应该说,职业在今天已经不是一个工种或谋生方式的问题了,而完全可以上升到哲学层面上来解释,更可以上升到否定主义哲学层面上来解释。这意味着,与分工有关的职业实际上是人的一种生存性质。人在根本上就可以被作为一种从事文化性职业的动物来对待,而动物在根本上则可以被理解为是一种与人不同的职业性生存,即动物的谋生方式与人不一样。推而论之,文化的差异也可以被理解为职业的差异(即生存方式的差异,如西方文明曾经被理解为海洋文明和工业文明,东方文明曾经被理解为土地文明和农业文明等),而技术文化、饮食文化、商业文化这些被泛化或职业化的文化概念,大概也就是衍生的结果。人们常说的“隔行如隔山”,就既可以被理解为人与动物的关系,也可以被理解为文化之间、文明之间或同一文化不同的职业之间的关系。“隔”本质上就是生存方式之隔,也可以推演为“职业”之隔。

当然,以生存方式和职业为标志的“不同”,在根本上还是类型化的不同,而不能凸现个体化的不同。所以,“文革”时期人们以“参军”为荣,“文革”结束后人们以“上大学”为荣,那是因为人们还处在价值中心化的时代,还处在以职业为选择标志、价值标志的时代,还处在以群体性价值为依托的时代。而在下海办企业的热潮已经过去的今天,在职业选择已经多元化的今天,人们既然已经难以说以某种职业为荣,职业也就不能成为当代个体的心灵依托。问题就由此转化为在相应的职业中确立自己相应的“存在”——结合自己的专业内容来贡献自己独特的理解。理解在此也就成为专业性理解和职业性理解。这种理解也就是日常化的理解,而不是哲学性的理解。这意味着,与不同的职业有不同的职业道德要求不一样的是,不同的职业可以成为“安身”的方式,但“立命”却必须均有赖于人在本职业中进行“本体性否定”的努力。这种努力意味着:教师不是以培养一个笼统的“优秀的学生”为鹄的,而是培养有意识、也有能力产生自己的理解的学生为鹄的。因此这样的学生不是学到技能性、专业性为止,更不是学到渊博知识为止,尤其不是到“述而不作”为止,而是在不同的职业中都能干得十分出色、能超越技能与既定知识束缚的创造性人才。能培养出这样的人才,便是能让教师获得心安的存在。这一点,也是价值重建时代对教育提出的新的要求。又比如,这样的要求将改变人们一味追求大公司、高收入公司的心理——一个人如果不能以创造性的姿态投入自己的工作,那么他不仅难以为单位做出他人不可替代的贡献(比如创造性的策划、建议、点子等),而且还将影响自己的升迁，甚至还会下岗。因为进行复制性的、按部就班的工作，那是人人都可以做的。所以随着竞争机制的实施、市场经济的健全，真正被淘汰的也将是没有创意追求的人，尤其是在中国这样人口众多的国家。在计划经济向市场经济过渡的时期，在传统伦理向市场的新的伦理转化的时期，一个人可以靠拉关系、溜须拍马办成事或谋得一个好的职位，但不可能依赖同样的方法取得成就，尤其是不可能取得他人不可替代的成就。在我看来，所谓改革的关键点，即在于对于人才的态度要从生存智慧型向创意型转化——这种转化是一个国家、一个单位、一个企业立于不败之地的基本保证。

我尤其想提出当代社会的失业者——下岗工人——确立自己的理解的问题。应该说，文化批判中因为社会出现了大量失业者而批判现行制度的言论之所以是肤浅的，一是因为任何社会制度均有其负面因素——又要市场，又要竞争，又不能容忍下岗，这是完美的乌托邦思维的悖论；二是因为要解决下岗工人的问题不在于消除下岗，而在于有效解决再就业。但社会提供的再就业途径是有限的(因为中国是一个人口众多的国家)，以依附性的心理来选择现成的单位也总是会黔驴技穷，这就使得下岗工人其实真正面临以下两种选择：首先是“自创职业”，这一方面是解决中国目前就业途径单一的方案，另一方面则在根本上解决自身的立身之本的问题。诸如某一下岗女工在丈夫的支持下，自办家庭小食堂，为部分上学的孩子解决午餐，就是服务领域里的一种创意。这个创意，有可能发展为以小学生为服务对象的服务公司，解决小学生上学、餐饮甚至寄宿等问题。而服务公司的发展，又可能解决新的下岗工人的就业问题，从而为社会贡献了一种服务行业——家庭、单位、社会一体化的服务行业。其次在既定的职业中，以创意的思路确立自己的位置。在下岗职工中，有一技之长的可以选择能发挥自己专长的新单位再就业，这个不成为问题。成为问题的主要是那些没有技术专长的下岗工人，如何能使一个单位聘用乃至重用。我的想法是：技术培训和专业训练还只是一个方面，但技术和专业有它的负面性——压抑人的创造性，使人成为技术的奴仆，因此，在掌握专业但还没有专业化的时候，一个被聘用者可以凭自己的点子、主意、策划等，获得比仅有技术专长的人更强的优势。这即是“点子公司”近年来兴旺发达的原因，也是在人文学科中，边缘交叉型学科更容易获得创意的原因。

将“如何成为自己”作为自己的人生追求

在单一化的、群体性的追求已经解体的今天，“成为自己”，是否定主义哲学给当代人设计的最为重要的人生追求。这意味着，否定主义哲学将传统的人生追求（诸如为共同理想而奋斗，为事业成功而奋斗等等）悬置起来，而将每个人都看作生来“没有自己”的人。这个“没有自己”可作两点解释：一是我们每个个体生来都是传统的一部分，是群体的一分子，所以我们其实只有身体的自我，还没有价值意义上的自我，即没有以“独特的理解”为支撑的价值性自我。这个自我的缺失，使得一个人将随着群体的消失而消失，也将使得一个世俗意义上的成功者，最终摆脱不了空虚和无聊感。因为一个人只作为群体的一分子而存在，他就不可能超越群体而获得划时代的历史意义；而一个没有进行价值分辨的成功者，他的名誉、地位、作品也可能受时代的限制而成为不能跨越时代的人——即便他在这个时代什么都得到了，但因为没有创造一个自己的世界而无法永载史册。当然，一般说来，永载史册往往是一些伟人，普通人很难产生这样的奢想。但由于历史不止一个，历史不仅仅是分门别类的，还首先可能是自己与他人的一种关系。即一个人拥有自己的一生这种历史是天然的（人人都有），但一个人的一生有没有成为自己，却取决于一种特殊的筹划——让自己成为自己的筹划。这样，“自己”便是靠在群体生活中的“不可重复性”来显现的。

我还想说的是，“成为自己”的那个“不可重复性”，决然不同于“个性”。这不仅因为“个性”像大自然的万事万物那样是天然的，是人人都可以有的，而且“个性”的背后从来都是“共性”，不可能体现出一个人独特的创造性。所谓“多样统一”，所谓“变器不变道”以及在基本共识前提下的百家争鸣（结果只能是阐释的个性化而不可能是思想的多元化），所说的就是正常的、自然性的差异。这种差异在严格的意义上是天然的，根本不是追求而来的——所谓为“个性解放”而奋斗，只不过是说打碎束缚人的自然天性的枷锁而已。但人的问题在于：自然的天性只能产生快感，快感是会重复而最终消失的，所以它不可能产生心灵依托感。如果说古人的心灵依托在“儒、道、释”价值体系之中，那么打碎这个体系而没有建立新的价值体系的追求，人的心灵肯定便会被空虚感充斥。为此，人就必须凭借他不同于自然天性（诸如个性）的追求来实现新的心灵依托。由于像“儒、道、释”那样的共识性价值体系的建立在当代多元化的社会不太可能，或由于中国文化的积累性特点而不可能一下子建立，这就使得否定主义哲学将当代性的个体追求定位在“成为自己”之上。

也就是说，这个“自己”是以自己对世界的独特理解为支撑点的自己，是以建立这种自己为人生的依托的努力过程，而且，正因为建立这样的自己是不容易的，才因此成为一种努力过程。这意味着，一方面，我们每个人的“理解”看起来是以“我认为”的形式出现的，但这个“我认为”的内涵，多半还只是群体的、他者的、前人的理解。当然，这种“非本我性”的理解是十分重要的，因为这是传统得以延续的原因，也是一些最基本的观念得以永恒的原因（有的基本观念永远不会过时，如“不可妨碍和伤害他人”、“人应该有理想”等，有的则可以改变，如“重义轻利”）。但我想说明的是，千百万人不断重复的人为性内容，往往属于人类的心灵依托，体现着人类与自然的不同关系，而且也体现着个体自然性生活与群体性生活的一面；但正因为这种依托属于群体性依托，所以它不能体现个体与个体之间的不同性，不能体现个体在群体生活中的自我价值。为此，个体必须以“离开”群体性生活的超越姿态，去建立一个属于自己的世界。但“自己的世界”不是成家立业或建功立业，也不是面对自己的个性和感受，更不是笼统的“成功”二字可以囊括的，因为这些人人都是一样的，只不过是程度不同而已（谁没有家？谁没有业？谁没有过成功和失败的体验?）。因此，“自己的理解”是以自己对世界的独特看法（不可重复的作品、思想、发明、见解、策划、体验）为基本内容构成的。这也是价值中心时代结束之后，个体超越欲望和快乐追求的唯一方式。另一方面，对于已经习惯于依附性生活的中国知识分子和老百姓来说，“让自己成为自己”不仅意味着在价值中心解体后的自救，意味着他们在个体心理上的成熟，而且还意味着一个既不同于中国传统（包括中国古代传统和现代新文化运动的传统）、也不同于西方的新的人文关怀的建立。这种人文关怀之所以具有划时代的意义，则主要表现在“大写的人”死了之后，我们只能以“个体之人”来重建人文的一种努力。这种“个体之人”之所以不同于“上帝”，就因为“上帝”是高于现实的一种价值存在，而“让自己成为自己”则是不同于现实的一种存在；“上帝”带有普遍性要求，而“让自己成为自己”则是个体的自我要求；“上帝”是一种不可能成为现实的虚幻性存在，而“让自己成为自己”则是一种可实现的存在。这三点，使得“让自己成为自己”不仅具有中国文化注重现实性的特点，而且还具有尊重个体的现实利益、又不满足于这种利益的中国当代人自己的否定观念。

对批评观念的“本体性否定”

第三种批评:穿越西学和中学式批评

"第三种批评"是近年引起学术界普遍关注的一个话题,也是与作者否定主义思想相通的一个批评观念。针对以西学为参照的"第一种批评",和以国学为参照的"第二种批评","第三种批评"主张以中国当代现实问题的特殊性为出发点,来审视上述两种批评的"共同局限"。"第三种批评"打碎了中西方互相比较所显现的局限和模式,建立起一种新的批评眼光和思维方式。

我首先想提及的是"第一种批评"。这是20世纪以来在中国文化和文学界占主导地位的批评。其核心是在现代化的背景下,天经地义地以西方各种理论为参照,来对中国本土文化和文学现象进行批评。从严复的《天演论》一直到今天的后现代理论,其间批评模式、方法和标准几经转换,但批评功效却几乎如出一辙:它们要么是以"庸俗社会学"、"伪现代派"、"后什么现代"的非议,来告诫原装货意义上的西方理论在中国的扭曲、破产,要么就是以"无产阶级专政"、"弗洛伊德主义"在中国的盛极一时、但又没有导致好的实践效果,来证明即便在中国可以畅销的理论,也会适得其反。于是,中国文化的转型真的是"进步论"和"现代化"可以涵盖的,还是另需中国人自己的理论来解释,便成了一个问题。特别是,新时期以来的十余年间,西方各种现代思潮走马灯似的登场、消失,及至今天的理论虚无主义的泛起,不仅已经说明了任何西方理论在中国只具爆破性、不具备解决问题的功能,而且使得追逐西方思潮、寻觅西方新的理论的浮泛心理,到了应该终结的时候。理论无用论的最深刻的潜台词,其实就是指再用西方理论话语从事批评,已不能解决人文精神新建、大众文化批判这些转型时期的问题。虽然我们难以摆脱西方话语的影响(某种程度上还需要这种影响),但这与在哲学层面上接受西方的世界观,进而操持西方话语说话,应该是两回事。在此意义上，与不少学者为中国知识分子的“失语症”焦虑相反，我却将此看作是积累中国人自己的理论话语的重要契机——因为为“失语”而焦虑，本质上还没有走出靠“第一种批评”来说话的阴影。

出于对西方理论话语的警惕，20世纪90年代初萌生的“第二种批评”具备这样两个特征：一是以新儒学为代表主张回归传统思想和理论；二是以国学、民间和大众文化阐释者的立场，倡导一种取消理论、注重实证、描述现实的研究形态。虽然这两个特征似有矛盾，但在回归传统和传统之先（原生）的方位上，在与文化价值重建脱节、并且放弃批评这一点上，又是不谋而合的。问题不在于儒学能否发扬光大，而在于以建设的姿态研究，视角就不应该仅仅局限于儒学，也不能再用前人（如熊十力、梁漱溟）的观念来推崇儒学，研究儒学的关键也就在于重建本体论问题。问题也不在实证、材料甄别、描述，以及回到民间挖掘资源在当代学术研究中不重要，而是说它们只能作为手段通向价值重建这一目的。手段本身不能成为目的还在于：实证、描述以及回到民间，本质上还是派生于西方理论，因此也就不可能在根本上取消理论，并且不可能真正区别于“第一种批评”。其次，由于民间、大众文化在价值论上鱼龙混杂，放弃批评的守护和阐释，很可能使传统中应该淘汰的思想死灰复燃，客观上起到保守而不是引导大众文化的功用。其三，放弃思想和理论的治学取向，固然有对没有功效的理论和思想予以终止的意义，但是它并不能解决过去的理论为什么无用的问题，也就不能真正使自己的治学在理论虚无主义的时代获得安身立命感。由此导致的和现实合谋或无干的立场，将可能失去知识分子对现实进行价值关怀的使命，使得当代知识分子因失去和现实必要的审视关系而难以回到真正的本位。

显然，“第一种批评”和“第二种批评”的差异，已涉及一些学者所归纳的西方与本土、激进与保守的区别，但是相对于文化转型这一中心问题，这种二元论思维已不能涉及两种批评的真正症结所在。由于“第二种批评”的操作者，有相当一部分原本是“第一种批评”的赞同者、参加者，如今学术立场虽然有所改变，但其批评的思维方式并无变化，也就很难承担文化转型中理论和思想建设的重任。又由于文化转型既不是转成西方文化，也不是弘扬中国传统文化，上述两种批评就暴露出共同的执守既定的理论、丧失理论原创或再创冲动的弊端。特别是，在西方文化和本土文化都是文化建设的资源上，“本土性”也就并不比“西方性”更优越，甚至也并不和“西方性”形成根本的对立。“既定性”作为两种批评的共同特征，虽然在操作上带来极大的方便，使我们可以不必恢复原创冲动就可以从事批评工作，甚至构成了百年来我们的基本批评行为（所谓王国维式的从西学到经学的转变），但是由于对我们来说它只能是一种“他者话语”（西方和我们的过去均属于“他者”),又由于我们所处的时代正在发生重大的变革,“既定的理论”作为产生于过去、作用于过去的理论的同义语,当然就具有终结的意味。意识到这一点,实际上是当代中国学者从摆脱对政治的依附,到摆脱对他者话语依附的自然结果。而且只有摆脱对他者话语的依附,才是中国知识分子走向独立的深层标志。因为对政治的依附,本质上是我们受制于中国传统理论话语的结果。所以在第一种和第二种批评形态下,中国知识分子也就不可能在根本上摆脱对政治的依附。一旦我们意识到这两种批评形态的共同局限,一旦我们从传播知识、延续前辈学者的生存方式,转为创造知识、形成当代知识分子新的生存方式,文化的转型才具有某种可能性——在文化的核心是精神,而精神的产生又取决于知识分子的意义上,知识分子话语内容和形态的转变,就显得尤为重要、尤为根本。

这正好使“第三种批评”的基本特性凸现了出来。由于“第三种批评”是文化转型时期特有的批评形态,并且以文化和文学转型的实现为目标,在这一目标尚未实现之前,“第三种批评”依据的批评尺度就具有潜在性、尚未占有性。由于“第三种批评”将真正的“价值尺度”放在既定的知识系统之外,召唤着知识系统随着文化的转型而转型,所以它现在虽然说不清这价值“是什么”,但在审美的意义上,它可以依据这模糊的、体验的审美性之“是”,来分析和发现中西方既定理论和知识系统缺什么,局限在哪里,这样就区别于上述两种批评形态相互批判的二元循环,将批判导向真正的创造。“第三种批评”不仅预设西方既有的理论无助于西方走出后现代,中国既有的道德思想无助于中国当代的文化走向,而且预设东西方的理论不可能相互移植来解决自身的问题,这样就把能解决当代文化转型这一问题的理论,放在了那模糊的“是什么”之中,既有的中西方理论也就自然显现出一种价值的不在场。这种价值不在场,不仅构成了当代文化和文学的一个最根本的症结,而且形成了“第三种批评”在看待现实问题上的一个特殊的存在论视角——

第一,由于中西方当代文化最突出的问题是精神的迷失,又由于迷失的核心已不是恢复过去的人文精神,而是在要不要统一的精神规范、建立什么样的精神问题上茫然无措,这就使建立精神的方位和姿态,已经比精神本身更为首要,甚至于在一定程度上,已经形成当代精神新的运作形态。所谓“回到事物本身”、“回到主客体之前”,在精神问题上就是如此。“第三种批评”由此就首先成为这种建立精神方位和姿态的理论。鉴于百年来各种中西方人文精神观念杂陈相撞,选择既不可能也无意义。“回到事物本身”,就是回到这些人文观念产生的那个转型期,体验当初的“未诞生性”是怎么一回事。加上当代文化建设曾试图西方化和回归传统，被实践证明此路不通之后，我们只能选择将对过去人文精神内容的清理和追思，与建立新的精神形态有机地统一起来。“第三种批评”，就既可被理解为建立新的精神形态的道路，也可以被理解为就是转型期的精神形态的显现。对于知识分子而言，作为道路的“第三种批评”，可能暂时会带来不充实感，但在精神的本质形态就是“道路”的意义上，我们可能又会获得充满可能性的、从未体验过的审美性充实，并由此构成当代文化在精神上的一个开拓性景观。与第一和第二种批评“家园”式的精神形态相比，“第三种批评”的精神形态就可以比拟为“在路上”。

第二，文化转型应该具有创造性，这已经是今天学界的一个基本共识。但如何才能具有创造性，却没有任何一种文化理论有意识地涉及。其结果，要么是将创造性寄托于某种言说不清的灵感、袭来的意识，或等待有创造性的人物出现，要么只能是集中西方各自的理论精华之大成，用“综合”、“全面”、“融会”来昭示一种廉价的创造性。就第一种情况而言，灵感之所以在今天显得可疑，是因为当代人已经将灵感异化为生存智慧和操作技能；在一个丧失了灵感的时代，创造性当然就因为可望而不可即才不被人们提出。但正如在方法和技能不发达的时代，人们只能将创造寄期望于灵感一样，而今当人们只剩下方法时，为什么不能提升出一种除灵感之外的可以导向创造的方法呢？“创造”的基本含义，原本是从根本上区别于任何事物，但是当创造还未成为基本事实时，我们能否从这“区别”中提升出一种有利于创造的方法，便成为“第三种批评”着重考虑的问题。换句话说，“第三种批评”是从一种创造性事物和其他创造性事物的关系中，来挖掘一种或具体或抽象的方法的。

“融会”中西方各自的理论精华之所以缺乏创造性，原因正在于批评者的眼界虽然是双重的，但依然凭借既定的理论说话，就不能保证其理论真正区别于传统理论。近年在人文精神讨论中，一些学者提出的新理性和新理想就是一例。其实，“理性”或“理想”如果真的具有新的含义，就没必要冠之以“新”，甚至没必要以“理性”和“理想”这两个概念出现。“新理性”和“新理想”注意到与传统意识形态制约下的理性、理想的区别，是值得肯定的，但是由于在话语内涵上缺乏对中西方既有理论的批判性，所以一旦说话，要么就是容易成为一种可能还会被意识形态利用的、近于乌托邦式的人文激情（新理想），要么就是因守护既定的道德、良知来对现实反击声讨而流于无力（新理想）①；而对“新理性”来说，如果它的内涵只能是一种“既有利于个人自由进取（西方），又使人际关系

① 《中华读书报》，1995年5月3日。

获得融洽发展"[①]的中西合璧式的"理性",但又无法在理论上告诉我们这种"融会"在发生冲突时该如何调节,无法阐明当代个人问题是不是"自由进取"和"融洽发展"所能涵盖的,其"理性"之"新"也就有些失之于空泛。

第三,当代文学尤其是新时期文学,已经掀起过多种文学思潮,产生过多种小说模式,并和世界文学思潮多次接轨,但作家由于难以形成自己对世界的理解所造成的哲学贫困,已构成当代文学难以产生精品的突出病症。这不仅直接造成当代文学在文学价值上的一个巨大空缺,而且还直接造成阐释性的文学批评意义的丧失。文化阐释也好,心理分析也好,结构主义研究也好,由于这些以阐释作品特点和内涵为己任的文学批评方法,所挖掘到的内容与作品的存在性相去甚远,也不能解释作家的创作个性为什么不能造成一个独特的文学世界,因此文化转型时期的批评将由阐释作品重新回归到评价作品。但这种评判,不是用诸如"典型论"之类的理论去横扫一切作品,而是分析每部作品为什么会有自己的价值上的空缺,进而依据这个作品可能达到的形态来批评它现在达到的形态。批评所依据的"什么",就成为该作品的"未诞生性",成为该作家在该作品上的可能性。"第三种批评"在文化上既然与新的文化结构的形成保持同步,在文学上当然就与每部作品终于成为了自己的世界(包括作家自己的哲学理解、自己的形式和意味等)保持同步。因此"第三种批评"不主张在道德上评价张承志、张炜作品的得失,而应在文学内涵上关注他们是否真正有自己的哲学理解,并由此进行成功地表现;当然也就更关注像陈染这类作家的个体化追求,是否能造成一个独特的文学世界,并在此过程中剥离个人的琐碎性成分,使其具有更为丰富的意味。

也因此,"第三种批评"就既是一种文化批评,也是一种文学批评。如果说文化转型时期的批评,要求批评体现文化与文学相融会的特质,那么中国文化转型特定的价值空缺,又使这种融会呈现出区别于西方"后现代"平面化批评的特点,使其既具备对第一和第二种批评反思的内容,又具备价值重建的审美张力,并由此形成"第三种批评"在方法论上的整体性:既注重说"不",又注重如何说"不",同时更注重说"不"的结果,是否能在言说的过程中显现出区别于中西方既有理论的含义,在文化上逐步积累新质,在文学上逐步提升个体的存在性境界。这种"说'不'"与"如何说'不'"以及"说'不'的结果"相统一的原则,使其在方法上明显区别于以往的否定性批评。

① 《文学评论》,1995 年第 5 期,第 45—56 页。

说“不”与如何说“不”

在说“不”的问题上，我想首先指出“第三种批评”和“后现代”的消解性批评，以及与老庄禅佛式虚无主义批评的区别。这种区别是把握“第三种批评”思维方法的重要前提。

显然，以对“逻各斯中心”的消解而著称的后现代，其否定的突出表征，是在对中心的取消后趋于平面。它之所以容易被中国部分知识分子所热衷，原因也正在于我们过去曾深受意识形态一元化制约之苦。但是，后现代之所以在中国又成为一个浮泛的、过眼云烟的思潮，原因又在于：当代文化问题首先并不在于一元，而在于解除意识形态的束缚。就文化的转型根本上是从儒、道、释统一的一元，转变成由新的价值论支配的世界来说，意识形态的束缚解除之后，我们面临的其实是一个建立新的价值论的使命。这样，解除陈旧的意识形态一元化，建立文化上的新价值论，就显得并行不悖。得出这个结论的确凿理由还在于：西方由于有深厚的理性文化积淀，又由于个体的成熟已达到不需要“中心”价值规范的自觉程度，所以后现代的实质是价值的平面化，而不是价值失范导致的无序化。尽管“平面化”会带来贝尔所说的“唯我独尊”的后遗症，但这与“无序化”带来的精神萎缩与茫然，应该是大相径庭的——后者直接指向价值重建精神充实的问题，在平面化状态中，个人是安然的，这种安然必然内含自我价值性；而在无序化状态中，个人是慌乱的，这种慌乱必然蕴含了自我价值的空虚。这种差异决定了“后现代”否定“中心”，回归的是个人价值，而“第三种批评”否定“既定的价值”，结果是诞生新的价值。在西方哲学史上，如果“个人价值”是用“可能性”来界定的话，那么在中国哲学史上，新的价值便只能用“道”和“本体”来涵盖。或者说，“后现代”否定“中心”之后，个人本身即是目的，无须什么价值来统摄，而“第三种批评”否定“既定的”价值之后，个人仍需新的价值（本体）来限定。这种差异也决定了“后现代”的消解无须蕴含建构，而“第三种批评”在说“不”之后，则必须去揭示新的“是”。在“后现代”的思维方式里，所有的既定价值因为是“中心”的而被否定，而在“第三种批评”眼里，所有的既定价值因为不能承担新的“中心”而被否定——也因此，“第三种批评”在否定中从不主张解构和破坏，在文学上也就不太赞同王朔和徐坤的那种单纯消解的创作倾向。

近年来，学界之所以有人说后现代在中国有保守主义倾向，原因正在于解构后的世界很容易落入中国传统的虚无主义泥沼。佛学所说的“密宗”，庄禅所说的“悟道”，其共同点皆在于如有的学者所说的“都企图在社会教化人伦秩序之外寻找人的充分实现”。其否定包含着鲜明的反知识性、反认识性和反文化性。这样，当熊十力阐释佛学的本体观，将一切所是之“是”（知识、实在、主观之心）取消之后，其“本体论”和“价值论”，也就无法借助任何概念和思维来阐明。所谓人的充分实现，大概就是“万法皆空”的意识和“常乐我净”的境界。这样，与“后现代”容易制造一个“随心所欲”的世界相比，老庄禅佛只不过是用一种“无欲之心”（清净）来讲“随心所欲”罢了。反知识、反思想、反文化的结果，最后是听凭“无欲之心”的召唤，“心”也就当然地拒绝任何理论予以重新赋值。这与“第三种批评”在说“不”的问题上自然形成两点重要差异：一是虚无主义批评讲“否定”，是指对否定对象的取消和泯灭，追求“忘知”和“不知之知”的境界，但我们总得借助既有的知识来说话，当代文化的症结是始终难以觅得“自己的知”（西方的知非自己的知），又使得虚无主义的取消论并不在今天占有多少市场，顶多只能成为少数不堪知识重负、又懒于或无力创造新知的人的一种精神凭借。因此，虚无主义只能成为少数当代人的生存之道。这与“第三种批评”承认知识的合法性，主张凭借既有知识来反观其局限性的否定观，无疑是南辕北辙的。其次，虚无主义在否定的结果上，也拒绝任何概念的言说，在客观上，这就使大多数用概念说话的人只得重新回归传统知识，不仅无助而且有碍于文化转型的实现。新的知识结构和旧的知识结构，就会在“反知识”者眼里被混为一谈，遮蔽了旧的知识结构所暴露的问题。由于这种遮蔽，虚无主义的否定所看护的那个虚空的“心”，在知识的时代看似有一席存在的理由，但它的拒绝由于抓不住问题所在，也就不可能为自己找到真正的获救之路；并且以躲避的方式肯定了现存知识的合理性，进而也肯定了自己的虚无性。相反，“第三种批评”否定的既然不是知识本身，当然也就不惧怕用知识和概念来表达和实现自身，而且最终也得借助于此实现自身。这种对知识和概念的温和态度，决定了“第三种批评”在如何说“不”问题上的方法论特征，即双重局限分析。

所谓“双重局限”，意味着把西方文化结构、中国传统文化结构和即将建立的新的文化结构，看作是一个三角形的三个点，由此超越二元论者的简单的东西方文化之分。虽然即将建立的中国当代文化，在血脉上依然属于东方文化，但用三个文化生长点的眼光来看待世界文化布局，是当代中国文化转型能真正具有创造性的一个基本保证，这样，站在新的文化结构的角度，所谓文化的局限，就不再是用传统的比较诗学的研究方法，来寻找东西方文化各自的“特点”，并用这种“特点”，来“相互”比照出各自的“局限”，诸如东方人重“天人合一”，西方人重“天人对立”，由此派生出东方人感性的、整体地看待世界和西方人理性地、逻辑地看待世界的不同眼光。这两种眼光既各有所长,也各有所短,但无论是长处还是短处,既是同一个事物的两种功能,也是在双向比较中各自取一种功能显现出来的,并以取消文化特点、建立无短处的文化乌托邦为鹄的。其结果,不仅是自身的局限无法克服,他文化的长处永远学不像,而且将各自的文化搞得不伦不类、支离破碎。由于中国学者的这种比较诗学,是在一个现代化的背景下进行的,所以文化破碎在近百年的中国文化史上,就显得尤其突出。又由于文化永远不可能在这种二元论范围内彼此转换,这种支离破碎感就几乎成为中国当代知识分子的一种宿命。在这种宿命状态下,人们就很难意识到问题并不出在文化自身(文化文明的消长是常识),而在于我们看待文化的“方法”必须改变,并由此超越我们既定的、习惯的对“局限”问题的理解。

首先,由于当代中西方文化的共同问题,都体现为一种“再生能力”的丧失,所以“第三种批评”主张超越实体性的、既成事实的文化比较,将研究内容拓展到“文化特点如何形成”、“人类有何共同的精神特质(无形地)造成了文化的不同特点”、“这种精神特质在何种形态下容易丧失”等探究之中,并以此反观中西方既定理论在这个问题上的各自局限。这种局限便成为“问题观照下的双重局限分析”。这种分析至少可以归纳出以下三个方面。一是中西方既有哲学注意到“万事万物如何形成”这一前提,并分别以“道、绝对精神、生命意志”等概念来涵盖,但共同局限皆在于把文化的形成混同于万事万物的形成,从而取消了“文化何以成为可能”的特质性研究,进而也就一直没能解决好“万事万物和宇宙是怎样形成的”这类问题。二是从外在于人的出发点来寻求“人何以成为可能”的终极因素,这构成了中西方传统哲学的致命缺陷。一旦上帝和道统消失,当代人就不知该怎样在价值关怀上寻求人的发展。现代西方存在主义虽然意识到“人成为人”是“自明”的,但不回答“如何才能自明”,人还是容易从“自为”转向“自在”(萨特),“自在”和“沉沦”(海德格尔)也就都是人的一种“自由”或“可能”。这就使当代哲学建设的根本命题,显现在“人如何才能既摆脱物的奴役,又不脱离物质文明带来的基本利益”这一富有否定张力的新本体论之中——这个命题,也正是既定的中西方哲学的盲点和无能为力之处。三是当代世界格局转为文化冲突(亨廷顿语)的基本结果是:文化间的冲突和否定虽然越发激烈,但各种文化却无法相互取代,各种文化的特点也越易被强调。这就使我们应反观中西方的否定哲学在内容上的不合理之处:文化否定不同于自然界的“新陈代谢”,文化间不存在优劣和淘汰,只存在“不同”的关系。虽然有的文化(如埃及、印度、巴比伦)衰落了,但其原因在于文化内部再创造能力的丧失,其文化的特点也不会因为衰落而消失,这就使得文化的冲突不是寻求文化的

“大同”,而是在物质文明的大同世界中如何使自身的特点更加鲜明,并且不断创造新质。①

其次,由于“第三种批评”的立足点是一种“未诞生的形态”,所以它可以接受和容纳不同学科、不同层次的对这种形态的理论设计,但前提必须以对中西方既有理论的质疑为基础。就前面提到的“天人合一”和“天人对立”这两种既定理论而言,你可以第一次质疑出“天人合一”无助于中国的现代发展问题,可以质疑出“天人对立”无助于解决现代化带来的各种负效应,而且“天人合一”与“天人对立”的结合,你会发现在理论上很难解决具体的操作问题,这样,超越“天、人”的二元论思维,开辟新的思维向度,就势在必行。你还可以质疑出现代化在本质上并不是一个“与天奋斗”、“征服自然”的问题——西方现代化历程已经表明:人的自我批判和素质改造,将比物质文明更为根本。而所谓“天人对立”带来的诸如生态失衡等问题,一方面归因于科学崇拜和迷信,另一方面则证明用“天”和“人”的二元论进行思维,将迟早产生这种负效应。也因此,海德格尔主张超越这种二元论思维,回到主客体诞生之前的“此在之‘在’”之中可以理解为是西方人针对自身问题提出的诊治药方。但在中国,这个药方恐怕并不适用,也容易混同于“天人合一”。对中国人来说,要么就无序地发展,要么就停止发展的极端性做法,是最容易发生的。这就将中国的问题引向这样一个思路:中国的现代化本质上不能靠西方式的“天人对立”来完成,虽然“天人对立”在促成农业文明向工业文明转换中有一定的作用,但它无助于人的素质的现代化和文明转型的实现——因为文化只能在“天人合一”这一中国文化的血脉上做变革的文章。但“天人合一”之所以又不能被我们现在所强调,一方面因为这种思想在现阶段确实有阻碍发展的作用,而且一旦它作为诊治“天人对立”弊端的药方,又会使我们在文化上产生对传统的回归,客观上同样有碍于文明转型的实现。因此“天人合一”虽然是我们文化上的源头,但这一源头发展到今天,必须以新的形态和内容来表现。这种新的理论形态在我看来必须具备下列特征之一:一是如果依然沿用“天、人”的思维方式,那么必须改变“天”、“人”之间的否定内容,变彼此征服为彼此作为不同的世界共存,人并不比天优越,天也不比人优越——它们因为分属不同的世界而显示自身的价值;二是不再沿用“天”、“人”思维模式,既不说“天人合一”,也不说“天人对立”,而是在人的自身内部(人本)开掘富有张力的命题,将哲学的命题从外部世界移入人的内部世界,并以人的内部世界的变化来影响外部世界。否定主义哲学所讲的“生存世

① 陈少明、单世联、张永义:《被解释的传统》,广州:中山大学出版社,1995,第161页。

界”与“存在世界”，就是这样的命题。

再次，我们还可以从“双重局限”的分析中，赋予既定概念以新的内涵，将对当下文学的个人化感受，通过对既定知识系统的剥离呈现出来。当前的文学创作已呈现出个人化写作的趋向，但如何才是有意义的个人化写作、个人化写作和文学生命力的内在联系等，已经成为部分作家和批评家共同关注的一个“文学存在论”的命题。这个命题首先是从中国传统的“文以载道”观念中剥离出来的。即便有周作人、徐志摩这类作家的“私人写作”现象，也存在一个因境界狭窄、思想贫弱、志趣至上而导致的“个体贫困”现象。由此，真正的“个体”便成为私人文学所缺乏的品性，也成为中国文学繁荣的关键。而这个问题，在西方的“模仿、表现、形式、解构”四大文学观中均没有凸现出来——这种从文学的内容、形态、意绪、观照世界的方式四个方面来看待文学的方法，一方面让中国造成了形态各异、模式多变的小说，另一方面则将中国文学的症结遮掩住了，仿佛我们把小说写得符合模仿、表现、形式、解构的各种要求，便成为文学了，而好文学便成了西方新文学观的同义词。海德格尔的文学观虽然涉及了“存在论”问题，但由于他的“存在”混杂了“土地、真理、葆真、澄明与遮蔽的冲突”等多种概念范畴，有一种既注重“此在”的可能性，又注重“此在”与土地的混成性、无冲突性的两难境况，对大部分中国作家来说，也就难以从中得出清晰有力的启示。这逼迫着我们对“存在”赋予新值——“存在”，不一定是指传统的“天人合一”，也不是海德格尔的“此在与土地”的亲和关系；“存在”不是群体之道，也不是任何文学模式；“存在”就是指个体化的对世界理解的冲动，并因这理解创造了一个世界，也因这创造永远区别于现实世界和其他艺术世界。迄今为止，所有的经典都因为自成一个世界、自有一种对世界的理解才成为可能。新时期文学走到今天，这种写出自己的世界的欲望和冲动，至少已经成为大部分作家的自觉追求。“存在”，由此也成为文学批评的新的价值尺度。①

“第三种批评”的灵魂体现在以下四点。首先，在方法上与“第一种批评”和“第二种批评”相对应，其理论和价值尺度具有悬置性和可能性。这样，“第三种批评”的方法就不能用社会学、心理学、结构主义等“第一种批评”内部的具体方法来要求。其次，“第三种批评”否定的对象由于是既定的知识结构和存在形态，所以它可以作为文化上的第三条道路来寻求，也可以作为个人获得安身立命的方式，通过分析、体验群体与他人的局限将自己凸现出来。这使得“第三种批评”具有普适性，既适合学理性的文化研究，也适合个人生存价值立足点的寻

---

① 吴炫：《文学批评学何以成为可能》，载《文学评论》，1995 年第 1 期。

求。再次,依据美不可说、美学只能由不可说的审美体验来说可说的原理[1],"第三种批评"由此成为真正的审美批评。这种审美批评要求"第三种批评"总是处在"创造之虚"与"非创造之实"的否定张力之间,使其在批判中同时具备了再创造的含义,也由此改变了传统"否定"与创造相脱离的境况。而本文由此也可以被视为"第三种批评"在方法论上的一种再创性尝试。最后,既然中国古代文化的形成经过了一个很长的积累过程,"第三种批评"同样认为文化转型是一个积累过程,不可急功近利。每个人为自己的存在而努力的过程,客观上也就在形成、积累着一种新型的文化和文学形态。也因此,"第三种批评"珍视在"双重局限"分析中的一点一滴的真正富有原创性的思想成果、作品,并将此作为新型文化建筑中的一砖一瓦来对待。由此,"第三种批评"者会认为当代是一个富有意义的时代,而不是相反。

---

① 吴炫:《否定本体论》,贵阳:贵州人民出版社,1994。

中国当代文化批评：被忽略了的五大问题

以西方文化理论和文化批评为依附对象的文化批评，在中国当前的文化语境下存在五大问题：一是在中国文学独立是不是西方式独立还没有研究清楚的情况下，当前文化批评是对文学独立的现代化走向的消解；二是中国文化批评应该催生出我们特有的问题和研究对象，但当前文化批评是对中国文化的精神问题的遮蔽；三是当前文化批评是对文、史、哲合一的理论创新文化的遗忘，所以与当前文化创新的现实要求不尽相合；四是当前文化批评的“现代性反思”由于依附西方的审美现代性，从而与中国式现代性建设错位；五是当前文化批评在与文学结合上，存在着混淆审美批评与文学批评、非文学性文化批评与文学性文化批评的盲点。

应该说，近年在国内兴起的文化批评，不仅已渗透进哲学、社会学、伦理学等各类人文社会学科，而且也逐渐占据了文艺理论、文艺批评和现当代文学研究的主导方面，呈现出替代既定文学研究的态势。从经济对文化和文学的制约向度来看，从全球化思潮对人类共同问题的推动来看，这不仅是可以理解的，而且在一定程度上也是对传统人文社会科学和文学研究的拓展。然而对一种新事物出现的理解性态度，不等于我们就要承认其合理性，也不等于说目前以西方文化批评为主导的文化批评就能面对和解决中国当代迫在眉睫的文化与文学问题。因为纵观20世纪中国学术史，我们几乎没有一个时期不是为新出现的思潮叫好并积极参与的，也几乎没有一个时期不是对过去了的文化与文学思潮进行反思的。这种鲁迅先生早已有所洞察的“轮回”现象，很可能也同样制约着中国当代学人对文化批评的追随，并形成将来我们或许还会自我反思的死角。仅仅就此而言，我们就不能对当前的文化批评抱过于乐观的态度。本文拟从五个方面,切入文化批评在今天的中国文化语境中所存在的问题。

问题一:当前文化批评对文学独立之现代化走向的消解

众所周知,20世纪中国文学现代化运动的一个核心命题便是"文学独立"。"文学独立"不仅顺应了文化现代化的"人的独立"的要求,成为"人本"向"文本"的逻辑延伸,体现出文化对文学的推动,而且也成为新文学告别"文以载道"传统、寻求自己独立形态的一种努力——这种努力,应该理解为是对传统文学与文化关系的一种革命。尽管一百年来,中国学人总是以西方独立的文学性质和形态为参照,或提出"为艺术而艺术"、"创作自由"的现代主张,或以"文学主体论"、"艺术形式本体论"等西方现代的文学独立观念为依托,从而暴露出艺术无力或文化错位问题,但这种努力本身近则具有摆脱文学充当政治和文化的工具之现实意义,远则具有探讨中国文学独立的现代形态之积累的意义。

遗憾的是,一百年的文学独立的试验,在今天刚刚逼近"什么是中国式的文学独立"、"形式本体论是否适合中国"、"中国文学经典的独立意味着什么"这些关键问题,并且需要我们认真研究"为艺术而艺术"是否等于"文学独立"、"创作自由"是否等于"文学独立"、"中国艺术本体"是否等于"形式本体"、"主体论"和"主体间性"是否适合用来把握被"六经"已注好了的"我们"、"私人化"是否适合用来涵盖中国现阶段正在生长的"个体期待"……但是悄然兴起而逐渐蔓延的文化批评,再次遮蔽了上述努力。文化批评不仅已不再关注文学自身的问题,而且在不少学者那里,已经被真理在握地作为"就是今天的文学批评"来对待了。比如有学者说:"'文学成就'这个标准的运用,已经历史地被非文学的标准打破了。这些非文学的标准包括民族、国家、种族、性别、阶级等人们论述最多的一些问题"①,这显然是对米勒的"撇开理论的或者政治方面的思考而单纯地去研究文学"②的时代一去不复返的观点的呼应。如此,把文学作品当做哲学著作来读,或把哲学著作当做文学著作来读,便成为今天文化批评的基本趋势。虽然今天的文化批评在内容上与过去的庸俗社会学批评有所区别,但这种区别主要是时代内容变化产生的区别,而不是文学与非文学关系的变化。虽然审美日常化,艺术生活化、视觉化,已作为中国当代文化与艺术发展的一种现象,消解了过去由美学家和艺术家独占的领域,似乎已经宣告"人人都是

① 王逢振:《文化研究和文学研究的关系》,载《天津社会科学》,2000年第4期。
② 米勒:《全球化时代文学研究还会继续存在吗?》,载《文学评论》,2001年第1期。

艺术家”时代的到来,但这并没有改变艺术(形象性)与非艺术(概念性)的区别,也没有改变好艺术(经典)与坏艺术(模仿)的区别。于是,中国当代文艺理论建设的一个关键性问题就是:如果超越、封闭于现实内容的西方艺术本体论和形式论,经过新潮文学的试验,已暴露出不适合中国文化艺术亲和现实的症结,那么中国文学的本体论建设就不能步西方文论的后尘,而应该从中国文学经典中去寻求中国文学独立的品格,并探寻这种品格发展的现代形态。

这意味着,中国文学的本体论和独立性问题,不一定是西方式的“对抗”和“超越”现实,而很可能是“亲和”现实又能“穿越”现实的;中国文学和作家的独立性,不一定是游离于现实政治的另一种政治性和审美性的“对抗”,而是一种在现实政治中以自己的创造性穿越现实束缚的力量。因此否定主义文艺学关于“文学独立性、本体性”的观点,是一种穿越现实的“张力性存在”,而不是拒绝、对抗现实的“形式性存在”或“实体性存在”。由此,中国文学的本体性、独立性和审美性,就应该具备不同于西方的思维形态。而这样一类问题,无疑已被铺天盖地的“文化批评”遗忘。于是,我们关于“文学”的记忆,就是形式、技巧、形象、叙事、人物、情节这些属于表达层面的知识,而作品更为深广的内容则被认为是“文化批评”所关心的问题。由于我们落入将文学与文化对立的思维窠臼,一旦文化问题成为我们时代的主要问题,我们就会干脆越过或无视表达而直接指向内容本身。思维方式既然已被如此固定,我们也就很难去这样设想:过去中国文学的非独立性,是因为对意识形态的依附所致,而今天文学的非独立性,一方面并没有在根本上改变被意识形态制约的格局(即中国目前的市场经济,某种程度上就是意识形态生产的新现实),另一方面也没有改变文学对商业利益、生存快乐时尚的依附——文学从专业化到生活化、从文字化到图像化,只是文学在当代生存的现象,但并没有改变文学突破这种依附实现自身品格的“文学性”要求——即文字化时代和图像化时代均有好作品和坏作品。而这种在优秀的文字作品和优秀的图像艺术中均存在的品格,就是中国文艺理论界一直忽略、而在今天应该予以高度重视的“中国式的文学独立性或本体论”问题。也就是说,如果西方是从消解文学的“超越现实的形式独立”来从事当代文化批评,中国恰恰应该是从培养文学“穿越现实的独立品格”来进行文化批评——文化批评同样应该存在这种因文化特性的区别而导致的差异。否则,中国学人的“文以载道”的思维定式,就会又一次戴上了所谓后现代文化批评的时髦面具,落入传统的“变器不变道”的窠臼而不自觉。

问题二:当前文化批评对中国当代文化精神问题的遮蔽

众所周知,当前出现在各类报刊上的文化批评与文化研究,其基本内容是民族、国家、种族、性别、身份、阶级等西方当代文化语境中出现的问题。这些问题的出场,使得西方意义上的文化批评带有强烈的政治权力色彩。虽然"政治"在赛义德那里已经作了"社会化"而不是狭义的"官方化"的解释①,从而对我们拓展狭义的政治观念不无启示,但上述研究内容的出现显然与经济全球化带来的西方政治权力"文化化"的发展是相关的。因此文化研究是一种考察各种存在形态的互动、制约关系的西方式视角的政治性研究。随着中国加入 WTO,媒体工业化、图像普遍化、艺术生活化、跨国公司普及化等经济和文化现象的出现,会使中国社会与西方文化研究的内容有呼应的一面,但是在表面相似或不太相似的社会现象背后,中国自己的文化问题被遮蔽了。这种遮蔽的第一个迹象是:不少学者除了谈论西方文化批评,或者用中国现象验证西方文化批评,很少对中国的"种族、性别、阶级、身份"等进行具体的文化分析实践,从而停留在"谈论文化批评"的层次。这样也就会让人怀疑"种族、性别、阶级"是不是目前中国文化的主要问题。而少数进行文学文本实践的文化研究,要么是中国古已有之的文化性讨论(如屈原的自杀问题)②的延续,要么是文化消费主义遮蔽艺术深度分析的阐释与描述(如关于《大腕》的评价)③,这说明目前的文化批评还处在自行其是、无的放矢的状态。这种遮蔽的第二种情况是:由"晚生代"小说的私人化写作所提示的"中国个体何以可能"的问题,由市场经济引发的如何处理利益正当、利益崇拜与超越利益的"伦理重建"问题,由非主体性和非人体性的文化传统对西方性别、种族、移民、阶级等文化范畴的"架空",这些值得深思的问题,几乎从来没有进入中国的文化批评与文化研究的视野。

显然,如何面对中国文化的问题,或者如何由中国当代自己的文化问题来切入西方式的问题,才是建立中国当代性文化批评的关键。另外,由"晚生代"小说的"私人化写作"所展示的边缘的、日常的、身体的、无责任感的"个人",提出了一个"中国现代个体如何可能"的文化建设问题。从表面上看,文化批评更关心国家、民族的生存性问题,但在我看来,这个问题在中国主要是个体建设的

---

① 赛义德:《东方学》,北京:三联书店,1999,第 13 页。

② 畅广元主编:《文学文化学》,沈阳:辽宁人民出版社,2000。

③ 尹鸿:《跨国制作、商业电影与消费文化:〈大腕〉的文化分析》,载《当代电影》,2002 年第 1 期。

问题。因为我们是像过去那样以虚弱的个人来换取一个表面强盛的国家，还是以个体优化来建设一个名副其实的强国，是一个关键的问题。面对这个问题，西方霸权一定程度上也是一个伪问题。因为中国作为一个全球化世界中的文化个体如果真正地强大，我们就根本不会在乎西方国家是否搞霸权。杰姆逊不谈西方霸权我们就高兴，谈西方霸权我们就愤怒，正好说明我们在文化上的虚弱与贫困，亦即作为文化个体我们不能独立于全球化之林。所以中国当代的国家问题，在文化上就是中国个体成长壮大的问题。其中问题的关键是：中国个体不能走西方个人利益与权利至上的路，而应该将个人权利、个人责任、个人心灵依托一并考虑，诞生中国自己的当代个体形象。而中国当代“国家个体”的强大，也有赖于这样的个体的形成。再次，移民、阶级等文化研究的内容目前在中国还不是主要的社会问题，而性别、种族在中国即便是存在问题的，也与西方式的同类问题有重要区别——这种区别，才是我们的文化研究的重心所在。因为中国内部的民族问题与世界范围内的民族问题是两种性质的民族问题——世界范围内的种族问题，一定程度上就是文化多元冲突的象征；而中国内部的民族问题，因为政治一体化的稳定，应该说目前还不是中国文化的主要问题。而性别问题或妇女解放问题，在中国因为与“人的解放”、“人的重新理解”这些问题（包括主体建立、人性健康、人的尊重等）[①]相关，或者至少必须与后者联系起来思考，所以它本身可以是一种视角，但还难以构成问题……遗憾的是，由于目前的文化批评和文化研究总体上还是停留在时代现象和生活现象的阐释与描绘上，所以无论是宏观研究还是个案研究，均不同程度地与上述中国精神文化问题脱节。这至少是文化批评表面喧闹而没有实质性文化研究突破的原因之一。

问题三：当前文化批评对文史哲合一的理论创新文化的遗忘

应该说，文化批评是以跨学科的面目出现的，这既使得人文社会科学各学科均可以介入文化批评，也使得文化批评的当下出现具有一种调节分工过于精细的学科专业化的功能。文化批评的这种泛学科性质，本可以一方面涉及不同的人文学科共同关心或必须面对的问题（如世界观、价值观、伦理观以及思维方式等问题），另一方面也可以通过它鲜明的“问题意识”的介入，激活现阶段过于专业化、规范化、材料化和封闭化的人文学术研究，使中国人文社会科学与时代

---

① 吴炫：《妇女解放·人的解放与表面问题》，载《中华读书报》，2002年，第11、13版。

变化所要求的理论创新接轨。更重要的是，中国当前的文化创造性期待也有理由向文化批评与文化研究提出这样的要求。然而遗憾的是，当前文化批评由于一出场就受制于西方后现代消解思潮的制约，其“非建设性”品格从一开始就与中国当代文化重建的思想要求错位了，从而使它的“哲学替代文学”、“生活替代文学”、“图像替代文字”的思维，多少遮蔽了“文学理论创新派生于哲学原理的创新”这一优秀的人类文化传统。

由于西方文化的精髓在《圣经》，东方文化的精髓在《易经》，所以一定程度上文化的核心是在一个民族的世界观和思维方式层面上展开的，又由于中国传统文化的核心——儒、道、释哲学，在当前市场经济和全球化的要求下，确实有一个思想和价值重建的使命，这就使得中国当前的文化批评，不能满足于以中国的社会现象验证西方文化批评理论，而应该自觉承担起传统思想和思维方式的当代改造工作——通过恢复文、史、哲一体化的人文传统，在哲学基本理论上做既区别于传统、又区别于西方的原创性努力，并由此带动人文社会科学各专业理论的创新（包括建立起中国自己的文化批评理论）。本来，这项文化思想建设的使命，首先应该由哲学专业的研究者来承担，但由于哲学界目前主要是以既定哲学的阐释性研究为主要的工作范式，从而在一定程度上与哲学最根本的精神——知识批判和思想创造有所脱节，所以对跨学科的文化批评提出这样的要求，也属迫不得已。更重要的是，由于中国文化传统中从来没有独立的哲学专业，而很多中国思想家就是跨学科的学者，这就使得文化批评利用自己面对现实和跨学科的优势，可以弥补专业化的学者之不足。而纵观近现代以降的中国思想文化史，王国维作为一个很好的个案，就提供了正、负两方面的经验教训。就正的方面而言，王国维是以文学家、文学理论家的身份出场的，其重要理论创新也是在文艺理论上；但王国维自觉地突破专业限制，对叔本华、康德等哲学颇有研究，在史学方面也有建树，从而建立起他的文、史、哲互动的文化研究结构，并产生了广泛的现代文化影响。就负的方面来说，王国维之所以在哲学上有“可信但不可爱”的矛盾，说明他在哲学上总体上是依附于叔本华的，还没有真正属于自己的哲学。因为一个真正的哲学家是不会有“可信但不可爱”的矛盾的。王国维的理论创新没有涉及哲学上对叔本华的批判，其直接结果是他心灵依托始终没有解决，并最终选择自杀，其间接结果就是在文艺批评上留下《红楼梦评论》这样以西方理论生硬剖析中国作品的论著。而王国维的心灵空缺的问题，也是20世纪中国知识分子乃至中国人的问题——我们可以因为民族救亡、国内战争、阶级斗争、改革开放而遮蔽这个问题，但不可回避人文精神讨论将这个问题再一次暴露出来的后果。换句话说就是，由文化现代化所带来的中国当代人的心灵依托问题，从王国维开始就没有解决好，到今天就更期待我们来解决。而当代中国的哲学原创性努力，正是使我们在思想文化上真正获得心灵安顿的关键。

提出这个问题还意味着，由当前经济繁荣和享乐主义盛行暴露的当代人的心灵空虚问题，使王国维的问题在今天更加复杂化。这就给今天的文化建设提出了比五四时期更难的理论要求——中国当代哲学既要突破以叔本华为代表的西方非理性哲学的束缚，又要就中国当代人对欲望和利益的需求，给出不同于传统的解答，同时还要面对价值中心解体的全球化境遇，对人的心灵提出个体化筹划的理论与方法……而目前报刊和网络上的各种文化研究——恕我寡闻——几乎没有以这个问题为探索和研究内容的。这就难免要让人认为：现阶段的文化批评更多的是时尚批评，是社会怎样变化我就怎样变化的批评。这种依附于时代的批评，中国从来不缺乏——就像中国人很快可以接受西装和电脑一样，这种批评显然无法解决中国人心灵文化与思想文化的关键问题。

由于上述问题悬而未决，就使得时下学界和媒体共同张扬的“理论创新”问题不仅落不到实处，而且在不少学者那里，已经被混同为无时不在也无时不有的“专业创新”，从而降低了理论创新的“文、史、哲”一体化的原创品格。诸如中国近现代史不应该从 1848 年开始是理论创新，王国维的“意境”理论对传统意境论有所突破是理论创新，朱光潜的《悲剧心理学》也是理论创新……以此类推，我们不少的“文艺理论”著作对西方理论改头换面，便也可以称为理论创新。我从不否定“专业创新”的意义，但当下文化建设所要求的理论创新是一种在世界观层面上的理论原创。因此，只有突破“专业创新”的有限性，在哲学和世界观以及思维方式上有重大的突破，才是理论创新的当代性要求。应该说，这个要求目前人文社会科学各专业涉及甚少，文化批评也多少将其遮蔽。

问题四：当前文化批评的“现代性反思”与“中国式现代性”建设之错位

谈论这个问题，首先应该将“现代性”定位在西方现代个人权利制度、自由主义精神和市场经济扩张之上，并将福柯、赛义德、杰姆逊等人的“反现代性”以及更早一些的法兰克福学派的“反理性异化”，定位在对以此为基础的资本主义的批判之上。在这个问题上，国内学界近几年有所谓“新左派”与“自由主义”之争。我对这两派学者的观点之所以均持保留看法，主要不是在于这两个称谓很难涵盖各自内部有差异的看法，而在于这两派大都以西方理论为资源对“中国式现代性”问题进行遮蔽——就“自由主义”而言,市场经济在中国的现在进行时,以及由此产生的享受心理、个人自足、多元主义及社会公正,都可以作为中国告别传统经济和文化体制的一个现代过程获得某种肯定性评价,但中国的市场经济目前是否被传统体制工具化?西方的民主观念是否适合没有“个人权利”传统的中国?西方的法制观念如何与“合情才合理”的中国碰撞后产生新质?这些是更深刻的疑问,使得我们有必要对西方的民主、自由、法制、经济观念等进行中国式的改造。而就“新左派”而言,注意到河南南街村与苏南乡镇企业所提出的“制度创新”的中国意义,警觉到市场经济给中国人文精神带来的消解性冲击,关注底层和弱势群体的正当权益,均可以被视为中国现代化过程中的“中国性”问题而得到肯定,但底层人民在20世纪80年代以前的中国是否真正做主过?如果做主,又是否仅仅是“民以食为天”意义上的主?过去的人文精神是否一直从属于中国人生存危机意义上的“自由呼唤”而从来没有真正触及心灵的独立存在?南街村的“集体经济”是否是以抑制个体自由与发展为前提的?这些更深刻的疑问,同样使得“新左派”的言论有越过“现代性”的尊重个人、思想多元、利益正当等底线之嫌。这使得市场经济以前的中国,虽然不具备西方资本主义的诸多弊端,但并不能作为诊治西方问题的药方,否则就很容易遮蔽了中国式现代性的两个重要的问题——

中国的现代性首先在理论上就没有自己的创造性成果。因为文化与政治差异,我们可能很难应用西方式的自由主义,但我们诞生不出自己的自由理论,也说不出以什么方式来保证它们实施,这时,我们的“不要”就是虚弱的抒情。“新左派”向传统社会主义寻找对抗资源,我以为多少是对这个问题的回避;而批评西方的自由理念后不能面对这个问题,我认为是无效的文化批判——文化批评如果只能停留在说“不”而说不出什么是中国的“是”,我们就很可以怀疑这个“不”是否说得准确。比如阿多诺们的“反工具理性”,在现代中国很可能就是一个“不准确”的问题。因为“工具理性”在现代中国本身就具有反封建的功能,因此我们必须建立中国式的对工具理性的反思。也由于理论的贫乏让位给激情和感觉,这就必然使得中国现在的政治体制、经济体制、价值系统等处在含混的未成型状态。比如我们就说不清我们是要轻视世俗的人文精神,还是要尊重世俗的人文精神,如果是后者,又是何种内涵的人文精神?正像邓小平提出“一国两制”的观念,才有了现行的“一国两制”的体制一样,由于中国的现代体制与观念均还没有成型,文化批评对“现代性的反思”,除了只能重复阿多诺、杰姆逊等人的理论和提出有一个“中国问题”存在外,在“中国问题”是一个“什么问题”上,其思想建设的贫困,就十分明显。

现代化要体现“中国性”，其批判基点不能建立在“拒绝西方现代性”上，而应该体现在“穿越西方现代性”上。而“新左派”的基本立论，正是以传统社会主义的立场对西方的拒绝。虽然我对历史发展是进步的观点持保留看法，并认为现代社会和传统社会各有利弊，但发展的要求是“当代自我确证”的要求。中国近则必须在人民的生活水平与舒适感上获得自我确证，远则必须在全球化的现代格局中寻求国家和文化的自我价值。所以“发展就是硬道理”的意思是，我们既不能无视西方的发展，也不能以传统社会主义的立场来获得自我确证感。这意味着，“新左派”的文化批评只注意到中国传统人民民主、集体经济、人文精神、纯洁美学对西方“拒绝”的一面，但没有注意到其无视人的尊严、个人利益、创造自我、健康人格等现代性的底线的一面，只注意到将自己的价值依托审美化来设想克服西方资本主义的弊端，但没有注意到一旦将这种理想现实化，就面临着一个如何与现代人的底线融会的创造性问题。我虽然不赞同将西方的现代性无限扩大化，将西方的“反现代性”也纳入到“现代性”之中，从而通过对后者的认同丧失我们对西方文化独特的批判视角，但也更不赞同“我们传统的优势可以纠正西方的弊端”这种依赖式的思维方式。所以，中国真正的文化批判，应该是对西方的现代性、后现代性与中国传统的体制与人文观念同时予以批判，并在这种批判中说出我们的“是”。

问题五：当前文化批评在与文学批评结合上的思维盲点

除了上述问题外，文化批评与文学批评的结合，可能是更多的文学批评家关注的焦点。虽然不少文学批评家今天已经转化为文化批评家，不是单纯研究国家、社会、民族等问题，就是从莎士比亚式的经典研究转为对肥皂剧的关注，而不再对探讨文学自身的问题感兴趣，但对严肃认真的文学理论和文学批评家而言，无视这种探讨很可能就是对自己岗位和责任的又一次放弃——而守住自己的岗位，正是20世纪中国学术史的教训之一。更重要的是：当代人越来越严重的心灵空虚问题，除了宗教可以有所触及外，剩下的也就是文学可以承担其心灵依托了，因此舍弃专业去从事文化研究与通过自己的专业去从事文化研究，性质上都是一样的。

遗憾的是，在对文化批评与文学批评结合的理解上，当前理论界在思维方式上却存在着如下局限：一是将文学批评等同于对作品叙事、修辞、人物性格等表现方法的研究，而将文化批评理解为对作品文化性内容的分析，仿佛对文学作品内容的研究已不是文学批评可以胜任的了。这就不仅使“形式”与“内容”

的关系再次对立,而且使当代文学批评对文学内容的研究失去了文学的质地与弹性。于是,这样的割裂思维在遇见《英雄》这样的作品时就会十分棘手,因为《英雄》中的文化意念是与其叙事方式密切相关、互为促进的,单纯谈其技巧与单纯谈其意念都很牵强。二是将文学批评简单地理解为审美批评,从而得出文化批评无关审美的结论。由于审美是无处不在的,甚至在哲学家、科学家的研究活动中也有审美现象,这就使得文学批评其实只是审美批评的一种。在否定主义理论中,审美批评就是研究人类文化和艺术活动中的创造现象,而非审美批评就是研究其复制、模仿、认同等文化和艺术的创作现象,那么,审美批评在文学批评和文化批评中就都可能存在,也都可能消失,审美批评就不是文学批评区别于文化批评的标志。三是将文学批评理解为以阐释作品为目的,而将文化批评理解为将作品工具化来服务文化的目的,这就使得两者的结合永无可能,从而也就不可能看到:文学的自足是作为弥补文化的缺陷的张力而存在的"文化现象"之一。还有学者干脆以"文学研究应做些什么从来没有一个统一的标准"[①]来为自己不能解答文学研究作托词,于是,广义的文学研究也就包括了文化研究,自然就不存在再需要打通的问题。

我以为,上述现象暴露出我们在文学批评与文化批评打通上的思维方式的盲点。那就是:文学中的全部文化性内容,如果被看作是对现实的文化内容的验证,便是"非文学性的文化批评",如果被看作是区别于现实文化内容的一种作家独特的存在力量,便是"文学性的文化批评",两者的区别包含以下三层意思。一是文学中的文化内容与文学以外的文化内容,其性质和意味均是不同的。《红楼梦》里的林黛玉,不同于现实中的纯情弱女,整个红楼世界因此也不同于明清之际的现实世界——甚至也不是明清现实世界的象征。谁要将红楼世界与现实世界类比,或借红楼世界来考察明清社会,那就是不重视文学特性的文化批评。也就是说,曹雪芹写《红楼梦》,目的不在反映明清文化,而是通过构筑一个自己的艺术性文化世界,与现实中的明清文化形成反差。这种反差就是"本体性否定"关系,就是文学对文化的"穿越"关系。二是"非文学性的文化批评"常常从时代的、文化特性的角度切入不同的作品,提炼出共同的文化特性,因而常常忽略文学与文化的差异,更不用说会忽略文学与文学的差异。比如"反封建"是20世纪中国文学的一个文化性课题,"个性独立"是由这一文化性课题派生出的共同的文化观念,而"离家出走"则可以成为一个"文化意象",并可以概括子君、觉慧等文学人物形象,也可以概括赵树理的《小二黑结婚》与

① 王逢振:《文化研究和文学研究的关系》,载《天津社会科学》,2000年第4期。

张弦的《被爱情遗忘的角落》等相当一部分作品，更可以概括王朔笔下的《顽主》，但这种概括与我们把握作品不同的文化性内容没有什么关系。因为“反封建”似乎也能概括《红楼梦》的基本文化内涵，概括“杜十娘”对夫权的反抗。三是“文学性的文化研究”将文学的外在形态看作进入文学内在文化性世界的门槛。作品的形式与技巧，只是文学内在世界派生出来的。静态的、分割式的研究文学的形式与技巧，无助于作家产生自己的形式与技巧。所以对《英雄》这样的影片的文学性的文化研究，就是要将作品的叙述方式看作是编导关于“英雄”的多重意念派生出来的一种形式，而这种形式所产生的意境美又强化了编导对“英雄”意念的一种不同于现实中常人对“英雄”的理解。在此意义上，“放弃”的英雄确实可以看作是张艺谋以自己的文学性理解“穿越”约定俗成的对“英雄”的文化性理解的过程。所以《英雄》的文学价值就在于编导诞生了一种独特的关系化的意念。

穿越阐释:西方现代美学研究的出路

综观20年来国内学界,在阐释西方理论与创造中国自己的理论之间,我们还缺乏中介性的“批判”环节和对西方基本原理的问题意识,从而使得我们的理论研究只具有传播性,而不具有生产性。而理论所要求的“批判与创造的统一”,又与时代发展所要求的“变化”、“选择”、“新的认同”有着重要的区别。

改革开放近20年来,国内哲学界、美学界和文艺理论界的学术状况,应该说总体上处在对西方现代哲学、美学介绍、移植、阐发的阶段,其内容涉及西方现象学美学、存在美学、批判美学、解释学美学、生命美学、解构主义美学、形式符号美学、人类学美学,等等。这些西方现代理论的引进,一方面使得中国美学界得以了解西方现代文论及其发展的基本状况,为中国文论将来能与西方平等地对话铺设了平台;另一方面则突破了实践论美学、认识论美学和社会—历史学批评模式在近50年内的单一化局面,不仅为中国美学与文艺理论的现代化探索提供了丰富的理论资源,而且初步形成了当代文论的多元杂陈的格局。我把这种格局的建立,视为中国思想理论界开始有正常的生命状态的一种显现。尽管理论的生命状态还不等于我所说的理论的存在状态(即能以中国当代自己的创造性理论和西方构成平等对话的状态),但却是后者赖以实现的前提。

目前国内关于西方现代美学研究的状况,据我所了解的情况来看,像哲学界的倪梁康教授对胡塞尔的现象学的研究,陈嘉映教授对海德格尔的存在哲学的翻译和研究,海外成中英教授对西方解释学本体论的研究等,都是对西方某一种哲学的专门研究。而像早期高尔泰、孙津教授等对西方自由美学的研究和阐发、杨春时教授对西方的超越美学的研究、潘知常教授对西方生命美学的研究、赵宪章教授对西方形式美学的研究,等等,虽然其学术影响程度不一,但多少可以说明在实践论哲学、美学占主导地位动摇之后，美学界引进和阐释西方现代美学的状况。尽管不少学者在对同一种西方美学的理解上各有差异，但以对西方理论的基本认同为研究模式，则是比较相似的。这一点，更突出地表现在对马克思主义理论研究上出现的“回到马克思”的研究现象上。在美学史研究上也多半如此。蒋孔阳、朱立元教授主编的七卷本《西方美学通史》，一定程度上是在为我国对西方古代、近代、现代美学的阐释性研究作总结，周宪教授的《20世纪西方现代美学》，也是对西方现代美学阐释的专题集成之作。与此同时，由西方法兰克福学派批判美学奠定基础的文化批评，不仅成为所谓中国“新左派”认同的理论资源和学术界一些愤世嫉俗者认同的对象，而且在当代，已经吸引了越来越多的学者不断放弃文学研究，投入到外延与内涵均不断扩大的文化研究队伍之中，其势方兴未艾。虽然在西方理论的研究方面，已有学者开始注意到中西方理论打通并有建设意识地投入——如由西方解释学触发的汤一介先生的中国解释学研究，正在做与中国解释学传统打通的工作，以西方原型美学为基础的文化人类学研究，在叶舒宪等教授的实践下，已经作为国内文艺理论界的一种有创造性努力的现象而存在。上述各类研究虽然可分为宏观研究、微观研究、史的总结和专题研究，但究其总体研究特性而言，基本上是一种梳理和阐发性研究，是向我们介绍西方文论或以西方文论来解释中国文化、文学创作与批评的研究，或者是在对西方理论基本认同的状态下作“微调”的研究。

作为一种学术上的正本清源之努力和初步接触西方理论的中国研究状况，我对上述研究方法当然是理解和尊重的，就像我肯定生命状态本身就是以“模仿、依附、繁衍、变器不变道”为其基本性质一样。但我觉得，随着理论建设和美学建设的“中国化”和“当代化”要求的提出，特别是如果我们不把“当代化”理解为“西方化”的话，上述以阐释西方理论为宗旨的研究模式，已逐渐暴露出与中国文化特性和当前文化的创造性建设所要解决的问题有所脱节的情况，并进一步暴露出我们在学理上对“什么是理论研究的本体”思考上可能存在的误区。这大致表现在以下三个方面。

一

在阐释西方理论与创造中国自己的理论之间，我们还缺乏中介性的“批判”环节和对西方基本原理的问题意识，从而使得我们的理论研究只具有传播性，不具有生产性。现有的西方现代美学研究，是以中国文化特性为立足点，尤其是以中国当代文化建设中存在的问题为出发点的,对西方各种现代美学的反思和批判明显不够,这就使得在西方文化语境下产生的各种理论,在“为我所用”方面,还缺少根本性的、基本原理与范畴的改造工作。其主要原因在于我们对西方现代文论“认同多于审视”、“积累多于批判”、“个性化阐释代替创造”,并误以为“积累必然导致创造”、“不积累怎么创造”和“积累之后再创造”是天经地义的。但中西方思想史的经验是,很多博学的专家并无自己的思想创造,而中西方的一些思想大家是否是以“博学”为基础并有学术性思想史著作的专家,答案多半也是否定性的。

这个问题,首先突出体现在前几年评价过热的“陈寅恪”、“钱锺书”先生的学术定位上。应该说,就学术积累和学术功底而言,两位先生是当代学者所望尘莫及的,但在思想创造这一点上却不尽然。如果我们把思想创造定位在有自己的世界观、思维方式和价值系统这几点上,而不是仅仅定位在学术上有自己的见解上,那么,在世界观和价值观上总体认同宋明文化的陈寅恪先生和在中西方思想之间作困惑思考的钱锺书先生,局限依然十分明显。其潜台词是:如果“独立之精神”只是建立在坚定地捍卫自己选择的思想和价值系统上,没有“独特的世界观”作为支撑,那么我们是不能说他有“思想创造”的,而没有“独特的思想创造”支撑的“独立”,在根本上就依然是依附性的——即“独立”不仅应该是相对于意识形态和时尚的,而且应该使现有的文化思想在把握其内涵时感到“尴尬”。这里并不存在中国思想是发散性的、西方思想是体系性的区别。因为老子思想是发散的,但依然是成体系的。“体系”的根本含义就是从世界观入手建立自己系统的思维方式和价值观、审美观并且很少内在的冲突;而这样的冲突,在钱锺书等20世纪中国作家身上,则是十分明显的。所以我说,20世纪中国的学者与作家的思想创造是贫困的。我们在尼采的著作中要去找学术积累和思想史积累,同样是徒劳的。因为尼采的著作用我们今天通行的标准,是连学术规范都没有达到的,甚至用学术规范去看海德格尔,用是否有学术积累去看阿多诺,我们恐怕也会失望。这不仅因为他们没有留下学术性的思想史著作,而且即便写哲学史,也只能是罗素式的以自己的哲学去“穿越”的“批判的哲学史”。而他们因此成为有独特思想体系的哲学家和思想家,原因只能在于:他们对前人的和他人的思想、理论,一概采取了审视批判的眼光,并化为自己的“批判穿越阐释”的实践。在这一点上,哈贝马斯是一个很恰当的例子。所以我在这方面的看法是:思想史做得再好,也不一定能产生自己的思想,并且也不一定会促成别人产生自己的思想。因为这是两种工作范式——前者是总体认同的解释性研究,后者是总体批判的创造性研究。以此状况来看中国理论界和学术界缺什么,是不言自明的。

所谓“批判穿越阐释”的研究,我以为就是将前人的任何一种思想和理论放在当代问题下来暴露其“局限”,而且是暴露其“基本原理”或“思维方式”的局限,而不是以“弄懂”、“弄通”前人的各种思想为目的。如果人类历史某种程度上就是不断解释的历史,那么就不存在“终极阐释”和自以为不会改变的“弄通”、“弄懂”的问题。这个问题,我曾经和参加我主编的丛书的一位作者有过如下的讨论:一是西方的阿多诺、哈贝马斯、福柯等哲学家,他们对黑格尔哲学的理解是否一致?是否又与马克思及同时代的哲学家对黑格尔哲学的理解一致?没有人敢下肯定的判断。如果在对黑格尔理解上有差异,那么在“谁的理解更为准确”这一点上,我们也同样不能下断语。这正如在对尼采的理解上,罗素是从伦理学上去理解“权力意志”,而海德格尔是从形而上学去理解“权力意志”,我们能否说他们谁对尼采理解得更准确,或者说他们对尼采理解得都不够准确呢?由此得出的结论可能就是,哲学家诞生自己的思想,并不是建立在是否“准确地、相同地理解了思想史上的思想”的基点上,因为在理解问题上并不存在这样的终极坐标。我们甚至不能说海德格尔对西方全部存在哲学的理解就是准确的——因为海德格尔式的理解与他自己的哲学是密切相关的,罗素式的理解也是与他自己的哲学密切相关的。这样,有多少种哲学,便可能有多少种对哲学史之哲学的理解,在理解问题上并不存在“中性”理解。二是伽达默尔的解释学和后来的接受美学,就是建立在“理解不可能一致、准确”这一点上。这种状况既可以说明个性化阐释会因为每个人的经验、观念甚至天性之不同而有差异,也可以说明整体的、时代的阐释之演变并由此导致对个人理解的不确定。所以我对他说,你今天为不能有一个终极的、准确的对研究对象的理解而苦恼,可能是多此一举。因为即便你今天终于觉得准确理解了研究对象,你是否能保证10年以后你的理解不会改变?如果不能保证,那么哪一种理解更准确呢?这是你很难回答的。所以,批判性研究是尊重前人的思想,但并不以准确地、终极地理解前人的思想为宗旨,而是主要看你能不能发现前人思想的局限和问题。三是在理解问题上,我们只能追求“大致相似性”。即我们不能把黑格尔的思想与马克思的思想在逻辑起点、世界观和思维方式上相混淆,但不可能在对马克思或黑格尔哲学的内部的理解差异上建立唯一的坐标。所以认识论的马克思或存在论的马克思,谁也不能说谁对他的理解更准确。即便是研究某某思想家最权威的专家,也不能建立这样的坐标。因为这样的坐标一旦建立,就意味着放弃新的、有差异的理解的可能。所以我们只能尊重专家的意见,但不能认同和仰视专家的理解,否则便没有自己的理解,其结果也就没有了理解——

理解在根本上不是“赞同”,而是“你怎么理解”。四是理解的有意义性,永远只能是“当代的”或者“自己的”同义语。即便以“实证”作为“科学性”的标准,也只能在自己占有的材料的范围内才是“有科学性”的,但材料的不断发现或新的解释,还是会使原来的“科学性”只具有相对意义。

由此来看,一方面,满足对西方理论“以准确理解为目的”的研究而缺乏批判西方思想理论的意识与实践,使得中国理论界专家层出不穷而哲学家寥若晨星,哲学成了哲学知识或介绍西方哲人智慧的工作,而本身则失去了启迪人的智慧;另一方面,这种状况必然导致中国当代哲学、美学在基本理论命题和逻辑起点上,多是西方概念和西方式的思维方式,基本上是在沿用“实践”、“生命”、“形式”、“超越”、“活动”这些现成的概念或范畴,中国特性并不具备。有的学者就认为,理论不分中西,只要觉得好就可以拿来用。就此而言,我指出一个基本事实就可以了,没有一个西方哲学家会因为觉得中国哲学好便拿去“用”了,所以理论的“有启发”或“有影响”不等于就“有作用”。这就是海德格尔虽然觉得“好”也没有照搬和沿用老子哲学及其概念范畴的道理;另一方面,中国学者在20世纪觉得西方哲学“好”从而掀起思潮的情况,我们真的可以如数家珍般地清楚,但到目前为止,哪一种我们觉得好的西方理论在中国土地上真正“管用”了?又有哪位理论家,是终其一生坚守他认为好的理论的?王国维曾经觉得叔本华哲学好,但后来没有坚守,20世纪80年代中国学者集体认为“主体论”好,今天又几乎集体认为“主体间性”好,谁真正坚守了?反之,不能坚守的“主体论”和可能还会被反思的“主体间性”理论,除了作为工具来反封建以使个性解放外,理论界很少有人对“什么是中国的主体论”作更深入的追问与思考。更多的学者,则喜欢满足于只是在局部和技术上对西方理论做一些“拼凑”和“调适”,导致一些大而无当概念的提出,如“审美的、历史的、社会的统一”就是一例。这种似是而非、大而无当的理论如何操作,可以解决中国的什么问题,像“中西融会”的笼统一样,既不得而知又语焉不详。这里面,经验和感觉的成分明显大于理论思维所要求的内在逻辑清晰和问题的追问。于是,这样的美学理论研究,不仅在现实中不同程度地失去了对中国当代大众的审美亲和力与引导力,基本上成为一种以现代性面目出现的经院式研究,而且在学理上也基本沦为西方思想的奴隶而不自觉,当然也就谈不上对纯粹学理的推进与发展,更谈不上向世界贡献中国学者自己的当代理论话语。这样的研究,我称为是丧失了理论研究的“本体”,把理论变成了知识普及和介绍。近20年来,中国理论界这种介绍西方理论并以此描述中国现实的所谓理论研究,真是多得不能再多。

二

理论所要求的“批判与创造的统一”，与时代发展所要求的“变化”、“选择”、“新的认同”有重要区别，决然不能混同。中国的《易经》文化的一个重要方面便是讲“变”和“万变不离其宗”的，所谓的“与时俱进”其实早就蕴含在传统思想里。即“不变”的僵化与“依附性的、不断后悔的变”其实就是中国传统文化的内在结构，并因此造成历史之循环。今天的中国现代化，在根本上就是应该走出这个循环——我们不能功利性地仅仅把“国富民强”理解为现代化从而又不再思“变”，等面临新的问题又去思“变”。

也就是说，由于中国传统文化讲的这个“变”是“不变”的逆反，且没有深化“什么才是根本的变及其方法”这个问题（这个问题在今天就是我们为什么要谈“原创”而不是一般的“创新”）①，因此，无论是“变器不变道”还是“变器也变道”，都不可能涉及理论研究在根本上是“生产道、道再派生器”的问题——因为“变”不等于“生产”。“变”可以是“拿来”和“选择”，而“生产”则是对所有拿来的全部改造以使之具有原创品格。

近年来，思想界和理论界曾经流行反思的概念，但我认为这些反思多是以西方学人的反思来反思中国，缺乏对西方式反思的中国自己的反思。如“反理性”、“超越文学性”、“告别现代性和总体性”、“泛艺术化”、“泛中心化”等文化批评热就是一例。究其原因，我以为主要来自不少学者认识上的盲点：理论的批判不是用现成的理论与另一种现成的理论构成所谓“批判关系”，而必须是以自己的理论逻辑起点和理论范畴与现有的理论构成批判关系，也即“本体性否定”。我之所以不太赞同在中国当代语境下实践西方式的所谓“文化批评”和“生活审美化”这些提法，一是因为不少学者一谈“文学本体”就只能想到“形式本体论”和“文学自律”这些与西方认识论相关的概念，而根本没有对中国的文学独立形态和方法作新的思考，进而建立中国自己的现代文学本体论。在此前提下，“文化批评”想消解的，只能是西方式的主体与客体不对等的或对抗性的“文学主体论”和“文学自律论”，与中国问题根本无关。读过陶东风在2004年《山花》杂志上与笔者的《中国当代文化批评的五大问题》一文商榷的文章之

---

① “原创”也不能笼统理解为“本土化”和所谓“最初的、第一次创作”，“原创”必须有对世界哲学层面的独特理解作为支撑，并派生出独特的形式与方法，从而在对世界的理解和体验方面给人以启示与震惊，否则，“原创”就会与“奇异”相混淆。

后,我觉得他就是一方面在没有理解我所说的“穿越性的文学独立”(文学尊重文化、不限于文化进而对等于文化,而不是以文学为主体)的前提下,虚设一个他自己也许曾经赞同过的“自律论”作为假想敌进行讨论的,所以我不认为他是在与我讨论问题,而是以一种西方理论来批判另一种西方理论。另一方面,陶文忽略了这样一种思维:由于中国文学从来就是工具化了的弱势存在,所以今天强调文学独立作为中国文学现代化的基本命题,正是为了建立文学与文化对等的多元化格局,所谓“文学话语也不能中心化”这样的担忧,在文学还没有正常地独立存在的前提下,根本是不可能的。二是就“生活审美化”这种提法而言,我之所以认为它是不成立的,首先是因为在美学基本理论上,中国传统美学从来没有将“美感”与“快感”真正区分过,将审美的震颤和惊异与快感的愉悦、好看区别开来,所以当代社会生活快乐主义、舒适主义的盛行,就不能简单地用“审美化”去把握——这就是“自由”在中国语境下可以被闲适主义、享乐主义利用的原因;其次,在“艺术中心化”时代,中国文学艺术因为意识形态化和道德说教,其审美品格是极其贫弱的,相反倒是民间和日常生活中因为更多真实的、原生的、不造作的现象而具有某种程度上的审美含义,所以,今天艺术形式的生活化、非中心化,也根本不能等同于审美化;再次,由于中国当代文化缺乏原创精神,所以无论是当代中国艺术,还是同质化的中国当代现实生活,模仿、因袭、善变、内虚的普遍存在,都使得我们不能用凝聚创造性的“审美”这个概念来说话。也因为此,以所谓“生活审美化”来代替“艺术审美化”,除了说明因为市场经济和全球化共同在与时俱变的现象以外,是不可能触及中国文化在现阶段的“问题”的。

所以,中国理论界在既定的理论知识之间进行选择性批判,很大程度上只能是理论界一些学者的自娱行为——这正是传统快乐主义的另一种显现。这样的批判就既误解了“艺术中心化”时代艺术的问题不在于是少数人的,而在于少数人以各种“非艺术追求代替了真正的艺术追求”,而多数人也自觉认同这样的追求;反之,也误读了今天“艺术非中心化”时代,问题决不在于生活现象与艺术现象已经交织,而在于这种交织均可能缺乏审美创造的品格,或者这种品格十分孱弱。审美根本不会存在泛化问题,除了审美异化成快感导致自身的消解,或除非人人都有相当的创造力。这种情况体现在“关于什么是中国理论”的讨论上也同样如此。如果说,围绕“中国理论研究”是否要有严密的逻辑、体系的完整、思想的无根本冲突,还是可以发散的、随意的、有矛盾的,这是比较表面化的讨论,更为根本的是中国学者对理论和知识“生产冲动”这一“理论本体”的遗忘与不自觉,遗忘了理论在“本体”上是来自自己所发现的现实问题而不是对生活现象变化的描述——理论在起源上,就来自人类对世界的困惑与问题的解决冲动,而不是来自对世界的现象描述。在根本上,生活无时无刻不在产生变化,打倒“四人帮”是一种变化,“改革开放、解放思想”是一种变化,今天所谓的“生活泛艺术化”也是一种变化,理论只有在这些变化的生活面前提出这种变化很难概括的“问题”,才是理论视野中的“问题”。而且,理论视野中的“问题”,应该是中国学者自己发现的问题对西方人提出的问题的“穿越”,理论家才能与所有既定理论构成真正的批判性关系,这种关系才可能使理论具有原创的品格,体现出我们之所以需要理论的“本质”。遗憾的是,中国理论界满足于认同性而不是批判性地阐释西方理论的结果,不仅使得中国的马克思主义理论没有自己特定的问题以区别于马克思的“劳动异化”和法兰克福主体学派所说的“理性异化”,中国的后现代主义理论也没有自己特定的问题区别于福柯、哈贝马斯等各家理论,自然在当前,也还没有自己的“问题”,区别于西方的所谓“种族、阶级、国家”这些典型的西方文化批评的命题。反之,无论是阿多诺还是哈贝马斯,其“非同一性”和“社会交往理论”的提出,都是与他们独特的“问题发现”相关的,而不是对时代发展变化描述产生的,更不是“转述”他人理论构成“伪批判性”关系产生的。正是在这些方面,我提出以“道德异化”作为中国马克思主义的特定问题①,以“本体性否定”区别于法兰克福学派的“对抗的否定”,以“双重局限分析”穿越或深化哈贝马斯的“批判解释学”,以“原创匮乏”问题区别于西方文化批评的“种族、阶级、国家”和“中心解体”、“泛艺术化”、“泛审美化”等命题。

还应该补充一点的就是,有学者认为中国当代美学建设必须熟悉西方不断出现的最新的理论和思潮,我认为这个观点也是不能成立的。这一是因为,任何西方新出现的理论,都是针对西方特定的问题而产生的,如果西方的问题与中国的问题不一样,是否知道西方这些最新理论,根本不会影响中国自己的理论创造;反之,理论家如果提不出自己的问题和发现自己的理论命题,熟悉西方思潮再多,也不会有理论创造出现。可惜的是,这正是中国理论界几十年来的基本现实——在只能依附和追逐西方现有理论进行没有自己理论命题的“拼凑”和“融会”这一点上,中国不少理论家均有相同的局限。二是因为,西方很多有独创精神的思想家和理论家,都不是和本土、异域最新的理论接轨的,相反则是以另类的对抗时尚理论的姿态出现的。尼采和柏格森是如此,而海德格尔的“在”哲学,虽然有尼采等哲学家的思想影响,但主要还是从古希腊哲学中汲取

① “道德异化”这个提法,最初见于我2003年在重庆西南师范学院召开的“中国马克思主义文论研究会”上的大会发言。

思想资源的;至于中国的顾准,虽然谈不上熟悉西方最新理论,但并不影响一个理论家直面现实政治问题进行独立思考的品格——对理论家来说,这种品格或许比知识更重要。所以,理论家的理论创造,不是靠熟悉所谓最新理论完成的,而是依据自己发现的问题对与其相关的理论予以关注并批判才完成的。在理论创造面前,并无理论知识掌握的新与旧和多与少之说,也不可能有一种理论创造,是将现有各种理论都包容进来的。三是一个民族如果有思想和理论的创造力,即便没有开放的环境,也可以有自己的思想创造,否则,再开放也不一定会导致思想和理论的创造。所以,中国古代哲学的创造是在没有开放的先秦,而法兰克福学派的一系列理论命题的提出,也不是吸收异域最新思想的结果。因为开放、学习、吸收,只是一个人正常的生存世界,这个世界并不能决定一个人是否能进入发现与创造的存在世界——如果一个学者依赖这种生存世界,他就不会产生"本体性否定"意义上的批判,也很可能会进入将"理论选择"作为"理论批判"的误区。

三

于是,问题就深入到如何面对特定问题、将对西方现代美学的批判与对中国传统理论改造统一起来的方法论层面。在这里,首先牵涉到如何理解"中国性",又如何理解"中国当代性"的观念问题。因为这个观念直接制约着中国理论工作者对问题的意识停留在感觉层面而无法深入到方法论层次。我的看法是,如果仅提"中国性"、"本土性"而不提"中国当代原创性",于我们要解决的问题无补,最后还可能会导致问题本身的消解。因为仅提"中国性",大多数学者很快会习惯性地以中国传统文化特性为依托,或者退而求其次地将所有的汉语表达都理解为"有中国性",类似于有些学者所说的,只要是用中文说话便有"中国性"。由于前者会导致以中国古代文论的思维方式和范畴为依托,或者感觉性地、但却不具备理论操作性地将中国古代文论范畴与西方文论范畴进行愿望性的"融会"——"中国古代文论的现代转换"这种提法,现在就进入了这样尴尬的、只能呼唤的状态。我之所以也不太赞同余英时先生的"中国文化的现代转换"这样笼统的提法,就在于中国文化的现代化不是一个转的问题,因为转成什么其结果是清楚的,比如转成西方的民主体制、被西方个人权利至上的观念所统摄,等等。但中国文化的复杂性已经在东亚各国的西方化进程中以各种"伪"(相对于西方体制)体现出来,其最大症结体现在中国传统价值观念、思维方式与西方文化的明显冲突——这种冲突的结果,很可能在价值观念、思维方式、政治体制和经济体制方面都会存在明显的问题，所以必须依赖原创思维才能很好地解决。邓小平的“一国两制”就是一个先例。文化方面如此，文论方面也是如此。不少学者可能会赞同“融会”、“调适”的思路，但没有原创性思路，“融会”和“调适”是不可能成功的；而一旦成功，也就不能被“融会”、“调适”解释。所以我们怎么能说马克思的“实践”是对前人哲学“融会”、“调适”的结果呢？又怎么能这样说哈贝马斯的“社会交往理论”是“融会”前人思想的结果呢？这里面关键在于“融会”触及思想家的方法论、问题以及原创性品格。一句话，“融会”推导不出马克思的“实践”观念，也推导不出哈贝马斯的“社会交往理论”，所以这种思路必然不会诉诸中国当代文化和理论范畴的原创性努力，也很可能会维护20世纪中国文论杂乱的、在中西方各种思潮之间忙乱的状态，以为有中国文化的材料混杂其中就是有中国特色了，中国理论工作者的“经验化形象”便成为宿命，理论的思想贫困就是必然的。当然，我这样说并不是让所有的理论家都去搞原创，都去建立自己的哲学，而是说原创是一种意识、一种品格、一种方位，有了它，你就会发现别人发现不了的问题，提出别人都提不出的见解、观念和命题，从而使你的理论研究真正具有理论品格——而这样努力的人多了，才具备哲学家和思想家产生的土壤与氛围。

要改变这样的状况，就必须以“当代原创性”作为“中国性”、“本土性”的限定。而“中国当代性”就是原创性的审美悬置。这正是我建立“否定主义理论”并于十多年前与一些同道提出“第三种批判”的初衷。这十余年以来，我从没有放弃过这样的努力，也希望有更多的学者参与这样的努力。对“用中文说话就有中国性”，我也就不想多说什么。因为如果用中文说话就有“中国性”，“中国性”就会被定位在中国学者的经验、感觉和习惯上面，而不是定位在世界观、思维方式、价值观需要改造这一点上。由于中国人的经验和感觉即便用“文化大革命”那样的方式也不会消失，这就不仅取消了“中国性”作为一个问题存在的意义，而且会助长中国学者思想的惰性和在基本原理方面的依赖性，20世纪中国文论也就不存在思想贫困的问题。

所以，就原创的方法论而言，关键在于解决延续中国文化的精神与具体改造中国传统文论范畴并行不悖、汲取西方理论材料和剥离西方理论的文化特性并行不悖这两个问题的统一。前者是宏观继承、微观改造的问题，后者是宏观改造、微观汲取的问题，这里需要新的方法论建设。一些试图打通中西方理论的学者，我愿意从积极的方面去想一种既区别于传统、也区别于西方的理论，这也是这样的学者的审美向往，但由于在西方现代文论和中国传统文论的打通方面，目前还存在着简单比附、演绎，进而立场不明的情况——或从中西方理论形态的相似性导致回归中国传统文论之倾向,或以中国文论来验证西方理论的合理性从而批判性不够,或者忽略中国当代美学建设对中国传统文论也存在着范畴和命题的改造问题,这就使得我们发现西方现代美学的局限,不能简单地以中国传统美学的特征为尺度,而应该以中国当代文论的原创性期待为尺度。"本体性否定"理论及其思想和文化批判实践,正在于建立这样的方法论。"本体性否定"主张穿越传统"不西即中"的二元对立思维模式和"中西融会"的经验化模式,将中国当代文论的原创性期待作为外化于既定二元论的第三种立场来对待,从而建立一种对中西方美学进行"双重局限研究"的思维模式。

四

基于上述初步的想法,我形成了将"阐释—批判—创造"一体化的研究思路,在体例上呈现为如下三块研究格局:一是概括或描述西方理论的基本内涵,这体现为对阐释西方理论研究的尊重;二是分析国内研究西方理论的基本状况和存在的问题,这包括作者对国内西方理论研究的看法;三是阐发研究者对西方理论局限的认识以及弥补这一局限的个体化理论设计。我想,这一结构也就是如何深化西方理论研究的"方法论"。

这种结构和方法的最主要的特点,在于不是"拒绝阐释"而是"穿越阐释"(即不限于阐释)。"不限于阐释"不仅体现为对西方现代美学理论与前期学术积累的尊重而且也使得这种研究方法不是"独抒己见"和"为批判而批判",而是在充分占有材料的基础上对问题进行梳理与分析。运用这种研究方法的学者,应该是在尊重国内学者已经取得的西方现代美学研究的成果基础上,对国内的西方美学研究的得与失,进行研究者力所能及的评价。其"得",既包含研究者对西方美学比较深入的阐释和理解,也包含尊重国内现有西方现代美学研究在介绍、阐释西方理论方面所作的宏观与微观的研究及取得的成绩,更包含对西方现代美学研究水平的整体定位。其"失",包含国内学者出于各种原因对西方文论所产生的误读与曲解,以及对此的纠偏。当然,所谓纠偏,永远可能只是互为的。在纠偏问题上,任何学者都并不具有"没有问题的纠偏"这样的优先权。但有这样一个环节,至少可以揭示研究者的研究是建立在一种什么样的对西方理论的理解上。由于这样的方法论主要不是在于阐释和准确把握西方现代美学,这就保持了对西方现代美学研究进行客观评价所必需的审视距离,在理论与实践上显现出"西方现代美学研究之研究"的努力的意义。

最后,对目前几种主要的西方美学理论,我简述一下我的基本的"局限性理解”——

一是如果从中国文化注重现实性出发,西方形式美学存在着“抽象性”的和“纯粹性”的问题。这是由于西方“此岸”和“彼岸”、“形下”和“形上”这种宗教文化分离所致,而中国文化不存在这种分离,所以不合适。中国文化的现代化可能需要唤起久已遗忘的创造性,但不等于建立西方这种二元对立的创造性。这也使得西方建立在“纯粹形式”基础上的“艺术本体论”思维,不适合解释中国以现实性和写实性为特征的文学经典。因此西方形式主义文论应该做“中国现实化的形式”之改造。而这种改造一旦实施,“形式”是否还能叫“形式”或还应该叫“形式”,便成了一个疑问。我个人主张另取新的概念,如同我以“穿越”区别于西方的“超越”一样。至于取什么概念,可以见仁见智。

二是从中国文化的和谐性出发,西方现代批判美学存在过于强调“对抗性”和“非理性”的问题。而中国当代文化的发展,目前主要是建立新的当代理性,以“穿越”我们集体性的面对世界经验化、感觉化、抒情化、功利化因而也不稳定的“反思”和“反悔”的状态。就这种理性建立而言,我的“否定主义理论”主张建立“不同而并立”的平衡性否定观,其目的,是在“否定性质”、“否定方法”、“否定结果”和“否定与非否定的关系”上,均区别于西方的批判理论和超越理论。当然,我的这种否定与西方的否定也会有相通性,就是都可能内含创造性,但对“创造”的理解会有些差异。即“创造”在我这里是一个“程度”概念。

三是从中国文化注重具体性和操作性特点出发,西方存在主义美学存有“自由”、“可能”的空洞性与诗性存在的“难以把握性”的问题。这使得中国应该进行与“存在”有关的理性化的思考与建设。这种思考和建设的关键,在于我们应该提出既不同于老子的“道”也不同于海德格尔的“在”的新的哲学范畴。其目的,在于既区别于老庄讲“无”、“游”的“忘知、忘欲、忘想”的“道”,也区别于对“人为性”和“理性”予以悬置的存在哲学。或者,如果用这两个概念,我们至少应该对“道”与“存在”进行个体化的创造性理解,使之具有前所未有的含义。其关键,在于我们无论是建立马克思主义的存在论,还是建立海德格尔反认识论的存在论,都必须思考这样一个问题,即我们建立存在论哲学想解决的是什么问题?

四是从中国文化的现代创造要求出发,西方解释学美学存在着“如何进行创造性阐释”以及方法论建设的盲点,这也是中国解释学亟待解决的课题。哈贝马斯在建立“社会交往理论”的过程中,注意汲取各种思想资源并予以改造,比较接近“本体性否定”方法,但是在建立自己的理论的过程中为什么注意这种思想资源而不注重另一种思想资源、根据什么发现自己所注意的思想资源的局限、这种局限又是什么样的局限、“局限分析”又如何与自己的新理论的提出联系起来,哈贝马斯没有正面阐明,因为这属于解释学本身的方法论与本体论建设,这是需要特别注重“可操作性”的中国思想家与理论家来完成的。这样,中国解释学建设,就应该在对西方的施莱尔马赫、狄尔泰、伽达默尔的解释学和阐释哲学以及哈贝马斯的批判解释学的共同“穿越”中才能完成,自然也应该区别于中国传统以“宗经”为性质、以“通观”为方法的解释学。

五是从中国文化注重生存性出发,西方生命美学存在着忽略生态生命、身体生命和终极生命的关系问题,而这个关系在中国当代生命哲学的建设中尤为重要。“生态生命”讲究的是自然性以及可持续发展性,而“身体生命”讲的是个人的以物理和生理为性质的存在对其他生命现象的统摄,“终极生命”当然也可以被前两种生命予以“注释”,但其本体应该放在与前两种生命的区别中来理解,才好解释宗教、信仰、信念、心灵安顿等人类特有的生命现象。其中的关键在于:对超越和轻视身体、生态的传统人文精神,也应该作区别于西方宗教文化以及中国传统人伦精神的解释,这样,“彼此尊重而不限于”的现代生命关系才有可能建立。中国生命美学的创造当然可以以这样一个逻辑起点来完成自身的建设,但必须处理和解释好上述三种生命状态,才可以实现自身。

六是从解决共同性、雷同性,建立独创性这一中国文化文学尤其要注意的问题出发,西方原型美学的中国化建设,应该注意两个问题。一是西方原型美学是以强调人类共同的、不断重复的文化和文学符号为基本点,这一方面容易让注重普遍性的中国学者产生亲和感,另一方面也很容易遮蔽我们的一个基本问题:如何面对共同的符号并赋予它以新的理解,使之具有创新意味,这里面有一个“关系”问题(类似“文化与文学”的关系),我们必须很好地面对。二是人类的普遍符号和意象与民族的普遍符号和意象是不同的,而这种不同又因为时代的因素而复杂化了,这就使得中国原型美学不能停留在西方理论产生的语境下,而应该面对中国问题提出新的观念。比如:民族文化的普遍意象会不会对人类共同的普遍意象存在“异化”与“遗忘”的问题?如果有,原型美学如何解释和面对?等等。以上意见仅供从事上述专门研究的学者参考。

附　　录

本体性否定:我的否定观
——答友人问

问:你为什么想起写《否定本体论》这样的书,它产生的文化背景和现实动因是什么?“超越中西方现有理论”的必要性在哪里?

答:20世纪新文化运动的一个基本内容是:中国传统价值解体,知识分子寻求新的价值依托。从严复和王国维开始,西方各种人文思潮都曾被中国知识分子作为依托。但在中国知识分子内部,为什么会产生鲁迅式的绝望以及茅盾们希望后的幻灭,西方各种价值思想资源已够丰富,为什么今天在中国还会弄出个人文精神危机来,我想这与文化不可移植有关,也与中西融会、不能融出新文化有关。文明是一种价值结构,在中国主要表现为儒、道、释循环的结构。这个结构不改变,佛学也好,西学也好,也许能作为思想材料渗进中国土壤,但这是被中国文化结构统摄了,而不是融会。由于中西方价值体系不同,融会在一起,只能是文明的碎片,不成形。我想,鲁迅当年的绝望就至少包含着对西学论和中西文化融会论的深刻怀疑。于是,近年兴起的国学热、儒学热,才成为上述之路走不通之后,知识分子对传统价值立场的回归和守望。但由于回归与变化的现实反差过大,所以始终形成不了“势”,结果还是只能成为文明碎片的一部分。也因为此,我们对中西方既定的价值思想,才必须保持“双重反思”的立场,把中国的激进主义和保守主义,看作只能在既定的价值体系内部徘徊、在同一层次上挣扎的现象。这样一来,我们就站到了不同于传统文明、也不同于西方文明的新的文明立场之上。

当代社会已开始进入市场经济时代,市场一方面激发起从未被中西方既有理论首肯过的“物欲”;另一方面,确实对以往全部历史以“价值中心”为演进形态的文化,具有很大的解构性。20世纪中知识分子在从五四到80年代这段时期,用西方人文思想对现实说话,因为社会有一个渴望中心的价值存在,所以是有效的,可称为启蒙。但是当这个价值场今天已被“物”占据,而过去几乎所有的价值体系均是“贬物”的时候，随着“钱就是意义”、“物欲是否就是低档次的”这些问题提出，巴尔扎克开辟的那种对拜金主义批判的人文话语，至少有个当代性反思的问题。而在我看来，“拜物”正是过去“贬物”的结果。“物欲”属于人的本能层面，只能调节引导而不能贬抑、克服。“物欲”之所以能走到台前，只能表明我们过去那套人文话语的脆弱性和局限性。“拜物”背后确实有个精神危机的问题，但要建立什么精神，精神和物质之间应是怎样的关系，这至少是现实提出的新的理论课题。因此，对我来说，反思过去我们的一套批判和否定的话语，探讨当代文明转型需要什么样的“否定和批判”，就成为理解而非认同现实、审视而非简单批判现实的契机。

另外想说明的是，就像儒学是积累而成的一样，中国传统文明的衰落以及当代文明的建立，同样是一种积累的过程。一种理论话语何以成为可能，同样应作如是观。这意味着，《否定本体论》仅仅是一个开始，中国学者建立自己的理论，应作较长时期的心理准备。

问：可能有些学者还不太了解，什么是本体化的“否定”？这种“否定”论与我们所熟知的否定观念有何区别？其用意何在？

答：《否定本体论》不是将本体否定了，而是对“否定”做本体建设。但这个本体不是万事万物起源意义上的古代本体，也不是笛卡儿那种作为主体认识功能的近代本体，甚至也区别于海德格尔的“此在”之“在”（可能）的涵盖面极宽的生存本体。简单地说，“否定本体论”是研究人的多种活动和行为支点的价值本体。这样一种本体可能已不是西方哲学史上曾经有过的本体，但确实是由当下中西方已迷失价值方位的社会现实所提出的一种本体论建设的需求——本体论就像哲学一样，有文化的差异，也有时代的差异。

本体化的否定与中西方既有的否定哲学均有所区别，但归纳起来，主要体现在以下两个方面——

首先，本体化的否定是人特有的文化现象，不同于人之前和人之外万事万物的运动变化。或者说，万事万物再怎么变化，再怎么“否定”，依然改变不了其自然属性。山川大海、动物植物，迁移分裂、新陈代谢，永远改变不了其循环的自然性。而本体化的否定，却使人在否定自然中诞生了一个不同于自然的文化世界。本体化的否定从此就意味着，人可以在这种否定中产生一个在性质上不同的结果。人作为一个文化性结果，就是这种否定的产物。而人之外的万事万物，均没有这种否定功能。这种本体化的否定是人成为人的逻辑起点，从此也应该成为对人的各种生存活动的价值限定——人可以有追求物欲享乐的自由，可以有认同与模仿他人的权利，但就是不能缺少这种"本体性否定"——"否定"可以是文明的，可以是思想的，可以是体制的，当然也可以是艺术的（作品）、生活的（审美体验），并由此和人的自然性矛盾运动（利益冲突、生老病死）区别开来。地球上之所以有东西文化之差异，西方历史之所以经历由古希腊、中世纪、人文主义这些不同思想统摄的阶段，伟大的作家之所以自成一个独特的艺术世界，缘由盖在于这种"否定"的功用。

其次，由于本体化的否定强调"诞生一个新的文化结果"，这就自然不同于西方现代生命哲学、阿多诺的"否定的辩证法"，以及黑格尔式的"否定中包含肯定"。就前两者说来，生命哲学和阿多诺的"否定"，解放了人的本能、原欲和对原则、秩序的绝对的反抗意识，但由生命意志支撑的活力不一定会导向创造，反而可能消解创造性。原因在于生命意志本身属于自然运动，无序、循环、相克是其重要特点，而"本体性否定"则是非对抗性的，平衡是其重要特点。

就后者来说，由于黑格尔将否定的结果和目的交给了"肯定"，这样"否定"就成了"肯定"的方式，"否定"自身就与"创造新的文化结果"割裂了，"否定"也就成为两种既定事物之间的任意的冲突行为，显得很轻飘。多年来我们用既定的西方人文思想来"否定"中国传统人伦思想，就是典型一例。这种"否定""肯定"的是西方人文思想，当然也就不会诞生中国当代学者自己的人文话语；反过来，用中国传统人文观念来拒绝西方，也同样如此。而本体化的否定由于强调"诞生"的含义，这样我们今天的否定就不能不是对中西方现有文化成果的双重反思。这就是说"否定"从此更难了，但也更有意义了。研究否定的终极目的，大概也就在于探讨文明转型得以实现、但又具有中国特色的思维方法吧。

此外，更为关键的是：这种诞生的"结果"，不仅是思想性的、理解性的，而且还具有独特的世界观的含义。这就将"否定"定位在一个比较高的层次上。比如"宋明理学"，虽然融会、统摄了佛学道家的东西，并以此区别于先秦儒学，但由于在本体论上还是强调"礼"和"理"对心性的规范，所以在哲学上虽然具有本体论之形（系统化），但在世界观上没有根本的变化，也就不能算是哲学上的"否定"，当然也就难以改变宋明以后的文化体制和思想观念。明清以降，西学东渐，虽然世界观开始发生变化，但由于在哲学上我们依赖的是西方哲学，这就使王国维、胡适等老一辈学人，在哲学上很难有自己独立的立场、观念。王国维后来学术立场的改变，冯友兰介入评法批儒，大批学人频繁转换思想观念，而没有稳定的学术形象，问题恐怕也在于此。以此类推，当代中国学术界的一个突出症结是：我们可以从很多学术成果看到见解、风格和个人表述的差异，但由于这种差异难以上升到世界观的层次，所以尽管我们对前人的成果"批判地继承”，结果还是很难确立我们自己的存在。与其说知识分子丧失了把握当代现实的能力，不如说原来对现实的把握就有非独立性、非本体化的问题。

问：据我所知，在辩证法中，“不断否定”具有进化与进步的含义，恩格斯所描绘的从原始公有制到私有制，再到社会主义公有制，就是这样的图式。我想知道，你所说的否定“结果”，是否比否定“对象”更高明，否定“结果”是否是对否定“对象”的克服、取消和超越？

答：这个问题提得很重要。辩证否定与不断进步论是相辅相成的，与“发展”的观念也有内在联系。“正、反、合”，“否定之否定”，也可以视为对此的哲学表述。自然性的运动是进化的还是循环的，这一点先可以存疑。因为进化如果有极点就不能再进化，后面就是衰退。人的极点是中年，童年到中年这一段可以说“不断进步”，再往后就难说了。地球、宇宙可能都有这个问题——我们不能把它们的“生长”阶段简化为“进化”。就人类历史来说，人的生活越来越舒适，但人类的进步是否能以此来衡量，却是个问题。人在贫困中感到充实，在舒适中感到无聊，已说明人类历史的任何阶段均有其局限和糟粕。中世纪主张禁欲，这是局限，但在禁欲中人有一种奉献上帝的牺牲精神；现代人自由，这是优点，但在自由中人的责任、义务等献身精神逐日消失，你说这两个文明谁比谁进步？谁又比谁层次更低？科学史上也是这样，你不能说人能站立行走的贡献低于自行车和汽车的发明的成就，你只能说这是人类史上不同的创造——只要是基于独特的理解产生的制度、作品、思想上的创造，价值就并立。古希腊和中世纪是两种不同的文明，不同的对世界的理解，虽然每一种文明内部都有其正效应和负效应，但文明本身不存在低等文明和高等文明之分，东西方文化也不存在低等文化和高等文化之分；再推论一步，人类世界和自然界也是两个不同的、平等的世界。说人对自然的否定，说中世纪对古希腊的否定，只不过是说在否定中诞生了一种新的结果而已（人的诞生、另一种文明的诞生）。否定的“结果”不是对否定的“对象”的征服、取消，而是构成了两个不同的、同样有价值的世界。因此，本体化的否定强调否定结果的“诞生”性，以区别于辩证否定所讲的不断进步的含义。在本体否定论中，“不断否定”只不过是不断诞生新的文明和思想的同义语。以此观照我们的现实，所谓中国当代文化的转型，不是构建一个优越于古代文化的高级文化或新文化，而是建构一个“不同”于古代文明的文明。因此，“西化”和“现代化”在称谓中国文化的转型时，其含义都不够准确。

在思想史上也是这样，不能说黑格尔比柏拉图“进步”，也不能说海德格尔比黑格尔“优越”,他们之间因为“不同”而对等。这里,要把一种思想对当时的现实产生巨大“作用”和划时代的“影响”区分开来。我们今天可能更推崇海德格尔,那是因为海德格尔的哲学对今天更有作用。但这不等于永远有作用,也不等于黑格尔对今天没有影响了。

问:应该说,人类文明、体制、思想的演变,无论再怎样不同,其前后都有一个承接关系,“不同”可能不等于“断裂”。对这个问题,《否定本体论》是怎样面对的?此外,像“尊老爱幼”这样一些观念、范畴,无论什么时代都是需要的,对这些观念是否存在一个“否定”的问题?

答:“承接关系”在辩证法中被解释为“扬弃”的“扬”,“否定中包含肯定”的“肯定”。当你着眼于一个新的文明中保留了过去的哪些东西,舍弃或重新理解了过去的哪些东西时,我们确实倾向于用辩证的观点看待世界。问题在于,历史的发展是文化结构的改变,而不是哪些文化遗产可以保留,哪些文化遗产可以舍弃的问题。任何古代思想精华都有一个在新的文化结构中怎样存在、怎样发挥新的功能的问题。而所谓糟粕,在新的文化结构中就可能不再是糟粕。比如“吃喝玩乐”,在当代文化建设中,就不一定再被视为糟粕。否则,文化就会像我们今天的状况一样,是一种碎片、一种无序的堆积。我们在中西方文化那么多应该承接下来的思想精华面前,反而会无所适从。有了一种不同的文化结构,保留下来的材料就会发挥不同的功能,所以也不能再被理解为“肯定”。本体化的否定含义就在此。就像这本书中我所举的一个例子:黑格尔的“绝对精神”体系中,有费希特哲学的材料,也有谢林哲学的材料,但这些材料在黑格尔的辩证法中功能已改变。所以你就不能说黑格尔是费希特和谢林的综合,而只能说是黑格尔对后两者的“双重否定”,材料性的肯定和否定就都成为不重要的了。因为光有费希特和谢林哲学的“融会”,绝对诞生不了黑格尔。就像光有中国传统文化和西方文化的“精华”汇集,虽然批判掉一些什么,但还是融会不出一个新文化一样。

你所说的“尊老爱幼”,仅就这个观念本身来看,在任何时代都应重视,不应舍弃。但在我们当代文化的视野中,西方的“人人平等”,也是应该被我们重视的思想材料,并且已逐渐开始被当代中国人接受。问题在于,当“尊老爱幼”和“人人平等”发生冲突时,该怎么办?如果“尊老”是以牺牲“平等”为代价时,“尊老”就会和传统的等级观念、人伦观念相混淆;如果“尊老”的“尊”就是“平等”的意思,那么这又存在一个不仅仅是“尊老”的问题。于是这就将问题引向用什么样的文化结构来统摄这些应该承接的思想材料上来,也就是说一个不同的文化结构、价值结构的建立，比继承这些思想碎片更根本、更本体化。而在中国传统血缘性的文化结构中，“尊老爱幼”、“君臣父子”、“论资排辈”是统一的，也就不存在这个问题。另一方面，一旦本体化的否定不是对“对象”的取消，而是要在否定中诞生一个新的结果（结构、体制、观念），那么如果我说否定“尊老爱幼”，其含义也就是说，“尊老爱幼”这个观念在人们今天的价值生活中已经显露出它的局限性，可能还需要生成新的人伦观念与其产生制衡和良性循环的关系，使“尊老爱幼”只是在它可以发生功用的时空发生功用。而其结果，可能也就改变了这个观念原来的性质——“尊老爱幼”不再只是孤立的存在，也不再只是新型人际关系的一种“至上”存在。

问：在一些书评和讨论中，我发现人们更关心你所说的“在否定中诞生自己的存在”的“操作方法”问题。如果这个方法不明确，把握你所说的这个“否定”可能就会很困难，对这个问题，你能否进一步阐释一下？

答：“存在”这个词是西方哲学概念。但在《否定本体论》中，“存在”和西方的存在是实体（古代哲学）、存在是主体的思的功能（近代哲学）、存在是人的筹划（澄明与遮蔽）的存在主义哲学，均已有所区别，具有“否定对象—否定过程—否定结果”统一的含义。前述“不同的文化文明结构、体制、思想、作品”，在这里就是作为“否定结果”而言的，简称为“存在”的“确立”和“完成”。因此这里的存在是形而上世界（过程）与形而下世界（结果）的统一。

在否定过程中，确实存在一个“否定方法”的问题。在本书中，否定方法主要还是一种理论思维方法，还没能成为类似佛学“顿悟”那样的人人皆可操作的具体方法，因此相对其他内容而言可能就薄弱一些。这可能是出于“思想如何产生”比“思想如何实践”更根本的考虑。而思想又不可能凭空产生，它只能从面对既定的思想开始。在本书中，我将这种“面对”解释为“局限研究”，并作为我面对既定思想的方法，大致有这样三层意思——首先，任何一种存在（文化、文明、体制、思想）都是有局限性的，并因为这种局限才能成为一种有价值的存在。比如学术界以前认为的，中国文化缺乏逻辑思维，西方文化缺乏整体把握，这种局限实际上正好衬托出两种文化是不同的“存在”，而没有局限的文化实际上我们从来没见过，今后也不可能建立。以往，我们的失误在于一谈文化转型，就说中国人应该搞科学、重逻辑思维（五四时代的学者多半作此努力），实际上这是不可能的，因为这消弭的是文化的特性。科学在中国成了技术，逻辑思维在中国成了一种经院式的、缺乏生机的推演，就是明证。准确地说，文化的转型应是在保证文化特性基点上“文明的转型”，即建立不同于古代文明的当代文明。文化的局限,应是古代文明的局限,或由儒、道、释思想结构规定的古代文明的局限——这样的一种局限,是不能由西方文化的“特点”去观照出来的。即不是缺乏逻辑思维和科学的局限,而是相对于当代现实需求,不再能进行儒、道、释价值循环(古代文明价值结构)的局限。这个局限,才是我们建立当代文明需要发现的传统的局限。这意味着,文化和文明不能混淆,“局限”必须在同一层次上去发现、观照和衡量。同样,西方当代文明(后现代)的局限,也是相对于西方古代和近代文明而言的,而不能笼统地说成是西方文化的“局限”。

其次,对我们而言,只有此事物的局限同时也是他事物局限的时候,这个“局限”才是对我们有意义的“局限”。俗话说,三个人才可以构成一个社会,只有当一个人(C)既不同于A,也不同于B的时候,他才会真正成为他自己。A和B就都有缺乏C的局限。在学术领域,这意味着一个人必须和所有既定理论保持审视关系,并在这种审视中将“我”(存在)凸现出来。在文化上,这意味着转型后的文化结构(文明)必须既和传统文明有所区别,也和西方文化和文明有所区别。而近百年来,我们所谈的局限只是A和B相比较而言所呈现的局限。我们不是认同A(东方),就是认同B(西方),而我们自己的存在,就不能在这种局限研究中诞生出来,这正是方法性否定(辩证否定)带来的问题。

最后,发现中西方现有理论的共同局限的价值坐标只能是当下的现实,以及由现实所提出的问题。这意味着,当下现实问题的特殊性是中国任何历史时期所没有过的,即使同样是文明的衰落、传统价值的失范,当下的现实状况也不同于五四时期。更不用说,同样是物化的条件,由于文化的差异性,当下现实的“物化”问题也不同于高度物质文明的西方后现代。这意味着,解决当下的现实问题的理论,其实还没有产生——相对于这种理论期待,既有的理论就会显示出或“贬物”或对“自由”没有限定,或对“个体”的解释停留在与群体冲突的水平等等局限性。而发现了这种局限,我们也就发现了新的理论的逻辑起点了。至少,我写《否定本体论》,是试图去作这样的努力的。

问:我感觉你强调否定的结果是一种“个体化的存在”,能否解释一下你这个“个体化存在”的新意在哪里?与传统的个体观念、个性观念有什么区别?其可能性如何?

答:传统的个体、个性观念有多种特点:撇开在利益得失方面公与私的冲突和个人志趣、爱好、风格意义上的个性不谈,最为突出的,可能还是个人意志与权利上的个体,这基本上指西方文艺复兴以降的个人主义观念,即卢梭在《爱弥儿》中所说的“自己实现自己意志的人”。在民主制度下,这种以“自由”为理论支柱的个体，发展到今天，已导致丹尼尔·贝尔所说的“唯我独尊”的负面效果。其缘由在于意志自由和选择自由是落实在人的感性生命基础上，除了法律，似乎任何理性均无法对它予以限定。但由于感性生命的实现和重复已给当代人带来了无法摆脱的无聊和茫然感，所以，问题就不在于要不要理性，而在于要建立什么样的理性。本体化的否定认为：以往的理性均强调理性的普遍性，所以必然对个人意志有所牵制。当代理性的建立，除了法律的普遍有效性外，理性也只能是个体化的。即每个人必须在他自己的世界中，有一个经过他自己体验和思考过的价值支点。这个支点和他全部的生存行为构成否定张力，并形成两个不同的世界，造成个体内在生命的结构化，才可以摆脱当代人无聊和茫然的感受。这个价值支点每个人应该是不同的，因此必须具有理解的、创造性的特点，使他的价值支点因为不可重复性而被社会尊重，并由此转化为社会效益。比如，一个知识分子下海炒股票，在获利的过程中忽然发现自己的获利经验可以转化为对知识产权的研究，从而为更多的人获利提供有效工具，这个时候他的兴奋可能已超过了赚钱的快乐，价值支点（即个体化存在）就开始在他的个体化世界中出现，并由此区别于单纯的获利。在此意义上，一个发了财的人不见得有自己的“存在”，即便他是百万富翁，所以有的人试图通过慈善事业来获得与他人不同的价值感。在学术上也是这样，一个理论工作者如果不能有自己的理论，一个文学史家如果没有自己的文学史论，他就会有一个“个体化存在”空缺的问题，写的东西再多，常常还是会有种无意义的感觉。这一点甚至也区别于马斯洛所说的“自我实现的需要”。因为这个“自我实现”太过宽泛，有韦思·戴尔所说的“你就是你作出的选择的总和”（韦思·戴尔：《你的误区》）的弊端。人的富裕和获利心理就很难说不是自我实现的需要，但获利和出书，发表文章属于同一层次，并不能安放人的“存在”。

问：一般人接触你的《否定本体论》，很容易产生光“否定”没有“肯定”怎么行的感觉。我很想知道，“否定”本体化了以后，“肯定”该作何解？在人的生活中，“肯定”占有怎样的位置？

答：确实有这样的情况。“文革”期间的大批判，文化讨论中的激烈的反传统行为，很容易使人对“否定”有种直觉性的反感。也正是出于这种反感，我才想研究“否定”，赋予“否定”以当下文化建设需要的内涵。前面说过，本体化的否定是自足的，“肯定”自然就不在否定中——它属于人的丧失否定后的世界，即本能的、循环的、认同的世界。人的生存欲望和快乐欲望是普遍性的，因而属于“肯定”；人的生老病死、新陈代谢与万事万物的运动一样，是循环性的，因而属于“肯定”;在文化、文明、思想和行为上丧失了“再创一个世界”的否定冲动,人就进入了延续性的“肯定”状态。如果一个人一辈子追求吃喝玩乐,没有任何其他冲动,他就处在“肯定”中;如果一个作家只是有才华、有技巧,但对世界的看法、观念是别人的,艺术形式上也不具备创造性,依然可以称为“肯定”,现当代文学的成就和问题就在这里。像鲁迅,有自己对传统文化的发现和认识,其作品的价值,就比那些一味受西方哲学观念和文学影响,摆脱不了模仿状态的作家的作品高。但这样说,并不是完全舍弃“肯定”性生存状况的意义,毋如说,一个人一旦有了本体性的否定冲动,又有生存快乐、认同他人的“肯定”性生活,否定与肯定就成了两种不同的生存状态,而“肯定”因此也就具有了“否定对象”的意义。只不过,生存快乐的欲求、认同他人的秉性,是每个人都具备的,具有普遍性,它是每个人均需要的生活,但不是一个人可以安放自己的“存在性”的领域。打个比方说,自然界就是一种“肯定性”的生存状态,人在对这种状态的否定中诞生了文化和文明,人的价值支点就只能安放在文化之中(所谓卡西尔的文化符号)。但价值支点放在文化中,不能说文化就优于自然,而是说,自然世界从此就因为和人类文化世界“不同”而具有对等的价值,只不过这个“肯定性”的世界不是人“否定”出来的,因此它是人和自然界共有的、是先天性的。既如此,对这个世界就不能人为地“克服”和“取消”。人类中心主义的问题就在于,不能将对自然的“利用”弄成对自然的“改造”,也不能将人类文化和自然的“差异”理解为“冲突”——自然和人类可以作为两个不同世界并存,否定和肯定也可以在每个人的内在世界中“并存”,而不是你死我活或彼此渗透。

一言以蔽之,否定中不包含肯定,否定与肯定也不是冲突的,而是可以作为两个不同的世界并存。但人的价值本体应该安放在“否定”这个人可以有所作为的领域。

问:《否定本体论》内含哲学、美学和文艺学三个方面内容,有一种体系化的意味。据我所知,“体系”这个概念在学术界、特别是青年学者中已不太时髦,你是怎样看待这个问题的?

答:多年来,人文学科在科学化的倡导下,分工精细,有其拓深的意义。但文、史、哲逐渐分离后,反而会导致作为整体的文化结构破碎,文学的危机和人文精神危机,背后均与此问题有关。在此情况下,哲学面对当下现实和文学状况提出问题,文学将触角伸向哲学的原命题(本体论)而不是仅仅武装一些现成的哲学知识,或许就势在必行。本书采取这样一种跨学科的结构,而不停留在传统的用“文学表达哲学知识”的层次,用意即在于此。当然,努力是一回事,努力的结果怎样又是另一回事。

另一方面,《否定本体论》确实有一种系统化的追求,这种追求同样与百年来中国学者知识结构的破碎有关。像鲁迅,先后信奉过不同的思想,更多的学者则在频繁的思想转换后无所适从,因此,避免纯粹的批判、不断地抛弃的做法,转向系统的理论建设,可能至关重要。有人以为西方学术已发展到反体系阶段,价值中心已被打破,我们也应紧紧跟上,这种心态我以为还是追逐西方思潮,无视当代中国文化问题的结果。在这一点上,我同意何怀宏在他的《良心论》一书中所说的"思想只有系统地组织起来才能发现问题,才能看出片面和遗漏"的看法。更重要的是,文化的转型如果是文明结构的新建,这种要求表现在学术上,可能就是思想的体系化追求。结构、体系,在此是相近的概念。

但有一点是需要说明的,就是黑格尔式的大而全的理论体系,我以为已不足取。国内一些理论体系性著作,将个人与群体、形式与内容,以及各种西方理论综合在一起,看似无所不包,但实际上解决不了任何问题。因为中西方文化本身不可融会,落实到理论上也同样如此。利奥塔认为真理今后将不再是整体性存在,而只能是局部性存在。从文化角度看,这就是说一个文化和文明就是一个体系,中西方文化无法统一成一个体系。对中国文化来说,我们面前的问题,主要在于如何建立一个不同于传统儒、道、释循环的新的文明结构。它不一定能包容世界,也不一定能包容传统,但我们能在这样一个"体系"中感到充实和安心,这就够了。以此类推,我们可以要求每个人建立一个有内在结构(体系)的世界,但不必要求每个人的内在体系是相同的。这可能就是当代人对体系不同于黑格尔时代的理解。宗教的力量就在于它对世界的理解是自成一体的,思想家的力量同样在此,当代个体心灵依托的完成也同样如此。